普通高等学校"十四五"规划经济管理类专业精品教材

财务管理

（第三版）

主　编｜胡向丽　刘　伟

副主编｜罗勤艳

华中科技大学出版社
http://www.hustp.com
中国·武汉

内 容 提 要

　　财务管理是指基于企业再生产过程中客观存在的财务活动和财务关系而产生的企业组织财务活动、处理财务关系的一项综合性管理工作。本书以财务活动为主线,主要介绍了企业筹资活动、投资活动、资金营运活动和资金分配活动等四类财务活动的内容。作为对已完成的财务活动的总结,本书最后还介绍了财务分析的内容。

　　本书主线明确、内容适量、难度适中、案例丰富、习题精练,可供高等院校财经类、管理类学生使用,也可供财务及相关职业工作者和自学人员使用。

图书在版编目(CIP)数据

财务管理/胡向丽,刘伟主编. —3 版. —武汉:华中科技大学出版社,2022.7(2024.7 重印)
ISBN 978-7-5680-8513-7

Ⅰ.①财… Ⅱ.①胡… ②刘… Ⅲ.①财务管理 Ⅳ.①F275

中国版本图书馆 CIP 数据核字(2022)第 120690 号

财务管理(第三版)　　　　　　　　　　　　　　　　　　　胡向丽　刘　伟　主　编
Caiwu Guanli(Di-san Ban)

策划编辑:陈培斌
责任编辑:朱　霞
封面设计:刘　婷　赵慧萍
责任监印:周治超
出版发行:华中科技大学出版社(中国·武汉)　　　电话:(027)81321913
　　　　　武汉市东湖新技术开发区华工科技园　　　邮编:430223
录　　排:武汉楚海文化传播有限公司
印　　刷:武汉市籍缘印刷厂
开　　本:787mm×1092mm　1/16
印　　张:21.5　插页:1
字　　数:486 千字
印　　次:2024 年 7 月第 3 版第 2 次印刷
定　　价:59.80 元

前　言

本书以我国经济体制的变革为导向,以当前资本市场为背景,以企业相关法律法规为准绳,以公司制企业为对象,以企业财务风险、财务决策、财务分析为体系,阐述了企业财务管理的基本原理和价值基础。在此基础上,以企业的资金运动为主线,着重介绍了企业筹资管理、投资管理、营运资金管理、资金分配管理和企业财务分析。

本书以财务管理本科课程教学要求为参考,以培养应用型人才为宗旨,遵循教材难度适中、理论够用、重在应用的原则,在内容表述上力求深入浅出、通俗易懂,注重理论和实践的结合,并配以适量的案例和习题,着重培养学生分析问题、解决问题的能力。

本书编写过程中,着重考虑读者的阅读需求:

(1)每章内容都设置了本章知识结构图,帮助读者从总体上把握有关内容,避免"只见树木不见森林";

(2)在各章内容开始前,都有学习目标以及教学重难点参考,方便教师安排教学内容和教学计划;

(3)每章正文开始之前都有引例,期望激发读者的阅读兴趣,同时每章结尾都有相关案例分析,有助于加深读者对本章内容的理解,培养提高分析问题和解决问题的能力;

(4)每章结束后,都有与之相关的思考题和练习题,习题的来源多数是近几年的注册会计师考试题目和中级会计师考试题目,或者根据这些题目编写而成,方便读者更快更好地学以致用,并为考证和工作打下一定基础。

本书由文华学院多年从事财务管理教学研究工作的老师编写,胡向丽和刘伟任主编,罗勤艳为副主编。罗勤艳负责编写教材的第一章和第二章,刘伟负责编写教材的第三章至第五章,胡向丽负责编写教材的第六章至第九章。

本书可以作为应用型本科院校经济管理类专业的财务管理课程教材,也可供财务管理及相关工作人员和自学人员使用。

本书编写过程中,引用、参考了国内外许多专家学者的专著、教材和研究成果,在此表示衷心的感谢。

因水平所限,本次修订工作难免会有不足乃至失误之处,恳请读者包涵,并能一如既往地提出宝贵意见,使本书通过不断打磨,臻于完善。

编　者
2022 年 5 月

目录

Contents

第一章
财务管理总论

本章知识结构图

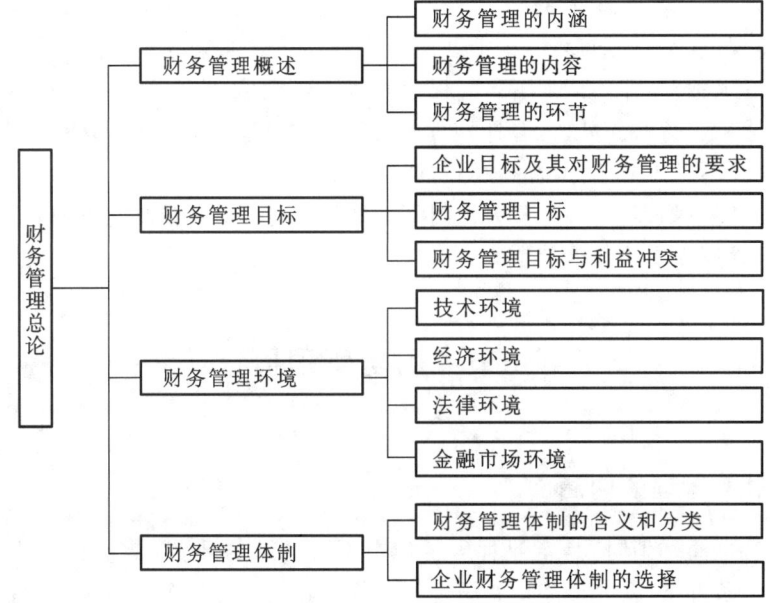

 学习目的

本章着重阐述了财务管理的内涵、内容及财务管理的目标、环境,学习本章的目标是:

(1) 理解财务管理的含义,掌握财务活动内容;

(2) 掌握财务管理目标的主要观点及其优缺点;

(3) 熟悉股东、经营者和债权人之间的利益冲突及解决冲突的对策;

(4) 理解财务管理环境对财务管理的影响;

(5) 掌握利息率的构成及测算;

(6) 了解现代企业财务管理体制。

导入案例

扁鹊的医术

魏文王问名医扁鹊说:"你们家兄弟三人,都精于医术,到底哪一位最好呢?"

扁鹊答："长兄最好，中兄次之，我最差。"

文王再问："那么为什么你最出名呢？"

扁鹊答："长兄治病，是治病于病情发作之前。由于一般人不知道他事先能铲除病因，所以他的名气无法传出去。中兄治病，是治病于病情初起时。一般人以为他只能治轻微的小病，所以他的名气只及本乡里。而我是治病于病情严重之时。一般人都看到我在经脉上穿针管放血、在皮肤上敷药等大手术，所以以为我的医术高明，名气因此响遍全国。"

联系企业财务管理，以上故事告诉我们，企业财务管理必须从基础抓起，首先要建立一套科学、完善的财务内部控制体系，使企业的气血通畅、阴阳平衡，具备防范风险的免疫力。其次，企业的经济业务必须按财务内部控制体系的要求和规定执行，即使出现风险的初期症状，也能及时发现并纠正。如果等到风险失控造成了重大损失才寻求弥补，即使请来了名气很大的"空降兵"，结果往往于事无补。再次，应当对经营成果进行财务分析，会计核算的滞后性，决定了财务分析只能成为事后诸葛亮，但这并不妨碍财务分析的预测功能。

事后控制不如事中控制，事中控制不如事前控制。财务预测是财务管理的首要环节，财务管理需要建立事前预测、事中控制、事后分析的模式。

第一节　财务管理概述

一、财务管理的内涵

财务管理简称理财，是企业管理工作中不可或缺的环节，是企业管理的核心。在市场经济条件下，社会产品是使用价值和价值的统一体。企业再生产过程表现为使用价值的生产和交换过程与价值的形成和实现过程的统一。在这个过程中，劳动者将生产中所消耗的生产资料的价值转移到产品中去，并且创造出新的价值，通过实物商品的出售，使转移价值和新创造的价值得以实现。企业资金的实质是生产经营过程中运动着的价值。

在企业生产经营过程中，实物商品或服务在不断地变化，它们的价值形态也在不断地发生变化，由一种形态转化为另一种形态。企业资金从货币形态开始，依次通过供应、生产和销售三个阶段，分别表现为生产准备资金、在产品资金、成品资金等各种不同形态，然后又回到货币资金形态。这种从货币资金开始，经过若干阶段，又回到货币资金的运动过程叫做资金的循环。企业资金周而复始、不断重复的循环，叫做资金的周转。这种不断循环、周转的资金运动，就是企业的财务活动。财务活动是财务管理工作的一项重要内容。

企业的资金运动，从表面上看是钱和物的增减变动。其实，钱和物的增减变动都离不开各利益相关者之间的经济利益关系。企业在资金运动（财务活动）过程中与各有关方面发生的经济关系，就是财务关系。财务关系也是财务管理工作的一项重要内容。

综上所述，财务管理是指基于企业再生产过程中客观存在的财务活动和财务关系而产生的企业组织财务活动、处理财务关系的一项综合性管理工作。财务管理的对象也就是资金及其运动过程。

二、财务管理的内容

财务管理是企业组织财务活动、处理财务关系的一项综合性管理工作。为此，要了解什么是财务管理，就必须先考察企业资金运动，分析企业的财务活动和财务关系。

（一）财务活动

财务活动也叫资金运动。企业再生产过程也表现为资金运动的过程，资金运动过程的各阶段总是与一定的财务活动相对应的，或者说，资金运动形式是通过一定的财务活动内容来实现的。所谓财务活动，就是指资金的筹集、投放、使用、收回及分配的一系列行为。

1. 筹资活动

筹资是指企业为了满足投资和资金营运的需要，筹集所需资金的行为。企业进行生产经营，必须以占有或能够支配一定数额的资金为前提，资金的筹集是资金运动的起点。

在筹资过程中，企业首先要根据战略发展的需要和投资规划来确定各个时期企业总体的筹资规模，以保证投资所需的资金；其次要根据企业的经营策略、资金成本和风险，通过筹资渠道、筹资方式的选择，合理确定资本结构；然后根据筹资数额和资本结构确定资金来源；最后以合理和经济的方式、渠道取得资金。

企业通过筹资可以形成两种不同性质的资金来源：一是企业权益资金，企业可以通过向投资者吸收直接投资、发行股票、用留存收益转增资本等方式取得，其投资者包括国家、法人、个人等；二是企业债务资金，企业可以通过借款、发行债券、融资租赁、商业信用等方式取得。企业筹资表现为企业资金的流入和流出。当企业取得各种款项时，表现为资金的流入；当企业偿还借款、支付利息和股利、付出各种筹资费用时，表现为资金的流出。由于企业筹集资金而产生的企业资金收支活动，便是企业筹资而引起的财务活动。

2. 投资活动

投资是企业为了获取经济资源的增值而将其货币投放于各种资产形态上的经济行为。企业取得资金后，必须将筹集的资金投入使用，才能取得一定的收益。企业投资可以分为广义的投资和狭义的投资。广义的投资包括对外投资（如购买其他企业的股票、债券或与其他企业联营等）和对内投资（如购置固定资产、无形资产、流动资产等）；狭义的投资仅指对外投资。无论是对内投资还是对外投资，都会有资金的流出，当企业收回投资时，则会产生资金的流入。这种由投资活动而产生的资金流入与流出，便是企业由于投资活动而引起的财务活动。

3. 资金营运活动

资金营运活动是指企业在日常生产经营过程中所发生的资金收付活动。企业在经营过程中，会发生一系列的资金收付业务。首先，企业需要采购材料或商品，从事生产和销售活动，同时还要支付工资和其他营业费用，产生资金流出；其次，当企业把商品或产品售出后，便可取得收入，收回资金，形成资金的流入；最后，如果资金不能满足企业经营需要，还要采取短期借款等方式来筹集所需资金。为满足企业日常经营活动的需要而垫支的资金，称为营运资金。这种由生产经营活动而产生的资金流入与流出，便是企业由于资金营运活动而引起的财务活动。

4. 资金分配活动

企业通过投资和资金营运活动可以取得相应的收入，并实现资金的增值。企业取得的各项收入在生产经营耗费、缴纳税金后，需要依据有关法律对剩余收益进行分配。企业收益的分配分为广义的分配和狭义的分配。广义的分配是指对企业各种收入进行分割和分派的行为；狭义的分配仅指对企业净利润的分配。

企业所取得的产品销售收入，要用以弥补生产耗费，按规定缴纳流转税，剩余部分为企业的营业利润。营业利润和营业外收支净额构成企业的利润总额，这必然会引起资金的流入。利润总额首先要按国家规定缴纳所得税，税后利润要提取公积金和公益金，分别用于扩大积累、弥补亏损和职工集体福利设施，其余利润作为投资收益分配给投资者。这些分配活动会产生资金的流出。这种由于分配活动而产生的资金流入与流出，便是企业由于分配活动而引起的财务活动。

上述财务活动的四个方面是相互联系、相互依存的，而不是相互割裂、互不相关的，它们共同构成了完整的企业财务活动体系，是财务管理活动的主要内容之一。

（二）财务关系

企业在进行筹资活动、投资活动、资金营运活动、资金分配活动中，与企业各方面有着广泛的联系。这种企业在组织财务活动过程中与各有关方面发生的经济关系，就是财务关系。企业的财务关系可概括为以下几个方面。

1. 企业与投资者（资产所有者）之间的财务关系

这主要是指企业的投资者向企业投入资金，企业向其投资者支付投资报酬所形成的经济关系。企业的资产所有者主要有：①国家；②法人；③个人。企业与其投资者之间的财务关系，体现着所有权的性质，反映着经营权和所有权的关系。通常情况下，投资者与企业的财务关系主要包括下列内容：①投资者对企业一定的控制关系；②投资者参与企业利润的分配；③投资者参与企业净资产的分配；④投资者要承担一定的经济法律责任。

2. 企业与债权人之间的财务关系

这主要是指企业向债权人借入资金，并按借款合同的规定按时支付利息和归还本金所形成的经济关系。企业的债权人主要有：①债券持有人；②贷款机构；③商业信用提供者；④其他出借资金给企业的单位和个人。企业与其债权人的关系体现的是债务与债权的关系。

3. 企业与受资者之间的财务关系

这主要是指企业以购买股票或直接投资的形式向其他企业投资所形成的经济关系。企业向其他单位投资，应按约定履行出资义务，并依据其出资份额参与受资者的经营管理和利润分配。企业与其受资单位的关系体现的是所有权性质的投资和受资关系。

4. 企业与债务人之间的财务关系

这主要是指企业将其资金以购买债券、提供借款或商业信用等形式出借给其他单位所形成的经济关系。企业将资金借出后,有权要求其债务人按约定的条件偿还本金和利息。企业与其债务人的关系体现的是债权与债务的关系。

5. 企业与供货商、企业与客户之间的财务关系

这主要是指企业购买供货商的商品或接受其服务,以及企业向客户销售商品或提供服务过程中所形成的经济关系。

6. 企业与政府之间的财务关系

这主要是指政府作为社会管理者,通过收缴各种税款的方式参与企业的分配所形成的经济关系。企业与政府管理部门之间的财务关系是强制与无偿的经济利益关系,体现着国民收入分配与再分配所形成的特定经济关系。

7. 企业内部各单位之间的财务关系

这主要是指企业内部各单位之间在生产经营各环节中互相提供产品或劳务所形成的经济关系。企业内部各职能部门和生产单位既分工又合作,共同形成一个企业系统。在实行企业内部经济核算制和企业内部经营责任制的条件下,企业供、产、销各个部门及各生产单位之间相互提供劳务和产品要计价结算。这种在企业内部形成的资金结算关系,体现了企业内部各单位之间的经济利益关系。

8. 企业与职工之间的财务关系

这主要是指企业向职工支付劳动报酬过程中所形成的经济关系。职工是企业的劳动者,企业根据劳动者的劳动情况,向职工支付工资、津贴和奖金,并按规定提取公益金等,体现着双方共同分配劳动成果的经济关系。

三、财务管理的环节

财务管理的环节是指财务管理的工作步骤与一般程序,是企业在财务管理各工作阶段所使用的业务手段。财务管理一般包括以下几个环节。

1. 财务预测

财务预测是指企业根据财务活动的历史资料,考虑现实的要求和条件,对企业未来的财务活动和财务成果做出科学的预计和测算,为决策者提供可靠依据。财务预测工作主要包括以下几个步骤:①明确预测的对象与目的;②收集和整理相关资料;③确定合理的预测方法与模型;④确定预测结果。

财务预测的起点是销售预测。一般情况下,财务预测把销售数据视为已知数,作为财务预测的起点。销售预测本身不是财务管理的职能,但它是财务预测的基础,销售预测完成后才能开始财务预测。财务预测的主要内容包括资产预测、成本费用和留存收益预测,以及资金需要量预测等。

2. 财务决策

财务决策是指财务人员按照财务目标的总体要求,利用专门方法对各种备选方案进行比较分析,并从中选出最佳方案的过程。财务决策是财务管理的核心,财务预测是为财务决策服务的,决策的成功与否直接关系到企业的兴衰成败。财务决策主要包括确定决策目标、提出备选方案、方案优选等步骤。

3. 财务预算

财务预算是指企业运用科学的技术手段和数量方法,对未来财务活动的内容及指标进行的具体规划。财务预算是以财务决策确立的方案和财务预测提供的信息为基础编制的,是财务预测和决策的具体化,是控制财务活动的依据。

财务预算环节的编制一般包括:①分析财务环境,确定预算主要指标;②协调企业资源,组织综合平衡;③选择预算方法,编制财务预算。

4. 财务控制

财务控制是指企业对预算和计划的执行进行追踪监督,对执行过程中出现的问题进行调整和修正,以保证预算的实现。实行财务控制是落实预算任务、保证预算实现的有效措施。

财务控制一般要经过以下步骤:①制定控制标准,分解落实责任;②实施追踪控制,及时调整误差;③分析执行情况,考核评价业绩,落实奖惩。

5. 财务分析

财务分析是指企业以财务报表和其他资料为依据和起点,采用专门的分析技术和方法,对企业财务活动过程及结果进行分析和评价的一项工作。财务分析既是对已完成的财务活动的总结,也是财务预测的前提,在财务管理的循环中起着承上启下的作用。通过财务分析,可以掌握各项财务计划的完成情况,评价财务状况,研究和掌握企业财务活动的规律性,改善财务预测、决策、预算和控制,改善企业管理水平,提高企业经济效益。

财务分析包括以下步骤:①收集相关资料,掌握信息;②进行指标对比,找出偏差;③分析偏差的原因,明确责任;④提出具体措施,改善工作。

第二节　财务管理目标

一、企业目标及其对财务管理的要求

企业是自主经营、自负盈亏的经济组织,它的生存和发展必须以获取利润为基础,企业生产经营的出发点和归宿就是为了盈利。企业一旦成立就会面临竞争,并始终处于生存和倒闭、发展和萎缩的矛盾之中。企业必须生存下去才能盈利,只有不断发展才能求得生存。因此,企业的目标可概括为生存、发展和盈利。

1. 生存

企业生存的“土壤”是市场。企业生存的第一个基本条件是收支相抵。企业一方面在市场中利用自己拥有和控制的货币资金,从市场上获取所需的资源;另一方面,企业必须提供市场所需要的商品和服务,从市场上换回货币。企业从市场换回的货币至少要等于付出的货币,才能维持经营。企业一时的亏损还无关紧要,但如果长期亏损,扭亏无望,就失去了存在的意义,最终会被市场淘汰。企业生存的另一个基本条件是到期偿债。企业为了扩大业务规模和满足经营周转的临时需要,可以向其他个人和法人借债。国家为了维持市场经济的秩序,从法律上保证债权人利益,要求企业到期必须偿还本金和利息,否则就可能被债权人接管或被法院判定破产。

因此,企业的生存威胁来自两方面:一是长期亏损,它是企业终止的根本原因;二是不能到期偿还债务,它是企业终止的直接原因。亏损企业为了维持经营被迫进行偿债性融资,借新债还旧债,如仍不能扭亏为盈,迟早会因借不到钱而无法周转,从而不能偿还到期债务。盈利企业也可能出现无力支付的情况,其主要原因是借款扩大业务规模,冒险失败。为了偿债必须出售不可缺少的厂房和设备,使生产经营无法继续下去。

力求保持以收抵支和偿还到期债务的能力,减少企业破产风险,使企业长期、稳定地生存下去,是对财务管理的第一个要求。

2. 发展

企业在发展中求得生存。在科技不断进步的现代经济中,企业只有不断更新换代其产品,推出适合市场、受顾客欢迎的新产品,才能在市场经济中立足,适应优胜劣汰、适者生存的市场经济规律。一个企业如不能发展,不能提高其产品和服务质量,不能扩大自己的市场份额,就会被其他企业排挤出去。

企业的发展集中表现在扩大收入。扩大收入的根本途径是提高产品及服务质量,扩大市场份额,增加销售数量。因此,企业要不断地更新设备、技术和工艺,不断提高企业人员的素质,也就是要求不断投入更好的物资、技术和人力资源,改进技术和管理。在市场经济中,各种资源的取得都需要付出货币,企业的发展离不开资金。

所以,筹集企业发展所需资金,是对财务管理的第二个要求。

3. 盈利

建立企业的目的是盈利。企业虽然有多种目标,诸如改善职工收入、改善劳动条件、扩大市场份额、提高产品质量、减少环境污染等多种目标,但是,盈利是最具综合能力的目标。从财务上看,盈利就是使资产获得超过其投资的回报。在市场经济中,资金的使用是要付出代价的,不是无偿使用的。每项资产都是投资,都应当是生产性的,都要从中获得回报。例如,各项固定资产要充分用于生产、避免存货积压、尽快收回应收账款、利用暂时闲置资金进行投资等。财务主管人员务必使企业正常生产经营产生的和从外部获得的资金能以产出最大利润的形式加以利用。

因此,通过合理有效地使用资金使企业获利,是对财务管理的第三个要求。

综上所述,企业的目标是生存、发展和盈利。企业目标要求财务管理完成筹措资金,并有效地投放和使用资金的任务。企业的财务管理目标必须服从企业经营目标,不但要受其制约,而且要有效地为其服务。完成财务管理目标是实现企业目标的基础,而企业目标的正确制定是确保实现企业财务管理目标的保证,它们之间的关系是相辅相成的。因此,制定企业财务管理目标不可以脱离企业总目标。

二、财务管理目标

企业财务管理目标(又称理财目标),是指在特定的理财环境中,企业通过组织财务活动和处理财务关系要达到的目的。企业财务管理目标是评价企业理财活动是否合理有效的基本标准,是企业财务管理工作的行为导向,是财务人员工作的出发点和归宿。财务管理目标制约着财务工作运行的基本特征和发展方向。不同的财务管理目标,会产生不同的财务管理运行机制。因此,设置科学的财务管理目标,对组织财务活动、处理财务关系、实现财务管理的良性循环具有重要的意义。

财务管理目标不是一成不变的。随着政治、经济环境的变化，人们对财务管理目标的认识会不断深化。

（一）利润最大化

利润最大化是西方微观经济学的理论基础。西方经济学家以往都是以利润最大化这一标准来分析和评价企业的行为和业绩的。利润最大化观点的持有者认为：利润代表了企业新创造的财富，利润越多则企业的财富增加越多，越接近企业的目标。利润最大化理财目标在我国和西方都曾是流传甚广的一种观点，对企业具有重大的影响。

以利润最大化作为财务管理目标的主要原因有三点：第一，人类从事生产经营活动的目的是创造更多的剩余产品，在商品经济条件下，剩余产品的多少可以用利润这个价值指标来衡量；第二，根据资本的趋利性，资本将会向盈利能力高的企业流动。在自由竞争的资本市场中，资本的使用权最终属于获利最多的企业；第三，利润是增加业主投资收益、提高职工劳动报酬的来源，也是企业补充资本积累、扩大经营规模的源泉。只有每个企业都最大限度地获得利润，整个社会的财富才可能实现最大化，从而带来社会的进步与发展。因此，以利润最大化作为理财目标是有一定道理的。

但是，利润最大化目标在实践中存在以下缺点。

（1）没有考虑利润获取的时间，即没有考虑资金的时间价值。例如，今年获利100万元和明年获利100万元，哪一个更符合企业的目标呢？如果不考虑资金的时间价值，就很难做出正确的判断。

（2）利润最大化没有反映所得利润额与投入资本额之间的关系。例如A、B两个项目今年都获得了100万元利润，并且都是现金收入，但如果A项目只需投资100万元，B项目需投资300万元，显然A项目要好一些，而单从利润指标反映不出这样的问题。

（3）利润最大化没有考虑风险问题。企业利润的取得往往伴随着风险，一般说来，报酬越高风险越大，高额利润可能要承担较大的风险。假设A、B两个投资项目在今年都赚取了100万元利润，但A项目的利润全部为现金收入，而B项目的100万元全部是应收账款。显然B项目的应收账款存在着不能收回的风险，因此A项目的目标实现得好一些。

（4）利润最大化往往会使财务决策带有短期行为的倾向。利润最大化往往会诱使企业只顾实现目前的最大利润，而不顾企业的长远发展，进而损害企业的长远价值。如企业可能通过减少产品开发、人员培训、技术装备水平方面的支出，通过费用少摊、损失不计、不计提坏账准备等来提高当年的利润，这对企业的长远发展不利。

虽然利润最大化目标在实践中存在缺点，但我们也应看到，由于利润额直观、明确、容易计算，便于分解落实，利润指标在实际应用方面有比较方便之处，大多数职工都能理解。因此，这种财务管理目标在现实中尚能广为应用。

（二）股东财富最大化

股东财富最大化是指通过财务上的合理运营，为股东创造最多的财富。在股份公司中，股东财富由其所拥有的股票数量和股票市场价格两方面来决定。在股票数量一定时，当股票价格达到最高时，股东财富也达到最大。所以，股东财富最大化又演变为股票价格最大化。尽管理论界存在着"股东财富最大化能否转化为股票价格最大化"的争论，但是当我们做出资本市场有效假设以后，可以认为股票价格是衡量股东财富最有力的指标。资本市场有效假设最早是由法马（Fama）提出的，他根据历史信息、全部公开信息和内幕信息对股票价格的不同影响，将市场分为弱式有效、半强式有效和强式有效市场。在有效的资本市场上，证券价格能迅速、全面地反映所有有关价格的信息，证券价格就是其价值的最好反映，此时，股东财富最大化目标可以用股票价格最大化来代替。虽然对资本市场有效性还存在争论，但从严格意义上讲，不能否定效率市场的存在。而且，随着市场的逐渐成熟和监管措施的加强，市场也在逐渐趋向有效。

股东财富的表现形式是在未来获得更多的净现金流量，股票价格也是股东未来所获现金股利和出售股票所获销售收入的现值。所以，股票价格一方面取决于企业未来获取现金的能力，另一方面也取决于现金流入的时间和风险。因此，与利润最大化目标相比，股东财富最大化目标体现出以下优点。

（1）股东财富最大化目标考虑了现金流量的时间价值和风险因素，因为现金流量获得时间的早晚和风险的高低，会对股票价格产生重要影响。

（2）股东财富最大化在一定程度上能够克服企业在追求利润上的短期行为，因为股票的价格很大程度上取决于企业未来获取现金流量的能力。

（3）股东财富最大化反映了资本与收益之间的关系，因为股票价格是对每股股份的一个标价，反映的是单位投入资本的市场价格。

股东财富最大化作为财务管理目标，存在以下缺点。

（1）通常只适用于上市公司，非上市公司难以应用，因为非上市公司无法像上市公司一样随时准确获得公司股价。

（2）股价受众多因素影响，特别是企业外部的因素。股价不能完全准确反映企业的财务状况，如有些上市公司虽然处于破产边缘，但是由于可能存在某些机会，其股票市价也可能还在走高。

（3）它强调更多的是股东利益，而对其他相关者的利益不够重视。

（三）企业价值最大化

企业价值最大化是指通过企业的合理经营，采用最优财务政策，充分考虑资金的时间价值、风险与报酬的关系，在保证企业长期稳定发展的基础上使企业总价值达到最大。即企业所有者权益和债权人权益的市场价值，或者是企业所能创造的预计未来现金流量的现值，达到最大。

企业价值最大化作为财务管理目标，优点如下。

（1）考虑了取得收益的时间，并用时间价值原理进行了计量。

（2）考虑了风险与收益的关系。

（3）将企业长期稳定的发展和持续的获利能力放在首位，能克服企业在追求利润上的短期行为，因为不仅目前的利润影响企业的价值，预期未来的利润对企业价值增加也会产生重大影响。

（4）用价值代替价格，避免了过多外界市场因素的干扰，有效地规避了企业的短期行为。

以企业价值作为财务管理的目标的缺点是过于理论化，不易操作。对于非上市公司而言，只有对企业进行专门的评估才能确定其价值，而在评估企业的资产时，由于受到评估标准和评估方式的影响，很难做到客观和准确。

（四）相关者利益最大化

现代企业是多边契约关系的总和，确立科学的财务管理目标，需要明确哪些利益关系会对企业发展产生影响。在市场经济中，企业的理财主题更加细化和多元化。股东作为企业的所有者，在企业中拥有最高的权利，并承担着最大的义务和风险，同时债权人、职工、企业经营者、客户、供应商和政府也为企业承担着风险。因此，企业在确定财务管理目标时，不能忽略这些利益相关者的利益。

相关者利益最大化目标的具体内容包括以下几个方面：①强调风险与收益的均衡，将风险限制在企业可以承受的范围内；②强调股东的首要地位，并强调企业与股东之间的协调关系；③强调对代理人的监督和控制，建立有效的激励制度以便企业的战略目标顺利实现；④关心本企业普通职工的首要地位，创造优美和谐的工作环境和提供合理恰当的福利待遇，培养职工长期努力为企业工作；⑤不断加强与债权人的联系，培养可靠的资金供应者；⑥关心客户的长期利益，以便保持销售收入的长期稳定增长；⑦加强与供应商的合作，共同面对市场竞争，并注重企业形象的宣传，遵守承诺，讲究信誉；⑧保持与政府部门的良好关系。

以相关者利益最大化作为财务管理目标，具有以下优点。

（1）有利于企业长期稳定发展。这一目标注重企业在发展过程中考虑并满足各利益相关者的利益关系。在追逐长期稳定发展过程中，站在企业的角度进行投资研究，避免只站在股东的角度进行投资可能导致的一系列问题。

（2）体现了合作共赢的价值理念，有利于实现企业经济效益和社会效益的统一。由于兼顾了各方面的利益，企业不仅仅是一个牟利的组织，更承担了一定的社会责任。企业在寻求自身发展和利益最大化过程中，由于需要维护客户及其他利益相关者的利益，就会依法经营、依法管理，正确处理各种财务关系，自觉维护和确实保障国家、集体和社会公众的合法权益。

（3）该目标是一个多元化、多层次的目标体系，较好地兼顾了各利益主体的利益。这一目标可以使企业各利益主体相互作用，相互协调，并在使企业利益、股东利益达到最大化的同时，使其他利益相关者利益达到最大化。也就是将企业财富这块蛋糕做到最大的同时，保障每个利益主体所得的蛋糕最多。

（4）体现了前瞻性和现实性的统一。比如，企业作为利益相关者之一，有其一套评价指标，如未来企业收益贴现，股东的评价指标可以使用企业股票市价；债权人可以寻求风险最少，利益最大；职工可以确保工资福利，政府可以考虑社会效益等。不同的利益相关者有各自的指标，只要合理合法，互利互惠，相互协调，就可以实现所有相关者利益最大化。

（五）各种财务管理目标之间的关系

各种财务管理目标，都以股东财富最大化为基础。企业的创立和发展，都必须以股东的投入为基础，离开了股东的投入，企业将不复存在。并且，在企业的日常经营活动中，作为所有者的股东在企业中承担着最大的义务和风险，相应也应该享受最大的收益，也就是股东财富最大化，否则股东就难以为企业的持续发展提供动力。

同时，在以股东财富最大化为核心和基础的同时，还应该考虑利益相关者的利益。各国公司法都规定，股东权益是剩余权益，可见其他利益相关者的权益先于股东被满足，因此这种满足必须是有限的，否则股东就不会有剩余收益。除非股东确信投资会带来满意的回报，否则股东不会出资。没有股东财富最大化的目标，利润最大化、企业价值最大化、相关者利益最大化的目标都无法实现。因此，在强调企业承担应尽社会责任的前提下，应当允许企业以股东财富最大化为目标。

三、财务管理目标与利益冲突

（一）委托-代理问题与利益冲突

委托-代理问题是指由于企业所有权与经营权的分离产生的股东与管理层之间、股东与债权人之间的代理问题。委托-代理问题的存在必然带来相应的委托人与代理人之间的利益冲突，其利益冲突是财务管理目标更深层次的问题。委托-代理问题的存在及其利益冲突的有效协调直接关系到财务管理目标实现的程度。

1. 代理关系与利益冲突之一：股东与管理层

在现代企业中，所有者一般比较分散，经营者一般不拥有占支配权地位的股权，他们只是所有者的代理人。所有者期望经营者代表他们的利益工作，实现所有者财富最大化，而经营者更多地考虑自身的利益最大化，如增加报酬、增加闲暇时间、避免风险等。由于信息的不对称性，导致经营者与所有者目标的背离。实际上企业所有者和企业经营者是企业所得利益的瓜分者，从某种意义上说，所有者所放弃的利益也就是经营者所得到的利益，这种被放弃的利益也称为所有者交付给经营者的享受成本。经营者和所有者的主要矛盾，就是经营者希望在提高企业价值和股东财富的同时，能更多地增加享受成本；而所有者和股东则希望经营者以较小的享受成本支出带来更高的企业价值或股东财富。为了解决这一矛盾，应采取让经营者的报酬与绩效相联系的办法，并辅之以一定的监督措施。

1) 监督

经营者背离股东的目标，其主要原因是双方存在信息不对称和利益冲突。由于经营者了解的信息比股东多，经营者基于自身的利益，可能出现"道德风险"和"逆向选择"。解决这一问题的主要途径就是让股东尽可能多地获取经营者的信息，成立监事会或派遣监督人员从制度监督、预算监督、核算监督和内部审计监督等方面监督经营者的行为，促使经营者按照所有者的既定战略开展生产经营活动，保证所有者对企业的控制权和利益。在经营者背离股东的目标时，减少其各种形式的报酬，甚至解雇他们。

2）接收

如果经营者经营决策失误或经营不力，未能使企业价值提高，该企业就可能被其他企业强行接收或吞并，相应经营者也会被解聘。为了避免这种被接收状况的出现，经营者必须采取一切措施提高企业价值。这是通过市场机制约束经营者的办法，也是所有者对经营者实施监督的一种方法。

3）股东直接干预

如今，股票的主要部分已由机构投资者持有，他们对大多数企业的经营产生相当大的影响。他们能够与管理层进行协商，对企业的经营提出建议。事实上，机构投资者也成了分散股东的代言人。我国《公司法》也逐渐加入了保护中小股东直接干预企业决策的条款。如新《公司法》规定：单独或者合计持有公司3％以上股份的股东，可以在股东大会召开10日前提出临时提案并书面提交董事会；董事会应当在收到提案后2日内通知其他股东，并将该临时提案提交股东大会审议。对于股东的临时提案，董事会只有及时通知和提交审议的义务，无权对提案进行实质审查并裁量是否提交股东大会。这些方式都大大强化了对中小股东权益的保护。

4）激励

激励是将经营者的报酬与其绩效挂钩，使经营者能分享企业增加的财富，促使经营者自觉采取能提高股东财富和企业价值的措施。激励通常有以下两种基本方式。

（1）"股票期权"方式。是指允许经营者以固定的价格购买一定数量的企业股票，股票的市场价格越高于固定价格，经营者所得的报酬就越多。经营者为了获取更大的股票涨价带来的资本收益，必然会主动采取能够提高股价的行动。

（2）"绩效股"方式。是指企业制定一系列指标（如每股收益、资产收益率等）来评价经营者的业绩，视其业绩大小给予经营者数量不等的股票作为报酬。这种方式使经营者为了多得"绩效股"而不断采取有力措施提高企业的经营业绩。同时，经营者为了获取更大的股票涨价带来的资本收益，也会采取各种措施使股票市价稳定上升，从而达到增加股东财富和企业价值的最终目的。

但是，需要指出的是，监督和激励都是需要付出成本的。监督可以减少经营者违背股东意愿的行为，但不能解决全部问题。全面监督在实际上是行不通的，要受到合理成本的限制，不可能事事监督。同时，激励也不能解决全部问题。监督成本、激励成本和偏离股东目标的损失之间此消彼长，相互制约。股东要权衡轻重，力求找出能使三项之和最小的最佳解决办法。

2. 代理关系与利益冲突之二：股东与债权人

当企业向债权人借入资金后，两者便形成了一种委托代理的关系。债权人将资金交给企业，其目的是到期收回本金，并获得约定的利息；企业借款的目的是扩大经营，实现企业价值最大化。因此，所有者的财务目标与债权人期望实现的目标可能发生矛盾。例如，不经债权人同意，所有者要求经营者改变举债资金的原定用途，将其用于风险更高的项目。若高风险的项目一旦成功，额外的利润就会被所有者独享；但若失败，债权人却要与所有者共同负担由此而造成的损失。再如，所有者不经现有债权人同意，要求经营者举借新债，致使旧债的偿债风险增加、价值下降。

协调所有者与债权人矛盾的主要方法有以下两种。

（1）制定限制性条款的借款。限制性条款即在借款合同中加入某些限制性条款，如规定借款的用途、借款的担保条款和借款的信用条件等。

（2）收回借款或停止借款。即当债权人发现企业有侵蚀其债权价值的意图时，不再提供新的借款，或收回债权和不给予企业增加贷款，从而保护自身的权益。

3. 代理关系与利益冲突之三：大股东与中小股东

随着公司治理情况的变化，目前大股东与中小股东之间的关系也成为一种主要代理问题。大股东通常指控股股东，他们持有企业大多数股份，能够左右股东大会和董事会的决议，往往还委派企业的最高管理者，从而掌握企业的重大经营决策，拥有对企业的控制权。人数众多但持有股份数量很少的中小股东基本没有机会接触到企业的经营管理，尽管他们按照各自的持股比例对企业的利润具有索取权，但由于与控股股东之间存在严重的信息不对称，使得他们的权利很容易被控股股东以各种形式侵害。在这种情况下，所有者和经营者之间的委托-代理问题实际上就演变成中小股东和大股东之间的代理冲突。大股东侵害中小股东利益的主要表现形式有：非法占用上市公司巨额资金，或以上市公司的名义进行各种担保和恶意融资；利用关联交易转移上市公司的利润，如大股东向上市公司高价出售劣质资产，或大股东低价购买上市公司的优质资产；为大股东派出的高级管理者支付过高的报酬和特殊津贴；发布虚假信息，操纵股价，欺骗中小投资者；利用不合理的股利政策，掠夺中小股东的应得利益。

在我国，由于特殊的制度背景，大股东侵害中小股东利益的情况尤其突出，如何完善中小股东的利益保护成为亟待解决的问题。

（二）社会责任与利益冲突

将股东财富最大化定为财务管理目标，并不意味着它可以忽视社会责任问题。实际上，企业的目标和社会的目标在许多方面是一致的，例如：企业为了生存，必须要生产出符合顾客需要的产品，满足社会的需求；企业为了发展，要扩大规模，自然会增加职工数量，解决社会就业问题；企业为了获利，必须提高劳动生产率，改进产品质量，改善服务，从而提高社会生产效率和公众生活质量。

当然，企业的目标和社会的目标也有不一致的地方，如企业为了获利，也可能造成环境污染、生产伪劣产品、不顾职工健康、损害其他企业的利益等。为此，国家颁布了一系列保护公众的法律，如《公司法》《环境保护法》《消费者权益保护法》等，通过这些法律协调企业和社会公众的利益。

在当今社会中，企业不可能单纯地为追求股东财富最大化而不顾社会责任方面的问题。事实上，任何企业都不可能脱离社会而独立存在，所以，社会责任也是企业财务管理目标之一。社会责任的承担虽然在某种程度上会增加企业资金的支出，从表面上看似乎会减少企业利润，进而影响股东财富和企业价值。但是，作为社会主义体制下的企业，其性质本身已经决定了在追求经济效益的同时，必须兼顾社会效益，自觉地承担相应的社会责任；并且，社会责任的承担也有利于企业树立良好的社会形象，符合企业自身发展的长远利益，最终实现股东财富和企业价值最大化。

第三节　财务管理环境

　　财务管理环境又称理财环境，是对企业财务活动和财务管理产生影响的企业内外各种条件的统称。企业财务活动在很大程度上受理财环境的制约，如生产、技术、供销、市场、物价、金融、法律、税收等因素。只有在理财环境的各种因素作用下实现财务活动的协调平衡，企业才能生存和发展。研究理财环境，有助于正确地制定理财策略。

　　财务管理环境主要包括技术环境、经济环境、法律环境、金融市场环境等，其中经济环境是最重要的环境因素。

一、技术环境

　　财务管理的技术环境是指财务管理得以实现的技术手段和技术条件，它决定财务管理的效率和效果。会计信息系统是财务管理技术环境中的一项重要内容。在企业内部，会计信息主要是提供给管理层决策使用，而在企业外部，会计信息则主要是为企业的投资者、债权人等提供服务。随着数据科学、机器人流程自动化等机器智能技术不断应用到财务管理领域（如财务共享），财务管理的技术环境更容易实现数出一门、资源共享，便于不同信息使用者获取、分析和利用，进行投资和相关决策。

二、经济环境

　　财务管理的经济环境是指对财务管理产生影响的一系列经济因素，如经济周期、经济发展水平、经济政策、通货膨胀等。

1. 经济周期

　　经济周期是指经济运行中周期性出现的经济扩张与经济紧缩交替更迭、循环往复的一种现象，这种循环一般经历复苏、繁荣、衰退和萧条四个阶段。在经济社会中，企业的筹资、投资和资金运营、资金分配等理财活动都要受这种经济波动的影响。在经济复苏阶段，市场需求增加，企业开始增加固定资产的投资，增加存货、开发新产品、增加劳动力，这就需要增加企业的资金量；在经济繁荣阶段，市场需求旺盛，企业就要增加投资，增添设备、存货和劳动力，加大赊销比例，加速资金周转，增加现金股利，这就要求财务人员迅速筹集所需资金；在经济衰退阶段，市场需求开始减少，产销量也开始下降，企业采取停止扩张战略，出售多余设备，削减存货，停产不利产品，停止扩招雇员，加速应收账款的回收，合理安排股利，这就要求财务人员合理地安排资金的流向，保证资金的安全；在经济萧条阶段，由于整个宏观环境不景气，市场需求量进一步减少，企业产量和销售量下降，投资锐减，企业一般会采用压缩管理费用、放弃次要利益、削减存货、削减雇员等措施，这就要求财务人员在保证经营的前提下合理削减资金需要量。由此可见，面对周期性波动，财务人员必须预测经济发展变化情况，适当调整财务政策，企业财务管理措施与重点要随经济周期性波动而发生变化。

2. 经济发展水平

经济发展水平是指国家经济增长和发展水平总体状况。经济发展水平对企业理财有重大影响。改革开放以来,我国经济增长较快,企业为了跟上这种发展并在其行业中维持它的地位,至少需要有同样的增长速度,企业要相应增加厂房、机器、设备、存货、工人、管理人员等。这种增长,需要大规模地筹集资金,需要借入巨额款项或增发股票。

我国国民经济在最近几年一直持续高速增长,各项建设方兴未艾,这给企业扩大规模、调整方向、打开市场、走出国门、开拓国际市场及拓宽财务活动的领域带来了机遇。但是,伴随着经济高速发展,资金短缺成为经济发展的瓶颈问题,这又给企业财务管理带来严峻的挑战。因此,企业财务管理工作者必须积极探索与经济发展水平相适应的财务管理模式。

3. 经济政策

经济政策是指政府行使其管理职能而制定的影响经济运行的一系列方针和策略。企业作为社会经济的基层组织,必然受经济政策的影响和调控,进而使企业内部的筹资、投资和分配政策也受到影响。如金融政策中的货币发行量、信贷规模都能影响企业投资的资金来源和投资的预期收益;财税政策会影响企业的资本结构和投资项目的选择等;价格政策会影响企业的资金投向、投资收益、投资回收期等;产业政策会影响企业投资的现金流量和投资规模。可见,宏观经济政策对企业财务的影响是非常大的,这就要求企业财务人员必须把握经济政策,更好地为企业的经营理财活动服务。

4. 通货膨胀

通货膨胀是指持续的物价上涨引起货币的购买力下降。通货膨胀不仅降低了消费者的购买力,也给企业理财带来了很大的困难。通货膨胀对企业财务活动的影响通常表现在以下几个方面:①引起资金占用的大量增加,从而增加企业的资金需求;②引起企业的利润虚增;③引起利率上升,加大企业的资本成本;④引起有价证券价格下降;⑤引起资金供应紧张,增加企业的筹资困难。

为了减轻通货膨胀对企业造成的不利影响,实现期望的收益,企业在通货膨胀期间应及时调整其筹资、投资和分配政策。财务人员可采取如下措施进行防范:①在通货膨胀初期,货币面临贬值的风险,企业可加大投资,避免风险,实现资本保值;②与客户签订长期购货合同,减少物价上涨造成的损失;③举借长期负债,保持资本成本稳定。在通货膨胀持续期,企业还可采用偏紧的信用条件,减少企业债权,调整财务政策,减少资本流失等。

三、法律环境

财务管理的法律环境是指企业和外部发生经济关系时所应遵守的各种法律、法规和规章制度。市场经济是以法律规范和市场规则为特征的经济制度。法律规定了企业经营活动的空间,也为企业在相应空间内自主经营提供了法律保护。财务管理的法律环境主要包括企业组织法规、税务法规及财务会计法规。

(一)企业组织法规

企业有不同的组织形式,不同类型的组织形式所适用的法律有所不同,不同的法律对企业的财务管理产生不同的影响。了解企业的组织形式，有助于企业财务管理活动的开展。按照企业的组织形式不同，企业分为独资企业、合伙企业和公司。

1. 独资企业

独资企业是指依法设立，由一个自然人投资，财产为投资人个人所有，投资人以其个人财产对企业债务承担无限责任的经营实体。独资企业具有结构简单、容易开办、经营方式多样、资本投入和抽回比较方便、限制较少等优点。但由于独资企业财力有限、信用不足等原因，银行和其他投资者都不愿意冒险借钱给独资企业，独资企业利用借款筹资的能力十分有限。独资企业主要利用业主自己的资本和供应商提供的商业信用筹资。

2. 合伙企业

合伙企业是指依法设立，由各合伙人订立合伙协议，共同出资，合伙经营，共享收益，共担风险的营利组织。合伙企业包括普通合伙企业和有限合伙企业。合伙企业具有开办容易、信用相对较佳的优点，但由于合伙企业中的合伙人具有同等的权利，导致决策权力不易集中、有时决策过程过于冗长等缺点。合伙企业较之独资企业，财务管理活动复杂，企业筹资渠道有所拓宽，信用能力有所增强，经营风险有所分散，盈余分配也复杂一些。

3. 公司

公司是指依照公司法登记设立，以其全部法人财产，依法自主经营、自负盈亏的企业法人。公司享有由股东投资形成的全部法人财产权，依法享有民事权利，承担民事责任。公司股东作为出资者享有资产收益、参与重大决策和选择管理者等权利，并以其出资额或所持股份为限对公司承担有限责任。我国公司法所称公司指有限责任公司和股份有限公司。

公司这一组织形式，已经成为西方大企业所采用的普遍形式，也是我国建立现代企业制度过程中选择的企业组织形式之一。本书所讲的财务管理，主要是指公司的财务管理。

前已述及，企业组织必须依法成立，不同类型的企业组建过程中适用不同的法律。在我国，这些法律包括《公司法》《个人独资企业法》《合伙企业法》《中华人民共和国外商投资法》等。这些法律详细规定了不同类型的企业组织设立的条件、设立的程序、组织机构、组织变更及终止的条件和程序等。如公司的组建要遵循《公司法》中规定的条件和程序，公司成立后，其经营活动包括财务活动，都要按照《公司法》的规定来进行。《公司法》是约束公司财务管理最重要的法律，公司的财务活动不能违反该法律。

从财务管理的角度来看，非公司制企业与公司制企业有很大的不同，例如个人独资企业和合伙企业都属于非公司制的企业，企业主要承担的是无限责任，一旦这样的企业经营失败，其个人的财产也将纳入偿债范围。而公司制企业的股东承担的是有限责任，公司经营失败时，仅以股东的出资额或所持股份为限来偿债。

（二）税务法规

税法是调整税收征纳关系的法律规范。税法中关于税种的设置、税率的高低、征收范围、减免规定、优惠政策等都会影响企业活动。它不仅调节企业生产活动，也影响企业资本供给和盈利水平。企业财务决策应适应税收政策的导向，合理安排资本投放，追求更大的经济利益。税收对财务管理的影响表现在以下几个方面。

1. 影响企业融资决策

我国税法规定，企业借款利息不高于金融机构同类同期贷款利息的部分，以及企业经批准发行的债券利息支出，可在所得税前扣除，即具有利息抵税的作用。这样就减少了企业的应纳税所得额，进而减少了应纳税额，减少了现金流出。而其他筹资方式无此优势，如发行股票筹集的资本，其支付的股利必须在所得税后支付，没有减少应纳税额的作用。因此，税收法律法规对企业融资决策有一定影响。

2. 影响企业投资决策

根据税法规定，企业投资于不同的地区、不同的行业、不同的业务及企业不同的规模，都会面临着不同的税收政策。比如，从事农、林、牧、渔，从事符合条件的环境保护、节能节水项目，从事国家重点扶持的公共基础设施项目等，其投资经营的所得有免征或减征优惠；对于高新技术企业有税收优惠；对小型微利企业有税收优惠；对民族自治地方有税收优惠等。这就要求企业要根据自身的情况组织投资活动，合理选择投资地区、投资行业、投资业务等，合理避税，减少应纳税额。

3. 影响企业现金流量

企业作为纳税人，纳税是其应尽的义务。缴税会增加企业的现金流出量，这就要求企业应当在纳税期限临近时筹足税款，采用合法的方式使纳税递延，从而减少当期现金流出量，避免现金短缺。

4. 影响企业利润与利润分配

税收是国家对企业纯收入的再分配。税费的变动与利润的变动呈反向变动的关系，一定时期内税负增加，利润则减少；反之，税负减少，利润则增加，从而影响到企业法定公积金、任意盈余公积金及股东股利分配的数额。

（三）财务会计法规

财务会计法规主要包括《企业财务通则》、《企业会计准则》、《企业会计制度》。《企业财务通则》是各类企业进行财务活动、实施财务管理的基本规范。

除了上述法律规范外，与企业财务管理有关的其他经济法律规范还有许多，包括各种证券法律规范、结算法律规范、合同法律规范等。财务人员要熟悉这些法律规范，在守法的前提下完成财务管理的职能，实现企业的财务目标。

四、金融市场环境

金融市场环境是企业最为重要的环境因素之一。企业从事投资和生产经营活动离不开资金。而资金的取得，一般而言，除了自有资金外，企业的资金要从金融机构和金融市场取得。金融市场环境的变化必然会给企业的筹资、投资和资金运营、资金分配活动带来重大的影响。影响企业财务管理的金融环境因素主要包括金融机构、金融工具、金融市场和利率四个方面。

17

（一）金融机构

金融机构包括商业银行、投资银行、证券公司、保险公司和各类基金管理公司。

商业银行的主要作用是资金的存放，它们从广大居民手中吸收存款，再以借款的形式将这些资金提供给企业等资金需要者。

投资银行在现代公司筹资活动中处于非常重要的地位，任何公司发行债券或股票，都要借助投资银行的帮助。我国目前投资银行的业务主要由各类证券公司承担。

保险公司和各类基金管理公司是金融市场上主要的机构投资者，它们从广大投保人和基金投资者手中聚集了大量资金，同时又投资于证券市场，成为公司资金的一项重要来源。目前，我国已经存在多家保险公司和基金管理公司，这些机构投资者在金融市场上的作用将越来越重要。

（二）金融工具

金融工具，是指能够证明债权债务关系或所有权关系，并据此进行货币资金交易的合法凭证，它对交易双方所应承担的义务及享有的权利均具有法律效力。金融工具按期限不同可分为货币市场工具和资本市场工具，前者主要有商业票据、国债、可转让大额定单等，后者主要指股票和债券等。金融工具一般具有期限性、流动性、风险性和收益性四个基本特征。

（三）金融市场

1. 金融市场的概念

金融市场是指资金供应者和资金需求者双方通过金融工具进行交易的场所，包括广义的和狭义的金融市场。广义的金融市场是指市场资金流动的场所，包括实物资本和货币资本的流动。广义金融市场的交易对象包括借贷、票据承兑和贴现、有价证券的买卖、黄金和外汇买卖、办理国内外保险、生产资料的产权交换等。狭义的金融市场一般是指有价证券市场，即股票和债券的发行和买卖市场。

2. 金融市场与企业理财

（1）金融市场是企业投资和筹资的场所。金融市场上有许多种筹资的方式。企业需要资金时，可到金融市场选择适合自己需要的方式筹资。企业有了剩余的资金，也可在金融市场上选择投资方式，提高资金的使用效率。

（2）企业通过金融市场使长短期资金互相转化。企业可以在金融市场将所持有的股票、债券转手变现，成为短期资金；大额可转让定期存单，可在金融市场上卖出，成为短期资金。同时企业也可在金融市场上将短期资金转变为股票、债券等长期资产。

（3）金融市场为企业理财提供有意义的信息。金融市场上的利率变动和各种金融性资产的价格变动，都反映资金的供求状况、宏观经济状况，甚至反映发行股票及债券公司的经营状况和盈利水平。它们是企业经营和投资的重要依据。

3. 金融市场分类与组成

1) 金融市场的分类

(1) 按交易期限的长短划分,金融市场可分为短期资金市场和长期资本市场。短期资金市场是指期限不超过一年的资金交易市场,也称为货币市场;长期资本市场是指期限在一年以上的股票、债券交易市场,也称为资本市场。

(2) 按金融工具的属性划分,可将金融市场分为基础性金融市场和金融衍生品市场。基础性金融市场是指以基础性金融工具为交易对象的金融市场,如商业票据市场、企业债券市场、企业股票交易市场等;金融衍生品市场是指以金融衍生品为交易对象的金融市场,包括期货交易市场、期权交易市场等。

(3) 按交易性质划分,金融市场可分为发行市场和流通市场。发行市场是指从事新证券和票据等金融工具买卖的转让市场,又称为一级市场或初级市场;流通市场是指从事已上市的旧证券和票据等金融工具买卖的转让市场,又称二级市场或次级市场。

(4) 按交易对象划分,金融市场可分为票据市场、国债市场、企业债券市场、股票市场、衍生金融工具市场、外汇市场、黄金市场等。

金融市场作为融通资金的场所,是企业向社会筹集资金必不可少的条件。从企业财务管理的角度看,财务管理人员必须熟悉金融市场,有效地利用金融市场为企业筹措资金和进行投资。

2) 金融市场的组成

金融市场由主体、客体和参加人组成。主体是指银行和非银行金融机构,它们是金融市场的中介机构,是连接筹资人和投资人的纽带;客体是指金融市场上的买卖对象,如商业票据、政府债券、公司股票等各种信用工具;参加人是指客体的供应者和需求者,如企事业单位、政府部门、城乡居民等。

(四) 利率

利率也称利息率,是金融市场上资金使用权的价格,是利息占本金的百分比指标。企业的财务活动均与利率有一定的联系,离开了利率因素就无法正确做出筹资决策和投资决策。因此,利率是进行财务决策的基本依据,利率原理是财务管理中的一项基本原理。

1. 利率的类型

(1) 按利率之间的变动关系,可分为基准利率和套算利率。基准利率又称基本利率,是指在多种利率并存的条件下起决定作用的利率。所谓起决定作用,是指这种利率变动,其他利率也相应变动。套算利率是指在基准利率确定后,各金融机构根据基准利率和借贷款项的特点而换算出的利率。

(2) 按利率与市场资金供求情况的关系,可分为固定利率和浮动利率。固定利率是指在借贷期内固定不变的利率;浮动利率是指在借贷期内可以调整的利率。在预期利率上升的情况下,债权人应采用浮动利率,在预期利率下降的情况下,债权人应采用固定利率。

(3) 按利率形成机制不同,可分为市场利率和法定利率。市场利率是指根据资金市场上的供求关系而自由变动的利率;法定利率是由政府金融管理部门或中央银行确定的利率。

2. 利率计算的一般公式

与商品市场上商品价格由供给关系来决定一样,利率也主要由供求关系来决定。除此之外,经济周期、通货膨胀、国家宏观经济政策、国际政治经济关系、国家对利率管制程度等,均会对利率的变动产生不同程度的影响。因此,资金的利率通常由以下三个部分组成。

1) 纯利率

纯利率是指没有风险和通货膨胀情况下的社会平均资金利润率。纯利率的高低受平均利润率、资金供求关系和国家调节的影响,因而纯利率不是一成不变的。精确测定纯利率是非常困难的,在实际工作中,通常以无通货膨胀情况下的无风险证券的利率来代表纯利率。

2) 通货膨胀补偿率(或称通货膨胀贴水)

通货膨胀补偿率是指由于持续的通货膨胀会不断降低货币的实际购买力,资金的供应者为补偿其购买力损失而要求提高的利率。无风险证券的利率,除纯利率之外还应加上通货膨胀因素,以补偿通货膨胀所遭受的损失。例如,政府发行的短期无风险证券(如国库券)的利率就是由这部分内容组成的。

3) 风险报酬率

风险报酬率包括违约风险报酬率、流动性风险报酬率和期限风险报酬率。

(1)违约风险报酬率。违约风险是指借款人无法按时支付利息或偿还本金而给投资人带来的风险。违约风险报酬率是指为了弥补因债务人无法按时还本付息而带来的风险,由债权人要求提高的利率。国库券等证券由政府发行,可视为没有违约风险,其利率一般较低。企业债券的违约风险则要根据企业的信用程度来定。

(2)流动性风险报酬率。流动性风险报酬率是指为了弥补因债务人资产流动性不好而带来的风险,由债权人要求提高的利率。流动性是指某项资产迅速转化为现金的可能性。如果一项资产能迅速转化为现金,则说明其变现能力强,流动性好,流动风险小;反之,则说明其变现能力弱,流动性不好,流动风险大。政府债券、大公司的股票与债券由于信用好、变现能力强,所以流动性风险小,而一些不知名的中小企业发行的证券,流动性风险则较大。一般而言,在其他因素均相同的情况下,流动性风险小和流动性风险大的证券利率差距介于 1% ~ 2% 之间,这就是流动性风险报酬率。

(3)期限风险报酬率。负债到期日越长,债权人承受的不确定因素就越多,承担的风险也越大。为弥补这种风险而增加的利率水平就叫期限风险报酬率。例如,同时发行的国库券,5 年期的利率就比 3 年期的利率高,银行贷款也是如此。因此,长期利率一般要高于短期利率,这便是期限风险报酬率。当然,在利率剧烈波动的情况下,也会出现短期利率高于长期利率的情况,但这种偶然情况并不影响上述结论。

综上所述,利率的一般计算公式可表示如下:

$$利率 = 纯利率 + 通货膨胀补偿率 + 风险报酬率$$

只要能合理预测这些利率的构成因素,便能比较合理地测定利率水平。

第四节 财务管理体制

一、企业财务管理体制的含义和分类

(一)财务管理体制的含义

企业财务管理体制是明确企业各财务层级财务权限、责任和利益的制度,其核心是如何配置财务管理权限。企业财务管理体制决定了企业财务管理的运行机制和实施财务模式。

(二)财务管理体制的类型及优缺点

企业财务管理体制概括地说可以分为集权型财务管理体制、分权型财务管理体制和集权与分权相结合型财务管理体制三种类型。

1. 集权型

集权型财务管理体制是指企业对各所属单位的财务管理决策都进行集中统一,各所属单位没有财务决策权。企业总部财务部门不仅参与各所属单位的财务决策,在特定情况下还直接参与各所属单位的执行过程。

集权型财务管理体制的优点如下。

(1)企业内部可充分展现一体化管理的优势,合理配置资源,降低企业资金成本和风险损失;

(2)有利于企业实行内部调拨价格,进行合理避税和防范汇率风险等。

集权型财务管理体制的缺点如下。

(1)过度集权会使各所属单位缺乏主动性、积极性,丧失活力;

(2)可能因决策程序相对复杂而失去适应市场的弹性,丧失市场机会。

2. 分权型

分权型财务管理体制是指企业将全部财务管理权限和财务决策权完全下放到各所属单位,各所属单位只需对一些决策结果报请企业总部备案即可。

分权型财务管理体制的优点如下。

(1)有利于各所属单位负责人针对本单位存在的问题及时做出有效决策,灵活地搞好各项业务;

(2)有利于分散经营风险,促进各所属单位的管理人员和财务人员快速成长。

分权型财务管理体制的缺点:各所属单位大多从本位利益出发安排财务活动,缺乏全局观念和整体意识,可能导致资金管理分散、资金成本增大、费用失控、利润分配无序等问题。

3. 集权与分权相结合型

集权与分权相结合型财务管理体制是指企业对各所属单位在所有重大问题的决策与处理上实行高度集权,各所属单位则对日常经营活动具有较大的自主权,其实质就是集权下的分权。

这种财务管理体制体现了企业以企业发展战略和经营目标为核心，将企业内重大决策权集中于企业总部，同时赋予各所属单位自主经营权的管理理念。其主要特点如下。

（1）在制度上，制定统一的内部管理制度，明确企业财务权限及企业收益分配方法，各所属单位应该遵照执行，并根据自身的特点加以补充。

（2）在管理上，利用企业的各项优势，对部分权限集中管理。

（3）在经营上，充分调动各所属单位的生产经营积极性。各所属单位围绕企业发展战略和经营目标，在遵守企业统一制度的前提下，自主制定生产经营的各项决策。为避免配合失误，明确责任，凡是由企业总部决定的事情，企业总部在规定时间内应该明确答复，否则，各所属单位有权自行处置。

可以看出，集权与分权相结合的财务管理体制，吸收了集权型和分权型财务管理体制的优点，同时又规避了二者各自的缺点，从而具有较大的优越性。

二、企业财务管理体制的选择

（一）影响企业财务管理体制选择的因素

1. 企业生命周期

通常情况下，企业的发展经历初创阶段、快速发展阶段、稳定增长阶段、成熟阶段和衰退阶段。企业应该根据各个阶段的不同特点，选择合适的财务管理体制。比如在初创阶段，企业经营风险高，就应该偏重集权模式。

2. 企业战略

企业战略的发展大致经历数量扩大、地区开拓、纵向或横向联合发展和产品多样化四个阶段，不同的战略目标应该匹配不同的财务管理体制。比如实施纵向一体化战略的企业，各所属单位之间业务联系密切；各所属单位之间的业务联系越密切，就越有必要采取相对集中的财务管理体制。

3. 企业所处市场环境

如果企业所处的市场环境复杂多变，有较大的不确定性，就要求在财务管理划分权限时给中下层财务管理人员较多的随机处理权，增强企业对市场环境变化的适应能力。相反，如果企业面临的市场环境稳定，对生产经营的影响不大，就可以把财务管理权利相对集中。

4. 企业规模

一般而言，企业规模小，财务管理工作量就小，财务管理制度也就相应简单、集中，偏重集权模式；企业规模大，财务管理工作量大、复杂性强，财务管理的各种权限就有必要根据需要重新调整。

5. 企业管理层素质

管理层如果素质高、能力强，可以采取集权型财务管理体制；反之，通过分权可以调动各所属单位的积极性、创造性和应变能力。

6. 信息网络系统

集权型的财务管理体制，在企业内部需要有一个能及时准确传递信息的网络系统，并通过对信息传递过程的严格控制来保障信息质量。

除此之外,还应该考虑企业的类型、经济政策、管理方法和手段、成本等因素,综合确立符合企业自身特点和发展需要的财务管理体制。

(二)企业财务管理体制选择的原则

1.与现代企业制度要求相适应的原则

现代企业制度是以产权为依托,对各种经济主体在产权关系中的权利、责任、义务进行合理有效的组织、调节和制度安排,具有产权清晰、责任明确、政企分开、管理科学的特征。企业应该实行资本权属清晰、财务关系明确、符合法人治理结构要求的财务管理体制。

2.明确企业对各所属单位管理中的决策权、执行权和监督权相互制衡的原则

企业只有从决策和管理程序上做到科学、民主,才能实现科学管理,因此决策权、执行权与监督权相互制衡的制度必不可少。这一管理原则加强了决策的科学性和民主性,强化了决策执行的刚性和可考核性,强化了监督的独立性和公正性,从而形成良性循环。

3.明确财务分层管理和综合管理思想的原则

企业财务管理不是企业总部财务部门单一职能部门的财务管理,也不是各所属单位财务部门的财务管理,而是一种战略管理。这种管理要求:①从企业总体角度对企业的财务战略进行定位;②对企业的财务管理行为进行统一规范,做到高层的决策结果能被低层战略经营单位完全执行;③以制度管理代替个人的行为管理,从而保证企业管理的连续性;④以现代企业财务管理分层管理思想指导具体的管理实践。

4.与企业组织体制相适应的原则

企业的组织体制主要有 U 型组织、H 型组织和 M 型组织三种基本形式。U 型组织以智能化管理为核心,最典型的特征是在管理分工下实行集权控制,依靠总部的采购、营销、财务等职能部门直接控制各单位,子公司的自主权较小。H 型组织即控股公司体制,集团总部下设若干子公司,每家子公司拥有独立的法人地位和比较完整的职能部门。它的典型特征是过度分权。M 型组织即事业部制,就是企业按照产品、地区、市场等来划分部门,设立若干事业部。事业部不是法人,不能独立对外从事生产经营活动。M 型组织结构比 H 型组织结构集权程度更高。

随着企业管理实践的深化,H 型组织结构的总部作为出资人对子公司的重大事项拥有最终决定权,实现对子公司的集权管理。所以 H 型组织既可以集权管理,也可以分权管理。M 型组织的事业部也可以在企业统一领导下,拥有一定的自主经营权。

 **本章小结**

财务管理在现代企业管理中正扮演着越来越重要的角色,已经成为企业管理的核心。在市场经济条件下,企业在竞争中求生存,求发展。但是,市场瞬息万变,潜伏着诸多的不确定性和风险性。财务管理不仅重要,而且面临着许多新课题,有待

我们去研究解决。本章较为系统地阐述了财务管理的内涵、内容、环节、目标、环境和财务管理体制。

 **案例与点评**

宏伟公司的财务管理目标

宏伟公司是一家从事 IT 产品开发的企业。由三位志同道合的朋友共同出资100 万元，三人平分股权比例共同创立。企业发展初期，创始股东都以企业的长远发展为目标，关注企业的持续增长能力，所以，他们注重加大研发投入，不断开发新产品，这些措施有力地提高了企业的竞争力，使企业实现了营业收入的高速增长。在开始的几年里，销售业绩以年 60% 的递增速度提升。然而，随着利润的不断快速增长，三位创始股东开始在收益分配上产生了分歧。股东王力、张伟倾向于分红，而股东赵勇则认为应将企业取得的利益用于扩大再生产，以提高企业的持续发展能力，实现长远利益的最大化。由此产生的矛盾不断升级，最终导致坚持企业长期发展的赵勇被迫出让持有的 1/3 股份而离开企业。

但是，此结果引起了和企业有密切联系的广大供应商和分销商的不满，因为他们许多人的业务发展壮大都与宏伟公司密切相关。他们威胁如果赵勇离开企业，他们将断绝与企业的业务往来。面对这一情况，其他两位股东提出他们可以离开，条件是赵勇必须收购他们的股份。赵勇的长期发展战略需要较多投资，这样做将导致企业陷入没有资金维持生产的境地。这时，众多供应商和分销商伸出了援助之手，他们或者主动延长应收账款的期限，或者预付货款，最终使赵勇重新回到了企业，成为公司的掌门人。

经历了股权变更的风波后，宏伟公司在赵勇的领导下，不断加大投入，实现了企业规模化发展，在同行业中处于领先地位，企业的竞争力和价值不断提升。

（资料来源：荆新，王化成，刘俊彦. 财务管理学[M]. 5 版. 北京：中国人民大学出版社，2009.）

思考：

（1）赵勇坚持企业长远发展，而其他股东要求分红，你认为赵勇的目标是否与股东财富最大化的目标相矛盾？

（2）拥有控制权的大股东与供应商、客户等利益相关者之间的利益是否矛盾，如何协调？

（3）像宏伟这样的公司，其所有权与经营权是合二为一的，这对企业的发展有何利弊？

（4）重要利益相关者能否对公司的控制权产生影响？

点评：

（1）不矛盾。股东财富的大与小，重要的是体现在企业能否长远发展。只有企业长远良性地发展，不断做大做强，创造良好的经营业绩，股价上升，企业才能为股东创造更多的财富。赵勇坚持长远发展目标，恰是股东财富最大化目标的具体体现。

（2）有时会发生矛盾。股东和供应商、客户之间既有共同利益，也有利益冲突。股东可能为自己的利益伤害供应商和客户的利益，供应商和客户也可能为自己的利益伤害股东利益。因此，要通过立法调节他们之间的关系，保障双方的合法权益。一般来说，企业只要遵守合同就可以基本满足合同利益相关者的要求，在此基础上股东追求自身利益最大化也会有利于供应商和客户。当然，仅有法律是不够的，还需要道德规范的约束，以缓和双方的矛盾。其实从长远来看，追求股东财富最大化实际上并不损害其他相关者的利益，恰恰相反，它是以保证其他相关者利益为前提的。

（3）所有权与经营权合二为一的优点主要表现为两点。第一，经营积极性高。因所有者亲自经营自己的产业，责权利天然统一，自身的利益和经营业绩密切相关，故有很高的经营积极性。可避免股东与管理层之间的委托代理冲突。如所有者本身经营能力高强，则必使企业充满活力，效益大增。第二，经营成本低。所有者亲自经营自己的产业，无需另外向经营者支付报酬，故经营成本低，效益好。但两权合一也有弊端，并非任何所有者都具有高强的经营能力。如所有者经营能力低下，却亲自经营，必会使企业遭受重创，效益低下，远不如委托给能力高强者经营效果好。同时，从企业的长远发展来看，不利于公司治理结构的完善，制约公司规模的扩大。

从总体上来看，所有权和经营权的分离是符合现代市场经济的最优模式，利大于弊。

（4）重要利益相关者可能会对企业的控制权产生影响。只有当企业以股东财富最大化为目标，增加企业的整体财富，利益相关者的利益才能得到有效满足；反之，利益相关者则会为维护自身利益而对控股股东施加影响，从而可能导致企业的控制权发生变更。

 思考与练习题

【思考题】

1. 市场经济环境下，利润最大化作为财务管理目标主要存在哪些缺陷？

2. 结合财务管理的历史演进过程，分析说明环境因素对财务管理发展的影响。

3. 为什么经营者与所有者之间、所有者与债权人之间、企业与社会之间存在利益冲突？财务上如何协调？

4. 筹资决策、投资决策、资金营运决策、收益分配决策都是财务决策的重要内容，它们之间存在怎样的联系？

5. 金融性资产具有哪些特点，它们之间存在怎样的关系？

6. 企业财务人员如何应对通货膨胀？

【练习题】

一、单项选择题

1. 纯利率依存于利润率，并受平均利润率的制约，利息率最高限不能超过平均利润率，最低限（　　）。

A. 等于零　　　　B. 小于零　　　　C. 大于零　　　　D. 无规定

2. 下列经济活动中,能够体现企业与其投资者之间财务关系的是( )。

A. 企业向国有资产投资公司交付利润

B. 企业向国家税务机关缴纳税款

C. 企业向其他企业支付货款

D. 企业向职工支付工资

3. 在下列各项中,从甲公司的角度看,能够形成本企业与债务人之间财务关系的业务是( )。

A. 甲公司购买乙公司发行的债券

B. 甲公司归还所欠丙公司的货款

C. 甲公司从丁公司赊购产品

D. 甲公司向戊公司支付利息

4. 在财务管理中,企业将所筹集到的资金投入使用的过程被称为( )。

A. 广义投资   B. 狭义投资   C. 对外投资   D. 间接投资

5. 下列各项中,不能协调所有者与债权人之间矛盾的方式是( )。

A. 市场对公司强行接收或吞并

B. 债权人通过合同实施限制性借款

C. 债权人停止借款

D. 债权人收回借款

6. 财务管理的核心工作环节为( )。

A. 财务预测   B. 财务决策   C. 财务预算   D. 财务控制

7. 利润最大化目标的优点是( )。

A. 反映企业创造剩余产品的能力

B. 反映企业创造利润与投入资本的关系

C. 反映企业所承受的风险程度

D. 反映企业取得收益的时间价值因素

8. 一般来讲,金融性资产具有如下相互联系( )。

A. 流动性强的,收益较差   B. 流动性强的,收益较高

C. 收益大的,风险较小   D. 流动性强的,风险较大

9. 在没有通货膨胀的条件下,纯利率是指( )。

A. 投资期望收益率   B. 银行贷款基准利率

C. 社会实际平均收益率   D. 没有风险的平均利润率

10. 已知短期国库券利率为4%,纯利率为2.5%,市场利率为7%,则风险收益率和通货膨胀补偿率分别为( )。

A. 3%和1.5%   B. 1.5%和4.5%

C. −1%和6.5%   D. 4%和1.5%

11. 下列各指标中,容易导致企业短期行为的是( )。

A. 相关者利益最大化   B. 企业价值最大化

C. 股东财富最大化   D. 利润最大化

二、多项选择题

1. 在不存在通货膨胀的情况下,利率的组成因素包括( )。

A. 纯利率   B. 违约风险报酬率

C. 流动性风险报酬率   D. 到期风险报酬率

2. 下列各项中,属于企业筹资引起的财务活动有(   )。

A. 偿还借款   B. 购买国库券

C. 支付股票股利   D. 利用商业信用

3. 狭义的投资包括(   )。

A. 购买其他公司的股票   B. 购买固定资产

C. 购入存货   D. 与其他企业联营

4. 为确保企业财务目标的实现,下列各项中,可用于协调所有者与经营者矛盾的措施有(   )。

A. 所有者解聘经营者

B. 所有者向企业派遣财务总监

C. 公司被其他公司接收或吞并

D. 所有者给经营者以股票选择权

5. 下列经济行为中,属于企业财务活动的有(   )。

A. 资金营运活动   B. 利润分配活动

C. 筹集资金活动   D. 投资活动

6. 下列有关货币市场表述正确的是(   )。

A. 货币市场也称为短期金融市场,它交易的对象具有较强的货币性

B. 资金借贷量大

C. 也称为资本市场,其收益较高而流动性较差

D. 交易目的主要是满足短期资金周转需要

7. 纯利率的高低受下列因素影响的有(   )。

A. 平均利润率   B. 资金供求关系

C. 国家调节   D. 通货膨胀

8. 某公司通过上海证券交易所发行普通股筹集资金,这种筹资所依赖的金融市场是(   )。

A. 资本市场   B. 发行市场   C. 流通市场   D. 二级市场

三、判断题

1. 财务管理环境是对企业财务活动和财务管理产生影响作用的企业各种外部条件的统称。(   )

2. 金融工具一般具有期限性、流动性、风险性、收益性四个基本特征,其中流动性是指金融工具在必要时迅速转变为现金的能力。(   )

3. 受通货膨胀的影响,实行浮动利率会使债权人利益受到损害。(   )

4. 近年我国金融市场的利率波动与通货膨胀有关,后者起伏不定,利率也随之而起落。(   )

5. 筹资决策的关键问题是确定资本结构,至于融资总量则取决于投资的需要。(   )

6. 公司将已筹集资金投资于高风险项目,会给原债权人带来高风险和高收益。(   )

第二章
财务管理的价值观念

本章知识结构图

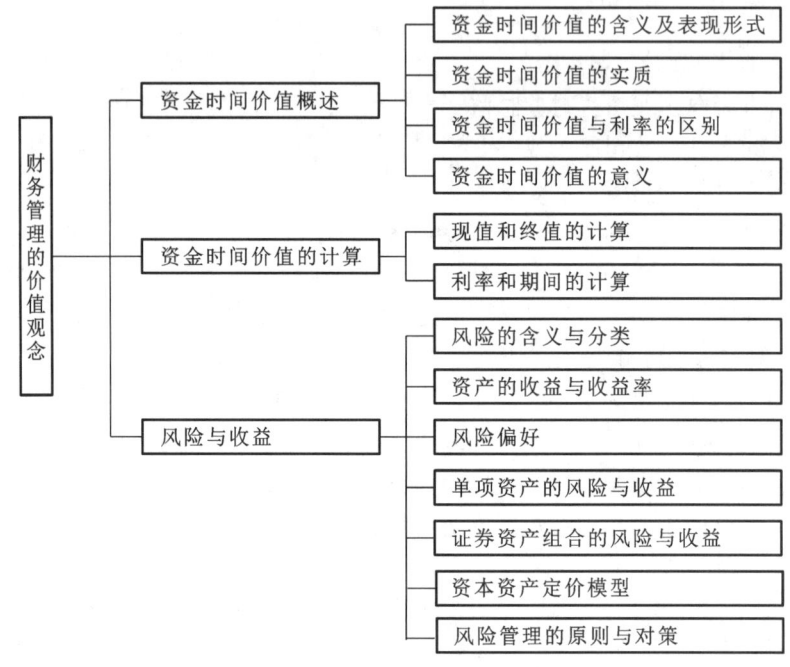

财务管理的价值观念
- 资金时间价值概述
  - 资金时间价值的含义及表现形式
  - 资金时间价值的实质
  - 资金时间价值与利率的区别
  - 资金时间价值的意义
- 资金时间价值的计算
  - 现值和终值的计算
  - 利率和期间的计算
- 风险与收益
  - 风险的含义与分类
  - 资产的收益与收益率
  - 风险偏好
  - 单项资产的风险与收益
  - 证券资产组合的风险与收益
  - 资本资产定价模型
  - 风险管理的原则与对策

学习目的

本章主要阐述了资金时间价值和风险价值两个最基本的财务概念,学习本章的目标是:

(1)深入理解资金时间价值的概念和形成原因,重点掌握资金时间价值的计算方法,包括单利、复利和各种年金的计算方法,深入理解资金时间价值在财务管理中的重要意义。

(2)深入理解风险的概念和基本特点,了解各种财务活动中存在的风险及人们对待风险的态度。

(3)掌握单项资产风险和收益的确定,理解资产组合的风险和收益。

导入案例

24美元能再次买下纽约吗?

纽约是美国最大的工商业城市,有美国经济首都的称号。但是,在1626年9月

11 日,荷兰人彼得·米纽伊特(Peter Minuit)从印第安人那里只花了 24 美元买下了曼哈顿岛。据说这是美国有史以来最合算的投资,超低风险超高回报,而且所有的红利全部免税。彼得·米纽伊特简直可以做华尔街的教父,就连以经商著称于世的犹太人也非常嫉妒彼得·米纽伊特。

但是,如果我们换个角度来重新计算一下呢? 如果当年的 24 美元没有用来购买曼哈顿,而是用做其他投资呢? 我们假设每年 8% 的投资收益,不考虑中间的各种战争、灾难、经济萧条等因素,这 24 美元到 2010 年会是多少呢? 说出来吓你一跳:164 033 801 073 225.00 美元,也就是 1 640 多万亿美元。这不但仍然能够购买曼哈顿,而且如果考虑到由于"9·11"事件后纽约房地产贬值的话,更是不在话下。这是一个可怕的数字,而这个数字之所以能够产生,主要是复利的魔力。

从这个故事中,我们认识到,原来货币随着时间的不同,价值是不断变化的。更确切地说,是购买力在不断变化。这就是财务管理的一个基本概念——资金的时间价值。

第一节　资金时间价值概述

一、资金时间价值的含义及表现形式

资金时间价值是指货币经过一定时间的投资与再投资所产生的增值,也称为货币的时间价值。在商品经济中,有这样一种现象:现在的 1 元钱和 1 年后的 1 元钱其经济价值不相等,现在的 1 元钱价值更大,因为现在的 1 元钱可以投资获利。对于任何人来说,在不考虑通货膨胀和风险的情况下,今天一定量的资金大于未来同量的资金。如将今年的 1 元钱存入银行,如年利率为 4%,则 1 年后可获得 1.04 元钱,产生了 0.04 元的增值,即今年的 1 元钱和一年后的 1.04 元钱等值。这种在资金使用过程中随时间的推移而发生增值的现象,称为资金具有时间价值的属性。这 0.04 元的增值,就是资金的时间价值。由于不同时点单位资金的价值不相等,不同时点的资金收入不宜直接进行比较,这就需要把它们换算到相同的时点上再比较大小。

资金的时间价值有相对数和绝对数两种表现形式,绝对数叫作资金时间价值额,相对数叫作资金时间价值率。现实生活中,我们常用相对数来表示资金的时间价值。相对数的表现形式是增值额占投资额的百分比,即无风险和通货膨胀情况下的投资报酬率。上例中,资金的时间价值为 4%。

二、资金时间价值的实质

是不是所有资金都具有时间价值呢? 不是。资金具有时间价值需要一个条件,就是必须将资金有目的地进行投资。时间价值是在生产经营过程中产生的。马克思认为,货币只有当作资本投入生产和流通之后才能增值。在发达商品经济条件下,商品流通运动公式是 $G—W—G'$,这一运动的特点是始点和终点都是货币,虽没有质的区别,但有量的变化,即 $G'=G+\Delta G$,这个增值额 ΔG 就是剩余价值。如果把生产过程和流通过程结合起来分析,资金运动的全过程则为 $G—W\cdots P\cdots W'—$

G'。由此可以看出，资金使用者将资金投入生产经营以后，劳动者借此生产新的产品，创造新价值，带来利润，实现增值。处于终点的 G' 是 W' 实现的结果，W' 中包含增值额在内的全部价值是在生产过程中形成的，其中增值部分是工人创造的剩余价值。因此，时间价值不可能由"时间"创造，而是由工人的劳动创造的，时间价值的真正来源是工人创造的剩余价值。因此，资金时间价值是资金在周转中产生的，是资金所有者让渡资金使用权而参与社会财富分配的一种形式。

资金的时间价值如何计量呢？马克思在《资本论》中精辟地论述了剩余价值是如何转化为利润，利润又如何转化为平均利润的，并指出到最后投资于不同行业的资金，将获得大体上相当于社会平均资金利润率的投资报酬。在通货膨胀的客观存在下，资金利润率除包括时间价值以外，还包括风险报酬和通货膨胀贴水，时间价值率是扣除风险报酬和通货膨胀贴水后的社会平均资金利润率。时间价值额是资金在生产经营中带来的增值额，即一定数额的资金与时间价值率的乘积。

三、资金时间价值与利率的区别

通常情况下，资金的时间价值相当于没有风险和通货膨胀情况下的社会平均资金利润率。这是市场经济中各部门投资的利润率趋于平均化的结果。因为每个企业在投资某项目时，至少要取得社会平均利润率，否则不如投资另外的项目或另外的行业。因此，资金的时间价值成为评价投资方案的基本标准。

由于资金时间价值计算方法和利息的计算方法相同，因而资金时间价值与利率容易混为一谈。实际上，财务管理活动总是或多或少地存在风险，而通货膨胀也是市场经济客观存在的经济现象。因此，利率不仅包含时间价值，也包含风险价值和通货膨胀的因素。一般来说，只有购买国库券等政府债券时几乎没有风险。如果通货膨胀率也很低的话，此时可以用政府债券利率来表示资金时间价值。

四、资金时间价值的意义

1. 资金时间价值是进行筹资决策、评价筹资效益的重要依据

筹资是企业资本运动的起点。在筹资活动中，资金时间价值是进行筹资决策、评价筹资效益的重要依据。第一，筹资时机的选择要考虑资金的时间价值。一般而言，筹资时间和投资时间是紧密衔接的，即在资本投放之前不久筹集资本，才能使筹集的资本及时地加以运作，避免资本的闲置浪费。但由于各种因素的影响，筹资时间和投资时间有时并不完全一致，因此，企业必须综合考虑各项因素，树立时间价值观念，尽可能使筹资时间与投资时间保持一致。第二，举债期限的选择要考虑资金的时间价值。举债期限选择的一般原则是，长期占用的资本用长期资金解决，短期占用的资本用短期资金解决。如果缺乏时间价值观念，用长期资金来满足短期资本的需要，必然会造成资金的闲置浪费，增加筹资成本，加重企业的财务负担。第三，时间价值是确定资本成本，进行资本结构决策的重要基础。企业取得和使用资金必须要付出代价，即存在资本成本。资本成本的一个重要性质在于它是时间价值和风险价值的统一，即时间价值构成资本成本的一部分。而建立在时间价值基础上的资本成本，又是资本结构决策必须考虑的一个关键因素。因此，没有时间价值观念，就不能正确确定资本成本，也无法做出正确的资本结构决策。

2. 资金时间价值是进行投资决策、评价投资效益的重要依据

首先,利用时间价值原理,能从动态上比较各种投资方案在不同时期的投资成本、投资报酬,避免从静态上简单地进行比较,从而提高投资决策的正确性。考虑了时间价值的投资决策方法是投资决策时采用的主要方法。其次,树立时间价值观念,能使投资者有意识地加强投资经营管理,降低投资成本。最后,树立时间价值观念,有利于缩短投资项目建设期,早日投产,从时间上为项目争取更大的效益。

3. 资金时间价值是考核经营成果的重要依据

资金时间价值相当于不考虑风险及通货膨胀低至可以忽略不计情况下的社会平均利润率。企业资金的利润率至少要与资金的时间价值相等,即资金时间价值是企业资金利润率的最低限度,资金的投入要能满足资金出让者的最低要求。企业日常的资金收支发生在不同的时间点,为了正确评价经营的最终成果,只有利用资金时间价值的原理,才能将不同时间点上的资金收支进行比较,得出正确的经营效益。

第二节 资金时间价值的计算

由于资金时间价值的存在,只有将不同时点上的收入和支出换算到相同时点上的收入和支出,才能进行大小的比较和计算。资金时间价值通常采取利息的形式,按计算利息的方式计算。利息的计算有单利和复利两种计息方法。

一、现值和终值的计算

现值,又称本金,是指未来某一时点上的一定量的现金折算到现在所对应的金额,通常记作 P;终值,又称将来值,是指一定量的资金折算在未来某一时点上的价值,俗称本利和,通常记作 F。

现值和终值是相对的。一定时点上的价值既可能是现值,也可能是终值。相对于该时点以前的时点的价值来说,该时点的价值是终值;相对于该时点以后的时点的价值来说,该时点的价值是现值。现值和终值概念的范围可以推广至所分析的任何一段时间。在任意时间段中,现值可以被认为是资金在起始点的价值量,终值可以被认为是资金在终结点的价值量。在不考虑风险和通货膨胀的情况下,一定量资金的终值与现值的差额即为资金的时间价值;连接现值和终值并实现两者相互换算的百分数称为折现率,又称贴现率。

为计算方便,本章假定有关字母的含义如下:P 为现值;F 为终值;i 为利率(折现率);n 为计息期数;I 为利息。

(一)一次性收付款项的终值和现值

1. 单利终值与现值

单利指只对本金计提利息,而不将以前计息期产生的利息加到本金中去计算利息的一种计算方法,其计息基础就是本金。

1）单利终值的计算

单利终值是指现在一笔资金按单利计算的未来价值。其计算公式为

$$F = P(1+ni)$$

例 2-1 假设银行利率是 2%，现在存入 100 万元资金，用单利计算 3 年后这笔资金的本利和是多少？

解 $F = P(1+ni) = 100 \times (1+3 \times 2\%) = 106(万元)$

2）单利现值的计算

单利现值是指若干年以后收入或支出一笔资金按单利计算相当于现在的价值。单利现值的计算同单利终值的计算是互逆的，由终值计算现值的过程称为折现。单利现值的计算公式为

$$P = F \times \frac{1}{1+ni}$$

例 2-2 假设银行利率是 2%，想在 3 年后得到 106 万元，用单利计算现在需要存入多少资金？

解 $P = F \times \dfrac{1}{1+ni} = 106 \times \dfrac{1}{1+3 \times 2\%} = 100(万元)$

2. 复利终值与现值

所谓复利，是指在计算利息时，每经过一个计息期，要将所生利息加入本金再计利息，逐期滚算，俗称"利滚利"。这里所说的计息期是指相邻两次计息的时间间隔，如年、月、日等。除特别指明，计息期一般都为 1 年，给出的利率一般是年利率。对于不足 1 年的利息以 1 年等于 360 天来折算。复利法是国际上目前普遍采用的利息计算方法。

1）复利终值的计算

复利终值是指一定量的本金按复利计算若干期后的本利和。计算公式为

$$F = P(1+i)^n$$

式中，$(1+i)^n$ 称为复利终值系数，用符号 $(F/P,i,n)$ 表示。例如，$(F/P,5\%,4)$ 表示利率为 5% 的 4 期复利终值的系数。在实际工作中，为了便于计算，可编制"复利终值系数表"（见附录 1）以备查阅。该表的第一行是利率 i，第一列是计息期数 n，相应的 $(1+i)^n$ 值在其纵横相交处。通过附录 1 可查出，$(F/P,5\%,4) = 1.215\,5$，也就是说，在年利率为 5% 的情况下，现在的 1 元和 4 年后的 1.215 5 元在经济上是等效的。根据复利终值系数可以把现值换算成终值。需要注意的是，i 和 n 的计息期间是统一的，如 i 为年利率，则 n 表示的计息期数为年；如 i 为月利率，则 n 表示的计息期数为月，以此类推。

从复利终值系数表中可以看出，复利终值系数都大于 1，即 $(F/P,i,n) > 1$，且随着 i 和 n 的增加，终值系数增大，即终值系数与 i 和 n 成正相关关系。因此 $i > 0$ 时，终值总是大于现值。

该表的作用不仅在于已知 i 和 n 时查找 1 元的复利终值，而且可在已知 1 元复利终值和 n 时查找 i，或已知 1 元复利终值和 i 时查找 n。

例 2-3 某人将 100 万元存入银行，年利率 2%，3 年后复利终值为多少？

解 $F = P(1+i)^n = 100 \times (1+2\%)^3 = 106.12(万元)$

2）复利现值的计算

复利现值是指未来一定时间的资金按复利计算现在的价值,或者说为取得将来一定的本利和现在所需要投入的本金。计算公式为

$$P = F \times \frac{1}{(1+i)^n}$$

式中,$\frac{1}{(1+i)^n}$ 称为复利现值系数,用符号 $(P/F, i, n)$ 表示。例如,$(P/F, 5\%, 4)$ 表示利率为 5% 的 4 期复利现值的系数。在实际工作中,为了便于计算,可编制"复利现值系数表"(见附录 2)以备查阅。该表的使用方法与"复利终值系数表"相同。

从"复利现值系数表"中可以看出,复利现值系数都小于 1,即 $(P/F, i, n) < 1$,且随着 i 和 n 的增加,现值系数减少,即现值系数与 i 和 n 成负相关关系。因此 $i > 0$ 时,现值总是小于终值。

例 2-4 某公司拟在 8 年后获得本利和 100 000 元。假设投资报酬率为 10%,该公司现在应投入多少元?

解 $$P = F \times \frac{1}{(1+i)^n} = 100\ 000 \times \frac{1}{(1+10\%)^8} = 46\ 650 \text{(元)}$$

(二)系列收付款项的终值与现值

在现实经济生活中,还存在一定时期内多次收付的款项,即系列收付款项。系列收付款项有两种形式:一是每次收付的金额相等,这样的系列收付款项称为年金;二是每次收付的金额不等,称为不等额系列收付款项。它们都是在复利计算的基础上进行的。

1. 年金的计算

年金是指等额、定期的系列款项,通常记作 A。年金的形式多种多样,如分期付款赊购、发放养老金、分期支付工程款、每年相同的销售收入等。年金具有等额性、定期性、系列性的特征。

年金按每次收付发生的时点不同,可分为普通年金、即付年金、递延年金、永续年金。

1）普通年金

普通年金又称后付年金,是指从第一期起,在一定时期内每期期末等额收付的系列款项。普通年金的收付形式如图 2-1 所示。横线代表时间的延续,用数字标出各期的顺序号;竖线的位置表示支付的时刻,竖线下端数字表示支付的金额。

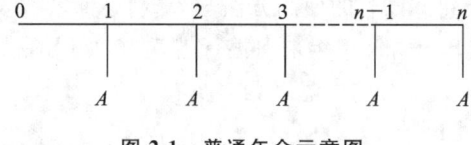

图 2-1 普通年金示意图

(1)普通年金终值的计算。

普通年金终值指每期期末等额收付的系列款项的复利终值之和。

例如,假定一普通年金,一共 3 期,年利率为 10%,在第一期末的 100 元,应赚得 2 期的利息,因此到第三期末其值为 121 元;在第二期末的 100 元,应赚得 1 期的利

息,其在第三期末值为 110 元;在第三期末的 100 元,没有计息,其期末值为 100 元。整个年金终值为 331 元。如图 2-2 所示。

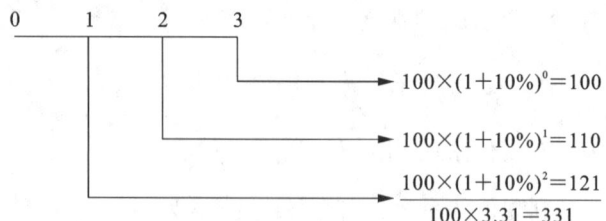

图 2-2 普通年金终值计算示意图

如果年金的期数很多,用上述方法计算终值显然相当烦琐。由于每期收付款项是相等的,因此可以找出规律,得出简便的计算方法。设每期收付金额为 A,利率为 i,期数为 n,复利计算的普通年金终值计算原理如图 2-3 所示。

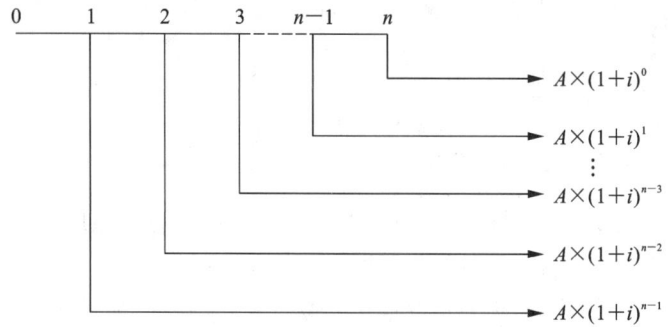

图 2-3 普通年金终值计算示意图

由图 2-3 可知,普通年金终值的计算公式及其推导如下:

$$F = A + A \times (1+i)^1 + A \times (1+i)^2 + A \times (1+i)^3 + \cdots + A \times (1+i)^{n-1} \quad ①$$

将等式两边同乘以 $(1+i)$,得

$$F \times (1+i) = A \times (1+i)^1 + A \times (1+i)^2 + A \times (1+i)^3 + A \times (1+i)^4$$
$$+ \cdots + A \times (1+i)^n \quad ②$$

用②式减去①式,得

$$F = A \frac{(1+i)^n - 1}{i}$$

式中,$\frac{(1+i)^n - 1}{i}$ 称为 1 元年金终值系数,记作 $(F/A, i, n)$,可编制"年金终值系数表"(见附录 3),以备查阅。该表的使用方法与"复利终值系数表"相同。

例 2-5 某公司在 8 年内每年年末向银行借款 100 万元,借款年利率为 10%,则该公司在第 8 年年末应付银行的本息和为多少?

解 $F = A \frac{(1+i)^n - 1}{i} = 100 \times (F/A, 10\%, 8) = 100 \times 11.435\ 9$

$= 1\ 143.59(万元)$

(2)普通年金现值的计算。

普通年金现值指为在每期期末取得相等金额的款项,现在需要投入的金额。其计算原理如图 2-4 所示。

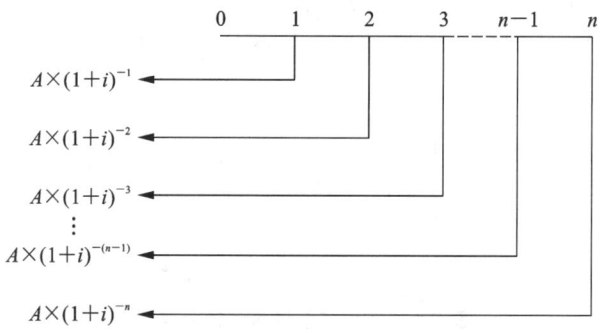

图 2-4　普通年金现值计算示意图

由图 2-4 可知,普通年金现值的计算公式及其推导如下:

$$P = A \times (1+i)^{-1} + A \times (1+i)^{-2} + A \times (1+i)^{-3} + \cdots$$
$$+ A \times (1+i)^{-(n-1)} + A \times (1+i)^{-n} \qquad ①$$

将等式两边同乘以 $(1+i)$,得

$$P \times (1+i) = A + A \times (1+i)^{-1} + A \times (1+i)^{-2} + \cdots$$
$$+ A \times (1+i)^{-(n-2)} + A \times (1+i)^{-(n-1)} \qquad ②$$

用②式减去①式,得

$$P = A \frac{1-(1+i)^{-n}}{i}$$

式中,$\dfrac{1-(1+i)^{-n}}{i}$ 称为 1 元年金现值系数,记作 $(P/A, i, n)$,可编制"年金现值系数表"(见附录 4),以备查阅。其使用方法与"复利终值系数表"相同。

例 2-6　某人现要出国,出国期限为 10 年。在出国期间,其每年年末需支付 1 万元的房屋物业管理等费用,已知银行利率为 2%,求现在需要向银行存入多少万元?

解　$P = A \dfrac{1-(1+i)^{-n}}{i} = 1 \times (P/A, 2\%, 10) 1 \times 8.982\ 6 = 8.982\ 6$(万元)

2)即付年金

即付年金又称预付年金或先付年金,是指从第一期起,在一定时期内每期期初等额收付的系列款项。

即付年金与普通年金的区别仅在于收付款项发生的时点不同,即付年金的收付行为发生在每期期初,而普通年金的收付行为发生在每期期末。

即付年金的收付形式如图 2-5 所示。横线代表时间的延续,用数字标出各期的顺序号;竖线的位置表示支付的时刻,竖线下端数字表示支付的金额。

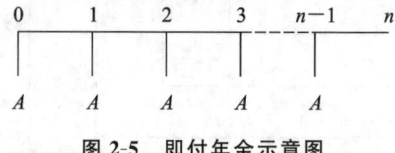

图 2-5　即付年金示意图

(1)即付年金终值的计算。

即付年金终值是指每期期初等额定期的系列收付款项的复利终值之和。其计算原理如图 2-6 所示。

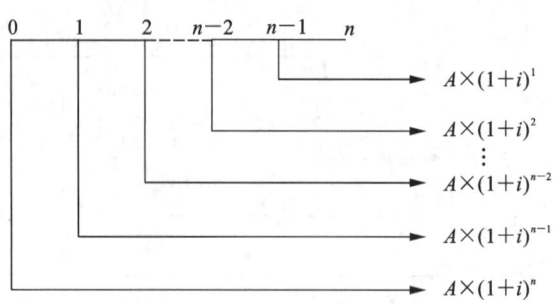

图 2-6　即付年金终值计算示意图

由图 2-6 可知，即付年金终值的计算公式如下（其推导过程与普通年金终值公式推导过程相同）：

$$F = A\left[\frac{(1+i)^{n+1}-1}{i} - 1\right]$$

式中，$\left[\frac{(1+i)^{n+1}-1}{i} - 1\right]$ 称为即付年金终值系数，记作 $[(F/A, i, n+1)-1]$。即付年金终值系数与普通年金终值系数相比：期数 $+1$，系数 -1。因此，可查"年金终值系数表"，得出 $(n+1)$ 期的值，然后减去 1 便可得到对应的即付年金终值系数。

仔细观察图 2-3 与图 2-6，可以看出，n 期即付年金与 n 期普通年金的期限相同，但由于付款时间不同，n 期即付年金比 n 期普通年金多计算 1 期利息。因此，在 n 期普通年金终值的基础上乘以 $(1+i)$，就是 n 期即付年金终值，即

$$F = A\frac{(1+i)^n - 1}{i} \times (1+i) = A\left[\frac{(1+i)^{n+1}-(1+i)}{i}\right] = A\left[\frac{(1+i)^{n+1}-1}{i} - 1\right]$$

例 2-7　某人每年年初存入银行 1 万元，一共存 10 年，已知银行利率是 2%，求终值。

解　$F = A\left[\frac{(1+i)^{n+1}-1}{i} - 1\right] = 1 \times 11.169 = 11.169（万元）$

也可通过普通年金终值与即付年金终值的关系得出：

$$F = A\frac{(1+i)^n - 1}{i} \times (1+i) = A(F/A, 2\%, 10) \times (1+2\%)$$

$$= 1 \times 10.9497 \times (1+2\%) = 11.169（万元）$$

（2）即付年金现值的计算。

即付年金现值是指每期期初等额定期的系列收付款项的复利现值之和，其计算原理如图 2-7 所示。

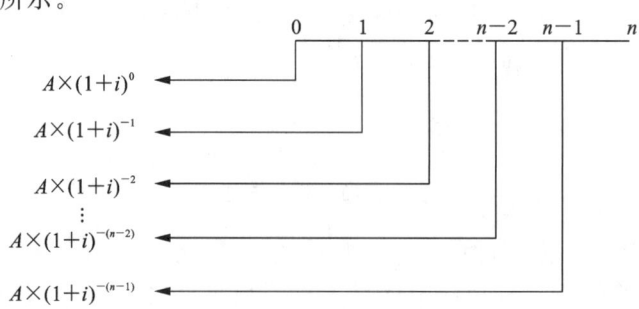

图 2-7　即付年金现值计算示意图

由图 2-7 可知,即付年金现值的计算公式如下(其推导过程与普通年金现值公式推导过程相同):

$$P = A\left[\frac{1-(1+i)^{-(n-1)}}{i}+1\right]$$

式中,$\left[\frac{1-(1+i)^{-(n-1)}}{i}+1\right]$ 称为即付年金现值系数,记作 $[(P/A,i,n-1)+1]$。即付年金现值系数与普通年金现值系数相比:期数 -1,系数 $+1$。因此,可查"年金现值系数表",得出 $(n-1)$ 期的值,然后加上 1 便可得到对应的即付年金现值系数。

仔细观察图 2-4 与图 2-7,可以看出,n 期即付年金与 n 期普通年金的期限相同,但由于付款时间不同,n 期即付年金比 n 期普通年金少折现 1 期。因此,在 n 期普通年金现值的基础上乘以 $(1+i)$,就是 n 期即付年金现值,即

$$P = A\frac{1-(1+i)^{-n}}{i}\times(1+i) = A\left[\frac{(1+i)-(1+i)^{-(n-1)}}{i}\right]$$
$$= A\left[\frac{1-(1+i)^{-(n-1)}}{i}+1\right]$$

例 2-8　某人要出国,出国期限为 10 年。在出国期间,其每年年初需支付 1 万元的房屋物业管理等费用,已知银行利率为 2%,求现在需要向银行存入多少?

解　$P = A\left[\frac{1-(1+i)^{-(n-1)}}{i}+1\right]=1\times 9.16=9.16(万元)$

也可通过普通年金现值与即付年金现值的关系得出:

$$P = A\frac{1-(1+i)^{-n}}{i}\times(1+i) = 1\times 8.982\ 6\times(1+2\%) = 9.16(万元)$$

3) 递延年金

递延年金是指第一次收付发生在第二期或第二期以后的年金。凡收入或支出发生在第一期期末以后的某一时间的年金,都属于递延年金。

递延年金收付形式中,前若干期没有发生收付,一般用 m 表示递延期数,后若干期连续收付的期数,用 n 表示。递延年金收付形式如图 2-8 所示。

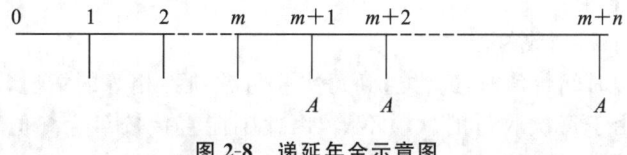

图 2-8　递延年金示意图

(1) 递延年金终值的计算。

从图 2-8 可知,递延年金的终值与递延期无关,其计算方法与普通年金终值计算方法相同。

(2) 递延年金现值的计算。

递延年金现值的计算一般有三种方法。

第一种方法:假设递延期也有年金收付,先求出 $(m+n)$ 期的年金现值,再减去递延期 m 的年金现值。

第二种方法:先把递延年金视为普通年金,求出其至递延期末的现值,再将该现值换算成第一期期初的现值。

第三种方法:先把递延年金视为普通年金,求出其终值,再将此终值换算成第一

期期初的现值。

例 2-9 某人从第四年开始每年末存入 1 000 元,利率为 10%,连续存入 7 年后,于第十年末取出,问这笔钱的现值为多少?

解法 1 假设递延期中也进行支付,先求出$(m+n)$期的年金现值,然后,扣除实际并未支付的递延期 m 的年金现值,即可得出最终结果。

$$P_{(m+n)} = A(P/A, i, n) = 1\ 000 \times (P/A, 10\%, 10) = 1\ 000 \times 6.144\ 6 = 6\ 144.6(元)$$
$$P_{(m)} = 1\ 000 \times (P/A, 10\%, 3) = 1\ 000 \times 2.486\ 9 = 2\ 486.9(元)$$
$$P_{(n)} = P_{(m+n)} - P_{(m)} = 6\ 144.6 - 2\ 486.9 = 3\ 657.7(元)$$

解法 2 把递延年金视为 n 期普通年金,求出递延期末的现值,然后再将此现值调整到第一期期初。

$$P_3 = A(P/A, i, n) = 1\ 000 \times (P/A, 10\%, 7) = 1\ 000 \times 4.868\ 4 = 4\ 868.4(元)$$
$$P_0 = A(P/A, i, n) = 4\ 868.4 \times (P/F, 10\%, 3) = 4\ 868.4 \times 0.751\ 3 = 3\ 657.63(元)$$

解法 3 把递延年金视为 n 期普通年金,求出$(m+n)$期末的终值,然后再将此终值调整到第一期期初。

$$F_{10} = A(P/A, i, n) = 1\ 000 \times (F/A, 10\%, 7) = 1\ 000 \times 9.487\ 2 = 9\ 487.2(元)$$
$$P_0 = F(P/F, i, n) = 9\ 487.2 \times (P/F, 10\%, 10) = 9\ 487.2 \times 0.385\ 5 = 3\ 657.32(元)$$

4）永续年金

永续年金是指在未来无限期等额支付的年金。在现实生活中,永久性奖学金、优先股股利、存本取息都可视为永续年金。

永续年金没有终止的时间,所以没有终值,只有现值。永续年金的现值公式推导如下：

$$P = \lim_{n \to \infty} A \frac{1 - (1+i)^{-n}}{i} = \frac{A}{i}$$

例 2-10 拟建立一项永久性奖学金,每年计划颁发 10 000 元奖金,若利率为 10%,现在应存入多少钱?

解
$$P = \frac{A}{i} = \frac{10\ 000}{10\%} = 100\ 000(元)$$

2. 不等额的系列收付款项

在计算资金时间价值时,经常遇到每次收付款项不相等的情况,即不等额的系列收付款项。由于每次收付的款项不等,因此不能直接按年金终值和现值公式计算,只能是能按年金计算的按年金计算,不能按年金计算的只能依靠一次性收付款项的计算公式计算。

例 2-11 某人准备在第一年年末存 1 000 元,第二年年末存 2 000 元,第三年至第六年每年年末存 3 000 元,若利率为 10%。问这笔存款的现值为多少?

解
$$P = 1\ 000 \times (P/F, 10\%, 1) + 2\ 000 \times (P/F, 10\%, 2)$$
$$+ 3\ 000 \times (P/A, 10\%, 4)(P/F, 10\%, 2)$$
$$= 1\ 000 \times 0.909\ 1 + 2\ 000 \times 0.826\ 4 + 3\ 000 \times 3.169\ 9 \times 0.826\ 4$$
$$= 10\ 420.72(元)$$

二、利率和期间的计算

以上有关资金时间价值的计算,阐述了在已知利率 i 和期数 n 的情况下,现值与终值、年金与现值、年金与终值之间相互转换的计算方法。但在现实生活中，可能会出现已知现值（终值）和利率 i，确定期数 n，或已知现值（终值）和期数 n，确定利率 i 的情况。下面利用资金时间价值的基本公式，介绍利率和期数的计算方法。

资金时间价值的计算公式中，共含有四个要素（现值、终值、利率和期限），只要知道其中的三个，就可以推导出第四个。

（一）利率的计算

1. 单利计息方式下的利率计算

单利计息方式下，已知终值 F、现值 P、期数 n，可通过公式 $F = P(1+ni)$ 计算利率。

2. 复利计息方式下的利率计算

复利计息方式下，利率与现值（或终值）系数之间存在一定的数量关系。已知现值（或终值）系数，可以通过内插法计算对应的利率。按内插法求利率时，利率差之比等于系数差之比。

假定系数值为 β，求 i。当利率为 i_1 时，系数 $\beta_1 > \beta$，则说明 i_1 太小（大），应进一步提高（降低）利率；假设提高（降低）后的利率为 i_2，用 i_2 测试，得系数 $\beta_2 < \beta$，则

$$i = i_1 + \frac{\beta - \beta_1}{\beta_2 - \beta_1} \times (i_2 - i_1)$$

式中，所求利率为 i，i 对应的现值（或终值）系数为 β，β_1、β_2 为现值（或终值）系数表中 β 的相邻的系数，i_1、i_2 分别为 β_1、β_2 对应的利率。

1）一次性收付款项的利率

若已知复利现值（或终值）系数 β 及期数 n，可查复利现值（或终值）系数表，找出与已知复利现值（或终值）系数最接近的两个系数及其对应的利率，按内插法计算利率。

例 2-12 某人下岗获得 10 000 元现金补助，他决定将款项存起来并希望 20 年后这笔款项连本带利至少能达到 50 000 元。问银行存款的年利率为多少，他的希望才能变为现实？

解 根据题意可得

$$10\ 000 \times (F/P, i, 20) = 50\ 000$$
$$(F/P, i, 20) = 5 \quad 即 \quad (1+i)^{20} = 5$$

可采用逐次测试法（试错法）计算，当 $i_1 = 8\%$ 时，

$$(1+8\%)^{20} = 4.661$$

由于 8% 利率所对应的系数 4.661 小于 i 所对应的系数 5，说明 i 大于 8%，应提高利率再测试。

当 $i_2 = 9\%$ 时，

$$(1+9\%)^{20} = 5.604$$

由于 9% 利率所对应的系数 5.604 大于 i 所对应的系数 5，说明 i 小于 9%。由上可知，i 在 8% 和 9% 之间，运用内插法得

$$i = i_1 + \frac{\beta - \beta_1}{\beta_2 - \beta_1} \times (i_2 - i_1)$$

$$= 8\% + \frac{5 - 4.661}{5.604 - 4.661} \times (9\% - 8\%) = 8.359\%$$

因此，如果银行存款的年利率大于等于 8.359% 时，他的希望即可成为现实。

2）普通年金、即付年金的利率

若已知年金现值（或终值）系数 β 及期数 n，可查年金现值（或终值）系数表，找出与已知年金现值（或终值）系数最接近的两个系数及其对应的利率，按内插法计算利率。

例 2-13　某公司于第一年年初借款 10 000 元，每年年末还本付息额均为 2 000 元，需 9 年还清，则借款利率为多少？

解　根据题意可得

$$10\ 000 = 2\ 000 \times (P/A, i, 9)$$
$$(P/A, i, 9) = 5$$

查年金现值系数表可得

当 $i_1 = 12\%$ 时，　　　　　　$(P/A, 12\%, 9) = 5.328\ 2$

由于 12% 利率所对应的系数 5.328 2 大于 i 所对应的系数 5，说明 i 大于 12%，应提高利率再测试。

当 $i_2 = 14\%$ 时，　　　　　　$(P/A, 14\%, 9) = 4.946\ 4$

由于 14% 利率所对应的系数 4.946 4 小于 i 所对应的系数 5，说明 i 小于 14%。

由上可知，i 在 12% 和 14% 之间，运用内插法得

$$i = i_1 + \frac{\beta - \beta_1}{\beta_2 - \beta_1} \times (i_2 - i_1)$$

所以

$$i = 12\% + \frac{5 - 5.328\ 2}{4.946\ 4 - 5.328\ 2} \times (14\% - 12\%) = 13.72\%$$

3）永续年金利率

永续年金的利率可通过公式 $i = \dfrac{A}{P}$ 计算得出。

例 2-14　某公司存入 1 000 000 元，每年资助贫困大学生 20 000 元。问银行存款年利率为多少时才可以设定为永久性助学金？

解　由于每年都需要拿出 20 000 元，因此助学金的性质是一项永续年金。

$$i = \frac{A}{P} = \frac{20\ 000}{1\ 000\ 000} = 2\%$$

即利率不低于 2% 时，才能保证助学金制度的正常运行。

3. 名义利率与实际利率

1）名义利率与实际利率的概念

以上计算资金时间价值时，假设复利的计息期为一年。但在实际生活中，复利的计息期不一定是一年，可能是半年、一个季度、一个月、一周甚至一天。当每年复利次数超过 1 次时，给出的年利率叫名义利率；而每年只复利 1 次的利率才是实际利率，也称有效利率。

2）名义利率下资金时间价值的计算

当利息在一年内要复利几次时，给出的年利率（名义利率）会小于投资者获得的

实际利率。例如,计息期为一个季度、一年内复利4次的情况下,在每一个季度结束时,都会将上一季度的本利和,作为本金投入到下一季度再计利息。那么在年利率和本金相同的情况下,每年计4次利息的终值,就会大于每年计息1次的终值。一年内计息次数越多,则实际利率与名义利率的差异就越大。

计算一年内多次复利的时间价值有以下两种计算方法。

(1) 第一种方法:将名义利率调整为实际利率,然后按照实际利率计算时间价值。换算公式为

$$i = \left(1 + \frac{r}{m}\right)^m - 1$$

式中:i——实际利率;

　　r——名义利率;

　　m——一年内计息次数。

例 2-15 某公司向银行借款100万元,利率10%,银行要求半年计复利1次,到第十年末,该公司应归还银行本利和多少?

解 依题意可得,实际利率为

$$i = \left(1 + \frac{r}{m}\right)^m - 1 = \left(1 + \frac{10\%}{2}\right)^2 - 1 = 10.25\%$$

所以,第十年末公司应归还银行本利和为

$$F = P(1+i)^n = 100 \times (1 + 10.25\%)^{10} = 265.3(万元)$$

该方法的缺点是:调整后实际利率往往不是整数,不利于通过查表的方式计算。

(2) 第二种方法:不计算实际利率,直接调整利率、期数指标,即利率为 $r \div m$,期数为 $m \times n$。

仍以例 2-15 为例,按第二种方法计算如下:

$$F = P\left(1 + \frac{r}{m}\right)^{mn} = 100 \times \left(1 + \frac{10\%}{2}\right)^{2 \times 10} = 265.3(万元)$$

3)通货膨胀下的名义利率与实际利率

这种情况下,名义利率是央行或其他提供资金借贷的机构所公布的未调整通货膨胀因素的利率,即利息(报酬)的货币额与本金的货币额的差额,即指包括补偿通货膨胀(包括通货紧缩)风险的利率。实际利率是指剔除通货膨胀率后储户或投资者得到利息回报的真实利率。

名义利率与实际利率之间的关系为

1 + 名义利率 = (1 + 实际利率) × (1 + 通货膨胀率)

所以,实际利率的计算公式为

$$实际利率 = \frac{1 + 名义利率}{1 + 通货膨胀率} - 1$$

例 2-16 某年某银行一年期存款年利率为3%,假设通货膨胀率为2%,则实际利率为多少?

解　　　$$实际利率 = \frac{1 + 3\%}{1 + 2\%} - 1 = 0.98\%$$

如果上例中通货膨胀率为5%,则

$$实际利率 = \frac{1 + 3\%}{1 + 5\%} - 1 = -1.90\%$$

（二）期数的计算

期数的计算，其原理和步骤与利率的计算相同。按内插法求期数时，期数差之比等于系数差之比。

假定系数值为 β，求 n。当期数为 n_1 时，系数 $\beta_1 > \beta$，则说明 n_1 太小（大），应进一步调大（缩小）期数至 n_2，再用 n_2 测试，得系数 $\beta_2 < \beta$，则

$$n = n_1 + \frac{\beta - \beta_1}{\beta_2 - \beta_1} \times (n_2 - n_1)$$

式中，所求期数为 n，n 对应的现值（或终值）系数为 β，β_1、β_2 为现值（或终值）系数表中 β 的相邻的系数，n_1、n_2 分别为 β_1、β_2 对应的期数。

例 2-17 某企业拟购买一台新设备，更换目前的旧设备。新设备较旧设备高出 4 000 元，但每年可节约成本 1 000 元。利率为 10%。问新设备应至少使用多少年对企业才有利？

解
$$P = A(P/A, i, n)$$
$$4\,000 = 1\,000 \times (P/A, 10\%, n)$$
则
$$(P/A, 10\%, n) = 4$$

查年金现值系数表可得

当 $n_1 = 5$ 时，$\quad (P/A, 10\%, 5) = 3.790\,8$

由于期数为 5 年时对应的系数 3.790 8，小于 n 所对应的系数 4，说明 n 大于 5，应提高期数再测试。

当 $n_2 = 6$ 时，$\quad (P/A, 10\%, 6) = 4.355\,3$

由于期数为 6 年时对应的系数 4.355 3，大于 n 所对应的系数 4，说明 n 小于 6。

由上可知，n 在 5 年和 6 年之间，运用内插法得

$$n = n_1 + \frac{\beta - \beta_1}{\beta_2 - \beta_1} \times (n_2 - n_1)$$
$$= 5 + \frac{4 - 3.790\,8}{4.355\,3 - 3.790\,8} \times (6 - 5) = 5.37 （年）$$

第三节　风险与收益

前面我们讨论的资金时间价值，是在无风险和无通货膨胀条件下的投资报酬率。但在市场经济中，每个企业都面临着无处不在、无时不在的风险。企业的经济活动大都是在风险和不确定的情况下进行的，离开了风险因素，就无法正确评价企业收益的高低，企业就无法做出决策，因此现代财务管理对风险因素越来越重视。投资的风险报酬原理，揭示了风险和报酬之间的关系。风险报酬观念与资金时间价值观念是财务管理的两大价值观念，是财务决策的基本依据。

一、风险的含义与分类

（一）风险的含义

风险一般是指某一行动的后果具有的不确定性。如果某一行动的后果是确定

的,就意味着没有风险;如果是不确定的,就说明存在着风险。各种可能的结果变动程度越大,风险就越大;相反,各种可能的结果变动程度越小,风险就越小。在财务管理中,风险是指预期收益的离散性,也即脱离预期收益的可能性。

按不同风险的程度,理论上可将财务决策分为确定性决策、风险性决策和不确定性决策。

1. 确定性决策

确定性决策是指决策者对未来的情况已知或基本确定,能确知决策后果的各种决策行为。如企业用一定资本购入国库券,由于这种证券由财政部担保和发行,到期投资者可按规定取得预期利率,可视为无风险。这便是一种典型的确定性决策,但这种情况在企业财务决策中只占极小的一部分。

2. 风险性决策

风险性决策是指决策者对未来情况不完全确定,但能确知各种决策后果及各种后果出现概率的决策。如掷硬币游戏,我们事先知道硬币落地时有反面朝上和正面朝上两种后果,而且知道这两种后果出现的概率各占一半。如企业预计某项投资行为,在经营状况良好时其报酬率为 30%,经营状况一般时报酬率为 20%,经营状况很差时只能获取 10% 的报酬率,而经营良好、一般和很差出现的概率分别为 50%、30% 和 20%。这种情况下的决策属风险性决策。

3. 不确定性决策

不确定性决策是指决策者事先不知道决策可能出现的后果,或者虽然知道决策的所有可能后果但不知道出现各种后果的概率的决策。如购买股票,投资者不可能知道该股票所有可能达到的报酬率及每一种报酬率出现的概率大小。再如,某企业拟开发一种新产品,如开发成功,预计可获得 40% 的报酬率,如失败则亏损 20%,但对于开发成功与不成功可能性的概率,事先无法知晓,即投资者事先不能知道获得 40% 报酬和亏损 20% 的可能性,这些便属于不确定性决策。

严格说来,风险性和不确定性是有区别的。但在实际工作中,两者往往难以区分。虽然从理论上讲,不确定性是无法计量决策的,但当我们面临不确定情况时,仍要做出决策。通常人们将不确定性情况转化为风险情况来分析,这样风险性决策和不确定性决策便变得非常相似。因此,在企业财务决策中,对风险性和不确定性决策并没有严格划分,在谈到风险时,可能是指风险决策,也可能是指不确定性决策,一般都视为风险问题对待。

在市场经济中,企业的经营活动往往是机遇与风险并存,活动的结果是,要么获得盈利、前景光明,要么发生亏损、面临破产倒闭。因此,如何判断风险、选择风险、规避风险,继而运用风险,在风险中寻求机会、创造收益,是财务管理要解决的一个重要问题。

事实上,风险具有两面性,风险可能给投资人带来超出预期的收益,也可能带来超出预期的损失。一般来说,投资人对意外损失的关切,比对意外收益的关切要大得多,因此,人们研究风险时侧重减少损失。财务上的风险主要是指无法达到预期报酬的可能性。

（二）风险的类型

1. 非系统性风险

非系统性风险又被称为企业风险或可分散风险,是可以通过资产组合而分散的风险。它是指由于某种特定原因对某特定资产收益率造成影响的可能性。它是特定企业或特定行业所特有的,与政治、经济和其他影响所有资产的市场因素无关。对特定企业而言,非系统性风险又可分为经营风险与财务风险。

1）经营风险

经营风险是指企业经营状况变化而引起盈利水平改变,从而使投资报酬下降的可能性。它是任何商业活动都有的,因此也叫商业风险。经营风险主要是在生产经营过程中产生的,其因素有很多,如市场竞争状况、生产成本、企业管理水平等。经营风险可能来自于企业外部,也可能来自于企业内部。外部因素主要有产业政策、竞争对手、自然条件等客观因素;内部因素主要有企业管理水平、生产技术、市场开拓能力、人力资源水平等主观因素。内部因素是企业经营风险的主要来源。如投资决策失误导致投资失败、生产技术落后导致成本上升、市场开拓能力不足导致市场份额下降等。它们都会影响企业盈利水平,增加经营风险。

2）财务风险

财务风险主要是指企业因借债而形成的风险,由于它是筹资决策带来的,因此也叫筹资风险。产生财务风险的根本原因在于企业举债融资,企业只要有举债就存在财务风险,因为借款利息是按借款数额和事先约定的利率计算的,不因收入或成本的变动而改变,从而对自有资金的盈利能力造成影响,产生一定的风险。债务越多,对自有资金的盈利能力造成的影响就越大,企业所承担的风险就越高。同时,借入资金需要还本付息,一旦无力偿付到期债务,企业便会陷入财务困境甚至破产。

值得注意的是,在风险分散的过程中,不应当过分夸大资产多样性和资产个数的作用。在资产组合中,当资产数目较低时,增加资产的个数,分散风险的效应会比较明显,但资产数目增加到一定程度时,风险分散的效应就会逐渐减弱。经验数据表明,组合中不同行业的资产个数达到 20 个时,绝大多数的非系统风险均已被消除掉。此时,如果继续增加资产数目,对分散风险已经没有多大的实际意义,只会增加管理成本。另外,资产多样化也不能达到完全消除风险的目的,因为系统风险是不能通过风险的分散来消除的。

2. 系统风险

系统风险又称市场风险,是影响所有资产的一种风险,即无论投资哪种资产都无法避免,也不能通过资产组合来分散,因此又称不可分散风险。这部分风险是由那些影响整个市场的风险因素所引起的,这些因素包括宏观经济形势的变动、国家经济政策的变化、税制改革、企业会计准则改革、世界能源状况、政治因素等。

尽管绝大部分资产都不可避免地受到系统风险的影响,但并不意味着系统风险对所有资产有相同的影响。有些资产受系统风险的影响大一些,而有些资产受的影响较小。单项资产或资产组合受系统风险影响的程度,可以通过系统风险系数（β 系数）来衡量。

二、资产的收益与收益率

(一)资产收益的含义与计算

资产的收益是指资产的价值在一定时期的增值。一般情况下,有以下两种表述资产收益的方式。

第一种方式是以金额表示的,称为资产的收益额,通常以资产价值在一定期限内的增值量来表示。该增值量来源于两部分:一是期限内资产的现金净收入;二是期末资产的价值(或市场价格)相对于期初价值(价格)的升值。前者多为利息、红利或股息收益,后者称为资本利得。

第二种方式是以百分比表示的,称为资产的收益率或报酬率,是资产增值量与期初资产价值(价格)的比值。该收益率也包括两部分:一是利息(股息)的收益率;二是资本利得的收益率。以金额表示的收益与期初资产的价值(价格)相关,不利于不同规模资产之间收益的比较,而以百分数表示的收益则是一个相对指标,便于不同规模下资产收益的比较和分析。所以,通常情况下,我们都是用收益率的方式来表示资产的收益。

另外,由于收益率是相对于特定期限的,它的大小要受计算期限的影响,但是计算期限常常不一定是一年,为了便于比较和分析,对于计算期限短于或长于一年的资产,在计算收益率时一般要将不同期限的收益率转化为年收益率。因此,不做特殊说明的话,资产的收益率指的就是资产的年收益率,又称资产的报酬率。

(二)资产收益率的类型

1. 实际收益率

实际收益率表示已经实现或者确定可以实现的资产收益率,表述为已实现或确定可以实现的利息(股息)率与资本利得收益率之和。如果存在通货膨胀,扣除通货膨胀率的影响,才是真实的收益率。

2. 预期收益率

预期收益率也称为期望收益率,是指在不确定的条件下,预测的某资产未来可能实现的收益率。

3. 必要收益率

必要收益率也称最低必要报酬率或最低要求的收益率,表示投资者对某资产合理要求的收益率。这里所说的投资者可以是每个个体,但没有特殊说明的话,通常指全体投资者。每个人对某特定资产都会要求不同的收益率,如果某股票的预期收益率超过大多数人对该股票要求的至少应得到的收益率时,实际的投资行为就会发生。也就是说,只有他们认为至少能够获得他们所要求的收益率时,他们才会购买该股票。

必要收益率与认识到的风险有关。如果某项资产风险较大,对这项资产要求的必要收益率就大;相反,如果某项资产风险较小,对这项资产要求的必要收益率就小。必要收益率由以下两部分组成。

1）无风险收益率

无风险收益率也称无风险利率，它是指无风险资产的收益率，它的大小由纯粹利率（资金的时间价值）和通货膨胀补贴两部分组成。无风险资产一般满足两个条件：一是不存在违约风险；二是不存在再投资收益率的不确定性。实际上，满足这两个条件的资产几乎是不存在的，一般用与所分析的资产的现金流量期限相同的国债来表示。因此，一般用国债的利率表示无风险利率，该国债应该与所分析的资产的现金流量有相同的期限。一般情况下，为了方便起见，通常用短期国债的利率近似地代替无风险收益率。

2）风险收益率

风险收益率是指某资产持有者因承担该资产的风险而要求的超过无风险利率的额外收益。风险收益率衡量了投资者将资金从无风险资产转移到风险资产而要求得到的"额外补偿"。它的大小取决于以下两个因素：一是风险的大小；二是投资者对风险的偏好。风险越大，要求的风险收益率越高，越是不愿意冒风险，要求的风险收益率也越高。

三、风险偏好

根据人们效用函数的不同，按照其对风险的偏好，可分为风险回避者、风险追求者和风险中立者。

（一）风险回避者

当预期收益相同时，风险回避者都会偏好于具有低风险的资产，对于同样风险的资产，他们则都会钟情于高预期收益的资产。如一项资产具有较高的预期收益率，同时也具有较高的风险，而另一项资产虽然预期收益率低，但风险程度也低，当面临这样两种资产时，他们的选择就要取决于他们对待风险的不同态度。

风险回避者在承担风险时，会因承担风险而要求风险报酬，风险报酬要求的多少不仅与所承担的风险大小有关，即风险越高，要求的风险报酬就越大，还取决于他们的风险偏好，即对风险回避的愿望越强烈，要求的风险报酬就越高。

在实际中，一般的投资者和经营者都是风险回避者，因此财务管理的理论框架和实务方法都是针对风险回避者的，并不涉及风险追求者和中立者的行为。

（二）风险追求者

与风险回避者恰好相反，风险追求者喜欢风险，主动追求风险，他们喜欢收益动荡而不喜欢收益稳定。他们选择资产的原则是：当预期收益相同时，选择风险大的。这样会给他们带来更大的效用。

（三）风险中立者

风险中立者既不回避风险，也不主动追求风险。他们选择资产的唯一标准是预期收益的大小，而不管风险状况如何，因为所有预期收益相同的资产会给他们带来相同的效用。

四、单项资产的风险与收益

衡量风险大小有多种方法,较常见的是使用概率统计方法进行风险的衡量与计算。如前所述,风险是与各种可能的结果和结果的概率分布相联系的。因此,风险的大小就可以借助概率统计中的方差、标准差、变异系数等反映实际结果与期望结果偏离程度的指标进行定量的描述和评估。

(一)概率与概率分布

某一事件在相同的条件下可能发生也可能不发生,可能出现这种结果,也可能出现那种结果,这类事件称为随机事件。概率是用来表示随机事件发生的可能性及出现某种结果可能性大小的数值,一般用 P_i 表示。概率越大,表示该事件发生的可能性越大。一般来讲,随机事件的概率是介于 0~1 之间的一个数,通常把必然发生的事件的概率定为 1,不可能发生的事件的概率定为 0,同时,所有可能结果的概率之和应等于 1。

概率分布是指一项活动可能出现的所有结果的概率的集合。概率分布有两种类型:一种是离散型概率分布,即随机事件可能出现的结果只取有限个值,并且对应每个值都有确定的概率;另一种是连续型概率分布,即随机事件可能出现的结果有无数个值,对应着无数个相应的概率,比如正态分布就是一种常见的连续型分布。

(二)期望值

期望值是一个概率分布中的所有可能结果(即随机变量的各个取值),以各自相应的概率为权数计算的加权平均值,也称预期收益(率)、预期报酬(率),通常用符号 $\overline{E}$ 表示。其计算公式如下:

$$\overline{E} = \sum_{i=1}^{n} (X_i \cdot P_i)$$

式中:P_i——第 i 种结果出现的概率;

X_i——第 i 种结果出现后的期望报酬率;

n——所有可能的结果的数目。

例 2-18 某公司有三个投资项目,A 项目是高科技项目,B 项目是一个新产品项目,C 项目是一个传统项目。假设其他因素都相同,影响报酬率的未来经济情况只有三种:繁荣、正常、衰退。有关预期收益的概率分布如表 2-1 所示。

表 2-1　A、B、C 三个项目的预期报酬率及概率分布表

经济情况	发生概率	A 预期报酬率	B 预期报酬率	C 预期报酬率
繁荣	0.3	90%	50%	20%
正常	0.4	15%	10%	15%
衰退	0.3	−60%	−10%	10%

计算某公司 A、B、C 三个项目报酬率的期望值,即期望报酬率。

解　$\overline{E}_A = 0.3 \times 90\% + 0.4 \times 15\% + 0.3 \times (-60\%) = 15\%$

$\overline{E}_B = 0.3 \times 50\% + 0.4 \times 10\% + 0.3 \times (-10\%) = 16\%$

$$\overline{E}_C = 0.3 \times 20\% + 0.4 \times 15\% + 0.3 \times 10\% = 15\%$$

A 项目和 C 项目的期望报酬率相同,但其概率分布不同。A 项目的报酬率分散程度较大,变动范围在 $-60\% \sim 90\%$ 之间;C 项目的报酬率分散程度较小,变动范围在 $10\% \sim 20\%$ 之间。这说明虽然 A、C 项目的期望报酬率相同,但风险不同。B 项目的期望报酬率与 A、C 项目不同,报酬率的分散程度也不同,其变动范围在 $-10\% \sim 50\%$ 之间,风险与 A、C 项目也会不同。一般来讲,随机变量的离散程度越大,风险就越大;反之则越小。为了定量衡量风险的大小,需要使用统计学中衡量概率分布离散程度的指标。

(三)方差和标准差

1. 方差

方差是用来表示随机变量与期望值之间离散程度的一个量,通常用 σ^2 来表示。其计量公式为

$$\sigma^2 = \sum_{i=1}^{n} \left[(X_i - \overline{E})^2 \cdot P_i \right]$$

2. 标准差

标准差反映概率分布中各种可能结果对期望值的偏离程度,是方差的平方根,也叫均方差、标准离差,通常用 σ 来表示。其计量公式为

$$\sigma = \sqrt{\sum_{i=1}^{n} \left[(X_i - \overline{E})^2 \cdot P_i \right]}$$

例 2-19 承例 2-18,计算某公司 A、B、C 三个项目报酬率的标准差。

解

$$\sigma_A = \sqrt{(90\% - 15\%)^2 \times 0.3 + (15\% - 15\%)^2 \times 0.4 + (-60\% - 15\%)^2 \times 0.3}$$
$$= 58.09\%$$

$$\sigma_B = \sqrt{(50\% - 16\%)^2 \times 0.3 + (10\% - 16\%)^2 \times 0.4 + (-10\% - 16\%)^2 \times 0.3}$$
$$= 23.75\%$$

$$\sigma_C = \sqrt{(20\% - 15\%)^2 \times 0.3 + (15\% - 15\%)^2 \times 0.4 + (10\% - 15\%)^2 \times 0.3}$$
$$= 3.87\%$$

标准差以绝对数衡量决策方案的风险,在期望值相同的情况下,标准差越小,表明离散程度越小,随机变量的波动幅度越小,风险也就越小;反之,标准差越大,表明离散程度越大,随机变量的波动幅度越大,风险也就越大。

A 项目和 C 项目的期望报酬率相同,均为 15%,A 项目的标准差为 58.09%,高于 C 项目的标准差 3.87%,所以 A 项目的风险比 C 项目的风险大。因此,在 A、C 两个项目之间,应选 C 项目。

需要注意的是,由于标准差是衡量风险的绝对数指标,对于期望值不同的决策方案,该指标数值没有直接可比性。在本例中,B 项目的期望值与 A、C 项目不同,不能直接以标准差来判断其风险比 A、C 项目大还是小。对此,必须要进一步借助相对数指标"变异系数"来比较。

（四）变异系数

变异系数（Coefficient of Variation，CV）是标准差同期望值的比值，即单位期望值所承担的标准差，也叫标准离差率、变化系数、标准差系数。其计算公式为

$$CV = \frac{\sigma}{E}$$

例 2-20 承例 2-18 为例，计算某公司 A、B、C 三个项目报酬率的标准差。

解
$$CV_A = \frac{\sigma_A}{E_A} = \frac{58.09\%}{15\%} = 3.87$$

$$CV_B = \frac{\sigma_B}{E_B} = \frac{23.75\%}{16\%} = 1.48$$

$$CV_C = \frac{\sigma_C}{E_C} = \frac{3.87\%}{15\%} = 0.258$$

变异系数是一个相对指标，它以相对数反映决策方案的风险程度。在期望值不同的情况下，变异系数越大，风险越大；反之，变异系数越小，风险越小。

A、B 两个项目的期望报酬率不同，分别为 15% 和 16%，A 项目的变异系数为 3.87，高于 B 项目的变异系数 1.48，所以 A 项目的风险比 B 项目的风险大。B、C 项目的期望报酬率不同，分别为 16% 和 15%，B 项目的变异系数为 1.48，高于 C 项目的变异系数 0.258，所以 B 项目的投资风险比 C 项目的风险大。

通过对决策方案的风险计量，决策者便可做出决策。对于单个方案，决策者可根据其标准差（率）的大小，将其同设定的可接受的此项指标最高限量对比，做出取舍。对于多方案，决策的准则是选择低风险、高报酬的方案，即选择标准差（率）最低、期望值最高的方案。但是，一般情况下，高报酬率往往伴随着高风险，低报酬率项目的风险程度往往也较低，这就要权衡期望值与风险，同时还要视决策者对风险的态度而定。风险厌恶者可能会选择风险较低的方案（如方案 C），喜欢冒风险的决策者可能选择风险较高的方案（如方案 B）。

标准离差率虽然能正确评价风险程度的大小，但它不是风险收益率，无法体现风险价值。风险价值与反映风险程度的标准离差率成正比关系，投资者所冒风险程度越大，得到的风险收益率就应该越高。但标准离差率转换为风险收益率，需要引入一个参数，即风险报酬系数（也称风险报酬斜率、风险价值系数、风险收益系数）。

风险收益率、风险报酬系数和变异系数三者之间的关系见下式所示：

$$Q = b \cdot CV$$

式中：Q——风险收益率；

b——风险报酬系数。

由上式可知，风险报酬率的大小取决于两个因素：一是标准差率，它反映投资相对风险的大小；二是风险报酬系数，它反映投资者对风险的偏好，通常由投资者根据经验并结合其他因素加以确定。如果投资者对风险的态度越是回避，要求风险补偿就越高，其设定的风险报酬系数就越大；相反，如果愿意冒较大风险以获得较高收益，其承担风险的能力越强，其要求的风险补偿就会降低，其设定的风险报酬系数就

会较小。

风险报酬系数的大小，可根据投资者的经验并结合其他因素加以确定，主要有以下几种方法。

第一，根据以往同类项目的有关数据确定。例如，企业进行某项投资，其同类项目的投资报酬率为 10%，无风险收益率为 6%，标准差率为 50%。根据公式 $K = R_F + b \cdot CV$，可表示为：$b = (K - R_F)/CV = (10\% - 6\%) \div 50\% = 8\%$。

第二，由企业领导或有关专家确定。如果现在进行的投资项目缺乏同类项目的历史资料，则可根据主观的经验加以确定。具体可由企业组织有关专家（总经理、财务副总经理、财务主管等）研究确定。此时，风险报酬系数的确定在很大程度上取决于企业对风险的态度。

第三，由国家有关部门组织专家确定。财政、银行、证券等政府部门可组织有关专家，根据各行业的条件和有关因素，确定各行业的风险报酬系数，并定期向社会公布。投资者根据国家公布的风险报酬系数，并结合其对风险的态度确定合适的风险报酬系数。

五、证券资产组合的风险与收益

（一）资产组合的含义

两个或两个以上资产所构成的集合，称为资产组合。如果资产组合中的资产均为有价证券，则该资产组合也可称为证券组合或证券资产组合。资产组合的风险与收益具有与单个资产不同的特征。尽管方差、标准离差、标准离差率是衡量风险的有效工具，但当某项资产或证券成为投资组合的一部分时，这些指标就可能不再是衡量风险的有效工具。

（二）资产组合的预期收益率

资产组合的预期收益率（用 $E(R_P)$ 表示），就是组成资产组合的各种资产的预期收益率的加权平均数，其权数等于各种资产在整个组合中所占的价值比例。即

$$资产组合的预期收益率 \ E(R_P) = \sum_{i=1}^{n} [\omega_i \cdot E(R_i)]$$

式中：$E(R_i)$——第 i 种资产的预期收益率；

ω_i——第 i 种资产在整个组合中所占的价值比例。

例 2-21　某公司的一项投资组合中包含 A、B、C 三种股票，权重分别为 10%、30%、60%，三种股票的预期收益率分别为 10%、15%、20%。计算该投资组合的预期收益率。

解　$E(R_P) = 10\% \times 10\% + 30\% \times 15\% + 60\% \times 20\% = 17.5\%$

（三）证券资产组合风险的度量

1. 单项资产的系统风险系数（β 系数）

单项资产的 β 系数是指可以反映单项资产收益率与市场平均收益率之间变动关系的一个量化指标，它表示单项资产收益率的变动受市场平均收益率变动的影响

程度。也即相对于市场组合的平均风险而言,单项资产所含的系统风险的大小。

根据 β 系数的定义可知,当某资产的 β 系数等于 1 时,说明该资产的收益率与市场平均收益率呈同方向、同比例的变化,即如果市场平均收益率增加(或减少)1%时,该资产的收益率也相应增加(或减少)1%,也就是说,该资产所含的系统风险与市场组合的风险一致;当某资产的 β 系数大于 1 时,说明该资产收益率的变动幅度大于市场组合收益率的变动幅度,其所含的系统风险大于市场组合的风险;当某资产的 β 系数小于 1 时,说明该资产收益率的变动幅度小于市场组合收益率的变动幅度,其所含的系统风险小于市场组合的风险。

绝大多数资产的 β 系数是大于 0 的,其收益率的变化方向与市场平均收益率的变化方向是一致的,只是变化幅度不同而导致 β 系数的不同。极个别资产的 β 系数是负数,表明这类资产与市场平均收益的变化方向相反,当市场平均收益增加时,这类资产的收益却在减少。

不同企业之间的 β 系数有所不同,即便是同一家企业在不同时期,其 β 系数也会或多或少地有所差异。在实际中,要想用定义公式去计算 β 系数,是非常困难的。β 系数的计算常常利用收益率的历史数据,采用线性回归的方法取得。在实务中,并不需要企业财务人员或投资者自己去计算资产的 β 系数,一些证券咨询机构会定期公布大量交易过的证券的 β 系数。我国也有一些证券咨询机构定期计算和编制各上市公司的 β 系数,人们可以通过中国证券市场数据库等查询。

2. 资产组合的系统风险系数

投资组合的 β 系数是单个证券 β 系数的加权平均数,权数为各种证券组合中所占的比重。其计算公式为

$$\beta = \sum_{t=1}^{n}(\omega_i \cdot \beta_i)$$

式中:β——证券组合的 β 系数;

ω_i——证券组合中第 i 种股票所占比重;

β_i——第 i 种股票的 β 系数;

n——证券组合中股票的数量。

例 2-22 假设某公司投资于 A、B、C 三种股票构成的投资组合。经测算,它们的 β 系数分别为 1.0、0.5、1.5。A、B、C 三种股票在组合投资中所占的比重分别为 20%、30% 和 50%。确定该证券组合的 β 系数。

解
$$\beta = \sum(\omega_i \cdot \beta_i) \quad (i=1,2,3)$$
$$= 1.0 \times 20\% + 0.5 \times 30\% + 1.5 \times 50\%$$
$$= 1.10$$

六、资本资产定价模型

(一)资本资产定价模型的基本原理

根据风险与收益的一般关系,某资产的必要收益率是由无风险收益率和资产的风险收益率决定的,即

必要收益率＝无风险收益率＋风险收益率

在西方金融学和财务管理学中，有许多模型论述风险和收益率的关系，其中一个重要的模型为资本资产定价模型（Capital Asset Pricing Model，CAPM）。资本资产定价模型中，所谓资本资产主要指的是股票资产，而定价则试图解释资本市场如何决定股票收益率，进而决定股票价格。这一模型为

$$R = R_f + \beta \cdot (R_m - R_f)$$

式中：R——证券组合的必要收益率；

$\quad R_f$——无风险收益率，通常以短期国债的利率来近似替代；

$\quad \beta$——证券的 β 系数；

$\quad R_m$——市场组合收益率，通常用股票价格指数收益率的平均值或所有股票的平均收益率来代替。

式中的 $(R_m - R_f)$，称为市场平均风险补偿率。它是附加在无风险收益率之上的，由于承担了市场平均风险所要求获得的补偿，因而它反映的是市场作为整体对风险的平均"容忍"程度，也就是市场整体对风险的厌恶程度。投资者对风险越是厌恶和回避，要求的风险补偿就越高，市场平均风险补偿率就越大；反之，投资者越是愿意承担风险，要求的风险补偿就越低，平均风险补偿率也就越小。

某项资产的风险收益率是该资产系统风险系数与市场平均风险补偿率的乘积，即

$$风险收益率 = \beta \cdot (R_m - R_f)$$

（二）资产组合的必要收益率

资产组合的必要收益率计算公式与前面的 CAPM 公式非常相似，唯一不同的是 β 系数，前面的 β 系数是单项资产或个别企业的 β 系数，而这里的 β_p 则是资产组合的 β 系数。其计算公式为

$$R = R_f + \beta_p \cdot (R_m - R_f)$$

例 2-23 承例 2-22，假设股票的市场收益率为 16％，无风险收益率为 12％，确定该种证券组合的必要收益率。

解 $\quad R = R_f + \beta_p \cdot (R_m - R_f) = 12\% + 1.10 \times (16\% - 12\%) = 16.4\%$

如果某公司在既定 β 系数的情况下，调整其各种股票的投资比重，也会引起投资组合的 β 系数和必要报酬率的变化。假设该公司通过买卖后，将 A、B、C 三种股票的比重调整为 20％、10％和 70％，则其 β 系数和必要报酬率可计算如下：

$$\beta = \sum (\omega_i \cdot \beta_i) \quad (i = 1,2,3) = 1.0 \times 20\% + 0.5 \times 10\% + 1.5 \times 70\% = 1.30$$

$$R = R_f + \beta_p \cdot (R_m - R_f) = 12\% + 1.30 \times (16\% - 12\%) = 17.20\%$$

由此可见，投资组合必要报酬率的大小受到组合 β 系数和投资组合比重的影响，β 系数越高的那种证券占整个投资的比重越高，投资风险就越大，投资组合所要求的必要报酬率也越大。

当然，投资组合的报酬率的大小也受市场平均报酬率和市场无风险报酬率的影响，投资者要求的平均风险补偿率 $(R_m - R_f)$ 越高，则要求的必要报酬率也越大。

例 2-24 某公司拟在现有的甲证券的基础上，从乙、丙两种证券中选择一种风险小的证券与甲证券组成一个证券组合，资金比例为 7：3，有关资料如表 2-2 所示。

表 2-2　甲、乙、丙三种证券的收益率的预测信息

可能的情况	甲证券在各种可能情况下的收益率	乙证券在各种可能情况下的收益率	丙证券在各种可能情况下的收益率
0.5	15%	20%	8%
0.3	10%	10%	14%
0.2	5%	−10%	12%

要求：

(1)确定应该选择哪一种证券。

(2)假定资本资产定价模型成立,如果证券市场平均收益率为10%,无风险利率是4%,计算所选择的组合的预期收益率和 β 系数。

解　(1)甲的预期收益率＝$0.5\times15\%+0.3\times10\%+0.2\times5\%=11.5\%$

乙的预期收益率＝$0.5\times20\%+0.3\times10\%+0.2\times(-10\%)=11\%$

丙的预期收益率＝$0.5\times8\%+0.3\times14\%+0.2\times12\%=10.6\%$

乙的标准差

$=\sqrt{(20\%-11\%)^2\times0.5+(10\%-11\%)^2\times0.3+(-10\%-11\%)^2\times0.2}=11.36\%$

丙的标准差

$=\sqrt{(8\%-11.6\%)^2\times0.5+(14\%-10.6\%)^2\times0.3+(12\%-10.6\%)^2\times0.2}=2.69\%$

乙的标准离差率＝$11.36\%\div11\%=1.03$

丙的标准离差率＝$2.69\%\div10.6\%=0.25$

由于丙证券的标准离差率小于乙证券的标准离差率,所以应选择丙证券。

(2)组合的预期收益率＝$0.7\times11.5\%+0.3\times10.6\%=11.23\%$

根据资本资产定价模型可得

$$11.23\%=4\%+\beta\times(10\%-4\%)$$

即得

$$\beta=1.205$$

七、风险管理的原则与对策

(一)风险管理的原则

(1)融合性原则。企业风险管理应与企业的战略设定、经营管理与业务流程相结合。

(2)全面性原则。风险管理应覆盖企业所有的风险类型、业务流程、操作环节和管理层级与环节。

(3)重要性原则。企业应对风险进行评价,确定需要进行重点管理的风险,并有针对性地实施重点风险检测,及时识别、应对风险。

(4)平衡性原则。企业应权衡风险与回报、成本与收益之间的关系。

(二)风险管理的对策

1. 规避风险

当某项业务或资产所造成的损失不能由该项业务或资产可能获得的收益予以

抵消时,应当放弃该项业务或资产,可以规避风险。例如,拒绝与不守信用的厂商有业务往来,放弃可能明显导致亏损的投资项目等。

2. 减少风险

减少风险主要从两方面开展:一是控制风险因素,减少风险的发生;二是控制风险发生的频率和降低风险损害程度。减少风险的方法主要有:进行准确的预测,对决策进行多方案优选和替代;实行设备预防检修制度以减少设备事故;采用多领域、多地域、多项目、多品种的经营或投资以分散风险,等等。

3. 转移风险

对可能给企业带来灾难性损失的业务或资产,企业应该以一定的代价,采取某种方式将风险损失转嫁给他人承担。如向专业性保险公司投保,采取联营、合资、联合开发等措施实现风险共担;通过技术转让、租赁经营、业务外包等措施实现风险转移,等等。

4. 接受风险。

接受风险包括风险自担和风险自保两种。风险自担是指风险发生时,直接将损失摊入成本或费用,或冲减利润。风险自保是指企业预留一笔风险金或随着生产经营的进行,有计划地计提资产减值准备等。

 **本章小结**

财务管理的对象就是资金的运动,资金具有时间价值和风险价值。所以在财务管理中就需要对资金的时间价值和风险价值进行衡量和管理。任何企业的财务活动,离开了资金的时间价值因素,就无法正确计算不同时期的财务收支,也无法正确地评价企业的盈亏。时间价值原理正确地揭示了不同时点上资金之间的换算关系,是财务决策的基本依据。同时,企业的财务管理,几乎都是在有风险的情况下进行的,离开了风险因素,就无法正确地评价企业报酬的高低。因此,准确理解风险和报酬的关系,掌握风险的计量方法,对于科学地进行理财活动具有十分重要的意义。本章主要介绍了财务管理的两大重要价值观念,即资金时间价值观念和风险价值观念,并较系统地阐述了时间价值和风险价值的相关计算方法。

 **案例与点评**

瑞士田纳西镇巨额账单

如果你突然收到一张事先不知道的 1 260 亿美元的账单,你一定会大吃一惊。而这样的事件却发生在瑞士的田纳西镇的居民身上。纽约布鲁克林法院判决田纳西镇应向美国投资者支付这笔钱。最初,田纳西镇的居民以为这是一件小事,但当他们收到账单时,他们被这张巨额账单惊呆了。他们的律师指出,若高级法院支持这一判决,为偿还债务,所有田纳西镇的居民在其余生不得不靠吃麦当劳等廉价快餐度日。

　　田纳西镇的问题源于 1966 年的一笔存款。斯兰黑不动产公司在内部交换银行(田纳西镇的一个银行)存入一笔 6 亿美元的存款,存款协议要求银行按每周 1‰ 的利率(复利)付息(难怪该银行第二年破产!)。1994 年,纽约布鲁克林法院做出判决:从存款日到田纳西镇对该银行进行清算的 7 年中,这笔存款应按每周 1‰ 的复利计息,而在银行清算后的 21 年中,每年按 8.54% 的复利计息。

　　思考:

　　(1) 请用所学的知识说明 1 260 亿美元是如何计算出来的?

　　(2) 如利率为每周 1‰,按复利计算,6 亿美元增加到 12 亿美元需多长时间?增加到 1 000 亿美元需多长时间?

　　(3) 本案例对你有何启示?

　　点评:

　　(1) $6 \times (1+1‰)^{52 \times 7} \times (1+8.54\%)^{21} = 1\,260$(亿美元)

　　(2) $6 \times (1+1‰)^{n} = 12, n = 70$(周)

　　　　$6 \times (1+1‰)^{n} = 1\,000, n = 694.3$(周)

　　(3) 资金的时间价值是不能忽略的,在名义利率一定的情况下,计息期越短,利息越大。资金时间价值具有相当大的威力。

 思考与练习题

【思考题】

　　1. 根据马克思的劳动价值理论,讨论剩余价值与时间价值之间的关系,分析资金时间价值形成的根本原因。

　　2. 年金有哪几种形式?如何计算它们的现值与终值?

　　3. 如何计算利率和期数?

　　4. 什么是名义利率?实际利率如何计算?名义利率和实际利率有何关系?

　　5. 什么是市场风险和公司特有风险?二者有何区别?请举例说明。

　　6. 如何确定风险、收益的大小?风险与收益的关系是什么?

【练习题】

一、单项选择题

　　1. 在投入的本金、利率、计息期一定的情况下,计息的次数越多,其复利息(　　)。

　　A. 越大　　　　B. 越小　　　　C. 不变　　　　D. 可大可小

　　2. 若 $(P/F,10\%,1) = 0.909\,1$, $(P/F,10\%,2) = 0.826\,4$, $(P/F,10\%,3) = 0.751\,3$,则 $(P/A,10\%,3) = (　　)$。

　　A. 0.909 1　　　B. 1.735 5　　　C. 2.486 8　　　D. 无法计算

3. 货币时间价值等于（　　　）。

A. 无风险报酬率

B. 通货膨胀补偿率

C. 无风险报酬率与通货膨胀补偿率之和

D. 无风险报酬率与通货膨胀补偿率之差

4. 市场对企业产品的需求越稳定,其（　　　）。

A. 经营风险越小　　　　　　　　B. 财务风险越小

C. 经营风险越大　　　　　　　　D. 财务风险越大

5. 已知未来经济状况繁荣、正常、衰退发生的概率分别为 0.2、0.4、0.4,甲、乙项目在经济状况繁荣、正常、衰退时的报酬率分别为 20%、15%、10% 和 10%、15%、20%,如甲、乙项目的标准差均为 30%,那么（　　　）。

A. 甲项目的风险程度大于乙项目的风险程度

B. 甲项目的风险程度小于乙项目的风险程度

C. 甲项目的风险程度等于乙项目的风险程度

D. 不能确定

6. 某人现存入银行 50 000 元,拟在今后每半年能得到 2 000 元的生活补贴,则该项投资的实际报酬率为（　　　）。

A. 8.24%　　　　B. 8%　　　　C. 8.16%　　　　D. 2%

7. 当一个投资者在同一股市同时购买几种股票时,其目的是（　　　）。

A. 分散市场风险　　　　　　　　B. 分散特有风险

C. 不承担市场风险　　　　　　　D. 取得高报酬

8. 某企业年初借得 50 000 元贷款,10 年期,年利率 12%,每年年末等额偿还,则每年应付金额为（　　　）元。

A. 8 849　　　　B. 5 000　　　　C. 6 000　　　　D. 28 251

9. 若使复利终值经过 4 年后变为本金的 2 倍,每半年计息一次,则名义年利率应为（　　　）。

A. 18.10%　　　　B. 18.92%　　　　C. 37.84%　　　　D. 9.05%

10. 某人年初存入银行 1 000 元,假设银行按每年 10% 的复利计息,每年末取出 200 元,则最后一次能够足额提款的时间是（　　　）。

A. 第五年末　　　　B. 第八年末　　　　C. 第七年末　　　　D. 第九年末

11. 某年某银行的存款利率为 4%,通货膨胀率为 5%,则实际利率为（　　　）。

A. −1%　　　　B. 9%　　　　C. −0.9%　　　　D. 1%

二、多项选择题

1. 关于递延年金下列说法中正确的是（　　　）。

A. 第一次支付发生在若干期以后

B. 可按普通年金的形式计算终值,但需考虑递延期

C. 其现值的计算方法比较灵活

D. 可按普通年金的形式计算终值,但不需考虑递延期

E. 在实际中递延年金是不存在的

2. 下列说法中正确的是:(　　)。

A. 货币时间价值是客观存在的经济现象

B. 年金计算是货币时间价值的特殊形式

C. 在各期发生额相等的情况下,复利现值系数之和即是普通年金现值系数

D. 不使用普通年金的计算公式则无法计算普通年金的终值和现值

3. 不能被分散的风险是(　　)。

A. 通货膨胀　　　　　　　　　　B. 市场利率波动

C. 诉讼失败　　　　　　　　　　D. 没争取到重要合同

4. 关于投资者要求的投资报酬率,下列说法中正确的是(　　)。

A. 风险程度越高,要求的报酬率越低

B. 无风险报酬率越高,要求的报酬率越高

C. 风险程度、无风险报酬率越高,要求的报酬率越高

D. 它是一种机会成本

三、判断题

1. 在利率同为 8% 的情况下,第五年末的 1 元复利终值系数小于第六年初的 1 元复利终值系数。(　　)

2. 名义利率指一年内多次计息时给出的年利率,它等于每期利率与年内复利次数的乘积。(　　)

3. 资金的时间价值就是市场利率。(　　)

4. 财务风险与经营风险总是并存的。(　　)

5. 年金一定是每年发生一次现金流量。(　　)

6. 一次支付的复利终值系数和复利现值系数互为倒数,则普通年金现值系数和普通年金终值系数也互为倒数。(　　)

7. 永续年金由于收付款的次数无穷多,所以其现值无穷大。(　　)

8. 企业实行产品经营多元化战略是为了减少风险。(　　)

四、计算题

1. 某人拟购置一处房产,其可供选择的付款方式如下:

(1) 如果现在一次性付款,需支付 100 万元;

(2) 如果每年年末付款 10 万元,需连续支付 10 次;

(3) 如果每年年初付款 10 万元,需连续支付 10 次;

(4) 从第五年开始,每年年末支付 10 万元,连续支付 10 次。

假定利率为 10%,通过计算你认为哪种付款方式更为有利?

2. 某人最近在保险公司申请到某特种保险,保险单上规定,该投保人从第十年开始至第二十年,每年年末可收到保险公司的保险金 1 000 元。假设在这 20 年内,利率均为 7%,此人此次投保可获保险的总现值是多少?(要求至少用三种解法)

3. 某企业拟购置一台柴油机,更新目前使用的汽油机,每月可节约燃料费用 60 元,但柴油机较汽油机价格高出 1 500 元,则柴油机应使用多少年才划算?(假定利率为 12%,每月复利一次)

4.某公司现有两个投资项目可供选择,有关资料如表2-3所示。

表2-3 甲、乙投资项目的预测信息

市场销售情况	概　　率	甲项目的收益率	乙项目的收益率
很好	0.2	30%	25%
一般	0.4	15%	10%
很差	0.4	−5%	5%

要求:

(1)计算甲、乙项目的预期收益率、标准差和标准离差率;

(2)比较两个项目风险的大小。

5.公司拟购买由 A、B、C 三种股票构成的投资组合,资金权重分别为 20%、30%、50%,A、B、C 三种股票的 β 系数分别为 0.8、2 和 1.5。已知无风险收益率为 4%,市场平均收益率为 10%。

要求:

(1)计算该投资组合的 β 系数;

(2)利用资本资产定价模型计算该投资组合的必要报酬率。

第三章
筹资管理（上）

本章知识结构图

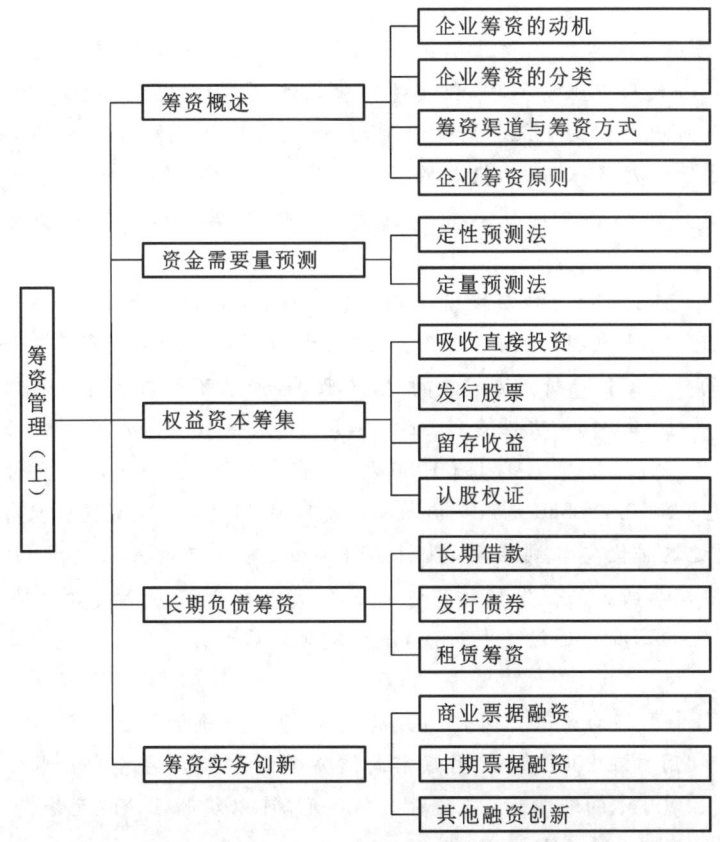

 学习目的

本章讨论企业资金需要量的预测方法及企业筹资的各种方式，学习本章的目标是：

(1) 理解企业筹资的目的、分类、渠道、方式和原则；

(2) 理解掌握资金需求量的预测方法；

(3) 了解股票的特点及种类、股票发行的资格和条件、股票发行方式、股票推销方式、股票上市的意义，了解优先股的特征、种类，掌握普通股筹资的优缺点；

(4) 理解长期借款保护性条款的意义，掌握长期借款本息的偿还，掌握长期借款的优缺点；

（5）了解发行债券的资格和条件、债券的性质与分类，掌握债券发行价格的确定，了解债券的信用评级，掌握债券筹资的优缺点，理解可转换债券的性质与基本要素；

（6）了解融资租赁的类别、程序，掌握融资租赁的概念和特征、租金的计算及融资租赁与购买的决策方法，理解融资租赁筹资的优缺点。

（7）了解企业筹资实务创新。

导入案例

一个商业信用融资案例的启发

这是一家位于广州市内商业闹区、开业近两年的某理发店，吸引了附近一大批稳定的客户，每天店内生意不断，理发师傅难得休息，加上店老板经营有方，每月收入颇丰，利润可观。但由于经营场所限制，始终无法扩大经营，该店老板很想增开一家分店，但由于本店开张不久，投入的资金较多，手头还不够另开一间分店的资金。平时，有不少熟客都要求理发店能否打折、优惠，该店老板都很爽快地打了九折优惠。

该店老板苦思开分店的启动资金时，灵机一动，不如推出 10 次卡和 20 次卡。一次性预收客户 10 次理发的钱，对购买 10 次卡的客户给予 8 折优惠。一次性预收客户 20 次的钱，给予 7 折优惠。对于客户来讲，如果不购理发卡，一次剪发要 40 元。如果购买 10 次卡（一次性支付 320 元，即 10 次×40 元/次×0.8＝320 元），平均每次只要 32 元，10 次剪发可以省下 80 元；如果购买 20 次卡（一次性支付 560 元，即 20 次×40 元/次×0.7＝560 元），平均每次理发只要 28 元，20 次剪发可以省下 240 元。

该店通过这种优惠让利活动，吸引了许多新、老客户购买理发卡，结果大获成功，两个月内该店共收到理发预付款达 7 万元，解决了开办分店的资金缺口，同时稳定了一批固定的客源。通过这种办法，该理发店先后开办了 5 家理发分店、2 家美容分店。

2003 年，中国移动通信公司广州分公司实行了一项话费优惠活动，具体是：若该公司的手机用户在 2002 年 12 月底前向该公司预存 2003 年全年话费 4 800 元，可以获赠价值 2 000 元的缴费卡；若预存 3 600 元，可以获赠 1 200 元缴费卡；若预存 1 200 元，可以获赠 300 元的缴费卡。

该通信公司通过这种诱人的话费优惠活动，可以使该公司的手机用户得到实实在在的利益，当然更重要的是，还可以为该公司筹集到巨额的资金。据保守估计，假设有 10 000 个客户参与这项优惠活动，该公司至少可以筹资 2 000 万元；假设有 100 000 个客户参与，则可以筹资 2 亿元，公司可以利用这笔资金去拓展新的业务，扩大经营规模。另外，该通信公司通过话费让利，吸引了一批新的手机用户，稳定了老客户，在与经营对手的竞争中赢得了先机。

筹集资金是企业资金运动的起点，是决定企业资金规模和生产经营发展速度的重要环节。企业生产经营所需资金的来源有多种方式，并不需要全部是自有资金。多种筹资方式不但能及时满足企业对资金的需要，还能有效分散风险。当然，企业在筹集资金时还需要根据生产经营对资金的需要，事先对资金的需要量进行预测。

第一节　筹资概述

企业筹资是指企业根据其生产经营、对外投资和调整资本结构等活动对资金的需要，通过一定的渠道，采取适当的方式，获取所需资金的一种行为。筹资决策涉及筹资渠道与方式、筹资数量、筹资时机、筹资结构、筹资风险、筹资成本等，是财务管理的一项重要内容。筹资工作做得好，不仅能降低资本成本，给经营和投资创造较大的有利空间，而且能降低财务风险，增加企业的经济效益。筹资管理的目标，主要是在满足企业生产经营需要的情况下，以较低的筹资成本和较小的筹资风险，获取同样多（较多）的资金。

一、企业筹资的动机

企业筹资最基本的目的，是为了维持企业的经营和发展，为企业的经营活动提供资金保障，但每次的筹资行为往往受特定的动机驱动。归纳起来，主要有以下几类动机。

1. 创立性筹资动机

创立性筹资动机，是指企业设立时，为取得资本金并形成开展经营活动的基本条件而产生的筹资动机。根据我国相关法律的规定，任何一个企业或公司在设立时都要求有符合企业章程或公司章程规定的全体股东认缴的出资额。企业创建时，要按照企业经营规模预计长期资本需要量和流动资金需要量，构建厂房设备等，安排垫支流动资金，形成企业长期的经营能力。这样，就需要筹措注册资本等股权资金，不足部分需要筹资银行借款等债务资金。

2. 支付性筹资动机

支付性筹资动机是指为了满足经营活动的正常波动所形成的支付需要而产生的筹资动机。企业在开展经营活动过程中，经常会出现超出维持正常经营活动资金需求的季节性、临时性的交易支付需要，如原材料购买的大额支付、员工工资的集中发放、银行借款的偿还、股东股利的发放等。这些情况要求除了正常经营活动的资金投入外，还需要通过经常的临时性筹资来满足经营活动的正常波动需求，维持企业的支付能力。

3. 扩张性筹资动机

扩张性筹资动机是指企业因扩大经营规模或者满足对外投资需要而产生的筹资动机。企业维持简单再生产所需要的资金是稳定的，通常不需要或很少追加筹资。一旦企业扩大再生产，经营规模扩展，开展对外投资，就需要大量追加筹资。具有良好发展前景、处于成长期的企业，往往会产生扩张性的筹资动机。扩张性的筹资活动，在筹资的时间和数量上都要服从于投资计划和投资决策的安排，避免资金的闲置和投资时机的贻误。扩张性筹资的直接结果，往往是企业资产总规模的增加和资本结构的明显变化。

4. 调整性筹资动机

调整性筹资动机，是指企业因调整资本结构而产生的筹资动机。资本结构调整的目的在于降低资本成本，控制财务风险，提升企业价值。企业产生调整性筹资动机的具体原因大概有两方面：一是优化资本结构，合理利用财务杠杆效应；二是偿还到期债务，债务结构内部调整。如流动负债比率过大，使得企业近期偿还债务的压力加大，可以通过举借长期债务来偿还部分短期债务。调整性筹资的目的是调整资本结构，而不是为企业经营活动追加资金，这类筹资通常不会增加企业的资本总额。

5. 混合性筹资动机

在实务中，企业筹资目的可能不是唯一的，通过追加筹资，既满足了经营活动、投资活动的资金需要，又达到了调整资本结构的目的，就是混合型筹资动机。混合性筹资动机一般是基于企业规模扩张和调整资本结构两种目的，兼具扩张性动机和调整性动机的特征，同时增加了企业的资产总额和资本总额，也导致了企业的资产结构和资本结构的变化。

二、企业筹资的分类

企业采用不同方式所筹集到的资金，按照不同的分类标准，可以分为不同的筹资类别。

1. 按企业筹资的权益特性，可分为权益筹资和负债筹资

权益资金是企业股东提供的资金，也称自有资金、主权资金。企业通常可通过吸收直接投资、发行股票、内部积累等方式筹集权益资金。权益资金具有永久性，无到期日，不需归还，筹资风险较小，但由于股东期望报酬率高，因而企业付出的资本成本也相对较高。

负债资金是指债权人提供的资金，也称借入资金。企业通常可通过发行债券、借款、融资租赁等方式筹集负债资金。负债资金有按期付息还本的义务，有一定的风险，但债权人要求的报酬率比权益资金低，因而企业付出的资本成本相对较低。

2. 按所筹资金使用期限的长短，可分为长期资金筹集和短期资金筹集

长期资金是指使用期在 1 年以上的资金。长期资金通常可通过吸收直接投资、发行股票、长期借款、发行公司债券、融资租赁等方式筹措，主要用于厂房和设备的更新、新产品的开发和推广、生产规模的扩大等长期投资。

短期资金是指使用期限在 1 年以内的资金。企业的短期资金通常可采用短期借款、商业信用等方式筹措，主要用于现金、应收账款、存货等短期投资。

3. 按资金来源的范围不同，可分为内部筹资和外部筹资

内部筹资是指企业在内部通过留存收益而形成的资金来源。内部筹资是在企业内部"自然地"形成的，因此称为"自动化的资金来源"，其数量常由企业可分配利润的规模和利润分配政策（或股利政策）所决定。以留存收益作为融资工具，不需要筹资费用，不会减少企业现金流量，但留存收益的数额有限，仅仅依靠内部筹资难以满足企业对资金的需求。

外部筹资是指向企业外部筹资而形成的资金来源。处于初创期的企业，内部筹资的可能性有限；而处于成长期的企业，内部筹资往往难以满足需要，所以企业要广泛开展外部筹资。外部筹资的方式多种多样，包括发行股票、发行债券、借款、商业信用，等等。相对内部筹资而言，外部筹资具有可选筹资渠道多、资金供应量大、筹资方式灵活、筹资时间容易安排等特点。但外部筹资大多需支付一定的筹资费用。

4. 按筹资活动是否借助于银行等金融机构，可分为直接筹资和间接筹资

直接筹资是指筹资者直接从最终投资者手中筹措资金，双方建立直接的借贷关系或权益资本投资关系的筹资形式。在直接筹资过程中，筹资企业无须借助银行等金融机构，而是直接面向资金所有者，采用一定的筹资方式取得资金，如发行股票、企业债券等。随着我国宏观金融体制改革的不断深入，直接筹资将得以不断地发展。

间接筹资是指资金供求双方通过银行等金融中介机构间接实现资金融通的活动。筹资者从银行等金融机构手中筹措资金，与金融机构形成债权债务关系或资本投资关系；而最终投资者则投资于银行等金融机构，与其形成债权债务或其他投资关系。间接筹资的基本方式是银行借款。

三、筹资渠道与筹资方式

（一）企业筹资渠道

筹资渠道是指企业取得资金的来源或途径，体现着资金的来源和流量。企业筹集资金的渠道，可以归纳为以下几种。

1. 国家财政资金

国家财政资金，是代表国家投资的政府部门或机构以国有资金投入企业的资金，形成国家资本金。国家财政资金具有广阔的来源和稳固的基础，通常只有国有企业才能利用，是国有企业的主要资金来源。现有国有企业的资金来源大部分是过去由政府通过中央和地方财政部门以拨款方式投资而形成的。尽管在 1985 年以后，国家对企业的投资已基本采取拨改贷形式，但国家财政资金仍然是国有企业筹集资金的重要渠道。

2. 银行信贷资金

在我国，银行信贷资金是我国企业的主要资金来源之一，特别是对于具有良好信誉但又缺乏资金的企业，银行信贷资金更是其必不可少的资金来源。银行一般分为商业性银行和政策性银行。商业银行为各类企业提供商业性贷款，政策性银行主要为特定企业提供政策性贷款。银行信贷资金主要来自居民储蓄、单位存款等经常性的资金来源，因其贷款方式多种多样，可以适应各类企业的多种资金需要。

3. 非银行金融机构资金

非银行金融机构主要有信托投资公司、租赁公司、保险公司、证券公司、企业集团的财务公司等，可以向企业提供信贷资金的投放、委托代理、租赁、担保等金融服务。这种筹资渠道的财力比银行要小，但由于其资金供应比较灵活，并且可以提供其他方面的服务，因而这种筹资渠道具有广阔的发展前景。

4. 其他法人单位资金

其他法人单位资金是指其他法人单位以其可以支配的资金在企业之间相互融通而形成的资金。企业在生产经营的过程中，往往会有部分暂时闲置的资金，可以在企业之间相互融通，调剂使用。其他法人单位投入资金的方式包括联营、入股、购买债券及提供各种商业信用，其中既有长期的稳定的联合，又有短期的临时的融通。随着横向经济联合的开展，企业与企业之间的资金融通得到了广泛的发展。

5. 民间资金

企业职工和城乡居民手中暂时不用的资金,企业可通过发行股票、债券等方式,将这些个人闲散资金聚集起来形成企业的资金。企业可以通过合理地调整资金使用上的经济关系,充分利用这一大有潜力的资金来源。

6. 企业内部形成资金

企业内部形成资金主要是指企业计提的折旧、资本公积、根据利润提取的盈余公积金以及未分配利润等。其中,折旧虽然并不增加资金的总量,但它可以增加企业能够使用的营运资金,满足生产经营的需要。此外,一些经常性的延期支付的款项如应付工资、应交税金、应付股利等也属于这种资金来源。这些资金的重要特征之一是,它们无需企业通过一定的方式去筹集,而直接由企业内部自动生成或转移。

（二）筹资方式

筹资方式是指企业取得资金的具体方法和形式,体现企业筹集资金的属性。目前我国企业筹资方式主要有以下几种。

1. 吸收直接投资

它是指企业按照"共同投资,共同经营,共担风险,共享利润"的原则,以协议的形式吸收国家、法人、个人等直接投入资金,形成企业资本金的一种筹资方式。它不以证券为中介,可以直接形成生产能力,是非股份制企业筹集自有资金的一种基本形式。资本金按投资的主体不同分为国家资本金、法人资本金、个人资本金及外商资本金等。

2. 发行股票

股票是指股份有限公司为筹集自有资本而发行的有价证券,是股东按所持股份享有权利和承担义务的书面凭证,它代表持股人对公司的所有权。发行股票仅适用于股份公司,是股份公司筹措自有资本的基本方式。

3. 借款

借款是指企业根据借款合同向银行或非银行金融机构借入的、按规定期限还本付息的各种款项。借款广泛适用于各类企业,几乎是企业筹资必不可少的一种筹资方式。

4. 商业信用

商业信用是指商品交易中延期付款或延期交货所形成的借贷关系,是企业之间的一种直接信用关系。这种筹资方式比较灵活,为各类企业所采用。

5. 发行债券

债券是指企业为筹措资金而发行的、承诺在一定期限向债权人还本付息的一种有价证券。发行债券是企业筹措负债资金的一种重要方式。

6. 租赁

租赁是指出租人以收取租金为条件,在契约或合同规定的期限将资产租借给承租人使用的一种信用业务。租赁实质上具有借贷的属性,已成为一种解决企业资金来源的特殊筹资方式。

7. 利用留存收益

留存收益是指企业从净利润中提留的盈余公积金和未分配利润。利用留存收益筹资是指企业将留存收益转化为投资的过程，它是企业筹措权益性资本的一种重要方式。

（三）筹资渠道与筹资方式的对应关系

筹资渠道解决的是资金来源问题，筹资方式是解决通过何种方式取得资金的问题，筹资渠道和筹资方式有着密切的关系，二者既有联系又有区别。同一筹资渠道的资金往往可以采取不同的筹资方式取得，而同一筹资方式往往又可以筹措到不同筹资渠道的资金，它们之间存在一定的对应关系。企业在筹集资金时，需要把两者合理地结合起来。

筹资渠道和筹资方式之间的对应关系，可用表 3-1 来表示。

表 3-1　筹资渠道和筹资方式之间的对应关系

筹资方式／筹资渠道	吸收投资	发行股票	利用留存收益	借款	发行债券	商业信用	租赁
国家财政资金	√	√					
银行信贷资金				√			
非银行金融机构资金	√	√		√	√		√
其他法人单位资金	√	√		√		√	√
民间资金	√	√		√			√
企业内部形成资金			√				

四、企业筹资原则

不同来源的资金，其所能筹资的总量、资金占用的时间长短、资本成本的大小、筹资的风险、限制条款的宽严均不相同。为了经济有效地筹措资金，必须遵守以下基本原则。

（一）合法筹资原则

合法筹资原则是指企业筹资要遵循国家法律法规，合法筹措资金。不论是直接筹资还是间接筹资，企业最终都通过筹资行为向社会获取了资金。企业的筹资活动不仅为自身的生产经营提供了资金来源，也会影响投资者的经济利益，影响社会经济秩序。企业必须遵守国家的相关法律法规，依法履行法律法规和投资合同约定的责任，合法合规筹资，依法披露信息。

（二）规模适当原则

企业的筹资规模应与资金需求量相一致。企业资金的需求量往往是不断波动的，企业财务人员要认真分析生产、经营、投资状况，采用一定的方法预测资金需要量，合理确定筹资规模。既要避免因资金筹集不足，影响生产经营的正常进行，又要防止资金筹集过多，造成资金闲置。

（三）筹措及时原则

企业财务人员应全面掌握资金需求的具体状况并熟知资金时间价值的原理，根据资金需求的具体情况，合理安排资金的筹集时间，适时获取所需的资金。既要避免过早筹集资金形成资金投放前的闲置，又要防止取得资金的时间滞后，错过资金投放的最佳时间。

（四）结构合理原则

不同来源的资金，对企业的收益和成本有不同影响。因此，企业应认真研究资金来源渠道和资金市场，合理选择资金来源。来源合理有两层含义。第一，资本结构合理。资本结构主要是指权益资金和借入资金的比例关系。一般来说，企业完全依靠权益资金是不明智的，不能获得负债经营的好处；但负债的比例过大，风险也大，企业随时可能陷入财务危机。因此，要合理安排自有资金和借入资金的比例。第二，长期资金和短期资金的比例合理。一般说来，企业长期资金的成本相对较高，但造成资金短缺的风险较小；企业短期资金的成本相对较低，但造成资金短缺的风险较大。企业在筹集资金时，要权衡利弊，将资金来源与资金运用结合起来，根据具体情况合理安排长期资金来源与短期资金来源的比例，合理进行期限搭配。

以下具体介绍长期资金和短期资金的不同组合策略。

企业筹集权益资金、长期负债资金与筹集短期资金时，其筹资成本、筹资风险、收益是不相同的。根据收益和风险之间的同向变动关系，以及企业资产、负债结构的不同，通常把长期资金与短期资金的组合策略分为平稳型组合策略、积极型组合策略、保守型组合策略三类。不同的组合策略揭示了资产结构与资本结构的不同关系。

1. 平稳型（配合型或称中庸型）组合策略

平稳型组合策略是指企业的负债结构与企业资产的寿命周期相对应的组合策略。其特点是：对于临时性流动资产，运用短期资金（临时性负债）满足其资金需要；对于永久性流动资产和长期资产（以下统称永久性资产），则运用长期资金（包括长期负债、自发性负债和权益资本）来满足其资金需要。

以上所指的自发性负债（也称自然性负债），是指随着生产经营活动的进行而自动形成和增加的负债，如应交税金、应付福利费、应付工资、应付利润、其他应付款等，这些费用也是企业内部的资金来源。其有别于企业在筹资过程中有意识地主动增加的负债，如向银行借款、发行债券等形成的借款性负债（也称人为性负债）。

以上所指的临时性流动资产，是指受季节性或周期性影响的资产；永久性流动资产是指为了满足企业长期稳定的资金需要，即使处于经营低谷时也必须保留的流动资产。

一个企业对流动资产的需求数量，一般会随着产品销售的变化而变化。例如，产品销售季节性很强的企业，当销售处于旺季时，流动资产的需求一般会更旺盛，可能是平时的几倍；当销售处于淡季时，流动资产需求一般会减弱，可能是平时的几分之一；即使当销售处于最低水平时，也存在对流动资产最基本的需求。在企业经营状况不发生大的变化的情况下,流动资产的最基本的需求具有一定的刚性和相对稳定性,我们可以将其界定为流动资产的永久性水平。当销售发生季节性变化时,流动资产将会在永久性水平的基础上增加或减少。因此,流动资产可以被分解为两部分:永久性部分和临时性部分。

从以上分析可以看出,流动资产的永久性水平具有相对稳定性,是一种长期的资金需求,一般需要通过长期负债融资或权益性资金解决;而临时性部分的融资则相对灵活,最经济的办法是通过低成本的短期融资解决其资金需求,如1年期以内的短期借款或发行短期融资券等融资方式。

平稳型组合策略下资金与资产的配合如图3-1所示。

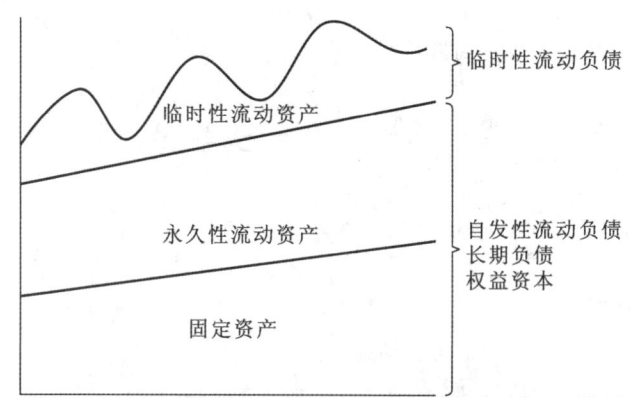

图 3-1　平稳型组合策略

这种政策下,要求企业的临时性负债融资计划比较严密,实现资金的占用时间与负债的偿还时间配合。在经营性淡季和低谷阶段,企业除了自发性负债外没有其他流动负债;只有在对临时性流动资产的需求达到高峰时,企业才举借各种临时性债务。因此,平稳型组合策略是一种理想的、对企业有着较高资金使用要求的匹配策略。这种策略一般适用于经营状况较好,具有良好成长性的企业。

2. 积极型（激进型）组合策略

积极型组合策略的特点是临时性负债不但融通临时性流动资产的资金需要,还要解决部分永久性资产的资金需要。

积极型组合策略下资金与资产的配合如图3-2所示。

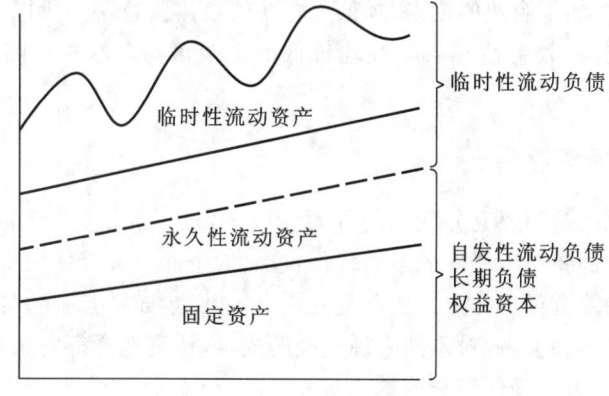

图 3-2　积极型组合策略

由于临时性负债(如短期借款)的资金成本一般低于长期负债和权益资本的资金成本,而积极型组合策略下,临时性负债所占的比例较大,所以该策略的资金成本较低、收益较高。但是,为了满足永久性资产的需要,企业必然要在临时性负债到期后重新举债或申请债务延期。如果临时性负债到期时无法偿还,必然会使企业陷入财务危机,增加企业财务风险。因此,这种组合策略是一种资金成本较低、收益性和风险性均较大的组合策略,一般适用于处于发展壮大期的企业。

3. 保守型(稳健型)组合策略

保守型组合策略的特点是临时性负债只融通部分临时性流动资产的资金需要,另一部分临时性流动资产和永久性流动资产,则由长期负债、自发性负债和权益资本加以解决。

保守型组合策略下资金与资产的配合如图 3-3 所示。

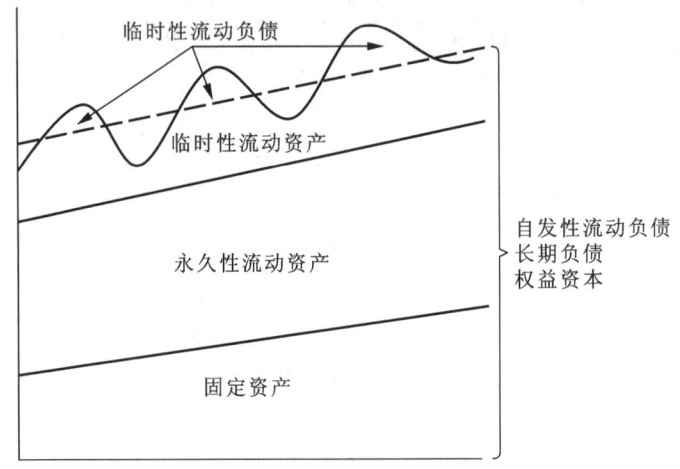

图 3-3 保守型组合策略

与平稳型和积极型两种组合策略相比,保守型组合策略下临时性负债在企业的全部资金来源中所占比例较小,企业保留较多的营运资金,可降低企业无法偿还到期债务的风险,蒙受短期利率变动损失的风险也较低。但是,因为长期负债和权益资本在企业的资金来源中比重较高,并且两者的资本成本通常高于临时性流动负债的资金成本,而且在生产经营的淡季,企业不需要太多资金时,企业仍要负担长期负债的利息,从而增加了企业的成本,降低了企业的整体收益率。所以,保守型组合策略是一种成本较高、收益性和风险性均较低的组合策略。这种策略在实务中采用较少。

(五)来源经济原则

来源经济原则是指要充分利用各种筹资渠道,选择经济、可行的筹资来源。企业所筹集的资金都要付出资本成本的代价,进而给企业的资金使用提出了最低收益的要求。不同的筹资渠道和方式所取得的资金,其资本成本各有差异。企业应当在考虑筹资渠道的基础上,针对不同来源资金的成本,认真选择筹资渠道,并选择经济可行的筹资方式,力求降低筹资成本。

第二节　资金需要量预测

企业筹资必须遵守规模适当的原则，其筹资规模应与资金需求量相一致。因此，企业在筹资之前，应当采用一定的方法预测资金需要量，合理确定筹资规模。只有这样，才能既能保证满足生产经营的需要，又不会造成资金太多的闲置。

资金预测，也称融资需求预测，是指根据企业现有生产经营规模、发展趋势和发展目标，运用一定的方法，对企业在一定时日应达到的资金规模和一定时期内应增加或减少的资金数量所做出的测算和估计。企业资金需要量的预测可以采用定性预测法和定量预测法。

一、定性预测法

定性预测法是指利用相关的资料，主要依靠预测人员的经验和主观分析、判断能力，预测未来资金需要量的方法。这种方法通常在企业缺乏完备、准确的历史资料的情况下采用。定性预测法特别适合于对预测对象的数据资料（包括历史和现实的）掌握不充分，或影响因素复杂，难以用数字描述，或对主要影响因素难以进行数量分析等情况。

定性预测的过程是：第一步，首先由熟悉财务情况和生产经营的专家，根据过去所积累的经验进行分析判断，提出预测的初步意见；第二步，通过召开座谈会或发出各种表格等形式，对上述预测的初步意见进行修正补充；第三步，反复第二步，得出预测的最终结果。

定性预测法的优点在于：注重事物发展在性质方面的预测，具有较大的灵活性，易于充分发挥人的主观能动作用，简单迅速，省时省费用。缺点在于：易受主观因素的影响，比较注重人的经验和主观判断能力，从而易受人的知识、经验和能力的束缚和限制，尤其是缺乏对事物发展在数量上的精确描述，不能揭示资金需要量与有关因素之间的数量关系。例如，预测资金需要量应和企业生产经营规模相联系。生产规模扩大，销售数量增加，会引起资金需求增加；反之，则会使资金需要数量减少。

二、定量预测法

定量预测是指根据已掌握的比较完备的历史统计数据，运用一定的数学方法，根据各项因素之间的数量关系，建立数学模型来对资金需要量进行预测的方法。定量预测法以历史数据和客观实际的资料作为预测的依据，运用数学方法进行处理，受主观因素的影响较小。但是，该法比较机械，不易灵活掌握，对信息资料的质量要求较高。定量预测法主要有因素分析法、销售百分比法和资金习性预测法。

（一）因素分析法

因素分析法又称为分析调整法，是指以有关资本项目上年度的实际平均需要量为基础，根据预测年度的生产经营任务和加速资本周转的要求，进行分析调整，来预测资金需要量的一种方法。这种方法比较简单，但预测结果不太精确，通常用于品种繁多、规格复杂、用量较小、价格较低的资本占用项目的预测，也可以用来计算企业全部资本的需要量。

采用这种方法，首先应在上年度资金平均占用额基础上，剔除其中呆滞积压不合理部分，然后根据预测期的生产经营任务和加速资本周转的要求进行测算。其预测资金需要量的基本公式为

$$资金需要量=\left(\begin{array}{c}上年资金实际\\平均占用量\end{array}-\begin{array}{c}不合理平均\\占用额\end{array}\right)$$
$$\times\left(1+\begin{array}{c}预测年度\\销售变动率\end{array}\right)\div\left(1+\begin{array}{c}预测年度资金周转\\速度变动率\end{array}\right)$$

例 3-1　某公司上年度资金平均占用量 1 000 万元，其中不合理部分为 100 万元，预计本年度销售增长 5%，资金周转速度增长 2%。运用因素分析法预测本年度资金需要量。

解　$资金需要量=\dfrac{(1\,000-100)\times(1+5\%)}{1+2\%}=926.47（万元）$

（二）销售百分比法

销售百分比法是指以资金与销售额的比率为基础，预测未来资金需要量的方法。

利用销售百分比法时，首先假定某些资产、负债和净收益与销售额存在稳定的百分比关系，根据预计销售额和相应的百分比预计所需资产的总量、负债的自发增长以及能够实现的净收益，净收益和股利支付率共同决定留存收益所能提供的资金数额，最后再根据会计等式，由预计资产总量，减去已有的资金来源、负债的自发增长和内部提供的资金来源，得出外部融资需求。

例如，某企业每年为销售 100 万元的产品，需要有 20 万元的存货，形成 10 万元的应付账款，即存货与销售额的百分比为 20%，应付账款与销售额的百分比为 10%。当企业销售额增加至 200 万元时，则需要 40 万元(200×20%)的存货，形成 20 万元(200×10%)的应付账款。因此，由于企业资产(存货)增加，需要增加资金 20 万元；同时，由于负债(应付账款)增加，相应减少 10 万元的资金需要。假设企业留存收益相应增加了 5 万元，也即企业内部提供了 5 万元的资金来源。这样一来，根据会计恒等式"资产＝负债＋所有者权益"，企业只需要从外部筹措 5 万元(20－10－5)的资金。

需要注意的是，运用销售百分比法要选定与销售额的比率关系基本不变的项目，这些项目称为敏感项目，包括敏感资产项目和敏感负债项目。为了简化，上例只选择了存货和应付账款这两种敏感性项目。一般说来，敏感资产项目包括现金、应收账款、存货等；敏感负债项目包括应付账款、应付费用、应交税金等。应收票据、短期投资、固定资产、长期投资、递延资产、短期借款、应付票据、长期负债和投入资本通常不属于短期内的敏感项目。

销售百分比法在实际应用时，有两种方法：一种是先根据销售总额预计资产负债和所有者权益的总额，然后确定融资需求；另一种是根据销售的增加额预计资产、负债和所有者权益的增加额，然后确定融资需求。上例采用的是第二种方法。

销售百分比法原理:

$$\frac{资产}{资金占用}=\frac{负债＋所有者权益}{资金来源}$$

预计资产＞预计负债＋所有者权益:追加资金

预计资产＜预计负债＋所有者权益:资金剩余

应追加的外部投资＝增加的资产－(增加的负债＋增加的所有者权益)

应用销售百分比法预测资金需要量时,通常采用以下步骤:①计算销售百分比;②计算新增销售额所新增的资产和负债;③预计留存收益增加额;④计算外部融资需求。外部筹资额的计算公式为

$$外部筹资额＝新增销售额×\left(\frac{敏感性资产占销售}{收入的百分比}-\frac{敏感性负债占销售}{收入的百分比}\right)$$

$$－预计销售额×销售净利率×留存收益比例$$

例 3-2 某公司 2021 年 12 月 31 日的资产负债表如表 3-2 所示。

表 3-2 资产负债表 (单位:万元)

资 产	金 额	负债及所有者权益	金 额
流动资产合计	240	短期借款	46
长期投资	3	应付票据	18
固定资产合计	65	应付账款	25
无形资产及其他资产	12	预收账款	7
		流动负债合计	96
		长期负债合计	32
		股本	90
		资本公积	35
		留存收益	67
		股东权益合计	192
合 计	320	合 计	320

根据历史资料考察,销售收入与流动资产、固定资产、应付票据、应付账款、预收账款等项目间存在正比例变动关系。该公司 2021 年实现销售收入 4 000 万元,实现净利 100 万元,支付股利 60 万元。2022 年预计销售收入比上年增长 25%,销售净利率增长 10%,股利支付率维持上年水平。要求采用销售百分比法预测 2022 年外部融资额。

解 (1)计算各项目销售百分比。

流动资产销售百分比＝240÷4 000＝6%

固定资产销售百分比＝65÷4 000＝1.625%

应付票据销售百分比＝18÷4 000＝0.45%

应付账款销售百分比＝25÷4 000＝0.625%

预收账款销售百分比＝7÷4 000＝0.175%

(2)计算新增销售额所新增的资产和负债。

新增销售额所新增的资产:

$$新增销售额所新增的流动资产＝6\%×4\,000×25\%＝60(万元)$$
$$新增销售额所新增的固定资产＝1.625\%×4\,000×25\%＝16.25(万元)$$
$$新增销售额所新增的资产合计＝60＋16.25＝76.25(万元)$$

新增销售额所新增的负债：

$$新增销售额所新增的应付票据＝0.45\%×4\,000×25\%＝4.5(万元)$$
$$新增销售额所新增的应付账款＝0.625\%×4\,000×25\%＝6.25(万元)$$
$$新增销售额所新增的预收账款＝0.175\%×4\,000×25\%＝1.75(万元)$$
$$新增销售额所新增的负债合计＝4.5＋6.25＋1.75＝12.5(万元)$$

（3）预计留存收益增加额。

$$留存收益增加额＝预计销售额×计划销售净利率×(1－股利支付率)$$
$$＝4\,000×(1＋25\%)×100÷4\,000×(1＋10\%)×(1－60÷100)$$
$$＝55(万元)$$

（4）计算 2022 年外部融资需求。

$$外部融资需求＝76.25－12.5－55＝8.75(万元)$$

销售百分比法是一种比较简单、粗略的预测方法。其假设某些资产和负债与销售额保持稳定的百分比关系，可能与事实不符。

（三）资金习性预测法

资金习性预测法是指根据资金习性预测未来资金需要量的方法。所谓资金习性，是指资金的变动与产销量（业务量）变动之间的依存关系。按照资金习性，可将资金区分为不变资金、变动资金和半变动资金。

不变资金是指在一定产销量范围内，不随产销量变动的影响而保持不变的那部分资金，如原材料的保险储备、必要的成品储备以及厂房、机器设备等固定资产占用的资金。

变动资金是随产销量变动而同比例变动的那部分资金，如存货、应收账款等。

半变动资金是指虽受产销量变化的影响，但不成同比例变动的资金。通常先有一个基数，一般不变，相当于不变资金，在此基础上，随着产销量的增加，资金相应地同比例增加，相当于变动资金。例如，用于热处理的电炉设备，每班需要预热，因预热耗电而占用的资金，属于不变资金性质；而预热后进行热处理的耗电费用，随着产销量的增加而同比例增加，又属于变动资金性质。半变动资金可采用一定的方法划分为不变资金和变动资金两部分。

根据产销量与资金占用量之间的关系，可建立资金总量的直线方程，即

$$y＝a＋bx$$

式中：y——资金需要总额；

a——不变资金总额；

b——单位业务量所需的变动资金；

x——产销量。

根据上述公式，在可预测产销量 x 的基础上，只要能解出不变资金 a、单位业务

量所需的变动资金 b，就可计算出资金需要总额 y。计算 a、b 常见的方法有高低点法、线性回归分析法。

1. 高低点法

高低点法是选用一定时期内历史资料中的最高业务量与最低业务量的资金占用量之差与两者业务量之差进行对比，从而求得单位变动资金 b，进而求得不变资金 a。公式如下：

$$b = \frac{最高收入期资金占用量 - 最低收入期资金占用量}{最高销售收入 - 最低销售收入}$$

$$a = 最高收入期资金占用量 - b \times 最高销售收入$$

$$= 最低收入期资金占用量 - b \times 最低销售收入$$

例 3-3 某公司 2017—2021 年现金占用与销售收入之间关系如表 3-3 所示。

表 3-3 现金占用与销售收入之间关系表 （单位：万元）

年　　度	销 售 收 入	现 金 占 用
2017	180	120
2018	215	140
2019	234	151
2020	240	150
2021	213	125

要求：假定 2022 年销售收入为 280 万元，根据以上资料运用高低点法预测 2022 年需占用的现金额。

解 根据公式可得单位不变资金为

$$b = \frac{最高收入期资金占用量 - 最低收入期资金占用量}{最高销售收入 - 最低销售收入}$$

$$= \frac{150 - 120}{240 - 180} = 0.5$$

变动资金为

$$a = 最高收入期资金占用量 - b \times 最高销售收入$$

$$= 150 - 0.5 \times 240 = 30（万元）$$

根据 $y = a + bx$ 得 2022 年需占用的现金额为

$$y = 30 + 0.5 \times 280 = 170（万元）$$

高低点法计算简便，易于理解，但其以两点资料代表整体样本，以偏概全，误差较大。这种方法在资金变动趋势比较稳定的情况下，较为适宜。

2. 线性回归分析法

线性回归分析法是根据若干期业务量和资金占用的历史资料，运用最小平方法原理计算不变资金和单位销售额变动资金的一种资金预测方法。线性回归分析法假定资金需要量与业务量之间存在着线性关系并据以建立数学模型，然后根据历史有关资料，用回归直线方程确定参数，预测资金需要量。其计算公式为

$$\begin{cases} \sum y = na + b \sum x \\ \sum xy = a \sum x + b \sum x^2 \end{cases}$$

例 3-4 某企业 2017 年至 2021 年的产销数量和资金需要数量如表 3-4 所示。假定 2022 年预计产销量为 78 000 件。试预测 2022 年资金需要总量。

表 3-4 企业产销量与资金需要量表

年 度	产销量 x/万件	资金需要量 y/万元
2017	6	500
2018	5.5	475
2019	5	450
2020	6.5	520
2021	7	550

解 根据表 3-4 中的资料，计算整理如表 3-5 的数据。

表 3-5 回归直线方程数据计算表

年度	产销量 x/万件	资金需要量 y/万元	xy	x^2
2017	6	500	3 000	36
2018	5.5	475	2 612.5	30.25
2019	5	450	2 250	25
2020	6.5	520	3 380	42.25
2021	7	550	3 850	49
	$\sum x = 30$	$\sum y = 2\,495$	$\sum xy = 15\,092.5$	$\sum x^2 = 182.5$

代入联立方程：

$$\begin{cases} \sum y = na + b\sum x \\ \sum xy = a\sum x + b\sum x^2 \end{cases}$$

求得：$a=205$（万元），$b=49$（元）。

将 a、b 的值代入 $y=a+bx$，得

$$y=205+49x$$

将 2022 年预计产销量 7.8 万件代入上式，预测 2022 年的资金需要量为

$$y=205+49\times7.8=587.2（万元）$$

从理论上来说，线性回归法是一种预测最准确的方法。但其作为时间序列预测的一种方法，它是根据企业过去的资金占用变化趋势预测未来的资金需要量，其前提是假定事物的过去同样会延续到未来。这一方法因突出时间序列暂不考虑外界因素，因而也存在预测误差的缺陷。当遇到外界发生较大变化时，往往会有较大误差。在一个较长的时间内，理财环境发生变化的可能性加大，它们对资金需要量必定会产生影响。预测时只考虑时间因素而不考虑外界因素对资金需要量的影响，其预测结果就会与实际情况严重不符。因此，线性回归法对于中短期预测的效果要比长期预测的效果好。

第三节　权益资本筹集

一、吸收直接投资

吸收直接投资指企业以协议等形式吸收国家、其他法人企业、个人和外商等直接投入的资金形成企业资本金的一种筹资方式。吸收直接投资与发行股票、留存收益一样，都是企业筹集自有资金的重要方式。发行股票需要以股票作为媒介，而吸收直接投资则无须公开发行任何证券。吸收直接投资中的出资者都是企业的所有者，对企业具有经营管理权。企业经营状况好，盈利多，各方可按出资额的比例分享利润；但如果企业经营状况差，连年亏损甚至被迫破产清算，则各方要在其出资的限额内按出资比例承担损失。

（一）吸收直接投资的种类

企业采用吸收直接投资方式筹集资金一般可分为以下三类。

1. 吸收国家投资

国家投资是指有权代表国家投资的政府部门或者机构以国有资产投入企业。这种形式的投资主要表现为国家财政拨款，形成的资本称为国有资本。吸收国家投资是国有企业筹集自有资金的主要方式。吸收国家投资一般具有以下特点：①产权归属国家；②资金的运用和处置受国家约束较大；③在国有企业中采用比较广泛；④资金量大。

2. 吸收法人投资

法人投资是指法人单位以其依法可支配的资产投入企业。这种资金形成的投资主要表现为法人的资金，形成的资本称为法人资本。吸收法人投资一般具有以下特点：①发生在法人单位之间；②产权归属于投资企业；③以参与企业利润分配为目的；④具有一定的灵活性。

3. 吸收个人投资

个人投资是指社会个人、本企业内部职工等个人以个人合法财产进行投资的形式。这种资金形成的投资主要表现为民间的"游资"，形成的资本称为个人资本。吸收个人投资一般具有以下特点：①产权归属于个人；②参加投资的人员较多；③每人投资的数额相对较少；④以参与企业利润分配为目的。

（二）吸收直接投资的出资方式

企业在采用吸收直接投资筹集资金时，投资者可以用现金、厂房、机器设备、材料物资、无形资产等作价投资。具体而言包括以下几种出资方式。

1. 以现金出资

现金出资是指以现金形式进行的投资，是吸收直接投资中一种最重要的投资方式。由于现金比较灵活方便，可以购置各种物质资料、支付各种费用等，因此企业更希望投资者采用现金方式出资。吸收投资中所需投入现金的数额，取决于投入的实物及工业产权之外尚需多少资金来满足建立企业的开支和日常周转需要。

2. 以实物出资

实物出资是指投资者以房屋、建筑物、设备等固定资产和原材料、商品等流动资产所进行的投资。实物出资能较快地形成生产能力。一般来说，企业吸收的实物投资应符合如下条件：①确为企业科研、生产、经营所需；②技术性能比较好；③作价公平合理。投资实物的具体作价，可由双方按公平合理的原则协商确定，也可聘请各方同意的专业资产评估机构评定。

3. 以工业产权出资

以工业产权出资是指投资者以专有技术、商标权、专利权等无形资产所进行的投资。工业产权投资能较快地提升企业的竞争力。一般来说，企业吸收的工业产权应符合以下条件：①能帮助企业研究和开发出高新科技产品；②能帮助企业生产出适销对路的高科技产品；③能帮助企业改进产品质量，提高生产效率；④能帮助企业大幅度降低各种消耗；⑤作价公平合理。

企业在吸收工业产权出资时应特别谨慎，要进行认真的可行性研究。因为以工业产权投资实际上是把有关技术资本化，即技术的价值固定化，而技术具有时效性，是在不断改造更新的，因其不断老化而导致价值不断减少甚至完全丧失，风险较大。

4. 以土地使用权出资

土地使用权出资是指投资者用土地使用权进行的投资。吸收土地使用权投资应符合以下条件：①企业科研、生产、销售所需；②交通、地理条件较为适宜；③作价公平合理。

5. 以特定债权出资

特定债权是指企业依法发行的可转换债券以及按照国家有关规定可以转作股权的债权。

在实践中，企业可以将特定债权转为股权的主要情形有：①上市公司依法发行的可转换债券；②金融资产管理公司持有的国有及国家控股企业债权；③企业实行公司制改建时，经银行以外的其他债权人协商同意，可以按照有关协议和企业章程的规定，将债权转换为股权；④根据《利用外资改组国有企业暂行规定》，国有企业的境内债权人将持有的债权转给外国投资者，企业通过债转股改组为外商投资企业；⑤按照《企业公司制改建有关国有资本管理与财务处理的暂行规定》，国有企业改制时，账面原有应付工资余额中欠发职工工资部分，在符合国家政策、职工自愿的条件下，依法扣除个人所得税后可转为个人投资，未退还职工的集资款也可转为个人投资。

（三）吸收直接投资的优缺点

1. 吸收直接投资的优点

（1）增强企业信誉。企业吸收直接投资所筹集的资金属于自有资本，能增强企业的信誉和借款能力，能扩大生产规模，壮大企业实力。

（2）有利于企业快速形成生产能力。企业吸收直接投资可以直接获取投资者的先进设备和先进技术等，能快速地形成生产能力，增强企业的竞争能力，尽快开拓市场。

(3) 降低财务风险。企业吸收直接投资筹集的资金属于自有资金,企业可根据自身的经营状况来支付报酬。经营状况好,则多支付报酬;经营状况不好,则少支付或不用支付报酬。报酬支付比较灵活,降低了财务风险。

2. 吸收直接投资的缺点

(1) 资本成本较高。因为直接投资的投资者承担了较大的风险,要求较高的投资报酬,因此相对于负债筹资而言,吸收直接投资方式筹集的资金需要负担的资本成本较高,特别是企业经营状况较好和盈利较多时更是如此,因为向投资者支付的报酬是根据其出资的数额和企业实现利润的多寡来计算的。

(2) 容易分散企业的控制权。采用吸收直接投资方式筹集资金,投资者一般都要求获得与投资数量相适应的经营管理权,企业在获得直接投资的同时也出让了自己对企业的控制权。如果外部投资者较多,外部投资者会有相当大的管理权,甚至会对企业实行完全控制。

二、发行股票

(一) 股票的概念和种类

1. 股票的概念

股票是指股份有限公司发行的、表示股东按其持有的股份享有权益和承担义务的可转让凭证。股份有限公司将其资本划分为若干股份,每股所代表的金额相等,同种类的每一股份具有同等权利。股票一经发行,购买股票的投资者即成为公司的股东。公司股东作为出资人,按投入公司的资本额享有各种权利,并以其持有股份为限对公司负有限责任。

2. 股票的种类

股票的种类很多,可以从不同角度、按照不同标准对其进行分类

1) 按股东享有权利和承担义务的大小,将股票分为普通股票和优先股票

普通股票简称普通股,是股份有限公司依法发行的具有管理权、股息不固定的股票。普通股是股票中最普通的一种形式,也是股份有限公司权益资金的基本组成部分。目前在我国沪深两市上市的 A、B 股均为普通股,尚未上市流通的国家股和法人股基本上都属于普通股。

优先股票简称优先股,是股份有限公司依法发行的具有一定优先权的股票。优先股的优先主要体现在股利分配和剩余财产分配方面。相对于普通股,优先股只有部分管理权。

2) 按股票票面有无记名为标准,将股票分为记名股票和无记名股票

记名股票是指在股票上载有股东姓名或名称,并将其记入企业股东名册的一种股票。记名股票要同时附有股权手册,只有同时具备股票和股权手册,才能领取股息和红利。这种股票除了股票上所记载的股东外,其他人不得行使其股权,且股份的转让、继承有严格的法律程序与手续,须办理过户。我国《公司法》规定,公司向发起人、国家授权投资的机构、法人发行的股票,应当为记名股票。

不记名股票是指股票上不记载股东姓名或名称的股票,也称无记名股票。这类

股票的持有人即股份的所有人,具有股东资格,股份的转让、继承比较自由、方便,无须办理过户手续,只要将股票转让给受让人,就可发生转让效力,移交股权。

无记名股票与记名股票的差别不是在股东权利等方面,而是在股票的记载方式上。

3）以股票票面上有无金额为标准,将股票分为面值股票和无面值股票

面值股票是在票面上标有一定金额的股票。持有这种股票的股东,对公司享有的权利和承担的义务大小,依其所持有的股票票面金额占公司发行在外股票总面值的比例而定。

无面值股票是不在票面上标出金额,只载明所占公司股本总额的比例或其股份数的股票。无面值股票的价值随公司财产的增减而变动,而股东对公司享有的权利和承担义务的大小,直接根据股票标明的比例而定。目前,我国《公司法》不承认无面值股票,规定股票应记载股票的面额,并且其发行价格不得低于票面金额。

4）以投资主体的性质为标准,可将股票分为国家股、法人股、个人股

国家股是有权代表国家投资的部门或机构以国有资产向公司投资而形成的股份。法人股是企业法人依法以其可支配的财产向公司投资而形成的股份,或具有法人资格的事业单位和社会团体以国家允许用于经营的资产向公司投资而形成的股份。个人股是社会个人或本公司内部职工以个人合法财产投入公司而形成的股份。

5）以发行对象和上市地区为标准,可将股票分为 A 股、B 股、H 股和 N 股等

在我国内地,有 A 股、B 股。A 股即人民币普通股,是由我国境内公司发行,以人民币标明票面金额,供境内机构、组织和个人(不含我国港、澳、台地区投资者)以人民币认购和交易的股票;B 股是人民币特种股票,以人民币标明票面金额,以外币认购和交易的股票。另外,还有 H 股和 N 股等。H 股是在内地注册,在我国香港上市的股票;N 股是在纽约上市的股票,供我国港、澳、台地区和外国投资者,以外币认购和交易的股票。

6）以股票发行时间的先后为标准,可将股票分为始发股和增发股

始发股是公司设立时发行的股票。增发股是公司增资时发行的股票。始发股和增发股的发行条件、发行目的、发行价格都不尽相同,但股东的权利和义务却是一样的。

（二）发行普通股

普通股是股份有限公司依法发行的具有管理权、股息不固定的股票。普通股作为股票的一种基本形式,是股份有限公司发行量最大、最为重要的股票,构成公司资本的基础。

依照我国《公司法》规定,普通股股东享有公司的经营管理权,当公司增发新股时,普通股股东可以优先认购。但是,如果公司同时发行了普通股和优先股,那么普通股的股利分配在优先股之后进行,并且股利不固定,随着公司盈利情况及股利政策的松紧而变化。另外,当公司解散清算时,普通股股东对公司剩余财产的请求权也位于优先股之后。

1. 普通股股东的权利和义务

（1）公司管理权。普通股股东的管理权主要体现为在董事会选举中有选举权和被选举权，通过选出的董事会代表所有股东对企业进行控制和管理。具体来说，主要包括投票权、查账权和阻止越权经营的权利。

（2）分享盈余权。分享盈余权即普通股股东经董事会决定后，有权凭其所持有的股份从公司净利润中分得股息和红利。

（3）出让股份权。股东有权出售或转让股票，但必须符合《公司法》、其他法规、公司章程规定的条件和程序。

（4）优先认股权。优先认股权指普通股股东拥有优先于其他投资者购买公司增发的新股票的权利。

（5）剩余财产要求权。剩余财产要求权即当公司进入解散、清算阶段，股东有权分享公司的剩余财产。股份公司破产清算时，财产的变价收入，首先要用来清偿债务，然后支付给优先股股东，最后才能分配给普通股股东。所以，在破产清算时，普通股股东实际上很少能分到剩余财产。

普通股股东在对公司享有权利的同时，对公司也负有义务。我国《公司法》规定，股东具有遵守公司章程、缴纳股款、对公司负有有限责任、不得退股等义务。

2. 普通股的初次发行

股份有限公司在设立时需要发行股票，即初次发行。股票的发行实行公开、公平、公正的原则，必须同股同权、同股同利。同次发行的股票，每股的发行条件和价格应当相同。任何单位或个人所认购的股份，每股应支付相同的价款。同时，发行股票还应接受国务院证券监督管理机构的管理和监督。股票发行具体应执行的管理规定，主要包括股票发行条件、发行程序和方式、销售方式等。

1）股票初次发行的规定与条件

按照我国《公司法》和《证券法》的有关规定，股份有限公司发行股票，应符合以下规定和条件。

（1）每股金额相等。同次发行的股票，每股的发行条件和价格应当相同。

（2）股票发行价格可以按票面金额，也可以超过票面金额（溢价发行），但不得低于票面金额。

（3）股票应当载明公司名称、公司登记日期、股票种类、票面金额及代表的股份数、股票编号等主要事项。

（4）向发起人、国家授权投资的机构、法人发行的股票，应当为记名股票；对社会公众发行的股票，可以为记名股票，也可以为无记名股票。

（5）公司发行记名股票的，应当置备股东名册，记载股东的姓名或者名称、住所、各股东所持股份、各股东所持股票编号、各股东取得其股份的日期；发行无记名股票的，公司应当记载其股票数量、编号及发行日期。

（6）公司发行新股，必须具备下列条件：具备健全且运行良好的组织机构；具有持续盈利的能力，财务状态良好；最近3年财务会计文件无虚假记载，无其他重大违法行为；证券监督管理机构规定的其他条件。

2）普通股初次发行的程序

普通股初次发行的程序如下：

(1) 发起人认足股份、交付股资；

(2) 提出募集股份申请；

(3) 公告招股说明书，制作认股书，签订承销协议和代收股款协议；

(4) 招认股份，缴纳股款；

(5) 召开创立大会，选举董事会、监事会；

(6) 办理设立登记，交割股票。

3. 股票的发行方式和销售方式

公司发行股票筹资应当选择适宜的股票发行方式，并恰当地确定发行价格，以便及时募足资本。

1) 股票的发行方式

股票的发行方式，是指公司通过何种途径发行股票。总的来讲，股票的发行方式分为公开间接发行和不公开直接发行两类。

(1) 公开间接发行。

公开间接发行是指通过中介机构，公开向社会公众发行股票。我国股份有限公司采用募集设立方式向社会公开发行新股时，需由证券经营机构承销的做法，就属于股票的公开间接发行。这种发行方式的发行范围广，股票的流通性好，变现能力强，而且有助于提高发行公司知名度和扩大影响力，但该发行方式手续繁杂，发行成本高。

(2) 不公开直接发行。

不公开直接发行是指不公开对外发行股票，只向少数特定的对象直接发行，因而无需经中介机构承销。我国股份有限公司采用发起设立方式和不向社会公开募集的方式发行新股的做法，即属于股票的不公开直接发行。这种发行方式弹性较大，发行成本低，但发行范围小，不利于提高发行公司知名度，股票的变现性差。

2) 股票销售方式

股票销售方式指股份有限公司向社会公开发行股票时所采取的股票销售方法。股票销售方式可分为自行销售和委托中介机构销售两类。

(1) 自行销售方式。

自行销售方式是指由发行公司直接向投资者出售公司股票，而不经过证券经营机构承销。这种方式可由发行公司直接控制发行过程，实现发行意图，节省发行费用，但往往筹资时间长，发行公司要承担全部发行风险，且需要发行公司具有较高的知名度、信誉和实力。

(2) 委托销售方式。

委托销售方式是指发行公司将股票销售业务委托给证券承销机构代理发行。这种销售方式是发行股票所普遍采用的。我国《公司法》规定，股份有限公司向社会公开发行股票，必须与依法设立的证券经营机构签订承销协议，由证券经营机构承销。

委托销售方式分为包销和代销两种形式。包销是指根据承销协议的价格，证券经营机构一次性购入发行公司公开募集的全部股份，然后以较高价格出售给社会上的认购者。代销是指证券经营机构代理股票发售业务，并由此获得一定的佣金。对发行公司来说，包销可及时筹足资本，且股款未募足的风险由承销商承担，可免于承担发行风险。但由于股票以较低价格售给承销商，会损失部分溢价；与之相反，代销虽然不会损失溢价，但发行公司要承担发行风险，股款未募足的风险由发行公司自己承担。

此外，公司设立之后，为了扩大经营、改善资本结构，会增资发行新股，即增资发行。根据我国的法律法规，增资发行与初次发行在股票发行的规定与条件、发行方式、销售方式方面都是相同的，但在发行程序上存在不同。公司增资发行新股的基本程序如下：

（1）股东大会做出发行新股的决议；

（2）由董事会向国务院授权的部门或省级人民政府申请并经批准；

（3）公告新股招股说明书和财务报表及附属明细表，与证券经销机构签订承销合同，定向募集时向新股认购人发出认购公告或通知；

（4）招认股份，缴纳股款；

（5）改组董事会、监事会，办理变更登记并向社会公告。

4. 普通股发行定价

股票的发行价格是投资者认购股票时所支付的价格。股票的发行价格通常由发行公司根据股票面额、股市行情和其他有关因素决定。以募集设立方式设立公司首次发行的股票价格，由发起人决定；公司增资发行新股的股票价格，由股东大会做出决议。股票发行价格通常有等价、时价、中间价三种。

1）等价发行

等价是指以股票的票面金额为发行价格，也称为平价发行或面值发行。由于市价往往高于面额，等价发行股票容易推销，保证公司顺利地实现筹措股金的目的。但等价发行无从取得股票的溢价收入。在股票市场不甚发达的情况下，设立公司首次发行股票时选用等价发行以确保及时足额募集资本。

2）时价发行

时价是指以本公司原发行同种股票的现行市场价格为基准来选择增发新股的发行价格，也称市价发行。这种发行价格一般都是在时价高于票面价格的情况下采用。二者的差价称溢价，溢价带来的收益归该股份有限公司所有。时价发行能使发行者以相对少的股份筹集到相对多的资本，从而减轻负担，同时还可以稳定流通市场的股票时价，促进资金的合理配置。时价发行以股票流通市场上当时的价格为基准，但也不必完全一致。选用时价发行股票，考虑了股票的现行市场价值，对投资者也有较大的吸引力。时价发行已在世界范围内广泛采用。

3）中间价发行

中间价是取股票市场价格与面额的中间值作为股票的发行价格。中间价兼具等价和时价的特点，通常在向股东配股发行股票时采用。这种发行价格通常在时价高于面额，公司需要增资但又需要照顾原有股东的情况下采用。中间价格发行对象一般为原股东，在时价和面额之间采取一个折中的价格发行，实际上是将差价收益一部分归原股东所有，一部分归公司所有。

选择时价或中间价发行股票，可能属于溢价发行，也可能属于折价发行。溢价发行，发行公司将获得发行价格超过股票面额的溢价款列入资本公积。我国《公司法》规定，股票发行价格可以等于票面金额（等价），也可以超过票面金额（溢价），但不得低于票面金额(折价)。

5. 股票上市

股票上市,是指股份有限公司公开发行的股票经批准在证券交易所进行挂牌交易。经批准在交易所上市交易的股票称为上市股票,其股份有限公司称为上市公司。

1)股票上市的意义

股份有限公司申请上市,其基本目的是为了增强本公司股票的吸引力,形成稳定的资本来源,在更大范围内筹集大量资本。股票上市对上市公司而言,主要有以下意义:提高公司所发行股票的流动性和变现能力,便于投资者认购、交易;促进公司股权的社会化,防止股权过于集中;提高公司知名度,吸引更多顾客;便于确定公司价值,以利于促进公司实现财富最大化目标;有助确定公司增发新股的价格。

股票上市也有不利的方面:公司将负担较高的信息报道成本;各种信息公开的要求可能会暴露公司的商业秘密;股价有时会歪曲公司的实际状况,丑化公司声誉;可能会分散公司控制权,造成管理上困难。

2)股票上市条件

我国《证券法》《上海证券交易所股票上市规则》规定,申请证券上交所上市交易,应当符合交易所规定的上市条件:

(1)股票已公开发行。

(2)具备健全且运行良好的组织机构。

(3)具有持续经营能力。

(4)公司股本总额不少于人民币 5 000 万元。

(5)公开发行的股份达到公司股份总数的 25%以上;公司股本总额超过人民币 4 亿元,公开发行股份的比例达到 10%以上。

(6)公司及其控股股东、实际控制人最近 3 年不存在贪污、贿赂、侵占财产、挪用财产或者破坏社会主义市场经济秩序的刑事犯罪。

(7)最近 3 个会计年度财务会计报告均被出具无保留意见审计报告。

(8)本所要求的其他条件。

3)股票上市的暂停、终止与特别处理

当上市公司出现经营情况恶化、存在重大违法违规行为或者其他原因导致不符合上市条件时,就可能被暂停或终止上市。

上市公司出现财务状况或其他状况异常时,其股票交易遵循下列规则:

(1)股票报价日涨跌限制为 5%。

(2)股票名称改为原股票名称前面加"ST",被实施退市风险警示的,在公司股票简称前冠以"＊ST"字样。

6. 普通股筹资的优缺点

1)普通股筹资的优点

(1)没有固定的股息负担。股利支付与否和支付多少视公司有无盈利和经营需要而定。公司有盈余,并认为适合分配股利,就可以分给股东;公司盈余较少,或虽有盈余但资金短缺,或有更有利的投资机会,就可少支付或不支付股利。

（2）没有固定到期日，不需归还。发行普通股筹措的资本具有永久性，除非公司清算才需偿还。其投入的资金成为企业长期稳定的资金，保证了企业生产经营的顺利进行。

（3）筹资风险较小。由于普通股没有固定到期日，不用支付固定的利息，财务风险较小。

（4）能增强公司的信誉。由于普通股筹集的资金是权益资金，它反映了公司的实力，可作为其他筹资方式的基础，尤其可为债权人提供保障，增强公司的举债能力。

（5）筹资限制少。利用优先股或债务筹资，通常有许多限制。这些限制往往会影响公司经营的灵活性，而利用普通股筹资则没有这种限制。

（6）容易吸收资金。由于普通股的预期收益较高，并可一定程度地抵消通货膨胀的影响（通货膨胀期间，不动产升值时普通股也随之升值），因此普通股筹资容易吸收资金。

2）普通股筹资的缺点

（1）普通股的资本成本较高。第一，从投资者的角度来看，投资者面临较大的风险，相应地要求有较高的报酬；第二，对于筹资者来说，普通股股利不像债务利息那样可以在税前支付，而是从净利润中支付，股利不具有抵税的作用；第三，普通股的发行费用也较高。

（2）可能会分散公司的控制权或导致股价下跌。当企业发行新股时，出售新股票，引进新股东，会导致公司控制权的分散。另外，新股东分享公司未发行新股前积累的盈余，会降低普通股的每股净收益，从而可能引起股价的下跌。

（三）发行优先股

1. 优先股的特征

优先股是相对普通股而言的，是较普通股具有某些优先权利，同时也受到一定限制的股票。优先股的含义主要体现在优先权利上，包括优先分配股利和优先分配公司剩余财产。

优先股是一种特别股票，它与普通股有许多相似之处，又具有债券的某些特征。因此，它是一种混合性证券，常被普通股东视为债券，而被债权人视为主权资本。

优先股兼有负债与普通股两方面的特征，表现在以下几个方面。

1）优先股所具有的普通股特征

（1）优先分配股利。优先股股东可优先于普通股股东分配股利；有剩余，普通股股东才可分得股利。如果当年公司经营欠佳，可供分配的利润不足以支付优先股股利，优先股股东还可以把未发足的股利累积起来，由以后年度可供分配的利润优先补足。

（2）优先分配公司剩余财产。当公司破产清算时，在清偿了所有债务之后，公司剩余财产应先偿还优先股股东，如有剩余才能按股份比例对普通股东进行分配，所以优先股都设有票面价值，以便清偿。

2）优先股所具有的债务特征

（1）优先股的股息固定。其股利通常按面值的百分比来发放或按定额股利发放，受公司经营状况和盈利水平的影响较少，所以优先股类似于固定利息的债券。

（2）优先股股东一般无表决权和管理权。即优先股股东没有选举权、被选举权和对公司的控制权，仅在涉及优先股股东权益问题时享有表决权。

（3）优先股的发行契约中可能规定有收回或赎回条款，有的还有偿债基金条款，即赋予其一个不确定的到期日，使其具有还本的特性。

（4）由于优先股股利固定，对普通股股东而言，具有财务杠杆的作用。

2. 优先股的种类

优先股按不同的标准，主要有以下几种分类。

1）按股利能否累积，可以分为累积优先股和非累积优先股

累积优先股是指如果公司因故不能按期发放优先股股利，则这些优先股股利将累积到以后年度一并发放。一般而言，公司在发放完全部积欠的优先股股利之前，不得向普通股股东支付任何股利。非累积优先股是指仅按当年利润分配股利，而不予累积补付的优先股股票。

显然，对投资者而言，累积优先股比非累积优先股具有更大的吸引力，因此累积优先股比较广泛，是一种最常见的优先股。而非累积优先股则因认购者少而发行量相对较小。

2）按能否参与额外股利的分配，可以分为参加优先股和非参加优先股

参加优先股是指不仅能取得固定股利，还有权与普通股股东一同参与剩余利润分配的股票。根据参与收益分配的方式不同，又可分为全部参加分配的优先股和部分参加分配的优先股。前者表现为优先股股东有权与普通股股东共同等额分享本期剩余利润，后者则表现为优先股股东有权按规定额度与普通股股东共同参与收益分配，超过规定额度部分的利润，归普通股股东所有。不参加优先股是指不能参加剩余收益分配，只能取得固定股利的优先股。其特点是优先股股东对股份有限公司的税后利润只有权分得固定股利，对取得固定股利后的剩余利润，无权参加分配。

3）按能否转换为普通股，分为可转换优先股和不可转换优先股

可转换优先股是股东有权按照发行时的规定，可在将来的一定时期内按一定比例把优先股转换为普通股的股票。不可转换优先股是不能转换为普通股的股票。

4）按是否有权赎回，分为可赎回优先股和不可赎回优先股

可赎回优先股是指发行公司在需要时可以按一定的价格赎回的优先股股票，又称可收回优先股。发行这种股票时，发行公司在发行的时候，就已经定好了收回条款，是否收回以及何时收回由发行公司确定。不可赎回优先股则指不能被公司赎回的优先股。因为优先股都有固定股利，所以不可赎回优先股一经发行，便会成为公司一项永久性财务负担。因此，在实务中，大多数优先股均是可赎回优先股，而不可赎回优先股则很少发行。

根据我国 2021 年起实行的《优先股试点管理办法》，优先股每股票面金额为 100 元，上市公司不得发行可转换为普通股的优先股，上市公司发行优先股应该在公司章程中规定以下事项：①采取固定股息率；②在有可分配税后利润的情况下，必须向优先股股东分配股息；③未向优先股股东足额派发股息的差额部分，应当累积到下

一会计年度;④优先股股东按照约定的股息率分配股息后,不再同普通股股东一起参加剩余利润的分配。

3. 优先股筹资的优缺点

1)优先股筹资的优点

(1)没有到期日,不用偿还本金。公司事实上等于获得了一笔无限期的贷款,筹集到的优先股资金是公司长期、稳定的资金来源。但一般优先股又附有收回条款,这就使得资金更具有弹性,可以控制公司的资本结构,从而使公司获得较稳定的资金,又可减少财务风险。

(2)股利支付既固定,又有一定弹性。一般而言,优先股的股利并不构成公司的法定义务。如果公司财务状况不佳,则可暂时不支付优先股股利,优先股股东也不能像债权人一样迫使公司破产。

(3)有利于增强公司信誉。从法律上讲,优先股筹集的资金是权益资金。优先股增加了公司权益资金,可增强公司信誉,为债权人提供保障,增强公司的举债能力。

(4)保持普通股股东的控制权。由于优先股股东一般无表决权,所以发行优先股既可增加公司的权益资本,又能维持原股东的控股格局,保持普通股股东的控制权。

2)优先股筹资的缺点

(1)资金成本较高。相对于债权人来说,优先股股东要承担较大的风险,因此优先股股息率通常高于债务的利息率,并且优先股的股利要从公司税后利润中支付,不同于债务的利息可在税前扣除。

(2)限制因素较多。如公司不能连续3年拖欠股利、公司的盈利必须先分配给优先股股东、公司举债额度较大时要先征求优先股股东的意见,等等。

(3)财务负担重。优先股需要支付固定的股利,且不能税前支付。所以当利润下降时,优先股的股利会成为一项较重的财务负担。

三、留存收益

(一)留存收益筹资的渠道

留存收益是指企业从历年实现的利润中提取或留存于企业的内部积累。它源于企业生产经营活动所实现的净利润,包括企业的盈余公积金和未分配利润两个部分。

1. 盈余公积金

盈余公积金是指企业按照规定从净利润中提取的积累资金,是有指定用途的留存净利润,包括法定盈余公积金、任意盈余公积金和法定公益金。

2. 未分配利润

未分配利润是指企业实现的净利润经过弥补亏损、提取盈余公积和向投资者分配利润后留存在企业的、历年结存的利润,是未限定用途的净利润。

（二）留存收益筹资的优缺点

1. 留存收益筹资的优点

（1）资金成本较普通股低。留存收益筹资是企业自身产生的留存收益资金的运用,不需要筹资费用,资金成本较普通股低。

（2）保持普通股股东的控制权。留存收益筹资不需要对外发行股票,是本企业自身积累所形成的,由此增加的权益资本不会改变企业的股权结构,不会分散企业原有股东的控制权。

（3）增强公司的信誉。留存收益的资金属于权益资金,能使企业保持较大的可支配的现金流,既可解决企业经营发展的资金需要,又能增强企业的信誉,提高企业的举债能力。

2. 留存收益筹资的缺点

（1）筹资数额有限制。由于留存收益是企业生产经营的积累,在资金的数额方面受到许多限制。例如,企业首先要盈利,盈利后还要进行利润的分配等,所以最终的积累只是一部分。如果企业亏损,则不存在这一渠道的资金来源。此外,留存收益的比例往往受到股东的限制,股东可能从消费需求、风险偏好等因素出发,要求股利支付率要维持在一定水平上。

（2）资金使用受制约。留存收益资金的使用要受国家有关法律、法规的制约。

四、认股权证

认股权证是一种由上市公司发行的证明文件,持有人有权在一定时间内以约定的价格认购该公司发行的一定数量的股票。

1. 认股权证的基本性质

（1）认股权证的期权性。认股权证本质上是一种股票期权,具有实现融资和股票期权激励的双重功能。但认股权证本身是一种认购普通股的期权,没有普通股的红利收入和相应的投票权。

（2）认股权证是一种投资工具。投资者可以通过购买认股权证获得市场与认购价之间的股票差价收益,因此它是一种具有内在价值的投资工具。

2. 认股权证的筹资特点

（1）有利于发行公司顺利实现融资。认股权证的发行人是发行标的股票的上市公司,认股权证通过以约定价格认购公司股票的契约方式,能保证公司在规定的期间内完成股票的发行计划。

（2）有助于改善上市公司的治理。采用认股权证进行融资,融资的实现是缓期分批实行的。上市公司及其大股东的利益,与投资者是否在到期之前执行认股权证密切相关。因此,在认股权证有效期内,上市公司管理层及其大股东任何有损公司价值的行为,都可能降低上市公司的股价,从而降低投资者执行认股权证的可能性,这将会损害上市公司管理层和大股东的利益。所以认股权证能够约束上市公司的行为,并激励他们更加努力地实现上市公司的市场价值。

(3)有利于促进上市公司的股权激励机制。认股权证通常是员工激励工具,通过给予管理者和员工一定的认股权证,可以把管理者和员工的利益与企业价值成长紧密联系在一起,建立一个管理者和员工通过提升企业价值实现自身财富增值的利益驱动机制。

第四节　长期负债筹资

一、长期借款

长期借款是指企业向银行或其他非银行金融机构借入的期限超过一年的借款。长期借款主要用于企业购建固定资产和满足长期流动资金占用的需要。

(一) 长期借款的分类

1. 按照用途不同分类

按照用途不同,可分为基本建设借款、更新改造借款、科技开发和新产品试制借款。

基本建设借款指主要用于固定资产的新建、改建和扩建等基本建设项目的借款。

更新改造借款是指用于企业固定资产更新、改造项目的借款。

科技开发和新产品试制借款是指用于企业科技研究开发和新产品试制方面的借款。

2. 按照贷款机构不同分类

按照贷款的机构不同,分为政策性银行贷款、商业银行贷款和其他金融机构贷款。

政策性银行贷款是指执行国家政策性贷款业务的银行向企业发放的贷款。政策性银行贷款一般为长期贷款,通常贷给国有独资企业和国有控股企业。

商业银行贷款是指由各商业银行向工商企业提供的贷款,主要满足企业建设竞争性项目的资金需求。商业银行贷款长期、短期均有。

其他金融机构贷款是指除银行以外的金融机构向企业提供的贷款,如企业向信托投资公司、财务公司、保险公司等金融机构借入的款项。其他金融机构贷款一般比银行贷款的期限长,利率也较高,对借款方的信用要求和限制条件比较严格。

3. 按照有无抵押品作担保分类

按照有无抵押品作担保,分为抵押贷款和信用贷款。

抵押贷款是指以特定的抵押品(如房屋、建筑物、机器设备、有价证券、存货等)为担保而取得的贷款。抵押贷款有助于提高银行贷款的安全性,但提供抵押品对企业有许多约束,限制了企业资产的自由使用权。

信用贷款是指企业不需要提供抵押品，仅凭借自身信用或担保人的信誉就能取得的贷款。信用贷款只有那些资本实力雄厚、财务状况好、信誉良好的企业才能取得。由于信用贷款的风险较大，债权人通常要提高利息率以获取风险补偿，而且往往会附加一定的限制条件。

（二）长期借款的程序

1. 贷款申请

企业需要借款时，应当填写包括借款金额、借款用途、偿还能力及还款方式等主要内容的借款申请书，并提供有关资料。

2. 贷款审批

银行按照有关政策和条件，对借款企业进行审查，依据审批权限，核准企业申请的借款金额和用款计划。审查的主要内容是企业财务状况、信用情况、盈利的稳定性、发展前景、借款投资项目的可行性、抵押品和担保情况。

3. 签订借款合同

贷款方核准借款申请后，借贷当事人双方进一步协商贷款的具体条件，签订正式的贷款合同，约定借款种类、借款用途、金额、利率、借款期限、还款方式、借贷双方的权利和义务、违约责任和双方认为需要约定的其他事项。

4. 企业取得借款

借款合同签订后，企业可在核定的贷款额度内，根据用款计划和实际需要，一次或分次将贷款转入企业的存款结算户，企业按借款合同约定用途使用贷款。

5. 企业偿还借款

借款企业应按借款合同约定及时清偿贷款本息或续签合同。

（三）借款合同的基本内容

借款合同是规定当事人双方权利和义务的契约，必须采用书面形式。借款合同包括基本条款、保护性契约条款等内容。借款申请书、有关借款的凭证、协议书和当事人双方同意修改借款合同的有关书面资料，也是借款合同的组成部分。

1. 借款合同的基本条款

借款合同应当具备下列基本条款：借款种类、借款用途、借款金额、借款利率、借款期限、还款资金来源及还款方式、保证条款和违约责任。其中保证条款是规定借款方应具有银行规定比例的自有资金，并有适销、适用的物资和财产作贷款的保证，必要时还可规定保证人，当借款方不履行合同时，由保证人连带承担偿还本息的责任。

2. 借款合同的保护性条款

由于长期借款的期限长、风险大，因此，除借款合同的基本条款之外，银行等债权人通常还在借款合同中附加各种保护性条款，以确保企业按时足额偿还贷款。归纳起来，保护性条款一般有以下三类。

1）一般性保护条款

一般性保护条款是对借款企业资金的流动性及偿债能力等方面的要求条款，这类

条款应用于大多数借款合同,但根据具体情况会有不同内容。主要包括:

(1)规定借款企业流动资金的保持量,其目的在于保持借款企业资金的流动性和偿债能力,一般规定企业必须保持最低营运资本净值和最低的流动比率;

(2)限制支付现金股利、再购入股票和职工加薪规模,其目的在于限制现金过分外流;

(3)限制资本支出规模,其目的在于减小企业日后不得不变卖固定资产以偿还贷款的可能性(其目的仍着眼于保持借款企业资金的流动性);

(4)限制其他长期债务,其目的在于防止其他债权人取得对企业资产的优先受偿权。

2)例行性保护条款

例行性保护条款作为例行常规,在大多数借款合同中都会出现,它可以堵塞因一般条款规定不够完善而遗留的漏洞,以确保贷款的安全。主要包括:

(1)借款企业定期向债权人提交财务报表,以使债权人及时掌握企业的财务状况;

(2)不准在正常情况下出售较多资产,以保持企业正常的生产经营能力;

(3)如期缴纳税金和清偿其他到期债务,以防被罚款而造成不必要的现金流失;

(4)不准以任何资产作为其他承诺的担保或抵押,以避免企业过重的负担;

(5)不准贴现应收票据或出售应收款账,以避免或有负债;

(6)限制租赁固定资产的规模,其目的在于防止企业负担巨额租金,以致削弱其偿债能力,还在于防止企业以租赁固定资产的办法摆脱债权人对其资本支出和负债的约束;

(7)做好固定资产的维修保护工作,使之处于良好的运行状态,以保证生产经营能正常、持续地运行。

3)特殊性保护条款

特殊性保护条款是针对某些特殊情况而出现在部分借款合同中,只有在特殊情况下才生效。主要包括:

(1)贷款专款专用;

(2)不准企业投资于短期内不能收回资金的项目;

(3)限制企业高级职员的薪金和奖金总额;

(4)要求企业主要领导人在合同有效期间担任领导职务;

(5)要求企业主要领导人购买人身保险等。

(四)长期借款的成本

利息是形成企业长期借款成本的重要因素。长期借款的利息率通常要高于短期借款的利息率,但信誉好或抵押品流动性强的企业,仍然可以争取到较低的长期借款利率。长期借款利率有固定利率和变动利率两种。

1. 固定利率

固定利率指在债务存续期间内采用固定不变的利率。此固定利率的大小通常由借贷双方按市场利率并视公司信誉情况确定。此种利率计息方式一般在资金市场利率波动不大、资金供应比较平稳情况下采用。

2. 变动利率

变动利率指在债务存续期间根据市场利率而做出调整的利率。调整以后贷款余额按新确定的利率计息。变动利率计息方式在高通货膨胀及市场利率上升的情况下被广泛采用。在国际上，长期借款多采用变动利率。变动利率可分为以下两种。

1）分期调整利率

分期调整利率是在一般基准利率的基础上，根据资金市场的变化情况每半年或一年时间调整一次的利息率。尚未归还的贷款的利息应按调整后的利息率来计算。这种利率将通过借贷双方协商后在借款合同中进行规定。

2）浮动利率

浮动利率是借贷双方经过协商，在借款协议中规定其利率可随市场利率的变动而随时调整的利率。它通常可以以市场上信誉较好的企业的商业票据利率为参考，或以市场上相同借款期的公认利率为准，规定基本利率（又称最惠利率），再在此基础上规定一定的浮动百分比限度，作为定期计息的浮动利率。

（五）长期借款的偿还

1. 编制偿还计划

长期借款由于时间长、金额大、风险大，企业借入长期借款后，必须事先筹划，有针对性地做出偿还的安排，这有利于资本的调度。因此，企业应编制还款计划，详细说明各期还本付息额、资金来源，并做出必要的现金流量安排。

2. 长期借款偿还方式

长期借款偿还方式通常有以下几种。

（1）分期计息，到期一次还本。此种方式是指按月、季、半年或一年付息一次，到期时一次偿还全部本金。

（2）到期一次还本付息。这种方式还款集中，借款企业应于贷款到期日前做好准备，以保证全部清偿债务。

（3）完全分期等额偿还法。此种方式是指贷款本息按某一相同的金额定期偿付。其特点是每期末偿还借款本金和利息的总数相等，从而构成一笔等额的年金，该年金的现值即是借款额。分期偿还计划可按月、季、半年或一年制定。

（4）部分分期等额偿还法。此种偿还方式是指部分贷款分期等额偿付，其余部分贷款分期付息，到期一次还本。

（5）平时逐期偿还小额本金和利息，期末偿还余额。

例 3-5 某公司向某商业银行贷款 100 万元，该笔贷款利率为 10%，期限为 4 年。银行要求某公司还款方式分别为：

（1）复利计息，到期一次还本付息；

（2）单利计息，到期一次还本付息；

（3）分期（每年）等额还本付息；

（4）借款的 1/2 在期限内完全等额偿还，其余部分分期付息，到期一次还本；

（5）前 3 年每年年末归还一笔相等金额的款项，最后一年归还本息共 60 万元，4 年内全部还清本息。

要求：计算各种还款方式下的还款金额，并对第（4）种还款方式编制贷款偿还计划表。

解 首先，计算各种还款方式下的还款金额。

（1）到期应偿还的本息＝100×(1＋10％)⁴＝146.41（万元）

（2）到期应偿还的本息＝100×(1＋10％×4)＝140（万元）

（3）设每年的还款额为 A，则

$$A=P(A/P,i,n)=100\times(A/P,10\%,4)=100\times\frac{1}{3.169\ 9}=31.55（万元）$$

（4）设借款的 1/2 即 50 万元每年的完全分期偿还额为 A，则

$$A=P(A/P,i,n)=50\times(A/P,10\%,4)=50\times\frac{1}{3.169\ 9}=15.77（万元）$$

其余部分 50 万元分期付息，到期一次还本：

第一年付息额＝50×10％＝5（万元）

第二年付息额＝50×10％＝5（万元）

第三年付息额＝50×10％＝5（万元）

第四年付息额＝50×10％＝5（万元）

第四年本金偿还额＝50（万元）

将以上两部分合并，得每年的本息偿还额为

第一年还本付息额＝15.77＋5＝20.77（万元）

第二年还本付息额＝15.77＋5＝20.77（万元）

第三年还本付息额＝15.77＋5＝20.77（万元）

第四年还本付息额＝15.77＋5＋50＝70.77（万元）

（5）最后一年还款 60 万元，相当于现在的价值为

$$P=F(P/F,i,n)=60\times(P/F,10\%,4)=60\times0.683\ 0=40.98（万元）$$

设前三年每年还款额为 B，则

$$100-40.98=B\times(P/A,10\%,3)$$

$$59.02=B\times2.486\ 9$$

解得：$B＝23.73（万元）$。

然后，对第（4）种还款方式编制贷款偿还计划表。

第（4）种还款方式贷款偿还计划表的编制，可先将一半的借款按完全等额偿还的方式编制贷款偿还计划表（见表 3-6）；再按分期付息，到期一次还本的方式编制贷款偿还计划表（见表 3-7）；最后将这两张表合并，即可编制出部分分期等额偿还法下的贷款偿还计划表（见表 3-8）。

表 3-6　贷款分期偿还计划表（完全分期等额偿还）　　　　（单位：万元）

年度	年偿还额 ①	年付息额 ②＝④×i	本金偿还额 ③＝①－②	本金剩余额 ④＝上年度④－③
0	—	—	—	50
1	15.77	5	10.77	39.23
2	15.77	3.923	11.847	27.383
3	15.77	2.738	13.032	14.351*
4	15.77	1.435	14.335*	0
合计	63.08	13.096	50	—

表 3-7　贷款分期偿还计划表（分期付息、到期一次还本）　　　（单位：万元）

年度	年偿还额 ①	年付息额 ②＝④×i	本金偿还额 ③＝①－②	本金剩余额 ④＝上年度④－③
0	—	—	—	50
1	5	5	0	50
2	5	5	0	50
3	5	5	0	50
4	55	5	50	0
合计	70	20	50	—

92

表 3-8　贷款分期偿还计划表　　　　　　　　　（单位：万元）

年度	年偿还额 ①	年付息额 ②＝④×i	本金偿还额 ③＝①－②	本金剩余额 ④＝上年度④－③
0	—	—	—	100
1	20.77	10	10.77	89.23
2	20.77	8.923	11.847	77.383
3	20.77	7.738	13.032	64.351
4	70.77	6.435	64.335*	0
合计	133.08*	33.096*	100	—

注：*因四舍五入产生的误差。

表 3-8 表明，企业共偿还 133.08 万元贷款。其中，本金为 100 万元，利息为 33.08万元。

当然，长期借款的偿还方式不仅限于以上几种方式，具体还应依据借款合同的规定，针对其条款计算出还本付息额，编制出还款计划表。

（六）长期借款筹资的优缺点

1. 长期借款筹资的优点

（1）筹资速度快。与发行股票和债券相比，长期借款筹资不需要发生像发行证券那样的准备、层层申报与审批、印刷、推销等事项，而只需与银行等机构达成协议即可。程序相对简单，企业得到借款所花费的时间也就比较短。

（2）筹资成本低。与债券相比，借款利率一般低于债券利率，同时筹资费用也较低；与股票等权益资本筹集方式相比，借款利息可以在税前列支，具有抵税的作用。两项的共同作用，降低了借款的资本成本。

（3）借款弹性好。借款时企业与银行等贷款机构直接交涉，有关条件可以经过谈判确定。用款期间发生变动，也可以与债权人再协商，变更借款数量、时间和条件，或提前偿还本息。因此，借款筹资对借款企业来讲，具有较大的灵活性。

（4）便于利用财务杠杆效应。由于长期借款的利率一般是固定或相对固定的，不随企业经营情况的变化而变化，当企业资产报酬率高于债务资金的利息率时，偿付债务利息后，债务利息低于资产报酬的差额部分，归属于股东所有，会增加股东的每股收益，提高企业的净资产报酬率。

2. 长期借款筹资的缺点

（1）财务风险高。长期借款有固定的还本付息期限，企业到期必须足额支付。在企业经营不善时，可能会出现不能偿债的风险，甚至可能导致破产。

（2）借款限制条款多。长期借款合同对借款用途有明确规定，会在合同中签订许多限制性条款，要求企业严格遵循，以后企业的生产经营活动必将受到一定程度的影响。

（3）筹资数额有限。银行在借贷时，为了银行本身的资金安全，对企业的借款数量有一定的限制。同时，长期借款的数额往往还受到贷款机构实力的制约，不可能像发行股票、债券那样能够一次性筹集到大量资金。在企业资金需要量较大时，借款只能作为辅助性的筹资方式，而不能成为主导的筹资方式。

二、发行债券

债券是债务人为筹集债务资本而依照法定程序而发行的、约定在一定期限内向债权人还本付息的有价证券，又称长期应付票据。在我国，非公司制企业发行的债券称为企业债券，股份有限公司和有限责任公司发行的债券称为公司债券。这里所说的债券，指的是期限超过1年的公司债券，其发行目的通常是为建设大型项目筹集大笔长期资金。

（一）公司债券的分类

1. 按债券是否记名分类

按债券是否记名分类，分为记名债券和无记名债券。

记名债券是在券面上记载持有人的姓名或名称，同时在发行公司的债权人名册上进行登记的债券。这种债券公司只对记名人偿本付息，凭身份证或其他有效证件领取本息，转让时以背书等方式进行。无记名债券是在券面上不记载持有人的姓名或名称，还本付息仅以债券为凭，转让只需要将债券交付给受让人即发生效力。我国发行的债券一般是不记名债券。

2. 按有无财产抵押分类

按有无财产抵押分类，分为信用债券和抵押债券。

信用债券是指发行公司没有抵押品作抵押或担保人作担保，完全凭信用发行的债券。抵押债券是指发行公司以特定财产作为抵押品的债券。抵押债券按抵押物品的不同，又可分为不动产抵押债券、设备抵押债券、证券信托债券。

3. 按债券能否转换为股票分类

按债券能否转换为股票分类，分为可转换债券和不可转换债券。

若公司债券能转换为本公司股票，则该债券为可转换债券；反之，该债券为不可转换债券。一般来讲，前种债券的利率要低于后种债券。

4. 按是否参加公司盈余分类

按是否参加公司盈余分类，分为参加公司债券和不参加公司债券。

参加公司债券是指债权人除享有到期向公司请求还本付息的权利外，还有权按规定参加公司盈余分配的债券；反之，该债券为不参加公司债券。

5. 按债券利率分类

按债券利率分类，分为固定利率债券和浮动利率债券。

固定利率债券是指将利率明确记载于债券上，按这一固定利率向债权人支付利息的债券；浮动利率债券是指发行时不确定利率，发放利息时利率水平按某一标准（如银行存款利率、政府债券利率）的变动而同方向调整的债券。

6. 按利息的支付方式分类

按利息的支付方式分类，可分为零息债券、附息债券和贴现债券。

零息债券是指以贴现方式发行，不附息票，而于到期日时按面值一次性支付本息的债券。附息债券是指在债券券面上附有息票的债券，或是按照债券票面载明的利率及支付方式支付利息的债券。贴现债券又称贴水债券，是指在票面上不规定利率，发行时按某一折扣率，以低于票面金额的价格发行，发行价与票面金额之差额相当于预先支付的利息，债券期满时按面值偿还本金的债券。

（二）发行公司债券的资格和条件

我国《公司法》规定，股份有限公司和有限责任公司，具有发行债券的资格。

根据《证券法》规定，公司发行公司债券，应当符合以下条件：①具备健全且运行良好的组织机构；②最近3年平均可分配利润足以支付公司债券1年的利息；③国务院规定的其他条件。

公开发行公司债券筹集的资金，必须按照公司债券募集办法所列资金用途使用；改变资金用途，必须经债券持有人会议做出决议。公开发行公司债券筹集的资金，不得用于弥补亏损和非生产性支出。

（三）发行公司债券的程序

1. 做出发行债券的决议或决定

公司在发行债券之前，必须由股东会（或董事会）做出发行债券的决议，具体决定公司发行债券的总额、票面金额、发行价格、募集办法、偿还日期及方式等内容。

2. 提出发行债券的申请

我国规定,公司申请发行债券由国务院证券管理部门批准。公司申请发行债券时应提交公司登记证明、公司章程、公司债券募集办法、资产评估报告和验资报告。

3. 公告债券募集办法

发行公司债券的申请经批准后,公开向社会发行债券,应向社会公告债券募集办法。我国《公司法》规定,公司债券募集办法中应载明本次债券发行总额、债券面额、票面利率、还本付息的期限与方式、债券发行的起止日期、公司净资产额、已发行而未到期的债券总额、债券的承销机构等。

4. 委托证券机构发售

公司债券的发行方式一般分为私募发行和公募发行两种。私募发行是指由发行公司直接将债券发售给投资者。这种方式在我国极少采用。公募发行是指发行公司通过承销团向社会发售债券,有包销和代销两种方式。我国法律法规要求采用公募发行。

5. 交付债券,收缴债券款,登记债券存根簿

发行公司公开发行公司债券,由证券承销机构发售时,投资者直接向承销机构购买,承销机构代理收取债券款,交付债券;然后发行公司向承销机构收缴债券款并结算代理费及预付款项;最后,在置备的公司债券存根簿上登记债券总额、债券利率、还本付息期限及方式等。

(四) 债券的发行价格

债券发行价格是债券发行时使用的价格,亦即投资者购买债券所实际支付的价格。公司在发行债券之前,必须依据有关因素,运用一定的方法,确定债券的发行价格。

1. 决定债券发行价格的因素

(1) 债券面额。债券的票面金额是决定债券发行价格的最基本因素。债券发行价格的高低,从根本上取决于债券面额的大小。一般而言,债券面额越大,发行价格越高。

(2) 票面利率。债券的票面利率是债券的名义利率,通常在发行债券之前即已确定,并在债券票面上注明。一般而言,债券的票面利率越高,发行价格就越高;反之,发行价格就越低。

(3) 市场利率。债券发行时的市场利率是衡量债券票面利率高低的参照系,两者往往不一致,因此共同影响债券的发行价格。一般来说,债券的市场利率越高,债券的发行价格越低;反之,发行价格就会越高。

(4) 债券期限。同银行借款一样,债券的期限越长,债券的风险越大,要求的利息报酬就越高,债券的发行价格就可能较低;反之,发行价格可能较高。

2. 确定债券发行价格的方法

公司债券的发行价格通常有三种:平价、溢价和折价。平价指以债券的票面金额为发行价格;溢价指以高出债券票面金额的价格为发行价格;折价指低于债券票面金额的价格为发行价格。

债券发行价格的形成受债券面额、票面利率、市场利率、债券期限等多种因素的影响，票面利率与市场利率的一致程度也是债券发行价格的重要影响因素。债券的票面金额、票面利率在债券发行前即已参照市场利率和发行公司的具体情况确定下来并载明于债券之上，无法改变，但市场利率经常发生变动。在债券发售时，如果已确定的票面利率与当时的市场利率不一致，为了协调债券购销双方的利益，就要调整发行价格。也即：票面利率高于市场利率时，溢价发行；票面利率低于市场利率时，折价发行；票面利率与市场利率相等时，平价发行。除此之外，发行公司采用的付息方式不同也会对债券的发行价格产生重要影响。

债券发行价格等于各期利息的现值和到期还本的现值之和，其计算公式为

$$债券的发行价格 = \frac{票面金额}{(1+市场利率)^n} + \sum_{t=1}^{n} \frac{票面金额 \times 票面利率}{(1+市场利率)^t}$$

式中：n——债券期限；

t——付息期数；

市场利率——债券发行时的市场利率。

例 3-6 某公司发行面额为 1 000 元、票面利率为 10%、期限为 10 年的债券，每年年末付息一次。

要求：计算当市场利率分别为 10%、8%、12% 时，债券的发行价格。

解 （1）市场利率为 10% 时，

债券的发行价格 $P = 1\,000 \times (P/F, 10\%, 10) + 1\,000 \times 10\% \times (P/A, 10\%, 10)$
$= 1\,000 \times 0.385\,5 + 100 \times 6.144\,6 = 1\,000（元）$

（2）市场利率为 8% 时，

债券的发行价格 $P = 1\,000 \times (P/F, 8\%, 10) + 1\,000 \times 10\% \times (P/A, 8\%, 10)$
$= 1\,000 \times 0.463\,2 + 100 \times 6.710\,1 = 1\,134.21（元）$

（3）市场利率为 12% 时，

债券的发行价格 $P = 1\,000 \times (P/F, 12\%, 10) + 1\,000 \times 10\% \times (P/A, 12\%, 10)$
$= 1\,000 \times 0.322\,0 + 100 \times 5.650\,2 = 887.02（元）$

（五）债券的评级

公司公开发行债券通常要由债券评信机构评定等级。债券的信用等级对发行公司和购买者都有重大影响。

债券评级的最主要原因是方便投资者进行债券投资决策。投资者购买债券是要承担一定风险的。如果发行者到期不能偿还本息，投资者就会蒙受损失，这种风险称为信用风险。债券的信用风险因发行公司的偿还能力不同而有所差异。一般来说，信用等级越高，信用风险越小；反之，信用风险越大。对广大投资者来说，事先了解债券的信用等级是非常重要的。

债券评级的另一个重要原因是减少信誉高的发行人的筹资成本。一般来说，资信等级高的债券风险较小，能够以较低的利率出售；而资信等级低的债券风险较大，只能以较高的利率发行。

目前国际上公认的最具权威性的信用评级机构，主要有美国标准普尔公司和穆迪公司。由于它们占有详尽的资料，采用先进科学的分析技术，又有丰富的实践经

验和大量专门人才,因此它们做出的信用评级具有很高的权威性。标准普尔公司和穆迪公司对债券的分级都是 3 等 9 级,如表 3-9 所示。

表 3-9　投资机构债券评级表

产品质级	级别	穆迪法	标准普尔法	各级别含义
投资级	最高级	Aaa	AAA	该债券到期具有极高的还本付息能力,投资者没有风险
	高级	Aa	AA	该债券到期具有一定的还本付息能力,投资者基本没有风险
	上中级	A	A	该债券到期具有一定的还本付息能力,经采取保护措施后,有可能按期还本付息,投资者风险较低
次标准级	中级	Baa	BBB	该债券到期还本付息资金来源不足,发行企业对经济形势的应变能力较差,有可能延期支付本息,投资者具有一定风险
	中下级	Ba	BB	该债券还本付息能力低,投资风险较大
	投机级	B	B	该债券还本付息能力脆弱,投资风险很大
投机级	完全投机级	Caa	CCC	该债券还本付息能力很低,投资风险极大
	最大投机级	Ca	CC	该债券还本付息能力极低,投资风险最大
	最低级	C	C	该债券发行企业面临破产,投资者可能血本无归

根据美国著名的债券评级机构穆迪公司的一项统计报告:1980 年,AAA 级债券的利率平均为 11.94%,AA 级债券的利率平均为 12.5%,A 级债券的利率平均为 12.89%,BAA 级(相当于标准普尔的 BBB)债券的利率平均为 13.67%。这完全符合风险收益均衡原理。在国外,许多稳健的投资机构如慈善组织都规定不得购买 A 级以下的债券。

我国的债券评级工作正在开展,但尚无统一的债券等级标准和系统评级制度。根据中国人民银行的有关规定,凡是向社会公开发行的企业债券,需要由中国人民银行认可的资信评级机构进行评信。这些机构对发行债券企业的企业素质、财务质量、项目状况和偿债能力进行评分,以此评定信用等级。

（六）债券筹资的优缺点

1. 公司债券筹资的优点

（1）资本成本较低。债券筹资成本比股票筹资的成本低。主要是因为债券的利息在税前扣除,具有抵税的作用,且债券的发行费用较低。

（2）保证控制权。债券持有人无权参与发行公司的管理决策,因此公司发行债券不会对公司的控制权构成威胁。

（3）可以发挥财务杠杠作用。与其他负债筹资方式一样,发行债券筹资能产生财务杠杆作用,即当企业资金利润率高于负债利率时,负债筹资能给所有者带来更大的利益。

2. 公司债券筹资的缺点

（1）筹资风险高。债券有固定到期日，并需支付利息。在公司经营不景气时，也需向债券持有人支付本息，这会给公司带来很大的财务困难，有时甚至导致破产。

（2）限制条款多。发行公司债券的限制条件一般要比长期借款、租赁筹资的限制条件都要多且严格，从而限制了公司对债券筹资方式的使用，甚至会影响公司以后的筹资能力。

（七）可转换公司债券

可转换公司债券有时简称为可转债，是指发行人依照法定程序发行，在一定期间内依据约定的条件，债券持有人可将其转换为发行公司股票的债券。发行可转换公司债券具有筹资成本低、易于调整资本结构等优势，已经成为我国上市公司乐于采用的一种筹资方式。根据我国《上市公司证券发行管理办法》，上市公司发行可转换债券，除了应当符合增发股票的一般条件外，还应当符合以下条件：①最近三个会计年度加权平均净资产收益率平均不低于6%；②本次发行后累计公司债券余额不超过最近一期期末净资产额的40%；③最近三个会计年度实现的年平均可分配利润不少于公司债券一年的利息。

可转换公司债券是一种混合型金融产品，可以被看做普通公司债券与期权的组合体。其特殊性在于它所特有的可转换性。作为金融创新的一种产物，可转换公司债券在某种程度上兼具了债务性证券与所有权证券的双重功能。从证券权利角度来分析，可转换公司债券赋予持有者一种特殊的选择权，这样可转换公司债券就将传统的债券与股票的筹资功能结合起来，在转换权行使之前属于公司的债务资本，权利行使之后则成为发行公司的所有权资本。

1. 可转换公司债券的基本要素

（1）标的股票。可转换公司债券的标的物一般是发行公司自己的普通股票。

（2）票面利率。可转换公司债券的利率由发行公司与主承销商协商确定，但必须符合国家的有关规定。可转换公司债券的票面利率一般大大低于普通债券的票面利率，其上限是同期银行存款利率。这主要是因为债券的持有者看重的是转换为股票获得资本利得的好处，因此，如果发行公司的预期收益增长前景良好，可以将票面利率设计得低一些。

（3）债券面值与期限。可转换公司债券每张面值100元，期限最短1年，最长6年。

（4）转股价格。可转换公司债券发行之时，明确了以怎样的价格转换为普通股，这一规定的价格就是可转换公司债券的转换价格。按照我国《可转换公司债券管理办法》的规定，转股价格应不低于募集说明书公告日前20个交易日该公司股票交易均价和前一个交易日的均价。

（5）转换比率。转换比率是指每张可转换公司债券能够转换的普通股股数。可转换公司债券的面值、转股价格、转换比率之间存在下列关系：

$$转换比率＝可转换公司债券面值÷转股价格$$

显然，转股价格越高，转换比率越低；转股价格越低，转换比率越高。

（6）转股期限。转股期限是指可转换公司债券转换为普通股的起始日至结束日的期间。《上市公司证券发行管理办法》规定,可转换公司债券自发行之日结束起6个月后方可转换为公司股票,转股期限由公司根据可转换公司债券的存续期限和公司的财务状况确定。

(7)赎回条款。赎回条款是指发行公司按照事先约定的价格购买未转股债券的条件规定,赎回一般发生在公司股票价格一段时间内连续高于转股价格达到某一幅度时。赎回条款一般包括不可赎回期与赎回期间、赎回价格(一般高于可转换债券的面值)、赎回条件等。

发行公司在赎回债券之前,要向债券持有人发起赎回通知,要求他们在将债权转股和卖回给发债公司之间做出选择。一般情况下,投资者大多会将债券转换为普通股。设置赎回条款的最主要功能是强制债券持有者积极行使转股权,同时也能使发债公司避免在市场利率下降后继续向债券持有人支付较高的债券利息所蒙受的损失。

(8)回售条款。回售条款是指债券持有人有权利按照约定的价格将债券卖回给发债公司的条件规定。回售一般发生在公司股票价格一段时间内连续低于转股价格达到某一幅度时。回售对于投资者而言是一种卖权,有利于降低投资者的持券风险。回售条款有回售时间、回售价格、回售条件等规定。

(9)强制性转换条款。强制性转换条款是指在某些条件具备之后,债券持有人必须将可转换公司债券转换为股票,无权要求偿还债券本金的条件规定。公司可设置强制性转换条款,保证可转换债券顺利地转换为股票,预防投资者到期集中挤兑引发公司破产的情况。

2. 可转换公司债券筹资的优缺点

1) 可转换公司债券筹资的优点

(1)有利于降低资本成本。可转换公司债券的利率通常低于普通债券,在转换前可转换公司债券的资本成本低于普遍债券;转换为股票后又可节省股票的发行成本,从而降低股票的资本成本。

(2)有利于筹集更多资本。可转换公司债券的转换价格通常高于发行时的股票价格,因此,可转换公司债券转换后,其筹资款大于当时发行股票的筹资额。

(3)稳定股票市价。可转换公司债券转换价格通常高于公司当前股价,因此在当前股票融资时机不佳时,发行可转换公司债券可以延迟当前低价股权融资,从而避免进一步降低公司股票市价。可转换公司债券的转换期较长,对公司股价的影响较温和,也有利于公司股价的稳定。

(4)有利于调整资本结构。可转换公司债券是一种具有债权筹资和股权筹资双重性质的筹资方式。在转换前属于公司的债务,若发行公司希望可转换公司债券持有人转股,还可以借助诱导,促其转换,进而借以调整资本结构,增强公司财务弹性。

2) 可转换公司债券筹资的缺点

(1)转股后,可转换公司债券筹资将失去利率较低的好处。

(2)增加了对管理层的压力。发行可转换公司债券之后,如果其股价长期低迷,持券者到期未能转股,会造成公司集中兑付债券本金的财务压力;或者,债券转股票后股价迅速大幅度下跌,两者都会影响公司的声誉,恶化公司的财务形象。因此,管理层必须保持公司经济效益稳定增长,这种压力很大。

（3）回售风险。若可转换公司债券发行后,公司业绩虽然不错,但公司股票却随大盘下跌,或者公司业绩不佳,股价长期低迷,在设计有回售条款的情况下,投资者集中在一段时间内将债券回售给发行公司,公司如果对此准备不足,将导致公司陷入财务危机之中。

（4）股价大幅上扬风险。若可转换公司债券发行后,公司股价大幅上扬,持券者纷纷按较低转换价格行使转换权,这实际上会相对减少公司的筹资数量,投资者则获益过多。

三、租赁筹资

租赁指出租人在承租人给予一定报酬的条件下,授予承租人在约定的时间内占有和使用财产权利的一种契约性行为。租赁合约规定双方的权利与义务,其具体内容需要通过谈判确定,所以租赁的形式多种多样。按与租赁资产所有权有关的全部风险和报酬是否转移,可将租赁分为融资租赁和经营租赁。

（一）经营租赁

经营租赁是由租赁公司在短期内向承租的单位提供设备并提供维修、保养、人员培训等的一种服务性业务,又称服务性租赁、营业租赁、业务性租赁。经营租赁通常为短期租赁。承租企业采用经营租赁的目的,并不在于融通资本,而是为了获得设备的短期使用以及出租人提供的专门技术服务。经营租赁的特点主要有:

（1）与所有权有关的风险和报酬,实质上并未转移;

（2）租赁期较短,一般短于资产有效使用期的一半;

（3）设备的维修、保养由租赁公司负责;

（4）租赁期满或合同中止后,出租资产由租赁公司收回;

（5）出租人一般需要经多次出租,才能收回对租赁资产的投资。

（二）融资租赁

1. 融资租赁的概念及特点

融资租赁是由租赁公司按承租单位要求出资购买设备,在较长的契约或合同期内提供给承租单位使用的信用业务,又称资本租赁、财务租赁。承租人采用这种承租方式的主要目的是为了融资,但它有别于一般的资金融通。一般融资的对象是资金,而融资租赁是"融物",集融物与融资于一身。由于出租人预先支付设备的全部价款,这等于向承租人提供了长期信贷,因此具有长期借贷的性质,是承租企业筹集长期借入资金的一种特殊方式。融资租赁特点主要有:

（1）出租方仍保留租赁资产的所有权,但与所有权有关的风险和报酬实质上已转移;

（2）租赁期较长,一般长于资产有效使用期的一半,在租赁期间双方一般无权取消合同;

（3）由承租企业负责设备的维修、保养和保险,承租企业无权拆卸改装;

（4）出租人一般一次出租,就能收回对租赁资产的投资,并取得合理的利润;

(5)租赁期满后,承租人有优先选择购买租赁资产的权利,或续租或将租赁资产退给出租方。

2. 融资租赁的种类

1)直接租赁

直接租赁指出租人根据承租人的申请,以自有或筹措的资金向国内外厂商购进用户所需设备,然后租给承租人使用。直接租赁的出租人主要是制造厂商、租赁公司、银行等金融机构。除制造商外,其余出租人均须按承租人的需要向供应商购买资产,然后租给承租人。因此,除制造商出租外,直接租赁一般由两个合同构成:一是出租人与承租人签订的租赁合同;二是出租人按承租人的订货要求,与厂商签订的购货合同。西方发达国家绝大多数租赁公司都采取直接租赁做法。通常所说的融资租赁,如果不做特别说明即指直接租赁。

2)售后回租

售后回租指企业因缺乏资金,将自有资产中较新的固定资产,先售让给能够办理融资租赁业务的机构,再以承租人的身份,向这些机构租回使用,并按合同约定分期支付租金的方式。采用这种融资租赁方式,租金支付的方式类似于抵押贷款,即承租人因出售资产而获得一笔相当于市价的资金,同时将其租回,而保留了资产的使用权。从事售后回租的出租人通常为租赁公司、保险公司和投资机构。

3)杠杆租赁

杠杆租赁一般涉及承租人、出租人和贷款人三方。它是指出租人一般只需支付租赁资产全部价款的一部分,另以租赁资产作低押,由金融机构贷款支付其余价款,然后将购入资产用于租赁的一种融资租赁形式。在这种方式下,金融机构对出租人通常没有一般的追索权。

从承租人角度来看,它与其他租赁形式并无区别,同样是按合同规定,在租期内获得资产的使用权,按期支付租金。但对出租人不同,出租人只垫付购买资产所需要现金的一部分(一般为价款的20%~40%),其余部分则以该资产为担保向贷款人借款支付。在这种情况下,租赁公司既是出租人又是借款人,既要收取租金又要支付债务。这种融资租赁形式,由于租赁收益一般大于借款成本,出租人通过"借款—购物—出租"可获得财务杠杆利益,故被称为杠杆租赁。

3. 融资租赁的程序

融资租赁的程序如下。

(1)选择租赁公司,提出租赁申请。企业决定采用租赁方式筹取某项设备时,首先需要了解各家租赁公司的经营范围、业务能力、资信情况,以及与其他金融机构如银行的关系,取得租赁公司的融资条件和租赁费率等资料,加以分析比较,从中择优选择。

(2)办理租赁委托。企业选定租赁公司后,便可向其提出申请,办理委托。这时,承租企业须填写租赁申请书,说明所需设备的具体要求,同时还要向租赁公司提供财务状况文件,包括资产负债表、损益表和现金流量表等资料。

(3)签订购货协议。由承租企业与租赁公司的一方或双方合作组织选定设备供应厂商,并与其进行技术和商务谈判,在此基础上签订购货协议。

（4）签订租赁合同。租赁合同系由承租企业与租赁公司签订。它是租赁业务的重要文件，具有法律效力，记载了租赁的具体条件和双方共同决定的其他事项。

（5）办理验货与投保。承租企业按购货协议收到租赁设备时，要进行验收，验收合格后签发交货及验收证书，并提交租赁公司，租赁公司据以向供应厂商支付设备价款。同时，承租企业向保险公司办理投保事宜。

（6）支付租金。承租企业在租期内按合同规定的租金数额、支付方式等，向租赁公司支付租金。

（7）处理租赁期满的设备。融资租赁合同期满时，承租企业根据合同约定，对设备续租、退租或留购。

4. 融资租赁租金的构成

与商品价格概念相对应，租金以出租人消耗在租赁物上的价值为基础，同时依据租赁物的供求关系而波动。通常情况下，出租人消耗在租赁物上的价值包括三部分，即租赁物的成本、为购买租赁物向银行贷款而支付的利息、为租赁业务而支付的营业费用。

1）租赁物的成本

租赁物的成本是构成租金的主要部分。出租人购买租赁物所支付的资金将在租赁业务成立后从租金中得以补偿。同时，在购置过程中，出租人所支付的运输费、保险费、调试安装费等也要计入租赁物成本中，并一起从租金中分期收回。所以，租赁物成本包括租赁物的购买价、运杂费、运输途中的保险费等，也称租赁物总成本。

2）利息

出租人为购买租赁物向银行贷款支付的利息，是租金构成的又一重要部分。利息按租赁业务成立时的银行贷款利率计算，且一般以复利率计算。

3）营业费用

营业费用是指出租人在融资租赁过程中所开支的费用，包括从业人员工资、办公费、差旅费和必要的盈利。

通常情况下，融资租赁合同的租金应根据购买租赁物的大部分或全部成本以及出租人的合理利润来确定，但目前国际和国内融资租赁领域，除保留传统的固定租金方式外，已越来越多地采用灵活的、多形式的、非固定的租金支付方式，以适应日趋复杂的融资租赁关系和当事人双方的需要。在融资租赁交易中，当事人经常根据承租人对租赁物的使用或通过使用租赁物所获得的收益来确定租金的大小和支付方式，也可以按承租人现金收益的情况确定一个计算公式来确定租金，或由当事人约定并在融资租赁合同中规定以其他方式来确定租金。

5. 融资租赁租金的支付方式和计算

1）融资租赁租金的支付方式

（1）按支付时期的长短，可分为年付、半年付、季付和月付等方式。

（2）按支付时期先后，可分为先付租金和后付租金两种。

（3）按每期支付金额，可分为等额支付和不等额支付两种。

2）融资租赁租金的计算方法

租金的计算方法很多。目前国际上流行的租金计算方法主要有平均分摊法、等额年金法、浮动利率法等。我国融资租赁实务中，大多采用平均分摊法和等额年金法。

（1）平均分摊法。平均分摊法是在租赁期内平均支付租赁费的方法，即按商定的利息率、手续费率计算出的利息和手续费，加上租赁设备成本，按租赁期年份平均分摊。这种方法没有充分考虑资金的时间价值因素。每次应付租金的计算公式如下：

$$A = \frac{(C - S) + I + F}{N}$$

式中：A——每次支付的租金；

$\quad$ C——租赁设备购置成本；

$\quad$ S——租赁设备预计残值；

$\quad$ I——利息；

$\quad$ F——租赁期间营业费用；

$\quad$ N——租赁期年份。

（2）等额年金法。等额年金法是运用年金现值的计算原理计算每期应付租金的方法。在这种方法下，通过综合利率和手续费率确定租赁费率，作为贴现率。承租企业与租赁公司商定的租金支付方式，大多为后付等额租金，即普通年金。根据普通年金现值公式，可确定此种方式下每年末支付租金数额的计算公式为

$$A = P\frac{i}{1 - (1 + i)^{-n}}$$

式中：A——年等额租金；

$\quad$ P——租金现值；

$\quad$ n——支付租金期数；

$\quad$ i——贴现率。

例 3-7 某企业采用融资租赁方式于 2021 年 10 月 1 日从一租赁公司租入设备，设备价款为 200 000 元，租期为 10 年，到期后设备归企业所有。为保证租赁公司完全弥补融资成本、相关的手续费并有一定盈利，双方商定采用 16% 的折现率。试计算该企业每年年末支付的等额租金。

解 设企业每年年末应付的租金为 A，则

$$A = P\frac{i}{1 - (1 + i)^{-n}} = 200\ 000 \times \frac{16\%}{1 - (1 + 16\%)^{-10}} = 41\ 380.45(元)$$

例 3-8 假如上例采用先付等额租金的方式，试计算该企业每年年初支付的等额租金。

解 设企业每年年初应付的租金为 A，则

$$A = P\frac{1}{\frac{1 - (1 + i)^{-(n-1)}}{i} + 1} = 200\ 000 \times \frac{1}{\frac{1 - (1 + 16\%)^{-9}}{16\%} + 1} = 35\ 672.88(元)$$

6. 融资租赁筹资的优缺点

1）融资租赁筹资的优点

（1）筹资速度快。租赁往往比借款购置设备更迅速、更灵活。因为租赁是筹资

与设备购置同时进行,可以缩短设备的购进、安装时间,使企业尽快形成生产能力。

(2) 限制条款少。利用股票、债券、长期借款等筹资方式都受到相当多资格条件的限制,相比之下,融资租赁筹资的限制较少。

(3) 设备淘汰风险小。如今,科学技术迅速发展,科技的不断进步使得功能更全、效率更高的设备大量出现,固定资产的更新周期日趋缩短,企业设备陈旧过时的风险很大。利用融资租赁可减少这一风险,因为融资租赁的期限一般为资产使用年限的一定比例,不会像自己购买设备那样整个期间都要承担风险,且在多数租赁协议中都规定由出租人承担设备陈旧过时的风险,承租企业可避免这种风险损失。

(4) 财务风险小。租金在整个租期内分摊,不用到期归还大量本金,可适当减少不能偿付的风险。

(5) 税收负担轻。租金可在税前扣除,具有抵免所得税的效用。

2) 融资租赁筹资的缺点

(1) 资本成本较高。融资租赁的租金一般比举债筹资的利息要高得多。另外,当市场利率下降时,企业可在借款到期之前提前偿还本息,而租赁受合同制约,企业不能因市场利率下降而降低租金。

(2) 物价上涨时,企业会失去资产增值的好处。当物价上涨时,设备资产也随之增值。如果租赁合同中未签署交付转让费后设备留购的条款,则承租企业就享受不到资产增值带来的好处。

(3) 配套技改不易实施。通常租赁合同规定承租企业不得对设备进行拆卸、改装,不得中途解约,这使设备技改难以实施。

第五节　筹资实务创新

企业筹资方式和筹资渠道的变化与国家金融业的发展密切相关。随着经济的发展和政策的完善,我国企业筹资方式和筹资渠道逐步呈现多元化趋势,比如商业票据融资、中期票据融资、股权众筹等。

一、商业票据融资

商业票据融资是指通过商业票据进行融通资金。商业票据是一种商业信用工具,由债务人向债权人开出的、承若在一定时期内支付一定款项的支付保证书,即由无担保、可转让的短期期票组成。商业票据融资具有融资成本较低、灵活方便等特点。

二、中期票据融资

1. 中期票据及其发行条件

中期票据是指具有法人资格的非金融类企业在银行间债券市场按计划分期发行的、约定在一定期限还本付息的债务融资工具。发行中期票据一般要求具有稳定的偿债资金来源；拥有连续三年的经过审计的会计报表，且最近一个会计年度盈利；主体信用评级达到 AAA；待偿还债券余额不超过企业净资产的 40%；募集资金应用于企业生产经营活动，并在发行文件中明确披露资金用途；发行利率、发行价格和相关费用由市场化方式确定。

2. 中期票据的特点

（1）发行机制灵活。中期票据发行采用注册制，一次注册通过后两年内可分次发行；可选择固定利率或者浮动利率，到期还本付息；付息期可选择按年或季等。

（2）用款方式灵活。中期票据可用于中长期流动资金、置换银行借款、项目建设等。

（3）融资额度大。企业申请发行中期票据，按规定发行额度最多可达到企业净资产的 40%。

（4）使用期限长。中期票据的发行期限在 1 年以上，一般 3～5 年，最长可达到10 年。

（5）成本较低。根据企业信用评价和当时市场利率，中期票据理论较中长期贷款等融资方式往往低 20%～30%。

（6）无需担保抵押。发行中期票据，主要依靠企业自身的信用，无需担保和抵押。

中期票据因为有以上特点，在实务中得到了广泛的应用，尤其是近年来在我国上市公司中应用颇多。

三、其他融资创新

1. 股权众筹融资

股权众筹融资主要是指通过互联网形式进行公开小额股权融资的活动。股权众筹融资必须通过众筹融资中介机构平台（互联网网站或其他类似的电子媒介）进行。股权众筹融资方为小微企业，应通过股权众筹融资中介机构向投资人如实披露企业的商业模式、经营管理、财务、资金使用等关键信息，不得误导或欺诈投资者。股权众筹融资业务由证监会负责监管。

2. 企业应收账款证券化

企业应收账款资产支持证券，是指证券公司、基金管理公司子公司作为管理人，通过设立资产支持专项计划开展资产证券化业务，以企业应收账款债权为基础资产或基础资产现金流来源所发行的资产支持证券。企业应收账款证券化是企业拓宽融资渠道、降低融资成本、盘活存量资产、提高资产使用效率的重要途径。

3. 融资租赁债权资产证券化

融资租赁债权资产支持证券是指证券公司、基金管理公司作为管理人，通过设立资产支持专项计划开展资产证券化业务，以融资租赁债权为基础资产或基础资产现金流来源所发行的资产支持证券。

4. 商圈融资

商圈融资模式包括商圈担保融资、供应链融资、商铺经营权、租赁质押权、舱单质押、存货质押、企业集合债券等。发展商圈融资是缓解中小商贸企业融资困难的重大举措。

发展商圈融资,有助于增强中小商贸企业的融资能力,缓解融资困难,促进中小商贸企业健康发展;有助于促进商圈发展,增强经营主体集聚力,提升产业关联度,整合产业价值链,推进商贸服务业结构调整和升级,从而带动税收、就业增长和区域经济发展,实现搞活流通、扩大消费的战略目标;同时也有助于银行业金融机构和融资性担保机构等培养长期稳定的优质客户群体,扩大授信规模,降低融资风险。

5. 供应链融资

供应链融资,是将供应链核心企业及其上下游配套企业作为一个整体,根据供应链中相关企业的交易关系和行业特点制定基于货权和现金流控制的"一揽子"金融解决方案的一种融资模式。供应链融资解决了上下游企业融资难、担保难的问题,而且通过打通上下游融资瓶颈,还可以降低供应链条融资成本,提高核心企业及配套企业的竞争力。

6. 绿色信贷

绿色信贷,也称可持续融资或者环境融资。它是指银行业融资机构为支持环保产业、倡导绿色文明、发展绿色经济而提供的信贷融资。绿色融资重点支持节能环保、清洁生产、清洁能源、生态环境、基础设施绿色升级和绿色服务六大类业务。

7. 能效信贷

能效信贷,是指银行金融机构为支持用能单位提高能源利用效率、降低能源消耗而提供的信贷融资。能效信贷业务的重点服务领域包括工业节能、建筑节能、交通运输节能以及与节能项目、服务、技术和设备有关的其他重要领域。

 **本章小结**

融资是企业资本运作的起点、资本运用的前提。筹资行为是企业进行一系列经营活动的先决条件,也是财务管理活动的重要内容之一。现代企业的资本来源于两个方面,一是权益资本,二是债务资本。企业筹资不是盲目的,而是根据企业现有生产经营规模、发展趋势和发展目标等来确定所需资金的多少和结构的。本章介绍了企业资金需要量预测的方法,主要阐述了企业的各种长期筹资方式及其优缺点。

 **案例与点评**

跃进汽车制造公司筹集资金案例

跃进汽车制造公司是一个多种经济成分并存,具有法人资格的大型企业集团。公司现有 58 个生产厂家,还有物资、销售、进出口、汽车配件等 4 个专业公司,1 个轻型汽车研究所和 1 所汽车工学院。公司现在急需 1 亿元的资金用于轿车技术改造项目。为此,总经理赵广斌于 2004 年 5 月 10 日召开由生产副总经理张望、财务副总经理王朝、销售副总经理林立、某信托投资公司金融专家周民、某经济研究中心经济学家武教授、某大学财务学者郑教授组成的专家研讨会,讨论该公司筹资问题。他们的发言和有关资料摘要如下。

总经理赵广斌首先发言:"公司轿车技术改造项目经专家、学者的反复论证已被国家于 2003 年正式批准立项。这个项目的投资额预计为 4 亿元,生产能力为 4 万辆。项目改造完成后,公司的两个系列产品的各项性能可达到国际同类产品的先进水平。现在项目正在积极实施中,但目前资金不足,准备在 2004 年 7 月前筹措 1 亿元资金,请大家发表自己的意见,谈谈如何筹措这笔资金。"

生产副总经理张望说:"目前筹集的 1 亿元资金,主要是用于投资少、效益高的技术改进项目。这些项目在两年内均能完成建设并正式投产,到时将大大提高公司的生产能力和产品质量,估计这笔投资在改造投产后三年内可完全收回。所以应发行五年期的债券筹集资金。"

财务副总经理王朝提出了不同意见,他说:"目前公司全部资金总额为 10 亿元,其中自有资金 4 亿元,借入资金 6 亿元,自有资金比率为 40%。负债比率为 60%,这种负债比率在我国处于中等水平,与世界发达国家如美国、英国等相比,负债比率已经比较高了,如果再利用债券筹集 1 亿元资金,负债比率将达到 64%,显然负债比率过高,财务风险太大。所以,不能利用债券筹资,只能靠发行普通股或优先股筹集资金。"

但金融专家周民却认为:"目前我国资金市场还不够完善,证券一级市场和二级市场尚处于发展初期,许多方面还很不规范,投资者对股票投资还没有充分的认识,再加之今年度股市的'扩容'速度过快,因此,在目前条件下要发行 1 亿元普通股是很困难的。发行优先股还可以考虑,但根据目前的利率水平和生产情况,发行时年股息不能低于 16.5%,否则也无法发行。如果发行债券,因要定期付息还本,投资者的风险较小,估计以 12% 的利率便可顺利发行债券。"

来自某经济研究中心的武教授认为:"目前我国经济建设正处于改革开放的大好时期,我国已经加入世界贸易组织,汽车行业可能会受到冲击,销售量会受到影响。在进行筹资和投资时应考虑这一因素,不然盲目上马,后果将是不堪设想的。"

公司的销售副总经理林立认为:"将来一段时期内销售量不成问题。这是因为公司生产的中档轿车和微型车,这几年来销售量情况一直很好,畅销全国 29 个省、市、自治区,2002 年受进口汽车的影响,全国汽车滞销,但公司的销售状况仍创历史最高水平,居全国领先地位。在近几年全国汽车行业质量评比中,连续获奖。至于我国入世后,关税将大幅度下降,确实会对我国汽车行业带来冲击,但这种冲击已通过国家近期来的逐步降低关税得以逐步消化,外加在入世初期,国家对轿车行业还准备采取一定的保护措施。所以,入世不会产生大的影响。"

财务副总经理王朝说:"公司属于股份制试点企业,目前所得税税率为 33%,税后资金利润率为 16%,若这项技术改造项目上马,由于采用了先进设备,投产后预计税后资金利润率将达到18%。"所以,他认为这一技术改造项目应付诸实施。

来自某大学的财务学者郑教授听了大家的发言后指出:"以16.5%的股息率发行优先股不可行,因为发行优先股所花费的筹资费用较多,把筹资费用加上以后,预计利用优先股筹集资金的资金成本将达到19%,这已高于公司税后资金利润率18%,所以不可行。但若发行债券,由于利息可以在税前支付,实际成本大约在9%左右。"他还认为,目前我国正处于通货膨胀时期,利息率比较高,这时不宜发行较长时期的负担较高的利息或股息。所以,郑教授认为,应首先向银行筹措1亿元的技术改造贷款,期限为一年;一年以后,再以较低的股息率发行优先股股票来替换技术改造贷款。

财务副总经理王朝听了郑教授的分析后,也认为按16.5%发行优先股,的确会给公司带来沉重的财务负担。但他不同意郑教授后面的建议,他认为,在目前条件下向银行筹措1亿元技术改造贷款几乎不可能;另外,通货膨胀在近一年内不会消除,要想消除通货膨胀,利息率有所下降,至少需要两年时间。金融学家周民也同意王朝的看法,他认为一年后利息率可能还要上升,两年后利息率才会保持稳定或有所下降。

（资料来源:王化成.财务管理教学案例[M].北京:中国人民大学出版社,2007.）

思考:

（1）归纳一下这次筹资研讨会上提出哪几种筹资方案?

（2）对会上的几种筹资方案进行评价。

（3）你若在场的话,听了与会同志的发言后,应该如何做出决策?

点评:

（1）跃进汽车制造公司在这次筹资研讨会上提出了三种筹资方案:方案一,发行债券筹集资金,利率12%,资金成本9%;方案二,发行优先股筹集资金,预计年股息率16.5%,资本成本19%;方案三,先向银行贷款,一年后,以较低的股息率发行优先股来代替贷款。

（2）方案一,利用发行债券筹集资金,债券利息可在税前支付,而发行债券的资金成本大约在9%左右,税后预计资金利润率可达18%,说明方案可行。但这样公司的资产负债率将达到64%（7÷11×100%）,财务风险会加大。方案二,发行优先股筹集的资金成本将达到19%,这高于税后资金利润率18%,筹资效益差,该方案不可行。方案三,向银行贷款目前情况下几乎不可能贷到,就是按照当前的利率水平向银行贷款,必然会导致资金成本的增高,该方案也不可行。

（3）结合各方案的优缺点,可以提出一个新的方案:同时发行5 000万元的债券和5 000万元的优先股股票。这样,既可以保持原有的资金结构,又可以使资金成本有所降低,资产负债率由60%下降为59.09%（6.5÷11×100%）,不会增加财务风险,不会影响投资者向本公司投资。加权平均的资金成本率为14%（19%×50%＋9%×50%）,虽然比单独发行债券9%高,但是低于税后利润率18%。因而,新方案既结合了上述方案的优点,又降低了财务风险,可以采用。

 **思考与练习题**

【思考题】

1. 资金需要量预测方法有哪些？各有何优缺点？

2. 吸收直接投资、发行普通股、发行优先股、留存收益、发行债券、长期借款、融资租赁等筹资方式分别有哪些利弊？

3. 经营租赁和融资租赁分别有何特点？

4. 长期借款的偿还方式有哪些？

5. 试说明可转换债券的属性以及期限、转换价格和转换比率。

【练习题】

一、单项选择题

1. 将资金分为负债和所有者权益两类，其分类标志是（　　　）。

A. 资金的来源渠道　　　　　　　　B. 资金使用时间的长短

C. 资金的性质　　　　　　　　　　D. 资金的筹集方式

2. 发行了股票而没有起到筹资效果的是（　　　）。

A. 发放股票股利　　　　　　　　　B. 增资发行股票

C. 进行股票分割　　　　　　　　　D. 债券转换为股票

3. 下列资产负债表项目中，随销售额变动而变动的项目是（　　　）。

A. 实收资本　　　　　　　　　　　B. 长期债券

C. 无形资产　　　　　　　　　　　D. 存货

4. 下列筹资方式中，资本成本最低的筹资方式是（　　　）。

A. 短期借款　　　　　　　　　　　B. 长期债券

C. 优先股　　　　　　　　　　　　D. 普通股

5. 出租人既出租某项资产，又以该项资产为担保借入资金的租赁方式是（　　　）。

A. 直接租赁　　　　　　　　　　　B. 售后回租

C. 杠杆租赁　　　　　　　　　　　D. 经营租赁

6. 某公司发行面值为 1 000 元，利率为 5％的债券，因当时的市场利率为 6％，折价发行，价格为 950.87 元，则该债券的期限为（　　　）年。

A. 5　　　　　　B. 6　　　　　　C. 7　　　　　　D. 8

二、多项选择题

1. 普通股融资的优点是：（　　　）。

A. 没有到期日，不用归还，资本具有永久性

B. 没有固定的股利负担，筹资风险较小

C. 由于筹资风险较小，所以资金成本也较低

D. 能增强公司的信誉，增强公司的举债能力

2. 影响债券发行价格的因素有（　　　）。

A. 票面面值与票面利率　　　　　　B. 购买价格

C. 到期日　　　　　　　　　D. 市场利率

3. 某公司 2022 年初向银行借款 1 000 万元，期限为 5 年，利率为 10％。若每年分期等额还本付息，则以下说法错误的是：（　　）。

A. 每年支付的利息逐年递增

B. 每年支付的本金逐年递减

C. 最后一年归还的本金大于 200 万元

D. 5 年共支付利息 500 万元

4. 以公开间接方式发行股票的特点是（　　）。

A. 发行范围广，易募足资本　　　B. 股票变现性强，流通性好

C. 有利于提高公司知名度　　　　D. 发行成本低

5. 下列各项中，属于经营租赁特点的是（　　）。

A. 租赁期较短

B. 租赁合同较为稳定

C. 出租人提供租赁资产的保养和维修服务

D. 租赁资产的报酬与风险由出租人承受

6. 长期借款与债券筹资相比的特点表现在（　　）。

A. 筹资速度快　　　　　　　　B. 借款弹性大

C. 使用限制少　　　　　　　　D. 筹资费用低

三、判断题

1. 在确定企业资金结构时应考虑资产结构的影响。一般说来，拥有大量固定资产的企业主要是通过长期负债和发行股票来筹集资金，拥有较多流动资产的企业主要是通过流动负债筹集资金。（　　）

2. 长期债券与短期债券相比，其投资风险和融资风险均很大。（　　）

3. 对于发行公司来讲，采用自销方式发行股票具有可及时筹足资本、免于承担发行风险等特点。（　　）

4. 企业采取定期等额归还借款的方式，既可以减轻借款本金到期一次偿还所造成的现金短缺压力，又可以降低借款的实际利率。（　　）

5. 对于借款企业来讲，若预测市场利率上升，应与银行签订固定利率合同。（　　）

四、计算题

1. 某公司 2022 年初向银行获得一笔 750 万元的长期借款，借款期限为 5 年，年复利率为 9％。银行规定的还款方式有以下几种：

（1）分期（每年）支付利息，到期偿还本金；

（2）分期（每年）等额还本付息，5 年内全部还清本息；

（3）前 4 年每年末归还一笔相等金额的款项（本息），最后一年归还本息共 400 万元，5 年内全部还清本息。

要求：（1）若公司采用第一种还款方式，计算该公司 5 年内应支付的利息总额；

（2）若公司采用第二种还款方式，计算该公司 5 年中每年的还款额及 5 年内应

支付的利息总额；

（3）若公司采用第三种还款方式，计算该公司前 4 年每年年末应归还的金额及 5 年内应支付的利息总额；

（4）对于上述第三种还款方式，请编制该公司对上述借款的本息偿付计划表（精确到 0.01 万元）。

2. 某公司 2021 年有关的财务数据如下：

项　　目	金额/万元	占销售额的百分比
流动资产	1 400	35%
长期资产	2 600	
资产合计	4 000	
短期借款	600	无稳定关系
应付账款	400	10%
长期负债	1 000	无稳定关系
实收资本	1 200	无稳定关系
留存收益	800	无稳定关系
负债及所有者权益合计	4 000	
销售额	4 000	100%
净利	200	5%
现金股利	60	

要求：假设该公司实收资本一直保持不变，2022 年计划销售收入为 5 000 万元，用销售百分比法预测企业需要补充多少外部融资（保持目前的股利支付率、销售净利率不变）？

3. A 公司发行债券，债券面值为 1 000 元，3 年期，票面利率为 8%，每年付息一次，到期还本，发行时债券市场利率为 10%；B 公司发行债券，债券面值为 1 000 元，3 年期，票面利率为 8%，每半年付息一次，到期还本，发行时债券市场利率为 10%；C 公司发行债券，债券面值为 1 000 元，3 年期，票面利率为 8%，单利计息，到期一次还本付息，发行时债券市场利率为 10%。分别计算 A、B、C 三个公司债券的发行价格。

4. 某股份有限公司发行 5 年期、年利率为 3%、总额为 2 亿元的可转换债券，每年付息一次，每张债券面值为 1 000 元，自发行日起即可转股。前 2 年转股价格为 20 元/股，估计有 60% 的债券转股；随后 2 年转股价格为 25 元/股，估计有 30% 转股；最后 1 年进入不可转换期。债券发行时该公司股票市场价为 10 元/股。前 2 年预计公司股票市价平均为 30 元/股，随后 2 年预计股票市价为 40 元/股。目前市场利率为 8%。

要求：

（1）若债券投资人不实施转股，计算该债券投资价值；

（2）若债券投资人持有 2 年后转股，并立即出售，计算其转换比率和投资该债券的价值；

（3）若持有人 4 年后转股，并立即出售，计算其转换比率和投资该债券的价值。

111

第四章
筹资管理（下）

本章知识结构图

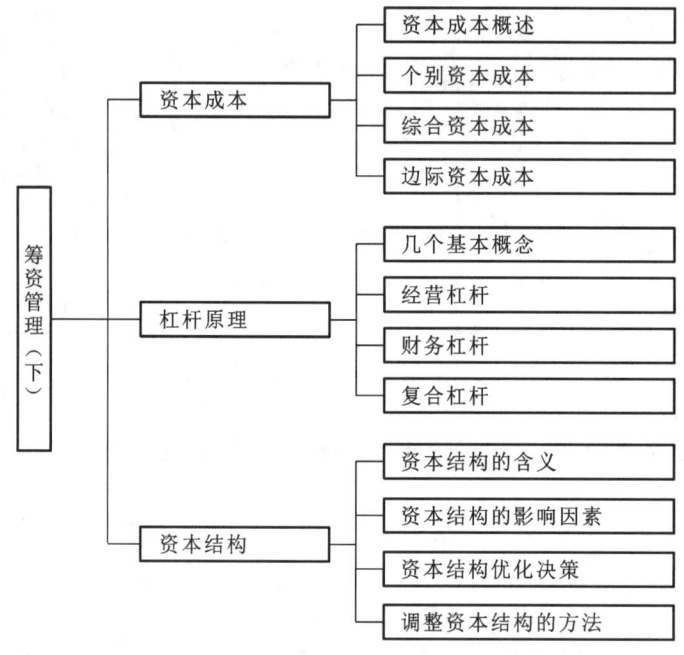

 学习目的

企业筹资不仅要合理选择筹资方式,还要科学地安排资本结构。学习本章的目标是:

(1)掌握资本成本的含义和性质,掌握资本成本的种类;深入理解资本成本在财务管理中的重要意义;熟练掌握个别资本成本、综合资本成本的计算方法,理解掌握边际资本成本计算的程序和方法;

(2)深入理解经营杠杆的概念、形成原因及其对公司财务的影响,熟练掌握经营杠杆系数的计算方法;深入理解财务杠杆的概念、形成原因及其对公司财务的影响,熟练掌握财务杠杆系数的计算方法;掌握复合杠杆的概念及计算方法;

(3)深入理解资本结构的含义和举债经营的优缺点;理解资本结构的影响因素和最优资本结构的含义;理解西方早期的资本结构理论和现代资本结构理论;熟练掌握资本结构的决策方法;了解资本结构的调整方法。

导入案例

福耀玻璃债务融资决策

福耀玻璃工业集团股份有限公司与高盛集团控制并管理的 GS Capital Partners V Fund,L.P. 达成战略框架协议,公司拟通过非公开发行股票的方式向其定向发行 111 277 019 股,预计募集资金约 8.9 亿元,计划将 7.1 亿元用于偿还银行贷款,另外的 1.8 亿元用于补充公司流动资金。公司董事局在非公开发行预案公告中提出的主要理由如下:

(1) 可以降低公司资产负债率,增强抗风险能力。近二十年来,公司凭借高负债经营的财务杠杆,创造了自 1991 年股份改制后的 15 年资本收益年均复合增长率达 21.4% 的高成长奇迹。财务杠杆在公司创业初期以及后续发展中发挥了巨大的效益。但是,公司发展到一定阶段,随着规模的日益扩大,适当降低资产负债率,将增强公司抗风险能力。财务数据表明,公司几年来一直在维持较高的资产负债率:2003 年、2004 年、2005 年和 2006 年前三季度,资产负债率分别为 55.6%、65.36%、66.26%、63.59%,不但远高于上市公司整体的平均资产负债率水平,也高于国内同行业同期资产负债率水平(33.87%、51.64%、55.54%、56.13%)。管理层意识到,长时间较高的负债率和较低的资产流动性,会影响经营的安全性,适时适当调整过高的资产负债率有利于公司稳健经营,实现持续发展。

(2) 降低负债率将提高公司在未来高速发展过程中的举债能力和增加发展潜力。目前公司所处的汽车玻璃行业由于国际产业转移,将使公司迎来新的发展机遇。但目前过高的资产负债率水平限制了未来向银行大额贷款的空间,削弱了公司的举债能力。通过本次非公开发行引进海外战略投资者,利用募集资金偿还部分银行贷款、降低负债率,可提升未来举债能力,将有利于公司及时抓住产业转移的机会。

该案例告诉我们,企业可以根据外部经营环境和自身发展的不同阶段,运用不同的筹资方案,以降低资本成本和改善资本结构,为谋求未来发展拓展空间。

第三章介绍了权益筹资和负债筹资等各种方式。本章作为第三章的延续与进一步深入,主要介绍各种筹资方式的资本成本、企业的综合资本成本、杠杆效应与风险、企业资本结构及资本结构决策的方法。

第一节　资 本 成 本

一、资本成本概述

(一) 资本成本概念及性质

1. 资本成本的概念

资本成本是指企业为取得和使用资金而付出的代价,也称资金成本。例如,筹资公司向银行支付的借款利息和向股东支付的股利等。从投资者的角度看,资本成本也是投资者(包括股东和债权人)对投入企业的资本所要求的最低报酬率或投资的机会成本,即投资于具有相同风险和期限的其他证券所能获得的期望报酬率。

资本成本包括两个部分。一是筹资费用,即企业取得资本所付出的代价,是企业在筹集资本过程中所交付的各种费用,如发行债券、股票支付的发行费用、律师费、广告费、评估费及借款的手续费等。这些费用都是企业在筹集资金时一次性支付的,与使用资金的数量有直接关系,而与使用资金的时间无关,可以视为筹资时一次交付的固定性费用。二是用资费用,即企业使用资本所付出的代价,是企业在使用所筹资金过程中支付的费用,包括银行借款、发行债券的利息支出以及发行股票的股利支出等。用资费用与使用资金的数量和时间直接有关,可看作变动费用。

2. 资本成本的性质

资本成本是商品经济条件下资本所有权和使用权分离的必然结果,具有特定经济性质。

首先,资本成本是资本使用者向资本所有者和中介机构支付的费用,是资本所有权和使用权相分离的结果。对资本所有者而言,由于让渡了资本使用权,必然要求获得一定的回报,资本成本表现为让渡资本使用权所带来的报酬;对筹资者来说,由于取得了资本的使用权,也必须付出一定的代价,资本成本便表现为取得资本使用权所付出的代价。可见,资本成本是资本所有权和使用权分离的必然结果。

其次,资本成本作为一种耗费,最终要通过收益来补偿。资本成本的补偿是对资本所有者让渡资本使用权的补偿,体现了一种利益分配关系。

最后,资本成本是时间价值与风险价值的统一。资本成本与资金时间价值既有联系,又有区别。资金时间价值是资本的所有者在一定时期内从资本使用者那里获得的报酬,资本成本则是指资本的使用人由于使用他人的资本而付出的代价,它们都是以利息、股利等来作为其表现形式,是资本运动分别在其所有者及使用者的体现。资金时间价值是资本成本的基础。资金时间价值越大,资本成本也就越高;反之,资金时间价值越小,资本成本也就越低。但是,资金时间价值和资本成本在数量上并不一致。资本成本不仅包括时间价值,而且还包括风险价值、筹资费用等因素,同时还受到资金供求、通货膨胀等因素的影响。此外,资金时间价值除用于确定资本成本外,还广泛用于其他方面。

（二）资本成本的表示方法

资本成本的表示方法有两种,可用绝对数来表示,也可用相对数来表示。

1. 绝对数表示的资本成本

绝对数表示的资本成本有年资本成本和资本成本总额。年资本成本是企业为使用资本每年支付的费用数额,如每年支付的债券利息、每年分给股东的股利等。年资本成本中一般只包括用资费用,不包括筹资费用。资本成本总额是企业为筹集和使用资本需支付的费用总额,包括支付的筹资费用和各期支付的用资费用总额。如考虑资金的时间价值,则某项筹资的资本成本应为该项筹资所发生的全部筹资费用和用资费用按一定折现率计算的现值之和。

2. 相对数表示的资本成本

相对数表示的资本成本即资本成本率,它是资本成本额与筹集资本总额的比率。由于各企业的规模不同,资本结构不同,绝对数的表示方法往往难以对不同企业进行比较。为了便于分析比较,资本成本通常用相对数——资本成本率表示,一般将资本成本率简称资本成本。本书所讨论的资本成本也仅指资本成本率。

从广义上讲,企业筹集和使用任何资金,不论短期的还是长期的,都要付出代价。狭义的资本成本仅指筹集和使用长期资金的成本。对于仅仅用于满足企业经营周期性或季节性变化而筹措的短期负债,由于这些短期负债不稳定,故其资本成本一般忽略不计。也就是说,与资本成本密切相关的资本是长期债务、优先股、普通股以及留存收益等。

(三)决定资本成本高低的因素

在市场经济环境下,多方面因素的综合影响决定着企业资本成本的高低,主要因素有总体经济环境、证券市场条件、企业内部的经营和融资状况、项目融资规模等。

1. 总体经济环境

总体经济环境决定了整个经济中资本的供给和需求以及预期通货膨胀的水平。总体经济环境变化的影响反映在无风险报酬上。具体来说,如果货币需求增加,而供给没有相应增加,货币供求紧张,投资人便会要求提高其投资收益率,企业的资本成本就会上升;反之,则会降低其要求的投资收益率,使资本成本下降。如果预期通货膨胀水平上升,货币购买力下降,投资者也会要求更高的收益水平来补偿预期的投资损失,导致企业资本成本上升。

2. 证券市场条件

证券市场条件影响证券投资的风险。证券市场条件包括证券的市场流动(变现)难易程度和价格波动程度。如果某种证券的市场流动性不好,投资者想买进或卖出证券相对困难,变现的风险加大,要求的收益率就会提高;或者,虽然存在对某种证券的需求,但其价格波动较大,投资风险大,要求的收益率也会提高。

3. 企业内部的经营和融资状况

企业内部的经营和融资状况指企业经营风险和财务风险的大小。如果企业的经营风险和财务风险大,投资者便会要求较高的收益率,资本成本就会相应提高。

4. 项目融资规模

如果企业发行的证券规模很大,资金筹集费和资金使用费都会上升,而且证券发行规模增大还会降低其发行价格,由此也会增加企业的成本。因此,通常企业的融资规模越大,资本成本就会越高。

(四)资本成本的种类

资本成本按计量形式不同,分为个别资本成本、综合资本成本、边际资本成本等多种形式。在企业筹资决策中,不同形式的资本成本分别用于不同的决策项目。

个别资本成本是指单种筹资方式的资本成本,包括长期借款成本、长期债券成本、优先股成本、普通股以及留存收益成本。企业在比较各种筹资方式时需要使用个别资本成本。

综合资本成本是指企业全部长期资本的成本，又称加权平均资本成本。企业在进行资本结构决策时，可以利用综合资本成本，在多个筹资方案中选择综合资本成本最低的。

边际资本成本是指新筹集资本的成本。边际资本成本也是按加权平均法计算的，一般用于追加筹资决策。

以上三种资本成本之间存在着密切的关系。个别资本成本是综合资本成本和边际资本成本的基础，综合资本成本和边际资本成本都是对个别资本成本的加权平均。三者都与资本结构紧密相关，个别资本成本与资本性质关系很大；综合资本成本主要用于评价与选择资本结构；边际资本成本则用于已确定目标资本结构情况下，资本成本随筹资规模变动而变动的情况。

（五）资本成本在财务管理中的意义

资本成本是财务管理中的一个非常重要的概念，它对于企业筹资、投资以及日常经营活动有非常重要的作用。

1. 资本成本是选择筹资方式，进行资本结构决策的重要依据

首先，个别资本成本是比较各种筹资方式时的依据。评价筹资方式的标准很多，如对企业控制权的影响、取得资本的难易、财务风险的大小、资本成本的高低等。其中，资本成本是选择筹资方式的一个极为重要的因素。在其他条件基本相同或对企业影响不大时，应选择资本成本最低的筹资方式。

其次，综合资本成本是衡量资本结构合理性的依据。西方财务理论认为，综合资本成本最低时的资本结构是最佳的资本结构，这时企业的价值达到最大。

最后，边际资本成本是选择追加筹资方案的依据。企业追加筹资时，不论维持原有资本结构还是希望达到新的目标资本结构，都可以通过计算边际资本成本的大小来选择是否追加筹资。

2. 资本成本是评价投资项目，进行投资方案取舍的重要标准

一般而言，只有当投资项目的投资收益率高于其资本成本，投资收益才能大于投资成本，投资项目在经济上才是可行的；否则，项目将无利可图，甚至发生严重的亏损。因此，国际上通常将资本成本视为一个投资项目必须赚得的"最低报酬率"或"必要报酬率"，视为是否采纳该投资项目的经济衡量标准。

3. 资本成本是评价企业经营业绩的重要依据

资本成本是企业使用资本应获得收益的最低界限。企业的整个经营业绩可以用企业全部投资的利润率来衡量，并可与企业全部资本的成本率相比较。如果利润率高于成本率，可以认为企业经营有利；反之，如果利润率低于成本率，则可认为企业经营业绩不佳，需要改善经营管理。更进一步的是，资本成本还可以促进企业增强和改变观念，充分挖掘资本的潜力，节约资本的占用，提高资本的使用效益。

（六）资本成本的计算模式

计算资本成本时，有两种模式，一种是不考虑资金时间价值的计算模式，一种是考虑资金时间价值的计算模式。

1. 不考虑资金时间价值的计算模式

不考虑资金时间价值时，个别资本成本是企业实际资本占用费与有效筹资额的比率。在计算时，由于筹资费用是企业在筹集资金时一次性支付的，通常将筹资费用从筹资总额中一次性扣除，扣除资本取得成本后的金额称为实际筹资额或筹资净额。

这种模式的基本计算公式为

$$资本成本 = \frac{实际的资金占用费}{实际筹资额} = \frac{实际的资金占用费}{筹资总额 - 筹资费用}$$

用字母表示计算公式为

$$K = \frac{D}{P - F}$$

或

$$K = \frac{D}{P(1 - f)}$$

式中：K——资本成本；

D——用资费用；

P——筹资总额；

F——筹资费用；

f——筹资费用率。

由于债务资本的用资费用（利息）在缴纳所得税之前列支，利息具有抵税的作用，因此，企业债务资本实际的资金占用费是用资费用扣除其所能抵减的所得税部分，即实际的资金占用费 = 用资费用 × (1 - 所得税税率)。而权益资本的用资费用（股利）在缴纳所得税之后列支，股利不具有抵税的作用，所以实际的资金占用费即是用资费用。

不考虑资金时间价值计算资本成本，比较简单、直观，但是不够精确。

2. 考虑资金时间价值的计算模式

考虑资金时间价值时，资本成本是指企业接受不同来源的资本净额与预计的未来现金流出量的现值相等时的折现率。这里的资本净额指企业收到的全部资本扣除各种筹资费用后的剩余部分；未来现金流出量指企业未来各年支付的各种利息、股利和本金等。

这种模式的计算公式为

$$P(1 - f) = \frac{CF_1}{1 + K} + \frac{CF_2}{(1 + K)^2} + \cdots + \frac{CF_n}{(1 + K)^n}$$

式中：CF_n——第 n 期支付的资金使用费。

考虑资金时间价值计算资本成本比较复杂，但计算结果精确度较高。

二、个别资本成本

（一）长期借款资本成本

1. 不考虑资金时间价值的影响

长期借款资本成本是指借款利息和筹资费用。借款利息计入税前成本费用，可

以起到抵税的作用。每年付息一次,到期一次还本的长期借款资本成本公式为

$$K_L = \frac{I_L(1-T)}{L(1-f_L)}$$

式中:K_L——长期借款资本成本;

I_L——长期借款年利息;

L——长期借款筹资总额,即借款本金;

f_L——长期借款筹资费用率;

T——企业所得税税率。

例 4-1 某企业向银行申请 5 年期长期借款 200 万元,年利率为 10%,每年付息一次,到期一次还本。假定筹资费率为 0.2%,企业所得税税率为 25%。不考虑资金时间价值影响,求该筹资方式的资本成本。

解 $K_L = \dfrac{I_L(1-T)}{L(1-f_L)} = \dfrac{200 \times 10\% \times (1-25\%)}{200 \times (1-0.2\%)} = 7.50\%$

由于借款手续费的数额相对较小,为简化计算,也可忽略不计。这样,长期借款的资本成本可以简化为:利率×(1-所得税税率)。即 $K_L = i \times (1-T) = 10\% \times (1-25\%) = 7.5\%$。

需要注意的是,在有补偿性余额条款、贴现法付息等情况下,必须将名义利率转化为实际利率才能正确计算出长期借款的资本成本,这时借款的实际利率和资本成本也会上升。

例 4-2 某企业向银行申请 5 年期长期借款 200 万元,年利率为 10%,每年付息一次,到期一次还本,银行要求企业保持 10% 的补偿性余额,企业所得税税率为 25%。求该筹资方式的资本成本。

解 $K_L = \dfrac{I_L(1-T)}{L(1-f_L)} = \dfrac{200 \times 10\% \times (1-25\%)}{200 \times (1-10\%)} = 8.33\%$

2. 考虑资金时间价值的影响

以上计算没有考虑资金时间价值的影响。如果考虑,则长期借款的资本成本是使下式成立的 K_L(内含报酬率):

$$P(1-f) = \sum_{t=1}^{n} \frac{I_t(1-T) + P_t}{(1+K_L)^t}$$

式中:P——长期借款本金,即债务的现值;

P_t——第 t 年末偿还的债券本金;

I_t——第 t 年末支付的利息;

n——借款期限,通常以年表示;

K_L——长期借款资本成本。

例 4-3 承例 4-1,计算考虑资金时间价值影响时,长期借款的资本成本。

解 $200 \times (1-0.2\%) = \dfrac{200 \times 10\% \times (1-25\%)}{(1+K)^1} + \dfrac{200 \times 10\% \times (1-25\%)}{(1+K)^2}$

$\qquad\qquad + \dfrac{200 \times 10\% \times (1-25\%)}{(1+K)^3} + \dfrac{200 \times 10\% \times (1-25\%)}{(1+K)^4}$

$\qquad\qquad + \dfrac{200 \times 10\% \times (1-25\%)}{(1+K)^5} + \dfrac{200}{(1+K)^5}$

采用内插法计算 K 值如下：

$$左边＝200×(1-0.2\%)＝199.6（万元）$$

当 $K＝7\%$ 时，

$$右边＝\frac{200×10\%×(1-25\%)}{(1+7\%)^1}+\frac{200×10\%×(1-25\%)}{(1+7\%)^2}$$
$$+\frac{200×10\%×(1-25\%)}{(1+7\%)^3}+\frac{200×10\%×(1-25\%)}{(1+7\%)^4}$$
$$+\frac{200×10\%×(1-25\%)}{(1+7\%)^5}+\frac{200}{(1+7\%)^5}$$
$$＝204.10（万元）$$

右边＞左边，因此要提高折现率再试。

当 $K＝8\%$ 时，

$$右边＝\frac{200×10\%×(1-25\%)}{(1+8\%)^1}+\frac{200×10\%×(1-25\%)}{(1+8\%)^2}$$
$$+\frac{200×10\%×(1-25\%)}{(1+8\%)^3}+\frac{200×10\%×(1-25\%)}{(1+8\%)^4}$$
$$+\frac{200×10\%×(1-25\%)}{(1+8\%)^5}+\frac{200}{(1+8\%)^5}$$
$$＝196.01（万元）$$

右边＜左边。

由上可知，K 在 7% 与 8% 之间，根据内插法，有

$$\frac{K-7\%}{8\%-7\%}=\frac{199.6-204.10}{196.01-204.10}$$
$$K＝7.56\%$$

值得注意的是，在估计债务成本时，要正确区分债务的历史成本和未来成本。作为投资决策依据的资本成本，只能是债务的未来成本。现有债务的历史成本主要用于过去业绩的分析，对于未来的决策是不相关的沉没成本。

（二）债券资本成本

1. 不考虑资金时间价值的影响

发行债券的成本主要指债券利息和筹资费用。债券利息的处理与长期借款利息的处理相同，债券利息计入税前成本费用，可以起到抵税的作用。计算公式为

$$K_b=\frac{I_b(1-T)}{B(1-f_b)}$$

式中：K_b——债券资本成本；

I_b——债券年利息；

B——债券筹资总额；

f_b——债券筹资费用率。

需要注意的是，由于利息的抵税作用，长期债券资本成本与借款资本成本的计算相似，但债券的筹资费用一般比较高，不可在计算资本成本时省略。此外，债券的发行价格有平价、溢价和折价，溢价和折价的发行价格与面值不同，因此债券资本成本的测算与借款有所不同。

例 4-4　某公司发行面值总额为 500 万元的 3 年期债券，票面利率为 6%，筹资费用率为 5%，公司所得税率为 25%。当发行总额分别为 500 万元、600 万元、400 万元时，该债券的资本成本分别为多少？

解　当发行总额为 500 万元时：

$$K_b = \frac{I_b(1-T)}{B(1-f_b)} = \frac{500 \times 6\% \times (1-25\%)}{500 \times (1-5\%)} = 4.74\%$$

当发行总额为 600 万元时：

$$K_b = \frac{I_b(1-T)}{B(1-f_b)} = \frac{500 \times 6\% \times (1-25\%)}{600 \times (1-5\%)} = 3.95\%$$

当发行总额为 400 万元时：

$$K_b = \frac{I_b(1-T)}{B(1-f_b)} = \frac{500 \times 6\% \times (1-25\%)}{400 \times (1-5\%)} = 5.92\%$$

2. 考虑资金时间价值的影响

以上计算没有考虑资金时间价值的影响。如果考虑，债券的资本成本与长期借款的资本成本计算一样。

例 4-5　承例 4-4，如果考虑资金时间价值的影响，当发行总额为 500 万元时，求该债券的资本成本。

解　债券的资本成本是使下式成立的 K：

$$500 \times (1-5\%) = \frac{500 \times 6\% \times (1-25\%)}{(1+K)^1} + \frac{500 \times 6\% \times (1-25\%)}{(1+K)^2}$$
$$+ \frac{500 \times 6\% \times (1-25\%)}{(1+K)^3} + \frac{500}{(1+K)^3}$$

解得：$K = 6.39\%$（过程略）。

当发行总额分别为 600 万元、400 万元时，只需要将上式中左边的 $500 \times (1-5\%)$ 分别改为 $600 \times (1-5\%)$、$400 \times (1-5\%)$ 即可。具体计算请读者自己思考。

（三）优先股资本成本

与债券利息相同，优先股的股利通常也是不变的，优先股筹资费用也比较高，不可在计算资本成本时省略，这使得优先股资本成本的计算与债券资本成本的计算有相同之处。不同之处在于，优先股筹资属于权益资本，无届满期限，而且优先股股利是税后支付的，不能抵税。优先股资本成本可按下列公式计算：

$$K_p = \frac{D_p}{P_p(1-f_p)}$$

式中：K_p——优先股资本成本；

D_p——优先股每年年股利；

P_p——优先股发行价格；

f_p——优先股筹资费用率。

例 4-6　某公司发行优先股 10 万股，每股面值 10 元，固定年股利率为 10%，按每股 20 元的价格发行，发行费率为 6%。计算该优先股资本成本。

解

$$K_p = \frac{10 \times 10 \times 10\%}{10 \times 20 \times (1-6\%)} = 5.32\%$$

（四）普通股资本成本

由于普通股的股利是不固定的，需要根据每年的盈利情况而定，因此普通股的资本成本与优先股有所不同。一般而言，普通股股东的风险比优先股股东的风险更大，因而资本成本更高。按照资本成本的实质是投资者要求的收益率的思路来计算普通股资本成本的方法，相当于计算普通股股东要求的收益率的方法。计算方法有：股利折现模型、资本资产定价模型、风险溢价模型。

1. 股利折现模型

股利折现模型的计算原理是把资本成本看成企业流入资本的现值与预计未来流出资本的现值相等时的贴现率或报酬率。其基本形式是

$$P_s = \sum_{t=1}^{n} \frac{D_t}{(1+k_s)^t}$$

式中：P_s——普通股筹资净额，即发行价格扣除发行费用；

D_t——普通股第 t 年股利；

k_s——普通股投资必要报酬率，即普通股资本成本。

由于股利政策不同，运用股利折现模型在实际计算普通股资本成本时因政策的变动也有所不同。

1）公司采用固定股利增长率政策

假定公司下一年的股利为 D_1，以后各期股利按某一比率 g 逐年稳定增长，则普通股资本成本可按下式计算：

$$K_s = \frac{D_1}{P_s} + g$$

式中：K_s——普通股资本成本；

D_1——预期第一年股利；

g——股利年固定增长率。

例 4-7 某公司发行新股 300 万股，每股发行价格 10 元，筹资费用率为 4%，预期第一年度分配现金股利为每股 1 元，以后每年股利增长 5%。计算该普通股的资本成本。

解 $K_s = \frac{D_1}{P_s} + g = \frac{300 \times 1}{300 \times 10 \times (1-4\%)} + 5\% = 15.42\%$

2）公司采用固定股利政策

假定股利长期稳定，每期股利为 D，则普通股资本成本也可按下式计算：

$$K_s = \frac{D}{P_s}$$

在例 4-7 中，若公司采用固定股利政策，则其资本成本计算为

$$K_s = \frac{D}{P_s} = \frac{300 \times 1}{300 \times 10 \times (1-4\%)} = 10.42\%$$

在实务中，股利既不可能保持不变，也不可能永远按照恒定的比率增长，甚至有的公司根本不发放股利，或者至少在一定时期内不发放股利。对于这些公司，不仅要预测公司股利支付额，还需要预测公司什么时候发放股利。股利折现模型更适合于那些定期发放股利、股利（增长）十分稳定的公司。

2. 资本资产定价模型

资本资产定价模型也称贝他系数法。该模型内容简单描述为：普通股票的预期收益率等于无风险报酬率加上风险补偿（也称风险溢价或风险报酬率）。用公式表示如下：

$$K_s = R_f + \beta(R_m - R_f)$$

式中：R_f——无风险报酬率；

β——某种股票对证券市场风险的敏感程度；

R_m——股票市场的平均报酬率；

$(R_m - R_f)$——市场平均风险溢价。

例 4-8 某期间市场无风险报酬率为 10％，股票市场平均报酬率为 14％，某公司普通股 β 值为 1.2。该股票资本成本为多少？

解 $K_s = R_f + \beta(R_m - R_f) = 10\% + 1.2 \times (14\% - 10\%) = 14.8\%$

由于不同的机构对同一种股票的 β 系数的估算可能会采用不同的方法，这样会导致不同的 β 系数，并且 R_m 和 β 的值是由历史数据计算得出，与未来预期存在差异，因此，运用资本资产定价模型计算出来的普通股资本成本仅为一个估算值，最好对其进行进一步的分析。

3. 风险溢价模型

从投资者的立场来看，股票投资的风险高于债券，股票投资者就必然要求一定的风险补偿。因此，股票投资者会在债券投资者要求的报酬率基础上再要求一定的风险溢价。用公式表示如下：

$$K_s = K_b + RP_c$$

式中：RP_c——股东比债权人承担更大风险所要求的风险溢价。

风险溢价是凭借经验和股票市场的历史表现以及无风险利率的变动估计出来的。一般认为，某企业普通股风险溢价对自己发行的债券来讲，在 3％～5％之间。当市场利率达到历史性高点时，风险溢价通常较低，在 3％左右；当市场利率处于历史性低点时，风险溢价通常较高，在 5％左右；而在一般情况下，通常采用 4％的平均风险溢价。这样普通股的资本成本为：$K_c = K_b + 4\%$。例如，对于债券成本为 6％的公司来讲，其发行股票的资本成本为：$K_c = 6\% + 4\% = 10\%$。

（五）留存收益资本成本

留存收益是由企业税后利润形成的，具体包括盈余公积和未分配利润，其所有权属于股东。股东将这一部分未分配的税后利润留存于企业，实质上是对企业的追加投资。如果企业将留存收益用于再投资所获得的收益率，低于分配股利后股东自己进行另一项风险相似的投资的收益率，企业就不应保留留存收益；而是应将其分派给股东。从这个意义上看，留存收益也是一种筹资行为，它实质上是一种机会成本，即股东的这部分资金投资于其他项目可获得的报酬率。留存收益资本成本的确定方法与普通股相同，也分为股利折现模型、资本资产定价模型、风险溢价模型三种方法，只是不必考虑筹资费用。

企业采用固定股利增长率政策时，留存收益资本成本的计算公式为

$$K_e = \frac{D_1}{P_e} + g$$

式中：K_e——留存收益资本成本；

$\quad P_e$——普通股发行价格。

企业采用固定股利政策时，留存收益资本成本的计算公式为

$$K_e = \frac{D}{P_e}$$

例 4-9　某公司目前股票市价为 56 元，估计年增长率为 12%，本年发放股利 2元，计算该留存收益资本成本。

解
$$D_1 = 2 \times (1 + 12\%) = 2.24（元）$$

$$K_e = \frac{D_1}{P_e} + g = \frac{2.24}{56} + 12\% = 16\%$$

以上几种筹资方式的资本成本，一般来说，借款资本成本＜债券资本成本＜优先股资本成本＜留存收益资本成本＜普通股资本成本。因为对投资者而言，优先股和普通股投资是权益投资，比借款给企业和购买债券等债务投资的风险更高，故普通股资本成本和优先股资本成本高于发行债券和银行借款的资本成本。同时，因为投资于普通股比投资于优先股所承担的风险更大，要求的投资报酬也更高，所以普通股的资本成本是最高的。利用留存收益方式筹集长期资金不需支付筹资费用，故其资本成本比普通股低，但由于它属于普通股股东所有，因此其资本成本高于优先股。由于债券的利率一般高于借款的利率，同时发行债券的筹资费用高于向银行借款的手续费，所以债券资本成本一般高于借款的资本成本。

三、综合资本成本

受法律、风险等多种因素的制约，企业不可能只使用某种单一的筹资方式，而各种方式的筹资成本是不一样的。为了正确地进行筹资和投资决策，企业要计算全部资本的总成本——综合资本成本。综合资本成本又称为加权平均资本成本。加权平均资本成本是以各种资本的资本成本为基数，以各种资本占全部资本的比重为权数，对个别资本成本进行加权平均确定的。其计算公式为

$$K_w = \sum_{j=1}^{n} K_j W_j$$

式中：K_w——加权平均资本成本；

$\quad K_j$——第 j 种个别资本成本；

$\quad W_j$——第 j 种个别资本在全部资本中占的比重（权数）。

例 4-10　某企业 2021 年账面反映的资本共 1 000 万元，其中长期借款 200 万元，长期债券 300 万元，普通股 300 万元，留存收益 100 万元，其个别资本成本分别为 5%、6%、12%、10%。计算该企业的加权平均资本成本。若某投资方案的预期投资报酬率为 10%，试分析该投资方案是否可行。

解　（1）计算各种资本占总资本的比重：

$$长期借款占总资本的比重 = \frac{200}{1\,000} = 20\%$$

$$长期债券占总资本的比重 = \frac{300}{1\,000} = 30\%$$

$$普通股占总资本的比重 = \frac{300}{1\,000} = 30\%$$

$$留存收益占总资本的比重 = \frac{100}{1\,000} = 10\%$$

（2）计算加权平均资本成本：

$$K_w = \sum_{j=1}^{n} K_j W_j$$
$$= 20\% \times 5\% + 30\% \times 6\% + 30\% \times 12\% + 10\% \times 10\% = 7.4\%$$

该方案预期投资报酬率为 10%，超过 7.4% 的综合资本成本，说明该投资方案可行。

综合资本成本的计算存在着一个权数价值的选择问题，即各个个别资本按什么价值来确定的问题。上述计算中的个别资本占全部资本的比重，是按账面价值确定的，其资料容易取得，计算结果相对稳定。但当资本的账面价值与市场价值差别较大时，如股票、债券的市场价格发生较大变动，计算结果会与资本市场现行实际筹资成本有较大的差距，从而贻误筹资决策。为了克服这一缺陷，个别资本占全部资本比重的确定还可以按市场价值或目标价值确定，分别称为市场价值权数、目标价值权数。

市场价值权数指债券、股票等以现行市场价格确定权数。这样计算的加权平均资本成本能反映企业目前实际资本成本水平。但由于证券市场价格变动频繁，为弥补证券市场价格变动频繁的不便，也可选用平均价格。

目标价值权数是指债券、股票以未来预计的目标市场价值确定权数。这种权数能体现期望的资本结构，而不是像账面价值权数和市场价值权数那样只反映过去和现在的资本结构，所以按目标价值权数计算的加权平均资本成本更适用于企业筹措新资金。然而，企业很难客观合理地确定证券的目标价值，又使这种计算方法不易推广。

在实务中，通常以账面价值权数计算综合资本成本。

四、边际资本成本

（一）边际资本成本的概念

个别资本成本和综合资本成本，是企业过去筹集或目前使用资本的成本。由于任何一个企业都不可能以一个既定的资本成本筹集到无限多的资金，随着企业规模的扩大、增加投资等因素，企业会筹集新的资金。当资金量超过一定限度时，新筹集资金的资本成本就会提高。比如，企业向银行贷款，随着贷款数额的增加，银行为了弥补自身风险，往往会提高贷款利率。此时，即使企业保持原有的资本结构，也仍有可能导致加权平均资本成本上升。因此，企业在追加筹资时，不能仅仅考虑目前所使用的资金的成本，还要考虑为投资项目新筹集的资金的成本，这就需要计算边际资本成本。

边际资本成本是指资金每增加一个单位而增加的成本。但在实务中，这一定义的适用性较小。这是由于企业追加投资数额大小不一，而且同一种类资本的成本随资本数额的变动也会发生变化，并且，追加投资项目以及所需资本来源不可能是单一的。因此，这里将边际资本成本广义地理解为企业因追加筹资所带来的资本成本。

企业追加筹资有时可能只采用某一种筹资方式。当筹资数额较大，或在目标资本结构既定的情况下，企业往往采用多种筹资方式的组合来实现。这时边际资本成本的计算应该按加权平均法计算，而且其资本比重必须按市场价值确定。

当企业拟筹资进行某项目投资时，应以边际资本成本而不是企业全部资本成本作为评价该投资项目可行性的经济指标，来进行投资方案的取舍。

（二）边际资本成本的计算

1. 追加筹资的资本成本保持不变时，边际资本成本的计算

假定各项新增的资本成本仍然等同于原有同类资本的成本时，则其新增资本的边际资本成本取决于资本结构的变化。当追加筹资仍然保持原来的资本结构时，不管追加筹资的数额发生什么变化，其边际资本成本都与原来的加权平均资本成本相等。

例 4-11 某公司目前的资本结构为债券占 20%，长期借款占 30%，普通股占 50%，各类资本的成本分别为 8%、6%、10%，如表 4-1 所示。

表 4-1 边际资本成本计算表

资 本 种 类	所 占 比 重/(%)	个别资本成本/(%)	边际资本成本/(%)
债券	20	8	1.6
长期借款	30	6	1.8
普通股	50	10	5
合 计	100	—	8.4

现该公司准备追加筹资 500 万元，各类个别资本成本不变，仍保持目前的资本结构，计算其边际资本成本。

解 追加筹资的边际资本成本为

$$K_w = \sum_{j=1}^{n} K_j W_j = 20\% \times 8\% + 30\% \times 6\% + 50\% \times 10\% = 8.4\%$$

由表 4-1 可知，该公司原有的加权平均资本成本是 8.4%，追加资本的边际资本成本也是 8.4%，这是因为各类个别资本成本不变，且追加筹资的资本结构与原有资本结构相同，所以与原来的加权平均资本成本相等。

如果新增资本改变了原有的资本结构，则其边际资本成本就不同于原来的资本成本。可以重新根据新的资本结构来计算边际资本成本。仍沿用例 4-10，并假定新筹资的资本结构为债券 30%，长期借款 40%，普通股 30%，可重新计算边际资本成本如表 4-2 所示。

表 4-2 边际资本成本计算表

资 本 种 类	所 占 比 重/(%)	个别资本成本/(%)	边际资本成本/(%)
债券	30	8	2.4
长期借款	40	6	2.4
普通股	30	10	3
合 计	100	—	7.8

2. 追加筹资的资本成本随筹资规模的扩大而上升时,边际资本成本的计算

当追加筹资的资本成本随筹资规模的扩大而上升时,边际资本成本的计算步骤如下。

1) 确定目标资本结构

企业在一般情况下应保持一个合理的资本结构。企业的资本结构一旦确定后,它就会直接影响筹资数额的大小以及投资方案的选择,这也会反过来影响企业的筹资成本。

2) 计算确定各个不同筹资范围的个别资本成本

在前面计算个别资本成本以及综合资本成本时,都假定这一资本成本是过去筹资的成本或目前使用的资本成本。但如果从未来的情况看,随着时间与筹资数额发生变化,这一个别的资本成本也会发生相应的变动。个别资本成本的变动必然会引起综合资本成本发生相应变化。因此,应分别考虑不同筹资范围的资本成本,以供决策所用。

3) 计算确定筹资分界点

企业花费一定的资本成本只能筹集到一定限度的资本,超过这一限度多筹集资本就要付出较高的代价,进而引起资本成本的变化。于是,我们就把为保持特定的目标资本结构,在一定的资本成本水平下可以筹集到的资金总额限度称为筹资总额分界点,又称筹资突破点。在筹资突破点范围内筹资,原来的资本成本不发生变化;一旦筹资额超过筹资突破点,即使维持现有的资本结构,其资本成本也会增加。筹资突破点的计算公式为

$$筹资突破点 = \frac{某种筹资方式的成本分界点}{目标资本结构中该种筹资方式所占比重}$$

4) 计算各筹资区间的边际资本成本

根据计算出的分界点,可得出若干组新的筹资范围,对各筹资范围分别计算加权平均资本成本,即可得到各种筹资范围的边际资本成本。

例 4-12 某公司目前的资本结构为债务资本占 40%,股权资本占 60%,为了适应追加投资的需要,公司准备筹措新资金。经分析,财务人员认为目前的资本结构处于目标资本结构范围,在今后增资时应予保持。另外,公司财务经理还测算出随着筹资额的增加,各种资本成本的变化情况,如表 4-3 所示。

表 4-3 资本成本变化情况表

筹 资 方 式	目标资本结构	追加筹资数额范围/元	个别资本成本
债券	50%	10 000 以内(含 10 000) 10 000~20 000 20 000~30 000 30 000 以上	5% 6% 8% 10%
普通股	50%	15 000 以内(含 15 000) 15 000~60 000 60 000~90 000 90 000 以上	12% 14% 17% 20%

要求:测算追加筹资的边际资本成本。

解 （1）计算确定筹资突破点。

该公司计算的筹资突破点如表 4-4 所示。

在表 4-4 中,筹资突破点是指特定筹资方式资本成本变化的分界点。例如,对债券而言,在 10 000 元以内,其成本为 5%,而在目标资本结构中,债券的比重为 50%,这表明债券资本成本由 5% 上升到 6% 之前,企业可筹集 20 000 元的资金。当筹资总额在 20 000～40 000 元之间时,债券资本成本上升到 6%。

表 4-4 筹资突破点计算表 （单位:元）

筹资方式	个别资本成本	各种筹资方式的筹资范围/元	筹资突破点/元	筹资总额范围/元
债券	5%	10 000(含)以内	10 000÷0.5=20 000	20 000(含)以内
	6%	10 000～20 000	20 000÷0.5=40 000	20 000～40 000
	8%	20 000～30 000	30 000÷0.5=60 000	40 000～60 000
	10%	30 000 以上	—	60 000 以上
普通股	12%	15 000(含)以内	15 000÷0.5=30 000	30 000(含)以内
	14%	15 000～60 000	60 000÷0.5=120 000	30 000～120 000
	17%	60 000～90 000	90 000÷0.5=180 000	120 000～180 000
	20%	90 000 以上	—	180 000 以上

（2）计算各筹资区间的边际资本成本。

根据以上计算的筹资突破点,可得出 6 组筹资范围,如表 4-5 所示。

表 4-5 不同筹资总额的边际资本成本

筹资总额范围/元	筹资方式	资本结构	个别资本成本	边际资本成本
20 000(含)以内	债券	50%	5%	8.5%
	股票	50%	12%	
20 000～30 000(含)	债券	50%	6%	9%
	股票	50%	12%	
30 000～40 000(含)	债券	50%	6%	10%
	股票	50%	14%	
40 000～60 000(含)	债券	50%	8%	11%
	股票	50%	14%	
60 000～120 000(含)	债券	50%	10%	12%
	股票	50%	14%	
120 000～180 000(含)	债券	50%	10%	13.5%
	股票	50%	17%	
180 000 以上	债券	50%	10%	15%
	股票	50%	20%	

上列边际资本成本规划也可绘制成规划图来反映,如图 4-1 所示。

从图 4-1 可以看出,随着筹资额增加,边际资本成本也在增加,但这种增加不是连续上升,而是成阶段性跳跃的。跳跃点就是筹资突破点,即一旦筹资额突破这一

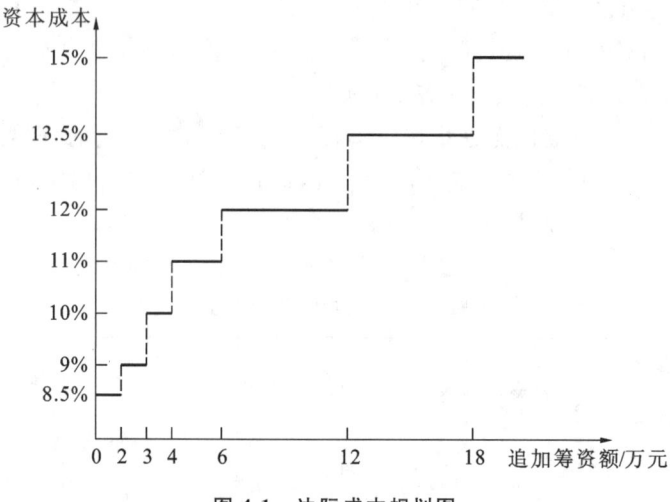

图 4-1　边际成本规划图

点，资本成本就发生变化，公司可依此做出追加筹资的规划。公司在追加筹资之前，可以利用边际资本成本突破点之前的充裕量，尽量将资本成本降至最低点。

第二节　杠 杆 原 理

从企业本身来看，风险可分为经营风险和财务风险。如何衡量企业经营风险和财务风险的大小，它们分别受哪些因素影响，就需要涉及企业的杠杆原理。

物理现象中的杠杆效应是指通过杠杆的使用，只需利用较小的力量便可移动较重的物体的现象。在财务管理中，同样存在类似的杠杆效应。财务管理的杠杆效应是指由于固定费用的存在而导致的，当某一财务变量以较小幅度变动时，另一相关变量会以较大幅度变动的现象。由于成本习性的分类是研究杠杆问题的基础，所以，本节首先介绍成本习性问题，然后分别说明经营杠杆、财务杠杆、联合杠杆，以及杠杆与企业风险的关系。

一、几个基本概念

（一）成本习性

成本习性是指成本和业务量之间的依存关系。根据成本习性对成本进行分类，可以把成本分为固定成本、变动成本和混合成本。

1. 固定成本

固定成本是指其总额在一定时期和一定业务量范围内，不随业务量变动而发生变动的那部分成本，一般以 F 表示。属于固定成本的主要有按直线法计提的折旧、管理人员工资、保险费、办公费等。当产销量在一定范围内变化时，这些费用每年发生总额基本保持不变。由于固定成本的总额不变，那么随着产销量的增加，分摊到单位产品的固定成本将逐渐降低；反之，产销业务量减少，单位产品固定成本将升高。

2. 变动成本

变动成本是指其总额随着业务量成正比例变动的那部分成本，一般以 VC 表示。如直接材料、直接人工等都属于变动成本。从产品的单位成本来看，则与固定成本恰好相反，单位产品变动成本（一般以 V 表示）是保持不变的。

3. 混合成本

有些成本虽然也随业务量的变动而变动，但不成正比例变动，不能简单归入变动成本或固定成本，这类成本称为混合成本。混合成本按其与业务量的关系又可分为半变动成本和半固定成本。

（1）半变动成本。半变动成本有变动的部分，但其初始量是一个固定的量，类似于固定成本，在这个初始量的基础上，成本随业务量的增长而增长，又类似于变动成本。如企业的电话费，一般具有固定的月租费，还有随通话时间增加而增加的通话费用。

（2）半固定成本。半固定成本随业务量的变化而呈阶梯形增长。当业务量在一定限度内，这种成本不变；当业务量增长到一定限度后，这种成本就跳跃到一个新水平，如租用载货车辆的租金。

从以上分析知道，成本按习性可以分为固定成本、变动成本和混合成本三类。但混合成本又可以按一定方式分解为固定成本和变动成本。总成本习性模型可用下式表示：

$$C = F + VQ$$

式中：C——总成本；

　　F——固定成本；

　　V——单位变动成本；

　　Q——业务量。

显然，如果能求出公式中的 F 和 V 的值，就可以利用这个直线方程来进行成本预测、成本决策和其他短期决策。总成本习性模型是一个非常重要的分析模型。

（二）边际贡献

边际贡献是指销售收入扣除变动成本之后的差额。边际贡献的表示方法有三种，即边际贡献总额、单位产品边际贡献和边际贡献率。

1. 边际贡献总额

边际贡献总额指全部产品的销售收入减去全部产品的变动成本后的总额。计算公式为

$$M = (P - V)Q$$

式中：M——边际贡献总额；

　　P——单价。

2. 单位产品边际贡献

单位产品边际贡献是指每增加一单位产品销售可提供的边际贡献。计算公式为

$$m = P - V$$

式中：m——单位产品边际贡献。

3. 边际贡献率

边际贡献率指边际贡献在销售收入中所占的百分比。它表示每一元销售收入中边际贡献所占的比重，反映产品给企业所做出的贡献。计算公式为

$$R_m = \frac{P - V}{P}$$

式中：R_m——边际贡献率。

与边际贡献率相关的一个指标是变动成本率。变动成本率是指变动成本在销售收入中所占的百分比。其计算公式为

$$R_c = 1 - R_m$$

式中：R_c——变动成本率。

（三）息税前利润

息税前利润指企业支付利息和交纳所得税之前的利润。其计算公式为

$$EBIT = (P - V)Q - F$$

式中：$EBIT$——息税前利润。

显然，不论利息费用的习性如何，上式的固定成本和变动成本中不应包括利息费用因素。息税前利润也可利用利润总额加上利息费用求得。

（四）每股盈余

每股盈余又称每股利润或每股收益，是指税后净利润扣除优先股股利后的余额与发行在外的普通股股数的比值。其计算公式为

$$EPS = \frac{(EBIT - I)(1 - T) - D}{N}$$

式中：EPS——每股盈余；

I——利息；

D——优先股股利；

N——普通股股数。

（五）盈亏平衡点

盈亏平衡点又称盈亏临界点，是指使息税前利润等于零的产销量（或销售额）。其计算公式为

$$Q = \frac{F}{P - V}$$

式中：Q——盈亏平衡点的产销量。

超过盈亏平衡点以上的额外销售量，将使利润增加；销售量跌到盈亏平衡点以下时，亏损将增加。

例 4-13　某企业某年生产 B 产品，销售单价为 10 元，单位变动成本为 5 元，年销售量为 100 万件，固定成本总额为 100 万元。该企业资本总额为 1 000 万元，其中所有者权益占 60%，普通股 100 万股，长期负债占 40%，负债利率为 10%。假设企业所得税税率为 25%，计算单位产品边际贡献、变动成本率、息税前利润、每股盈余和盈亏平衡点。

解
$$单位产品边际贡献＝P－V＝10－5＝5(元)$$

$$边际贡献总额＝(P－V)Q＝(10－5)×100＝500(万元)$$

$$变动成本率＝1－边际贡献率＝1－\frac{P－V}{P}＝\frac{V}{P}＝\frac{5}{10}＝50\%$$

$$EBIT＝(P－V)Q－F＝(10－5)×100－100＝400(万元)$$

$$EPS＝\frac{(EBIT－I)(1－T)－D}{N}$$

$$＝\frac{(400－1\ 000×40\%×10\%)(1－25\%)}{100}＝2.7(元)$$

盈亏平衡点
$$Q＝\frac{F}{P－V}＝\frac{100}{10－5}＝20(万件)$$

二、经营杠杆

（一）经营杠杆的含义

对经营杠杆的介绍，我们从一个例子入手。

例 4-14 假设 A、B、C 三个企业其他条件均一样，只有成本结构不同。三个企业 2021 年的有关资料如表 4-6 所示。

表 4-6　A、B、C 三个企业有关资料表

项　　目	A 企业	B 企业	C 企业
固定成本/元	40 000	60 000	0
单位变动成本/元	1	1	1
单位销售价格/元	2	2	2
销售数量/单位	100 000	100 000	100 000

（1）分别计算 A、B、C 三个企业的息税前利润。

（2）假设 2022 年 A、B、C 三个企业销售数量均增长 20%，分别计算其息税前利润。

（3）分别计算 A、B、C 三个企业息税前利润增长率。

解 （1）$EBIT_A＝(P－V)Q－F＝(2－1)×100\ 000－40\ 000＝60\ 000(元)$

$EBIT_B＝(P－V)Q－F＝(2－1)×100\ 000－60\ 000＝40\ 000(元)$

$EBIT_C＝(P－V)Q－F＝(2－1)×100\ 000－0＝100\ 000(元)$

（2）当销售数量增长 20% 时：

$EBIT_A＝(P－V)Q－F＝(2－1)×100\ 000×(1+20\%)－40\ 000＝80\ 000(元)$

$EBIT_B＝(P－V)Q－F＝(2－1)×100\ 000×(1+20\%)－60\ 000＝60\ 000(元)$

$EBIT_C＝(P－V)Q－F＝(2－1)×100\ 000×(1+20\%)－0＝120\ 000(元)$

（3）A 企业息税前利润增长率：$\dfrac{\Delta EBIT}{EBIT}＝\dfrac{80\ 000－60\ 000}{60\ 000}×100\%＝33.33\%$

B 企业息税前利润增长率：$\dfrac{\Delta EBIT}{EBIT}＝\dfrac{60\ 000－40\ 000}{40\ 000}×100\%＝50\%$

$$C\ 企业息税前利润增长率：\frac{\Delta EBIT}{EBIT} = \frac{120\ 000 - 100\ 000}{100\ 000} \times 100\% = 20\%$$

由例 4-14 可以看出，2022 年 A、B、C 三个企业在销售数量均增长 20% 的情况下，A 企业的息税前利润增长率为 33.33%，B 企业的息税前利润增长率为 50%，它们的息税前利润增长率均高于销售数量的增长率，但 C 企业的息税前利润增长率等于销售数量的增长率。究其原因，则是因为三个企业的固定成本不同而产生的不同经营杠杆效应。

在其他条件不变的情况下，产销量的增加虽然不会改变固定成本总额，但会降低单位固定成本，从而提高单位产品的利润，使息税前利润的增长率大于产销量的增长率；反之，产销量的减少会提高单位固定成本，降低单位产品的利润，使息税前利润的下降率也大于产销量的下降率；如果不存在固定成本，所有成本都是变动的，边际贡献就等于息税前利润，这时息税前利润变动率就同产销量变动率完全一致。这种由于固定成本的存在导致息税前利润变动率大于产销量变动率的杠杆效应，称为经营杠杆，又称营业杠杆。固定成本比重越高，经营杠杆效应就越大。

由于经营杠杆对经营风险的影响最具综合性，因此常被用来衡量企业经营风险的大小。

（二）经营杠杆的计量

只要企业存在固定成本，就存在经营杠杆效应。经营杠杆效应的大小一般用经营杠杆系数表示。经营杠杆系数也称经营杠杆度、经营杠杆率，是指息税前利润的变动率相当于销售量（额）变动率的倍数。经营杠杆系数计算公式分为两种，一种是定义公式，一种是简化公式。

1. 定义公式

$$DOL = \frac{\Delta EBIT / EBIT}{\Delta Q / Q}$$

式中：DOL——经营杠杆系数；

$\Delta EBIT$——息税前利润变动额；

$EBIT$——变动前的息税前利润；

ΔQ——销售变动量；

Q——变动前销售量。

2. 简化公式

为便于计算，也可将上述定义公式变换如下：

$$EBIT = Q(P - V) - F$$
$$\Delta EBIT = \Delta Q(P - V)$$

$$DOL_Q = \frac{\dfrac{\Delta Q(P - V)}{Q(P - V) - F}}{\dfrac{\Delta Q}{Q}} = \frac{Q(P - V)}{Q(P - V) - F}$$

式中：DOL_Q——销售量为 Q 时的经营杠杆系数；

P——基期产品单位销售价格；

V——基期产品单位变动成本。

或

$$DOL_S = \frac{S-VC}{S-VC-F} = \frac{EBIT+F}{EBIT} = \frac{M}{EBIT}$$

式中:DOL_S——销售额为 S 时的经营杠杆系数;

S——基期销售额;

VC——基期变动成本总额;

$EBIT$——基期息税前利润;

M——基期边际贡献。

例 4-15 某公司有关资料如表 4-7 所示,计算该公司 2021 年和 2022 年的经营杠杆系数。

表 4-7 某公司有关资料表　　　　(单位:万元)

项 目	2020 年	2021 年	变动额	变动率/(%)
销售额	1 000	1 500	500	50
变动成本	600	900	300	50
边际贡献	400	600	200	50
固定成本	200	200	0	0
息税前利润	200	400	200	100

解 (1)计算 2021 年经营杠杆系数。

根据公式可得:

$$DOL_{2021} = \frac{\Delta EBIT/EBIT}{\Delta Q/Q} = \frac{200/200}{500/1\,000} = 2$$

上述计算公式是按经营杠杆的定义公式计算的,利用该公式,必须以已知变动前后的有关资料为前提,比较麻烦,而且无法计算 2022 年的经营杠杆系数。按简化公式计算如下:

$$DOL_{2021} = \frac{S-VC}{S-VC-F} = \frac{1\,000-600}{1\,000-600-200} = 2$$

或

$$DOL_{2021} = \frac{M}{EBIT} = \frac{400}{200} = 2$$

计算结果表明,三个公式计算出的 2021 年的经营杠杆系数是相同的。

(2)计算 2022 年经营杠杆系数。

由于公司缺少 2022 年的销售量增长率数据,因此计算其 2022 年的经营杠杆系数只能用简化公式。根据公式可得

$$DOL_{2022} = \frac{S-VC}{S-VC-F} = \frac{1\,500-900}{1\,500-900-200} = 1.5$$

或

$$DOL_{2022} = \frac{M}{EBIT} = \frac{600}{400} = 1.5$$

经营杠杆系数为 1.5 的意义在于:当公司销售量(额)增长 1% 时,息税前利润增长 1.5%;相反,当公司销售量(额)下降 1% 时,息税前利润下降 1.5%,即公司息税

前利润变动率是销售量变动率的 1.5 倍。

需要注意的是,利用简化公式计算经营杠杆系数时,是以基期的数据为基础来计算的,而不是以报告期的数据为基础。如例 4-15 中,计算 2021 年的经营杠杆系数以 2020 年的资料为基础,计算 2022 年的经营杠杆系数则以 2021 年的资料为基础。在利用定义公式计算经营杠杆系数时,需要基期与计划期两期的数据;而利用简化公式,只需要知道基期的数据即可,这也是简化公式在实际运用中的优点。

（三）经营杠杆与经营风险的关系

经营风险也称营业风险,是指与企业因经营上的原因给企业的息税前利润带来的不确定性。引起企业经营风险的主要原因是市场需求和成本等因素的不确定性,经营杠杆本身并不是利润不稳定和经营风险变化的根源。如果企业保持固定的销售水平和固定的成本结构,再高的经营杠杆系数也是没有意义的。但是,由于销售和成本水平的潜在变动性,经营杠杆系数会放大市场和生产等不确定因素对息税前利润变动的影响,也就放大了企业的经营风险。而且,经营杠杆系数越高,利润变动越剧烈,企业的经营风险就越大。因此,企业经营风险的大小和经营杠杆有重要关系。

企业经营风险的大小不但可以用经营杠杆系数来衡量,也可用统计方法,通过息税前利润的期望值、标准差和变化系数等指标来衡量。

（四）影响经营杠杆与经营风险的因素

一般来说,在其他条件不变的情况下,固定成本越高,经营杠杆系数越大,经营风险就越大。影响企业经营杠杆和经营风险的因素,除了固定成本以外,还有其他许多因素。根据公式

$$\frac{经营杠}{杆系数} = \frac{(基期销售单价-基期单位变动成本) \times 基期产销量}{(基期销售单价-基期单位变动成本) \times 基期产销量-基期固定成本}$$

可以看出,影响经营杠杆的因素包括产品的销售数量、产品销售价格、单位变动成本和固定成本总额等因素。在这些因素发生变动的情况下,经营杠杆系数一般也会发生变动,从而产生不同程度的经营杠杆利益和经营风险。由于经营杠杆系数影响着企业的息税前利润,从而也就制约着企业的筹资能力和资本结构。因此,经营杠杆系数是资本结构决策的一个重要因素。

控制经营风险的方法包括增加销售额、降低单位产品变动成本、降低固定成本比重等。经营风险因具体行业、具体企业以及具体时期而异。

三、财务杠杆

（一）财务杠杆的含义

对财务杠杆的介绍,我们也从一个例子入手。

例 4-16 假设 A、B、C 三个公司的资本总额相等,均为 1 000 000 元,息税前利润的增长率也相同,不同的只是资本结构。A 公司普通股占 80%,负债占 20%;B 公司普通股和负债各占 50%;C 公司全部资本都是普通股。2020 年三个公司的息税前利润均为 100 000 元,2021 年三个公司息税前利润均增长 40%,资本结构、利

率、企业所得税率均保持不变。有关资料如表 4-8 所示。

表 4-8　A、B、C 三个公司有关资料表

年　度	项　　　目	A 公司	B 公司	C 公司
2020	普通股/元	800 000	500 000	1 000 000
	发行在外普通股数/股	8 000	5 000	10 000
	负债(利率 10%)/元	200 000	500 000	0
	息税前利润/元	100 000	100 000	100 000
	企业所得税税率/(%)	50	50	50
2021	息税前利润增长率/(%)	40	40	40
	增长后息税前利润/元	140 000	140 000	140 000

要求：计算 A、B、C 三个公司在不同息税前利润情况下的每股利润和每股利润增长率，比较三者的差异，并分析在息税前利润同时增长 40% 的情况下，每股利润增长幅度不同的原因。

解　（1）当 A、B、C 三个公司息税前利润均为 100 000 元时，每股利润分别为

$$EPS_A = \frac{(100\,000 - 200\,000 \times 10\%) \times (1 - 50\%)}{8\,000} = 5(元)$$

$$EPS_B = \frac{(100\,000 - 500\,000 \times 10\%) \times (1 - 50\%)}{5\,000} = 5(元)$$

$$EPS_C = \frac{(100\,000 - 0) \times (1 - 50\%)}{10\,000} = 5(元)$$

（2）同理，当 A、B、C 三个公司息税前利润均为 140 000 元时，每股利润分别为 7.5 元、9 元、7 元（过程略）。

（3）当息税前利润均增长 40% 时，A、B、C 三个公司每股利润增长率分别为

A 公司：　　　　　$\frac{\Delta EPS}{EPS} = \frac{7.5 - 5}{5} \times 100\% = 50\%$

B 公司：　　　　　$\frac{\Delta EPS}{EPS} = \frac{9 - 5}{5} \times 100\% = 80\%$

C 公司：　　　　　$\frac{\Delta EPS}{EPS} = \frac{7 - 5}{5} \times 100\% = 40\%$

由例 4-16 可以看出，A、B、C 三个公司在息税前利润均为 100 000 元时，每股利润均为 5 元；在息税前利润均增长 40% 的情况下，A 公司的每股利润增长为 7.5 元，增长率为 50%；B 公司的每股利润增长为 9 元，增长率为 80%；C 公司的每股利润增长为 7 元，增长率为 40%。A、B 两个公司的每股利润增长率均高于其息税前利润的增长率，且 B 公司的每股利润增长率最高，但 C 公司的每股利润增长率与其息税前利润的增长率相同。究其原因，则是因为三个公司负债比例不同而产生的不同的财务杠杆效应。

在企业资本结构一定的情况下，企业从息税前利润中支付的债务利息、优先股股息等资本成本通常都是固定的。当企业息税前利润增加时，每一元盈余所负担的固定财务费用（如利息等）就会相对减少，从而给普通股股东带来更多的盈余，体现为每股利润会以更大的幅度增加；反之，当息税前盈余减少时，每一元盈余所负担的固定财务费用就会相对增加，就会大幅度减少普通股的盈余，体现为每股利润会以

更大的幅度下降；如果不存在固定财务费用，这时每股利润变动率就同息税前利润变动率完全一致。这种由于固定财务费用的存在而导致的普通股每股盈余的变动幅度大于息税前利润的变动幅度的杠杆效应，叫做财务杠杆。企业举债比重越大，财务杠杆效应越强。

（二）财务杠杆的计量

只要企业的资本来源中存在固定财务费用支出的债务，就存在财务杠杆效应。财务杠杆的大小一般用财务杠杆系数表示。财务杠杆系数也称财务杠杆度、财务杠杆率，是指普通股每股利润随息税前利润的变动而发生变动的程度，也即普通股每股利润变动率相当于息税前利润变动率的倍数。财务杠杆系数计算公式分为两种，一种是定义公式，一种是简化公式。

1. 定义公式

$$DFL = \frac{\Delta EPS/EPS}{\Delta EBIT/EBIT}$$

式中：DFL——财务杠杆系数；

ΔEPS——每股利润变动额；

EPS——基期每股利润；

$\Delta EBIT$——息税前利润变动额；

$EBIT$——基期息税前利润。

2. 简化公式

如没有优先股筹资，定义公式还可推导简化为（推导过程略）

$$DFL = \frac{EBIT}{EBIT - I}$$

式中：$EBIT$——基期息税前利润；

I——基期利息。

影响财务杠杆系数的因素包括息税前利润、资本结构、利率水平、资本规模、固定财务费用水平等多种因素。财务杠杆系数将随固定费用的变化呈同方向变化，即在其他因素一定的情况下，固定财务费用越高，财务杠杆系数越大，财务杠杆效应越大；如果企业固定财务费用为0，则财务杠杆系数为1，此时没有财务杠杆效应。

例 4-17　以例 4-16 中的 A 公司为例，求 A 公司 2021 年和 2022 年的财务杠杆系数。

解　（1）2021 年 A 公司的财务杠杆系数为

$$DFL_{2021} = \frac{\Delta EPS/EPS}{\Delta EBIT/EBIT} = \frac{50\%}{40\%} = 1.25$$

或

$$DFL_{2021} = \frac{EBIT}{EBIT - I} = \frac{100\,000}{100\,000 - 20\,000} = 1.25$$

计算结果表明，两个公式计算出的 2021 年 A 公司的财务杠杆系数是相同的。

（2）由于 A 公司缺少 2022 年的息税前利润增长率数据，因此计算其 2022 年的财务杠杆系数只能用简化公式。2022 年 A 公司的财务杠杆系数为

$$DFL_{2022} = \frac{EBIT}{EBIT - I} = \frac{140\,000}{140\,000 - 20\,000} = 1.17$$

财务杠杆系数为 1.17 的意义在于：当企业息税前利润增长 1％时，每股利润增长 1.17％；相反，当企业息税前利润下降 1％时，每股利润下降 1.17％，即企业每股利润变动率是息税前利润变动率的 1.17 倍。

需要注意的是，利用简化公式计算财务杠杆系数时，是以基期的数据为基础来计算的，而不是以报告期的数据为基础。在例 4-17 中，计算 2021 年的财务杠杆系数应以 2020 年的资料为基础，计算 2022 年的财务杠杆系数则应以 2021 年的资料为基础。利用简化公式，只需要知道基期的数据即可，而在利用定义公式计算财务杠杆系数时，需要基期与计划期两期的数据，这与计算经营杠杆系数时是相同的。

（三）财务杠杆与财务风险的关系

财务风险，也称筹资风险，是指为了取得财务杠杆利益而利用负债资金时，增加了普通股利润大幅度变动的机会所带来的风险。主要表现为丧失偿债能力的可能性和股东每股收益的不确定性。企业在资本结构中增加负债筹资比例时，固定的现金流出量就会增加，结果是丧失偿债能力的概率也会增加。同时，因为企业的债权人除了得到固定的利息之外，并不承担企业的经营风险，如果企业采用债务筹资，就会将经营风险集中到少部分普通股股东身上，从而引起股东每股收益变动性的增加。

企业息税前利润较多，增长幅度较大时，应适当地增加负债筹资，发挥财务杠杆的正效应，可使每股收益以更大的幅度增长。但是，一旦企业息税前利润下降，每股收益也会以更大的幅度下降，此时企业面临的财务风险也大。所以财务杠杆带来的既可能是收益，也有可能是损失。在一定时期企业长期负债和支出债务成本既定的情况下，企业经营利润的增减，会使每元经营利润所负担的债务成本发生变化，并使普通股每股收益也相应发生变化。如果投资利润率大于借款利息率，企业适当运用财务杠杆，可以使企业在不增加权益资本投资的情况下，获得更多的利润，从而提高企业权益资本的利润率。因为借入资本所得的投资利润扣除了较低的借款利息后的利润，由企业所有者分享，这样便可以大大提高企业权益资本利润率，即产生财务杠杆正效应。相反，如果投资利润率小于借款利息率，这时利用借入资本不但不会提高权益资本的利润，反而给企业投资者带来损失，即产生财务杠杆负效应。因此，企业获得财务杠杆利益的基本前提是投资利润率大于借款利息率。

一般来说，负债越多或负债率越高，财务杠杆系数越大，可能获得的财务杠杆利益就越多，企业所面临的财务风险就越大。因此，企业在筹措资金时，必须在财务利益与财务风险之间进行权衡，根据企业对风险的承受能力以及其他具体情况，合理安排资本结构中各种资金的比例关系，适度负债，使财务杠杆利益抵消风险增大所带来的不利影响。

与衡量企业经营风险大小相同的是，企业财务风险的大小既可以用财务杠杆系数来衡量，也可采用统计方法，通过每股利润的期望值、标准差和变化系数等指标来衡量。

（四）影响财务杠杆与财务风险的因素

影响企业财务杠杆和财务风险的因素，除了债务资本固定利息以外，还有其他许多因素。

$$财务杠杆系数 = \frac{(单价-单位变动成本)×产销量-固定成本}{(单价-单位变动成本)×产销量-固定成本-资本总额×债务比例×债务利率}$$

从上式可以看出，影响财务杠杆的因素包括产品的销售数量、产品销售价格、单位变动成本、固定成本总额、资本规模、债务利率、债务比例等因素。在上列因素发生变动的情况下，财务杠杆系数一般也会发生变动，从而产生不同程度的财务杠杆利益和财务风险。财务杠杆系数是资本结构决策的一个重要因素。

四、复合杠杆

1. 复合杠杆的定义

如前所述，由于存在固定成本，产生经营杠杆效应，使得销售量（额）变动对息税前利润有扩大作用；同样，由于存在固定财务费用，产生财务杠杆效应，使得息税前利润对普通股收益有扩大作用。如果两种杠杆共同起作用，那么销售量（额）稍有变动就会使每股利润产生更大的变动。

复合杠杆又称综合杠杆、联合杠杆、总杠杆，是指由于固定生产经营成本和固定财务费用的共同存在而导致的每股利润变动率大于销售量（额）变动率的杠杆效应。

2. 复合杠杆的计量

复合杠杆的计量通常采用复合杠杆系数，也称复合杠杆度。复合杠杆系数是指每股利润的变动率相对于销售量（额）变动率的倍数。计算公式为

$$DTL = \frac{\Delta EPS/EPS}{\Delta Q/Q}$$

式中：DTL——复合杠杆系数。

由于

$$DTL = \frac{\Delta EPS/EPS}{\Delta Q/Q} = \frac{\Delta EPS/EPS}{\Delta EBIT/EBIT} × \frac{\Delta EBIT/EBIT}{\Delta Q/Q} = DFL × DOL$$

所以，复合杠杆系数与经营杠杆系数、财务杠杆系数之间的关系可用下式表示：

复合杠杆系数＝经营杠杆系数×财务杠杆系数

如没有优先股筹资，复合杠杆系数也可直接按以下公式计算（推导过程略）：

$$DTL_Q = \frac{Q(P-V)}{Q(P-V)-F-I}$$

式中：DTL_Q——销售量为 Q 时的复合杠杆系数，其他符号含义同前。

例 4-18 某公司 2021 年销售额为 2 000 万元，变动成本率为 60%，息税前利润为 500 万元，全部资本 1 000 万元，负债比率为 50%，负债平均利率为 10%。

要求：（1）计算该公司 2022 年的经营杠杆系数、财务杠杆系数、复合杠杆系数。

（2）如果预测该公司 2022 年的销售额将增长 10%，计算 2022 年息税前利润及每股收益的增长幅度。

解 （1）$DOL_{2022} = \dfrac{S-VC}{S-VC-F} = \dfrac{2\,000-2\,000×60\%}{500} = 1.6$

$DFL_{2022} = \dfrac{EBIT}{EBIT-I} = \dfrac{500}{500-1\,000×50\%×10\%} = 1.11$

$DTL_{2022} = DOL_{2022} × DFL_{2022} = 1.6×1.11 = 1.776$

（2）2022 年息税前利润增长幅度＝1.6×10%＝16%

2022 年每股收益增长幅度＝1.776×10％＝17.76％

3. 复合杠杆与企业风险之间的关系

企业复合杠杆系数越大,每股收益的波动幅度越大。由复合杠杆作用使每股收益大幅度波动而造成的风险,称为复合风险。复合风险直接反映企业的总体风险。在其他条件不变的情况下,复合杠杆系数越大,总体风险就越大;复合杠杆系数越小,总体风险就越小。

为了达到符合企业理财目的要求的复合杠杆系数和总体风险水平,经营杠杆与财务杠杆可以有许多不同的结合方式。对于较高经营杠杆系数的企业,可在较低程度上使用财务杠杆;对于较低经营杠杆系数的企业,可在较高程度上使用财务杠杆。因此,企业的资本结构决策要综合地考虑经营杠杆与财务杠杆的作用,运用适当的杠杆系数,在风险与预测收益之间进行权衡,使企业的总体风险降低到一个可以接受的水平。

与衡量企业经营风险、财务风险大小相同的是,企业总体风险的大小既可以用复合杠杆系数来衡量,也可采用统计方法,通过每股利润的期望值、标准差和变化系数等指标来衡量。

第三节 资 本 结 构

一、资本结构的含义

资本结构是指企业各种资本的构成及其比例关系。在企业筹资管理活动中,资本结构有广义和狭义之分。广义的资本结构指企业全部资本价值的构成及其比例关系,它不仅包括长期资本,还包括短期资本,主要是短期债权资本;狭义的资本结构指各种长期资本价值的构成及其比例关系,尤其是指长期债务资本和股权资本的构成及其比例关系。狭义的资本结构下,短期债权资本作为营运资本来管理。本章所指的资本结构是狭义的资本结构。

企业的资本结构是由企业采用的各种筹资方式筹集资本而形成的,各种筹资方式的不同组合类型,决定着企业资本结构及其变化。企业筹资方式虽然很多,但总体来看可分为负债资本筹资和权益资本筹资两类。因此,总的来说,资本结构问题就是负债资本的比率问题,即负债在企业全部资本中所占的比重。

资本结构是企业筹资决策的核心内容。企业应综合考虑有关影响因素,运用适当的方法确定最优资本结构,实现企业价值最大化目标。当企业现实资本结构不合理时,企业财务人员应通过筹资活动进行调整,使其趋向合理化。

二、资本结构的影响因素

一般来讲,影响企业资本结构的因素主要包括以下几种。

1. 企业财务状况

获利能力越强、财务状况越好、变现能力越强的企业,就越有能力负担财务上的风险,其举债筹资就越具有吸引力。但另一方面,盈利能力强的企业可以产生大量的税后利润,其内部积累可以在很大程度上满足企业扩大再生产的资本需求,对债务资本的依赖性较低。

2. 企业资产结构

资产结构会以多种方式影响企业的资本结构:

(1)拥有大量固定资产的企业主要通过长期负债和发行股票来筹集资金;

(2)拥有较多流动资产的企业,则更多依赖流动负债来筹集资金;

(3)资产适用于抵押贷款的企业举债额较多,如房地产企业的抵押贷款就相当多;

(4)以技术研究开发为主的高新技术企业,负债相对较少。

3. 企业产品销售情况

如果企业销售比较稳定,获利能力也相对稳定,负担固定财务费用能力较强,举债相对较多;如果销售具有较强的周期性与波动性,企业将要冒较大的财务风险,则举债相对较少。

4. 投资者和管理人员的态度

如果企业的股权较分散,企业所有者并不担心控制权旁落,可能会更多地采用发行股票的方式来筹集资本;反之,有的企业被少数股东所控制,为了保证少数股东的绝对控制权,则会尽量避免普通股筹资而采用优先股或负债方式筹集资本。

喜欢冒险的财务人员,可能会安排较高的负债比例;反之,比较稳健的财务人员则会使用较少的债务。

5. 贷款人和信用评级机构的影响

一般而言,企业财务人员会与贷款人和信用评级机构商讨其资本结构,并充分听取他们的意见。大部分贷款人都不希望企业的负债比例太大。同样,如果企业债务太多,信用评级机构可能会降低企业的信用等级,从而影响企业的筹资能力,提高企业的资本成本。

6. 行业因素

不同行业的资本结构有很大的差别,财务经理必须考虑本企业所处的行业的特点以及该行业资本结构的一般水平,并以此作为确定本企业资本结构的参照。

7. 企业规模

一般而言,企业规模越大,筹资方式也越多,如通过证券市场发行股票、吸收国家和法人单位投资等,因此负债比率一般较低;而一些中小型企业筹资方式比较单一,主要靠银行借款来解决资本需求,因此负债比率一般较高。

8. 税收政策的影响

企业债务的利息可以抵税,而股票的股利不能抵税。因此,企业所得税税率越高,负债的好处就越大,负债就越多。由此可见,税收政策能够对企业资本结构的安排产生影响。

9. 利率水平的变动趋势

如果企业财务人员认为利息率暂时较低,但不久的将来有可能上升,企业应大量发行长期债券,从而在若干年内把利率固定在较低的水平上,这时负债比率较高;反之,负债比率则较低。

三、资本结构优化决策

由于负债资金具有双重作用,适当利用负债可以降低企业的资本成本,但是负债比率过高时,会带来很大的财务风险。因此,企业应权衡财务风险和资本成本之间的关系,以确定最佳资本结构。最佳资本结构是指在一定条件下,企业加权平均资本成本最低、企业价值最大的资本结构。

确定最佳资本结构有三种方法:比较资本成本法、每股利润无差别点法、公司价值分析法。

(一)比较资本成本法

比较资本成本法就是通过计算各种筹资方案的加权平均资本成本,并根据加权平均资本成本的高低来确定最佳资本结构的方法。加权平均资本成本最低的方案下的资本结构是最佳资本结构。

例 4-19 某公司拟筹资 400 万元长期资本,现有 A、B、C 三个备选方案,有关资料如表 4-9 所示。

表 4-9 某公司资本结构表

筹资方式	资本结构			个别资本成本
	A方案	B方案	C方案	
长期借款	40%	30%	30%	6%
公司债券	10%	20%	40%	8%
普通股	50%	50%	30%	10%
合　计	100%	100%	100%	

要求:计算该公司 A、B、C 三个方案的综合资本成本,并据以选择筹资方案。

解　筹资方案 A 的综合资本成本为

$$K_w = \sum_{j=1}^{n} K_j W_j = 40\% \times 6\% + 10\% \times 8\% + 50\% \times 10\% = 8.20\%$$

筹资方案 B 的综合资本成本为

$$K_w = \sum_{j=1}^{n} K_j W_j = 30\% \times 6\% + 20\% \times 8\% + 50\% \times 10\% = 8.40\%$$

筹资方案 C 的综合资本成本为

$$K_w = \sum_{j=1}^{n} K_j W_j = 30\% \times 6\% + 40\% \times 8\% + 30\% \times 10\% = 8.00\%$$

因为筹资方案 C 的综合资本成本最小,故在适度财务风险的情况下,应选择 C 筹资方案,由此形成的资本结构为最佳的资本结构。

比较资本成本法通俗易懂,计算过程也不复杂,是确定资本结构的常用方法。但所拟订的方案数量通常有限,故存在把最优方案漏掉的可能。同时,以资本成本最低为决策标准,没有具体测算财务风险的大小,其决策目标实质上是利润最大化而不是公司价值最大化。一般这种方法适用于资本规模较小、资本结构较简单的非股份制企业。

（二）每股利润无差别点法

每股利润无差别点法，又称息税前利润-每股利润分析法、EBIT-EPS 法，是分析资本结构与每股利润之间的关系，进而确定最佳资本结构的一种方法。

资本结构是否合理，可以通过每股收益的变化进行分析。一般而言，能够提高每股收益的资本结构是合理的；相反，资本结构则不够合理。每股收益的高低不仅受资本结构的影响，还受到销售水平的影响。处理以上三者关系，可采用"每股利润无差别点"分析法来进行。每股利润无差别点也叫筹资无差别点、息税前利润平衡点，是指两种资本结构下每股利润等同时的息税前利润点（或销售额点）。

根据每股利润无差异点的计算，可以判断在什么样的销售水平或息税前利润水平下来安排和调整资本结构。

首先，计算使两种资本结构下的每股利润相等时的息税前利润平衡点。

计算公式为

$$\frac{(EBIT_0 - I_1)(1 - T) - D_1}{N_1} = \frac{(EBIT_0 - I_2)(1 - T) - D_2}{N_2}$$

式中：$EBIT_0$——息税前利润平衡点；

I_1、I_2——两种资本结构下的年利息；

N_1、N_2——两种资本结构下的普通股股数；

D_1、D_2——两种资本结构下的优先股股利。

其次，确定采取何种筹资方式。

若息税前利润预计大于息税前利润平衡点，追加负债筹资可获得较高每股收益；若息税前利润预计小于息税前利润平衡点，追加权益资本筹资可获得较高的每股收益；若息税前利润预计等于息税前利润平衡点，采取何种筹资方式无差别，此时两种方式下的每股收益相等。

当企业需要的资本额较大时，可能会采用多种筹资方式组合融资。这时，需要详细比较分析各种组合筹资方式下的资本成本负担及其对每股收益的影响，选择每股收益最高的筹资方式。

例 4-20 某公司目前资本结构为：总资本 1000 万元，其中债务资金 400 万元（年利息 40 万元）；普通股资本 600 万元（600 万股，面值 1 元，市价 5 元）。公司由于扩大经营规模，需要追加筹资 800 万元，所得税率为 25%，不考虑筹资费用因素。有以下三种筹资方案。

甲方案：增发普通股 200 万股，每股发行价 3 元；同时向银行借款 200 万元，利率保持原来的 10%。

乙方案：增发普通股 100 万股，每股发行价 3 元；同时溢价发行 500 万元面值为 300 万元的公司债券，票面利率为 15%。

丙方案：不增发普通股，溢价发行 600 万元面值为 400 万元的公司债券，票面利率为 15%；由于受债券发行数额的限制，需要补充银行借款 200 万元，利率 10%。

三种方案各有优劣：增发普通股能减轻资本成本的固定性支出，但股数增加会摊薄每股收益;采用债务筹资方式能提高每股收益,但增加了固定性资本成本负担,受到的限制较多。基于上述原因,筹资方案需要两两比较。

解　(1)甲、乙方案比较:

$$\frac{(EBIT_0-40-20)(1-25\%)}{600+200}=\frac{(EBIT_0-40-45)(1-25\%)}{600+100}$$

得
$$EBIT_0=260(万元)$$

(2)乙、丙方案比较:

$$\frac{(EBIT_0-40-45)(1-25\%)}{600+100}=\frac{(EBIT_0-40-80)(1-25\%)}{600}$$

得
$$EBIT_0=330(万元)$$

(3)甲、丙方案比较:

$$\frac{(EBIT_0-40-20)(1-25\%)}{600+200}=\frac{(EBIT_0-40-80)(1-25\%)}{600}$$

得
$$EBIT_0=300(万元)$$

方案比较时,产生了三个筹资分界点,上述分析结果可用图 4-2 表示。从图 4-2 可以看出,公司 EBIT 预期为 260 万元以下时,应当采用甲筹资方案;公司 EBIT 预期为 260 万～330 万元之间时,应当采用乙筹资方案;公司 EBIT 预期为 330 万元以上时,应当采用丙筹资方案。

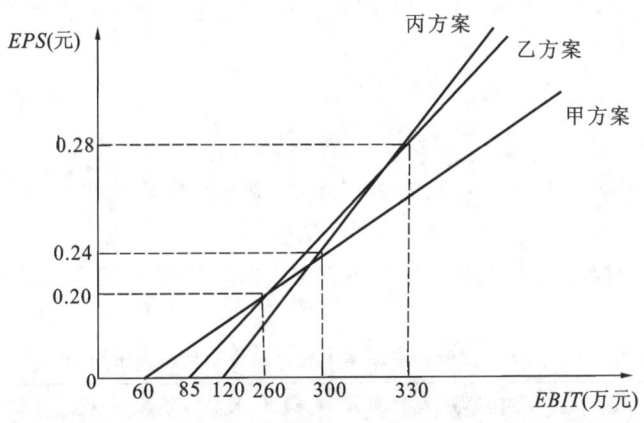

图 4-2　每股收益无差别点分析图

应当指出的是,每股利润无差别点分析法计算过程简单,易于理解。但这种方法只考虑了资本结构对每股收益的影响,并假定每股收益最大,股票价格也最高,没有考虑资本结构对风险的影响,是不全面的,其决策目标实际上是每股收益最大化而不是公司价值最大化。随着负债的增加,公司的财务风险加大,投资者的风险也在加大,如果每股利润的增长不足以补偿风险增加所需的报酬,尽管每股利润增加,但股价和公司价值仍会下降。所以,单纯使用这种方法有时会做出错误的决策。但在资金市场不完善的时候,投资人主要根据每股收益的多少来做出投资决策,每股收益的增加也的确有利于股票价格的上升。每股利润无差别点分析法可用于资本规模不大、资本结构不太复杂的股份制公司。

（三）公司价值分析法

公司价值分析法是对综合资本成本、公司总价值及风险综合考虑进行资本结构决策的一种方法。

从根本上讲，财务管理的目标在于追求公司价值的最大化或股价的最大化。然而，只有在风险不变的情况下，每股利润的增长才会导致股价的上升，但实际上经常是随着每股利润的增长，风险也在加大。如果每股收益的增长不足以补偿风险增加所增加的报酬，股价仍会下降。因此，公司的最佳资本结构应当是可使公司的总价值最高，而不一定是每股收益最大的资本结构。同时，在公司总价值最大的资本结构下，公司的资本成本也是最低的。与比较资本成本法和每股收益无差别点法相比，公司价值分析法充分考虑了公司的财务风险和资本成本等因素的影响，进行资本结构决策以公司价值最大为标准，更符合公司价值最大化的财务目标，但其测算原理及测算过程较为复杂，通常用于资本规模较大的上市公司。

设：V 表示公司的价值，S 表示权益资本价值，B 表示债务资金价值。公司价值应该等于资本的市场价值，即

$$V = S + B$$

为简化分析，假设公司各年的 $EBIT$ 保持不变，债务资金的市场价值等于其面值，权益资本的市场价值可通过下式计算：

$$S = \frac{(EBIT - I)(1 - T)}{K_s}$$

且

$$K_s = R_f + \beta(R_m - R_f)$$

此时，

$$K_W = K_b \cdot \frac{B}{V}(1 - T) + K_s \cdot \frac{S}{V}$$

例 4-21 某公司息税前利润为 400 万元，资本总额账面价值为 2000 万元。假设无风险报酬率为 6%，证券市场平均报酬率为 10%，所得税率为 25%。经测算，不同债务水平下的权益资本成本率和债务资本成本率如表 4-10 所示。要求对该公司进行资本结构决策。

表 4-10　债务资本成本率和权益资本成本率资料表

债务市场价值 B/万元	税前债务利息率 K_b/(%)	股票 β 系数	权益资本成本率 K_s/(%)
0	—	1.50	12.0
200	8.0	1.55	12.2
400	8.5	1.65	12.6
600	9.0	1.80	13.2
800	10.0	2.00	14.0
1000	12.0	2.30	15.2
1200	15.0	2.70	16.8

解　根据表 4-10 资料，可计算出不同资本结构下的公司总价值和平均资本成本率，如表 4-11 所示。

表 4-11　公司价值和平均资本成本表

债务市场价值/万元	股票市场价值/万元	公司总价值/万元	税后债务资本成本/（%）	普通股资本成本/（%）	平均资本成本/（%）
0	2500	2500	—	12.0	12.0
200	2360	2560	6.0	12.2	11.72
400	2179	2579	6.375	12.6	11.63
600	1966	2566	6.75	13.2	11.69
800	1714	2514	7.5	14.0	11.93
1000	1382	2382	9.0	15.2	12.60
1200	982	2182	11.25	16.8	13.75

可以看出，在没有债务资本的情况下，公司的总价值等于股票的账面价值。当公司增加一部分债务时，财务杠杆开始发挥作用，股票市场价值大于其账面价值，公司总价值上升，平均资本成本下降。在债务资本达到 400 万元时，公司总价值最高，平均资本成本最低。债务资本超过 400 万元后，随着利息率的不断上升，财务杠杆作用逐步减弱甚至显现负作用，公司总价值下降，平均资本成本上升。因此，债务资本为 400 万元时的资本结构是该公司的最优资本结构。

四、调整资本结构的方法

在实践中，当企业现有资本结构与目标资本结构存在较大差异时，可采用以下方法进行调整。

1. 存量调整

存量调整指在不改变现有资产规模的基础上，根据目标资本结构要求，对现有资本结构进行调整。存量调整的方法有：债转股、股转债；增发新股偿还债务；调整现有负债结构，如与债权人协商将长、短期负债转换；调整权益资本结构，如以资本公积转增股本。

2. 增量调整

增量调整指通过追加筹资量，以增加总资产的方式来调整资本结构。其主要途径是从外部取得增量资本，如发行新债、举借新贷款、进行融资租赁、发行新股票等。

3. 减量调整

减量调整指通过减少总资产的方式来调整资本结构。其主要途径包括提前归还借款、收回发行在外的可提前收回债券、股票回购减少公司股本、进行企业分立等。

 **本章小结**

资本成本是财务管理中的一个非常重要的概念，它对于企业筹资、投资及日常经营活动有非常重要的作用。资本结构优化既是企业筹资活动追求的基本目标，也是评价企业筹资活动效益的重要依据。资本成本和杠杆效应是进行资本结构决策的两个基本原理。本章主要阐述了资本成本和杠杆效应，以此为基础，考察资本结构优化的问题。

学海公司的筹资案例

学海公司成立于 2004 年初，主营办公用具，注册资本 1 000 万元，由赵毅、钱迩、孙参、李斯四位股东各出资 250 万元，各占 250 万股。在公司经营中，赵毅主管销售，钱迩主管财务，孙参主管生产和技术，李斯主管人事和日常事务。经过三年的经营，到 2009 年末，公司留存收益为 600 万元，权益金额增加为 1 600 万元。公司产品打开了销路，有很好的市场预期，于是决定筹集资金，扩大经营规模。2010 年元旦，四人召开会议，讨论筹资事宜。

赵毅汇报了销售预测情况，认为：如果扩大经营规模，2010 年办公用具的销售收入将达到 1 000 万元，以后每年还将以 10% 的速度增长。孙参提出，扩大经营规模需要增加一条生产线，增加生产线后，变动成本占销售收入的比率不变，仍然保持为 50%，每年经营的固定成本将由 70 万元增加为 100 万元。李斯提出，扩大生产需要增加工人和销售人员。四人根据上述情况，简单测算出公司大约需要增加资金 400 万元。

赵毅提议四人各增资 100 万元，出资比例保持不变。孙参和李斯表示有困难，建议引进新股东，新股东出资 400 万元（占 250 万股），权益总额变为 2 000 万元，五人各占 1/5 的权益份额。钱迩提出可以考虑向银行借款，目前借款年利率大约为 9%。赵毅和孙参认为借款有风险，而且需要向银行支付利息，从而损失一部分收益。

（资料来源：宋献中、吴思明编著，《中级财务管理》（第二版），东北财经大学出版社）

思考：

假如你是钱迩，你决定说服赵毅、孙参和李斯通过银行借款来筹措资金。（假定所得税税率为 30%）

（1）说明财务杠杆道理，解释财务杠杆利益与财务杠杆风险。

（2）解释资本结构的概念，说明合理资本结构的重要性。

（3）根据对公司扩大经营规模后 2010 年相关数据的预测，测算引进新股东和向银行借款两种筹资方式下，平均每个股东所能获得的净收益，以此判断哪种筹资方式更好。

（4）试计算两种筹资方式下的每股税后收益无差别点。进一步解释在预测情况下两种筹资方式的优劣。

点评：

（1）在企业资本结构一定的情况下，企业从息税前利润中支付的债务利息、优先股股息等资本成本通常都是固定的。当企业息税前利润增加时，每一元盈余所负担的固定财务费用就会相对减少，从而给普通股股东带来更多的盈余，体现为每股利润会以更大的幅度增加；反之，当息税前盈余减少时，每一元盈余所负担的固定财务费用就会相对增加，就会大幅度减少普通股的盈余，体现为每股利润会以更大的幅度下降。

　　财务杠杆是一把双刃剑，当财务杠杆风险增加时，预期得到的财务杠杆利益也在增加，但同时遭受财务杠杆损失的可能性也在增加。当企业投资利润率大于借款利息率时，可适当运用财务杠杆，提高企业权益资本的利润率；反之，当投资利润率小于借款利息率时，企业借入资本会给投资者带来损失，即产生财务杠杆负效应。

　　（2）资本结构是指企业各种资本的构成及其比例关系。广义的资本结构指企业全部资本价值的构成及其比例关系；狭义的资本结构指各种长期资本价值的构成及其比例关系，尤其是指长期债务资本和股权资本的构成及其比例关系。

　　合理的资本结构能将企业的成本和风险控制在合理的范围内。如果企业的资本结构不合理，比如负债比例过高，则会导致企业过高的财务风险；反之，如果权益比重过高，则会导致企业过高的资本成本，且不能较好运用企业的财务杠杆收益，也会使企业遭受损失。

　　（3）引进新股东时：

$$EPS = \frac{(EBIT-I)(1-T)}{N} = \frac{(1\,000-1\,000\times50\%-100)(1-30\%)}{1\,250}$$
$$= 0.224(元)$$

　　向银行借款时：

$$EPS = \frac{(EBIT-I)(1-T)}{N} = \frac{(1\,000-1\,000\times50\%-100-400\times9\%)(1-30\%)}{1\,000}$$
$$= 0.255(元)$$

　　采取向银行借款的方式，股东每股收益更高，在适度风险的情况下，向银行借款更好。

　　（4）令两种方式的每股收益相等，则

$$\frac{(EBIT_0-400\times9\%)(1-30\%)}{1\,000} = \frac{EBIT_0\times(1-30\%)}{1\,250}$$

得

$$EBIT_0 = 180(万元)$$

　　公司预计息税前利润 $EBIT = S-VC-F = 1\,000-1\,000\times50\%-100 = 400$（万元），大于每股收益无差别点的每股利润，所以公司应向银行借款。

 思考与练习题

【思考题】

　　1. 如何计算个别资本成本、综合资本成本、边际资本成本？三种成本之间有什么关系？

　　2. 经营杠杆、财务杠杆、复合杠杆如何计算？与企业风险有什么关系？

　　3. 资本结构的含义是什么？资本结构对于企业筹资决策有什么重要性？

　　4. 试说明比较资本成本法的基本原理和决策标准。

　　5. 试说明每股利润无差别点法的基本原理和决策标准。

【练习题】

一、单项选择题

1. 某公司变动前的息税前盈余为 20 万元,每股利润为 6 元,财务杠杆系数为 1.67。若变动后的息税前利润增长到 24 万元,则变动后的每股利润为(   )元。

A. 6   B. 8   C. 7.2   D. 12

2. 某公司的经营杠杆系数为 2,预计息税前利润将增长 10%,在其他条件不变的情况下,销售量将增长(   )。

A. 5%   B. 10%   C. 15%   D. 20%

3. 某企业的长期资本总额为 1 000 万元,借入资金占总资本的 40%,借入资金的利率为 10%,企业销售额为 800 万元,息税前利润为 200 万元,则财务杠杆系数为(   )。

A. 1.2   B. 1.26   C. 1.25   D. 3.2

4. 某公司增发的普通股市价为 12 元/股,筹资费用率为市价的 6%,本年发放股利每股 0.6 元,已知同类股票的预期收益率为 11%,则维持此股价需要的股利年增长率为(   )。

A. 5%   B. 5.39%   C. 5.68%   D. 10.34%

5. 某公司年营业收入为 500 万元,变动成本率为 40%,经营杠杆系数为 1.5,财务杠杆系数为 2。如果固定成本增加 50 万元,则总杠杆系数将变为(   )。

A. 2.4   B. 3   C. 6   D. 8

6. 某公司 2021 年度资金平均占用额为 4 500 万元,其中不合理部分占 15%,预计2022 年销售增长率为 20%,资金周转速度下降 10%,则本年度资金需要量为(   )万元。

A. 5 100   B. 5 000   C. 4 750   D. 4 900

7. 如果企业只生产一种产品,且销售额正好处在盈亏临界点上,则此时企业的经营杠杆系数(   )。

A. 等于 1   B. 等于 0

C. 小于 1 且大于 0   D. 趋近于无穷大

8. 通过对企业资本结构调整,可以(   )。

A. 降低经营风险   B. 影响财务风险

C. 提高经营风险   D. 不影响财务风险

9. 某企业借入资本和权益资本的比例为 1∶1,则该企业(   )。

A. 只有经营风险

B. 只有财务风险

C. 既有经营风险,也有财务风险

D. 没有风险,因为经营风险和财务风险可以相互抵消

10. 从资本成本的计算与应用价值看,资本成本属于(   )。

A. 实际成本   B. 计划成本   C. 沉没成本   D. 机会成本

11. 根据风险收益对等观念,在一般情况下,各筹资方式资本成本由小到大依次为(   )。

A. 银行借款、企业债券、普通股

B. 普通股、银行借款、企业债券

C. 企业债券、银行借款、普通股

D. 普通股、企业债券、银行借款

二、多项选择题

1. 企业可以通过下列途径提高总杠杆作用:（　　）。

A. 扩大销售量　　　　　　　B. 降低固定成本

C. 提高负债比例　　　　　　D. 增加固定成本

E. 提高售价

2. 关于财务杠杆和财务杠杆系数,下列说法中正确的是:（　　）。

A. 没有财务风险的企业,其财务杠杆系数为零

B. 利用负债总能带来财务杠杆收益

C. 负债比例越高,财务风险越大,预期每股收益也越大

D. 财务杠杆系数与总杠杆系数成正比

E. 总杠杆系数能揭示销售变动对每股收益造成的影响

3. 在息税前利润为正的前提下,经营杠杆系数与之保持同方向变化的因素有（　　）。

A. 销售量　　　　　　　　　B. 单位变动成本

C. 销售单价　　　　　　　　D. 固定成本

4. 如果某种产品的边际贡献率为 20%,则当该产品的销售额增加 100 元时(其他条件均不变),（　　）(假定企业处于盈利状态)。

A. 边际贡献增加 20 元　　　B. 税前利润增加 20 元

C. 税后利润增加 20 元　　　D. 产品成本增加 20 元

5. 确定企业资本结构时,（　　）。

A. 如果企业的销售不稳定,则可较多地筹措负债资金

B. 从保证原有股东的绝对控制权出发,企业应尽量利用负债

C. 若预期市场利率会上升,企业应尽量利用短期负债

D. 企业所得税税率越高,举借债务的利益越明显

6. 在市场经济条件下,决定企业资本成本水平的因素有（　　）。

A. 证券市场上证券流动性强弱及价格波动程度

B. 整个社会资金供给和需求的情况

C. 企业内部的经营和融资状况

D. 企业融资规模

E. 整个社会的通货膨胀水平

三、判断题

1. 每股收益无差别点分析不能用于确定最优资本结构。（　　）

2. 经营杠杆并不是经营风险的来源,而只是放大了经营风险。（　　）

3. 资本成本计算的正确与否,通常会影响企业的筹资决策,不会影响投资决策。（　　）

4. 当企业经营处于衰退时期,应提高其经营杠杆系数。（　　）

5. 某公司本年销售额为 100 万元,税后净利 12 万元,固定营业成本 24 万元,财

务杠杆系数为1.5,所得税税率为40%,则该公司的总杠杆系数为2.7。(　　)

6.通过发行股票筹资,可以不用付利息,因此其成本比借款筹资的成本低。(　　)

7.优先股股息和债券利息均要定期支付,均应作为财务费用,在所得税前列支。(　　)

8.在市场经济条件下,企业举债必须向资金提供者支付一定数量的费用作为补偿,不能无偿使用资金,因此企业应减少举债。(　　)

9.在各种资金来源中,凡是必须支付固定性的资金成本的资金都能产生财务杠杆作用。(　　)

10.当预计的息税前利润大于每股利润无差异点时,采用负债筹资会提高普通股每股利润,但会增加企业的财务风险。(　　)

四、计算题

1.某公司年销售额为210万元,息税前利润为60万元,变动成本率60%,全部资本200万元,负债比率40%,负债利率15%。

要求:计算DOL、DFL、DTL。

2.某公司现有长期资本1 000万元。其中包括:银行长期借款200万元,每年计息并付息一次,到期一次还本,利率4%;10年期的长期债券400万元,票面利率16%,每年计息并付息一次,到期一次还本,筹资费用率4%;普通股300万元,每股发行价格为30元,筹资费率为10%,预期第一年分配现金股利每股2.7元,以后每年股利增长5%;留存利润100万元。假设该公司适用的所得税税率为25%。

要求:计算该公司的综合资本成本。

3.某企业只生产和销售A产品,其总成本习性模型为$y = 10\ 000 + 3x$。假设该企业2021年度A产品的销售量为10 000件,每件售价为5元,按市场预测,2022年A产品销售量将增长10%。

要求:

(1)计算2021年该企业的边际贡献总额。

(2)计算2021年该企业的息税前利润。

(3)计算2022年该企业的经营杠杆系数。

(4)计算2022年该企业的息税前利润增长率。

(5)假定企业2021年发生负债利息5 000元,且无优先股股息,计算2022年该企业的财务杠杆系数。

4.某公司目前发行在外普通股100万股(每股1元),已发行10%利率的债券400万元。该公司打算为一个新的投资项目融资500万元,新项目投产后预计公司每年息税前盈余增加到200万元。现有三个方案可供选择:按12%的利率发行债券(方案1);按每股20元发行普通股(方案2);按每股20元发行普通股200万元,按10%的利率借款300万元(方案3)。公司适用所得税税率为25%。

要求:

(1)计算三个方案的每股盈余。

(2)计算三个方案的每股盈余无差别点息税前盈余。

(3)计算三个方案的财务杠杆系数。

(4)判断哪个方案更好。

第五章 项目投资管理

——○

本章知识结构图

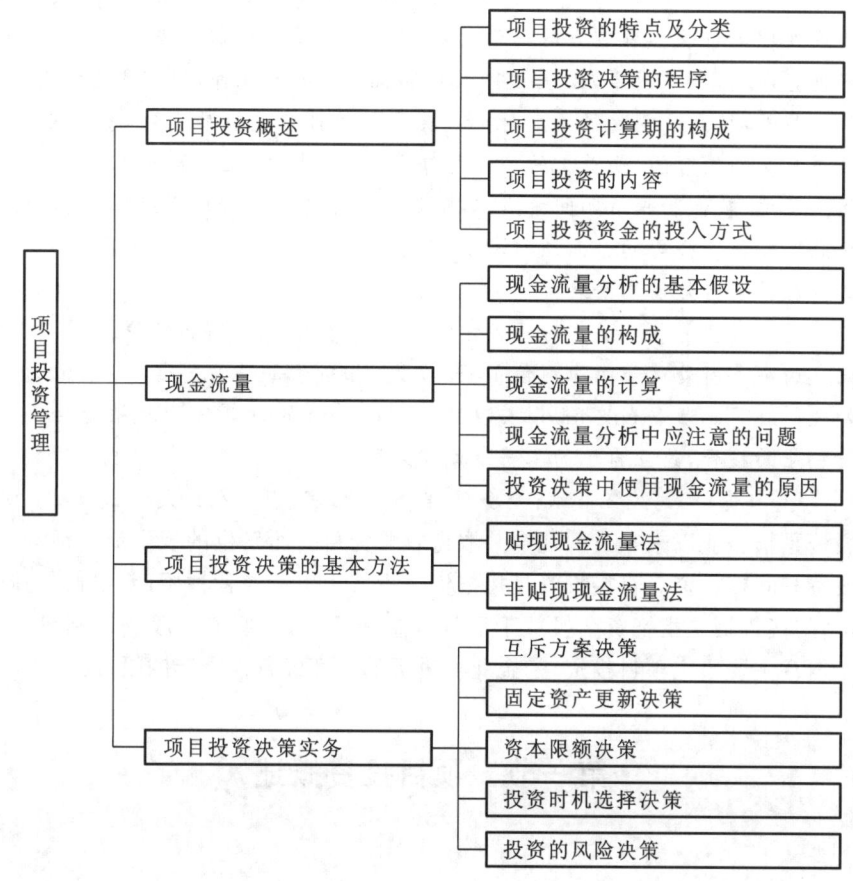

——○

 学习目的

本章在项目投资概述的基础上,重点阐述项目投资的现金流量及项目投资的决策方法。学习本章的目标是:

(1)了解项目投资的种类,理解项目投资的特点和程序,掌握项目投资计算期的构成和项目投资的内容;

(2)理解项目投资决策使用现金流量的原因,理解现金流量确定的基本假设,熟悉项目现金流量的构成内容,熟练掌握现金流量的计算公式和计算方法;

(3)重点掌握净现值法、现值指数法、内部报酬法、静态投资回收期法等项目投

资决策的方法,深入理解各种方法的优缺点;

（4）掌握互斥方案决策、固定资产更新决策,熟悉资本限额决策、投资时机选择决策、投资风险决策。

---○

导入案例

Stephension 集团公司的投资选择

密苏里州堪萨斯城的 Stephension 集团公司一直是将其工薪表交给当地的一家注册会计师事务所处理的。最近,公司考虑购买一台计算机及其他重要硬件和软件以便自己处理工薪表。目前公司聘用的事务所每年收取的服务费用为 3 050 美元。公司经调查发现,可以用 2 500 美元购买计算机和必要的硬件,用 750 美元买到相应的软件。另外,从第 2 年起每年支付 750 美元的软件包更新费,建立整个程序将占用一名员工两周的时间,而员工的工资是每周 1 000 美元,还要花 4 000 美元聘用一名顾问。硬件、软件和聘请顾问的成本将在 4 年内以直线法计提折旧,预计使用年限 8 年且无残值。公司的企业所得税税率为 30%,项目的资本成本为 15%。请问公司是否应该自行处理工薪表?

公司的财务主管 Tomson 对两种方案进行了对比研究,得出结论:8 年内自行处理将比交由事务所处理节约净现值 4 032 美元,相当于每年少支出 899 美元,所以应自行处理。公司总裁 Stephension 先生看了 Tomson 的计算过程和结论后,决定马上进行相应的投资,建立自己的工薪表处理系统。

（资料来源:王化成.财务管理[M].北京:中国人民大学出版社,2010.）

投资是指企业以未来收回现金并取得收益为目的而发生的现金流出活动,包括直接投资和间接投资。直接投资是指把资金投放于生产经营性资产,以便创造价值的投资;间接投资是指把资金投放于证券等金融资产,以便取得股利或利息收入的投资。本章主要研究项目投资,是企业所进行的生产经营性资产的投资。

第一节　项目投资概述

一、项目投资的特点及分类

（一）项目投资的概念和特点

项目投资是对企业内部各种生产经营资产的长期投资,其目的是保证企业生产经营过程的连续和生产经营规模的扩大。在企业整个投资中,项目投资具有十分重要的地位,对企业的稳定与发展、未来盈利能力、长期偿债能力都有着重大影响。与企业其他类型的投资相比,项目投资具有以下几个特点。

1. 回收时间长

作为长期投资的项目投资,其发挥作用的时间较长,几年、十几年甚至几十年才能收回投资。项目投资对企业未来的生产经营活动和财务状况将产生重大影响,其投资决策的成败对企业未来的命运产生决定性的作用。

2. 投资数额大

项目投资,特别是战略性的扩大生产能力投资一般都需要较多的资金,其投资数额往往在企业的总资产中占有较大的比重。因此,项目投资对企业未来的现金流量和财务状况都会产生重大的影响。

3. 变现能力差

作为长期投资的项目投资,在短期内的变现能力很差。因此,项目投资一旦完成,要想改变是相当困难的,不是无法实现,就是代价太大。

4. 发生频率低

企业项目投资一般不会频繁发生,特别是大规模的、具有战略意义的投资,一般要几年甚至几十年才发生一次。

5. 风险大

由于项目投资时间长,投资额大,在进行投资决策时,需要考虑的因素比较多,需对各种影响因素进行预测,包括市场情况、销售、成本、价格、竞争对手和政治经济环境等。由于未来是不确定的,预测值和实际值难免发生偏差。因此,在项目投资时必须充分考虑这些不确定因素。

(二)项目投资的分类

项目投资是直接投资中最重要的一种。这种投资的结果是形成了企业的经营性资产,它是企业维持简单再生产和扩大再生产的基础。项目投资可按照不同的标志进行分类。

1. 按项目投资对象不同,可分为固定资产投资、无形资产投资和其他长期资产投资

(1)固定资产投资是指投资于企业固定资产特别是生产经营用固定资产的投资,如对房屋及建筑物、机器设备、运输设备、工具器具等的投资。

(2)无形资产投资是指投资于企业长期使用但没有实物形态的资产的投资,如对著作权、专利权、商标权、土地使用权和非专利技术的投资。

(3)其他长期资产投资是指投资于其他长期资产上的投资,如开办费投资等。

2. 按投资与企业未来经营活动的关系,可分为维持性投资与扩大生产能力投资

(1)维持性投资是指为维持企业正常经营,保持现有能力而投入的财力,如固定资产的更新投资等。

(2)扩大生产能力投资是企业为扩大生产规模、增加生产能力或改变企业经营方向、对企业今后的经营与发展有重大影响的各种投资。

3. 按投资对企业的影响,可分为战术性投资与战略性投资

(1)战术性投资是指不牵涉整个企业前途的投资,如为提高劳动生产率而进行的投资、为改善工作环境而进行的投资等。

(2)战略性投资是指对企业全局有重大影响的投资,如企业转产投资、增加新产品投资等。战略性投资一般所需资金多、回收时间长、风险大。

4. 按投资之间的相互关系,可分为相关性投资、独立性投资和互斥性投资

(1)相关性投资。如果采纳或放弃某个投资项目,可以显著地影响另外一个投资项目,则可以说这两个项目在经济上是相关的。如对油田和输油管道的投资,便属于相关性投资。

(2)独立性投资。指当采纳或放弃某一项目时,并不影响另一个投资项目的经济指标的投资。如一个设备制造公司在专用机床上的投资和它在某些办公设施上的投资,就是两个非相关性投资,属于独立性投资。

(3)互斥性投资。指接受了某一项目,必须拒绝其他项目的投资,即在两个或两个以上的项目中只能选择其中之一的投资。如在一块土地上兴建一个儿童乐园或建造一个运动场,就属于互斥性投资。

二、项目投资决策的程序

1. 确定目标

项目投资决策首先要明确所进行的项目投资所要达到的目的或需要解决的问题,例如产品设备需要更新,或生产技术需要改进,或能使企业效益提高的投资机会出现等。

2. 提出备选方案

投资决策目标确定后,就要提出备选方案。提出备选方案是投资决策分析中的重要环节。假若不提出备选方案,决策分析就无从谈起。

3. 搜集可计量信息

提出备选方案后,需要就每一个方案尽可能多地搜集可计量的信息,如投资项目未来的营业收入、付现成本等。

4. 比较分析

在搜集可计量信息的基础上,选择并利用适宜的项目投资决策方法,计算各备选方案的相关指标,判断各方案是否可行。

5. 最终决策

根据各备选方案的相关指标,选出最优方案。

三、项目投资计算期的构成

项目投资计算期(通常用 n 表示)指投资项目从投资建设开始到最终清理结束整个过程的全部时间,即该项目的有效持续期间,包括建设期和经营期。建设期是指项目资金正式投入开始到项目建成投产为止所需要的时间,建设期的第一年年初称为建设起点,建设期的最后一年末称为投产日。通常将建设期的第一年年初定义为第 0 年。在实践中,通常应参照项目建设的合理工期或项目的建设进度计划合理确定建设期。项目投资计算期的最后一年年末称为终结点。从投产日到终结点之间的时间间隔称投资经营期,经营期一般应根据项目主要设备的经济使用寿命确定。

项目投资计算期、建设期和经营期的关系可用下式表示:

$$项目投资计算期＝建设期＋经营期$$

例 5-1　某企业拟购建一项固定资产,预计使用寿命为 8 年。

要求:就以下各不相关情况分别确定该项目的计算期。

(1)在建设起点投资并投产。

(2) 建设期为 1 年。

解　(1) 项目投资计算期(n)＝0＋8＝8(年)

(2) 项目投资计算期(n)＝1＋8＝9(年)

四、项目投资的内容

(一) 原始投资

指企业为使投资项目完全达到设计生产能力、开展正常生产经营而投入的全部现实资金。包括建设投资和流动资产投资两项内容。

1. 建设投资

建设投资是指在建设期内按一定生产经营规模和建设内容进行的投资,包括固定资产投资、无形资产投资、其他资产投资。

(1) 固定资产投资。指项目用于购置和安装固定资产应当发生的投资。固定资产原值与固定资产投资的关系如下:

$$固定资产原值＝固定资产投资＋建设期资本化利息$$

建设期资本化利息是指在建设期发生的与购建固定资产、无形资产等长期资产有关的债务利息。

(2) 无形资产投资。指用于取得无形资产项目发生的投资。

(3) 其他资产投资。指建设投资中除固定资产投资和无形资产投资以外的投资,如开办费投资。

2. 流动资产投资

流动资产投资是指项目投产前后分次或一次投放于流动资产项目的投资增加额,又称垫支流动资金或营运资金投资。

(二) 项目总投资

项目总投资是反映项目投资总体规模的价值指标,它等于原始投资与建设期资本化利息之和,即

$$项目总投资＝原始投资＋建设期资本化利息$$

例 5-2　某企业拟新建一条生产线,需要在建设起点一次投入固定资产 200 万元,在建设期末投入无形资产 30 万元。建设期 1 年,建设期资本化利息为 10 万元,全部计入固定资产原值。流动资金投资合计为 30 万元。计算该项目的固定资产原值、建设投资、原始投资和项目总投资。

解　　　固定资产原值＝固定资产投资＋建设期资本化利息

＝200＋10＝210(万元)

建设投资＝固定资产投资＋无形资产投资＋其他资产投资＝200＋30＋0＝230(万元)

原始投资＝建设投资＋流动资产投资＝230＋30＝260(万元)

项目总投资＝原始投资＋建设期资本化利息＝260＋10＝270(万元)

五、项目投资资金的投入方式

原始投资的投入方式包括一次投入和分次投入两种方式。一次投入方式指投

资行为集中一次发生在项目投资计算期第一个年度的年初或年末。分次投入方式指投资行为涉及两个或两个以上年度,或虽然只涉及一个年度但同时在该年的年初和年末发生。

第二节　现　金　流　量

现金流量是指投资项目在整个期间(包括建设期和运营期)内所产生的现金流入和现金流出的总称。

一、现金流量分析的基本假设

1. 财务假设

假设投资决策是从企业投资者的立场出发,计算现金流量只是为了进行项目财务可行性分析,该项目已经具备国民经济可行性和技术可行性。

2. 项目计算期假设

假设投资项目的有效持续期间——从建设到清理的全部年份,由建设期、试产期、达产期三个阶段组成。

3. 全投资假设

假设在确定投资项目的现金流量时,只考虑全部投资的运动情况,而不具体区分自有资金和借入资金等具体形式的现金流量,即使实际存在借入资金也将其作为自有资金看待,但在计算固定资产原值和总投资时,还需要考虑借款利息因素。

4. 时点假设

为便于利用货币时间价值的形式,不论现金流量具体内容所涉及的价值指标实际上是时点指标还是时期指标,均假设按年初或年末的时点指标处理。其中,建设投资在建设期期内有关年度的年初或年末发生,流动资金投资在建设期期末发生,经营期内各年的收入、成本、折旧、摊销、利润、税金等项目的确认均在年末发生,项目最终报废或清理均发生在终结点(但更新改造项目除外)。

5. 建设期与经营期不重叠假设

不论项目的原始总投资是一次投入还是分次投入,除个别情况外,假设它们都是在建设期投入的,即在项目的经营期没有原始投资投入。

6. 经营期与折旧年限一致假设

假设项目主要固定资产的折旧年限或使用年限与经营期相同。

7. 确定性假设

假设与项目现金流量有关的价格、产销量、成本、企业所得税率等因素均为已知常量。

8. 产销平衡假设

在项目投资决策中,假设经营期同一年的产量等于该年的销售量。

二、现金流量的构成

不同类型的投资项目,其现金流量的具体内容存在差异。按不同的划分标准,现金流量的内容也不同。按现金流动的方向划分,现金流量包括现金流入量、现金流出量和净现金流量;按现金流动的时间划分,现金流量主要包括初始现金流量、营业现金流量和终结现金流量。因为使用按流动时间划分的分类方法计算现金流量比较方便,所以下面分析这三种现金流量所包括的主要内容。

1. 初始现金流量

初始现金流量是指为使项目建成并投入使用而发生的有关现金流量。主要包括以下几项。

（1）固定资产投资。包括固定资产的购建成本、安装费用、运杂费等现金流出。

（2）流动资产投资。指由于项目投入生产而发生的购置原材料、在产品等流动资产的现金流出。

（3）机会成本。指某些原有资产用于该项投资而不能作其他用途而失去的收入。机会成本虽不需付出现金,但相对减少了现金收入,应视同现金流出。

（4）其他投资费用。指与投资项目有关的筹建费、职工培训费、谈判费等现金流出。

（5）原有固定资产变价收入。主要是指固定资产更新时变卖原有固定资产所得的现金流入。

2. 营业现金流量

营业现金流量是指投资项目完成投入生产后,在整个经营寿命期间的生产经营活动产生的现金流入和流出的数量。一般以年为单位进行计算,主要包括营业收入、付现成本、所得税。

3. 终结现金流量

终结现金流量是指投资项目终结（报废或转让）时所发生的各种现金流量。主要包括固定资产的残值收入或变价收入、投资时垫支的营运资金的收回等。

三、现金流量的计算

在决策分析中,我们预测的是税后现金流量。因此,所得税支出是一种现金流出。此外,企业发生的费用支出,也会使所得税支出减少,也就是发生的费用支出实际上会产生减少所得税税负的作用,即税收抵免作用。所以,当判断某项费用支出对企业现金流量的影响时,还应考虑其税收抵免作用。所得税的大小取决于利润大小和所得税率的高低。折旧是影响利润大小的重要因素,因此,讨论现金流量问题会涉及所得税问题,所得税问题又必然会涉及折旧问题。折旧的税负减少额为:折旧额×所得税率。

净现金流量一般用 NCF (net cash flow) 表示。

1. 建设期净现金流量计算

若全部原始投资均在建设期内投入,则建设期净现金流量可按以下公式计算:

$$建设期某年的净现金流量＝-该年发生的原始投资额$$

即

$$NCF_t = -O_t \quad (t=0,1,\cdots,s,s\geqslant 0)$$

式中:NCF_t——建设期各年的净现金流量;

O_t——第 t 年原始投资额;

s——建设期年数。

由上式可见，当建设期不为零时，建设期净现金流量的数量特征取决于其投资方式是分次投入还是一次投入。

2. 营业现金流量计算

考虑所得税和折旧对现金流量的影响后，企业营业现金流量的计算公式为

$$
\begin{aligned}
营业净现金流量(NCF) &= 营业收入-付现成本-所得税 \\
&= 营业收入-(营业成本-非付现成本)-所得税 \\
&= 营业利润+折旧-所得税 \\
&= 税后净利润+折旧 \\
&= (收入-成本)\times(1-所得税税率)+折旧 \\
&= (收入-付现成本-折旧)\times(1-所得税税率)+折旧 \\
&= 收入\times(1-所得税税率)-付现成本\times(1-所得税税率) \\
&\quad -折旧\times(1-所得税税率)+折旧 \\
&= 收入\times(1-所得税税率)-付现成本\times(1-所得税税率) \\
&\quad +折旧\times所得税税率
\end{aligned}
$$

3. 终结现金流量计算

终结现金流量一般考虑以下几个方面：固定资产的残值收入或变价收入、资产残值的税收（税收抵免）、收回的营运资金。收回的营运资金由于不涉及利润的增减，因此不受所得税的影响。固定资产的残值收入如果等于预定的固定资产残值，那么也不受所得税的影响；如果残值收入大于预定的固定资产残值，则大于的部分需要缴所得税；如果残值收入小于预定的固定资产残值，则小于的部分可抵减所得税。即

$$项目终结现金流量=固定资产残值收入+预计垫付的营运资金$$
$$-(残值收入-预计残值)\times所得税税率$$

例 5-3 某公司在项目结束时设备预定残值 11 200 元，假设所得税率 25%，要求计算以下两种情况的终结现金流量：(1) 该设备可按 20 000 元价格卖出；(2) 该设备可按 10 000 元价格卖出。

解 (1) 处置固定资产净收益＝20 000－11 200＝8 800(元)

须支付的所得税＝8 800×25%＝2 200(元)

则　　　　终结现金流量＝20 000－2 200＝17 800(元)

(2) 处置固定资产净损失＝11 200－10 000＝1 200(万元)

可抵减的所得税＝1 200×25%＝300(元)

则　　　　终结现金流量＝10 000＋300＝10 300(元)

例 5-4 某投资项目的初始固定资产投资额为 100 万元，流动资产投资为 20 万元，建设期 1 年。固定资产使用年限为 5 年，直线法折旧，终结时固定资产残值为零。初始时投入的流动资产在项目终结时可全部收回。另外，预计项目投入运营后每年可产生 50 万元的销售收入，并发生 10 万元的付现成本。所得税率为 25%。要求计算每年的净现金流量。

解　　　　　　　项目计算期＝1+5＝6(年)

$$固定资产原值＝100（万元）$$

$$年折旧额＝\frac{100}{5}＝20（万元）$$

每年的净现金流量计算如下：

第1年年初的现金流量

$$NCF_0＝-100（万元）$$

第1年的现金流量

$$NCF_1＝-20（万元）$$

第2年至第5年每年的现金流量

$$NCF_{2-5}＝(50-10)×(1-25\%)+20×25\%＝35（万元）$$

第6年的现金流量

$$NCF_6＝(50-10)×(1-25\%)+20×25\%+20＝55（万元）$$

需要注意的是：在本书中，"NCF_{2-5}"这种符号表示的含义是第2年至第5年每年的现金流量，而不是指第2年至第5年各年的现金流量之和。类似地，"NCF_{3-8}"符号表示第3年至第8年每年的现金流量，以此类推。

四、现金流量分析中应注意的问题

估计相关现金流量的基本原则：只有增量现金流量才是与项目相关的现金流量。所谓增量现金流量是指接受或拒绝某个投资方案后，企业总现金流量因此发生的变动。只有那些由于采纳某个项目引起的现金流入增加额，才是该项目的现金流入；只有那些由于采纳某个项目引起的现金流出增加额，才是该项目的现金流出。

为了正确计算投资方案的增量现金流量，需要判断哪些支出会引起企业总现金流量的变动，哪些支出不会引起企业总现金流量的变动。在进行判断时，要注意以下四个问题。

1. 区分相关成本和非相关成本

相关成本是指与特定决策项目有关的、在分析评价时必须考虑的成本因素，如差额成本、未来成本、机会成本、重置成本等。非相关成本则是指与特定决策项目无关的、在分析评价时不必考虑的成本因素，如沉没成本、过去成本、账面成本等。沉没成本又称沉淀成本，是指已经投入并且无法收回的成本，是由于过去的决策行为而已经产生的成本，该成本已经发生，不会被以后的决策改变，是决策的无关成本。因此在分析决策方案时应将其排除，其与本次决策无任何关系。

例如，某公司在2009年曾经打算新建一个车间，并请来了专家进行咨询，支付了咨询费10万元。后来由于公司有了更好的投资机会，该新建车间项目被搁置下来，这笔咨询费作为费用已经入账了。2010年旧事重提，在进行投资分析时，这笔咨询费是否仍是相关成本呢？答案应当是否定的。这笔支出已经发生，不管本公司是否采纳新建一个车间的方案，它都已无法收回，与公司未来的总现金流量无关。

如果将非相关成本纳入投资方案的总成本，则一个有利的方案可能因此变得不利，一个较好的方案可能变为较差的方案，从而造成决策失误。

2. 不要忽视机会成本

在投资方案的选择中，如果选择了一个方案，则必须放弃投资于其他途径的机会。其他投资机会可能取得的收益是实行本方案的一种代价,被称为这项投资方案的机会成本。机会成本不是通常意义上的"成本",而是一种失去的潜在收益,尽管没有实际发生,但在决策时必须要考虑。考虑机会成本有助于全面考虑可能采取的各种方案,以便为既定资源寻求最为有利的使用途径。

例如,上述新建车间的投资方案,需要用到本公司的一块土地。在进行投资分析时,因为公司不必动用资金去购置土地,可否不将此土地的成本考虑在内呢? 答案是否定的。因为该公司若不利用这块土地来兴建车间,则它可将这块土地移作他用,并取得一定的收入。只是由于在这块土地上兴建车间才放弃了这笔收入,这笔收入就是兴建车间的机会成本。假如这块土地出售可净得 100 万元,这 100 万元就是兴建车间的一项机会成本。值得注意的是,不管公司当初是以 200 万元还是 50 万元购进这块土地,都应以现行市价作为这块土地的机会成本。

3. 要考虑投资方案对公司其他部门的影响

当采纳一个新的项目后,该项目可能对公司的其他项目造成有利或不利的影响。这些影响所引起的现金流量变化应计入新项目现金流量。要注意该投资项目与其他项目之间到底是竞争关系,还是互补关系。竞争关系的投资项目会降低现金流量,互补关系的投资项目会增加现金流量。

例如,某公司拟新建一车间用于生产受市场欢迎的甲产品,据预测,甲产品投产后每年可创造 100 万元的收入,但公司原生产的 A 产品会因此受到影响,使其年收入由原来的 200 万元降低到 180 万元。如果将整个公司作为投资主体来考虑,新建车间每年带来的相关现金流入量是多少呢?

与新建车间相关的现金流量为 80 万元。因为甲产品每年带来的相关现金流入量有两项:创造了 100 万元收入,但同时又使公司的 A 产品减少了 20 万元的收入,则新建车间带来的相关净现金流入就只有 80 万元。

4. 对净营运资金的影响

在一般情况下,当公司开办一个新业务并使销售额扩大后,对于存货和应收账款等经营性流动资产的需求也会增加,公司必须筹措新的资金以满足这种额外需求;另一方面,公司扩充的结果,应付账款与一些应付费用等经营性流动负债也会同时增加,从而降低公司流动资金的实际需要。所谓净营运资金的需要,指增加的经营性流动资产与增加的经营性流动负债之间的差额。

当投资方案的寿命周期快要结束时,公司将与项目有关的存货出售,应收账款变为现金,应付账款和应付费用也随之偿付,净营运资金恢复到原有水平。通常,在进行投资分析时,假定开始投资时筹措的净营运资金在项目结束时收回。

五、投资决策中使用现金流量的原因

传统的财务会计按权责发生制计算企业的收入和成本,并以收入减去成本后的利润作为收益,用来评价企业的经济效益。在项目投资决策中则不能以按这种方法计算的收入和支出作为评价项目经济效益的基础,而应以现金流入作为项目的收入,以现金流出作为项目的支出,以净现金流量作为项目的净收益,并在此基础上评价投资项目的经济效益。投资决策之所以要以按收付实现制计算的现金流量作为评价项目的经济效益的基础,主要有以下三个方面的原因。

（1）整个项目投资有效年限内，利润总计与现金净流量总计是相等的，因而可以使用现金净流量取代利润指标作为评价项目净收益的指标。

（2）采用现金流量有利于科学地考虑时间价值因素。科学的投资决策必须认真考虑资金的时间价值，这就要求在决策时一定要弄清每笔预期收入款项和支出款项的具体时间，因为不同时间的资金具有不同的价值。而利润的计算，并不考虑资金收付的时间，它是以权责发生制为基础的。

利润与现金流量的差异具体表现在以下几个方面：

①购置固定资产付出大量现金时不计入成本；

②将固定资产的价值以折旧形式逐期计入成本时，却又不需要付出现金；

③计算利润时不考虑垫支的流动资金数量和回收的时间；

④只要销售行为已经确定，就计算为当期的销售收入，尽管其中有一部分并未在当期收到现金；

⑤项目寿命终了时，以现金形式回收的固定资产残值和垫支的流动资金在计算利润时也得不到反映。

可见，要在投资决策中考虑时间价值的因素，就不能利用利润来衡量项目的优劣，而必须采用现金流量。

（3）采用现金流量才能使投资决策更符合客观实际情况。在项目投资决策中，采用现金流量能科学、客观地评价投资方案的优劣，而利润则明显存在不科学、不客观的成分，原因有以下两个方面。

①利润的计算有较大的主观因素。利润的计算在一定程度上要受存货估价、费用摊配和折旧计提方法等因素的影响。由于这些人为因素的影响，即使同一个项目的折旧，由于固定资产折旧方法的不同，使得每期计提的折旧额不同，从而导致按权责发生制计算的项目各年利润的分布存在很大差异。而在考虑时间价值的情况下，早期的收益与晚期的收益有明显的区别。为确保评估的正确性，收益的分布应当具有客观性，不受人为选择的影响。由于现金流量的分布不受以上诸多人为因素影响，能适应这种需要，所以可以保证评估的客观性。

②利润反映的是"应计"的现金流量，而不是实际的现金流量。若以未实际收到现金的收入作为收益，具有较大风险，容易高估投资项目的经济效益，存在不科学、不合理的成分。

第三节　项目投资决策的基本方法

在项目投资决策中，估算项目的现金流量固然是最重要的工作，但仅仅知道现金流量的多少，并不能知道项目是否可行。要判断项目是否可行，企业还需要采用一定的项目投资评价方法，根据各种评价指标做出决策。项目投资评价有许多种方法，在不考虑风险时，根据是否考虑货币时间价值因素，将其划分为两类：一类是贴现现金流量法，即计算时考虑时间价值因素的方法，主要包括净现值法、现值指数法、内部报酬率法等指标；另一类是非贴现现金流量法，即没有考虑时间价值因素的方法，主要包括静态投资回收期法等指标、会计收益率法。

一、贴现现金流量法

（一）净现值法

净现值法是运用投资项目的净现值进行投资评估的基本方法。所谓净现值（Net Present Value，记作 NPV），是指特定方案未来现金流入的现值与未来现金流出的现值之间的差额。按照这种方法，所有未来现金流入和流出都要按预定折现率折算为它们的现值，然后再计算它们的差额。如果净现值为正数，即折现后现金流入大于现金流出，该投资项目的报酬率大于投资者的期望投资报酬率，该项目为公司创造财富；如果净现值为零，即折现后现金流入等于现金流出，该投资项目的报酬率等于投资者的期望投资报酬率；如果净现值为负数，即折现后现金流入小于现金流出，该投资项目的报酬率小于投资者的期望投资报酬率，该项目减少公司财富。

1. 净现值的计算

计算净现值的公式为

$$NPV = \sum_{t=0}^{n} \frac{I_t}{(1+i)^t} - \sum_{t=0}^{n} \frac{O_t}{(1+i)^t}$$

式中：I_t——各年现金流入；

$\quad\quad O_t$——各年现金流出；

$\quad\quad i$——折现率；

$\quad\quad n$——项目计算期。

由于特定方案未来现金流入的现值与未来现金流出的现值之间的差额，等于该方案未来现金净流量的现值，因此净现值的计算公式也可表示为

$$NPV = \sum_{t=0}^{n} \frac{NCF_t}{(1+i)^t}$$

式中：NCF_t——各年现金净流量。

例 5-5　设折现率为 10%，有三项投资方案，有关数据如表 5-1 所示。

表 5-1　A、B、C 三项投资方案情况表　　　　　　　　　　（单位：元）

期　间	A 方案		B 方案		C 方案	
	净收益	现金净流量	净收益	现金净流量	净收益	现金净流量
0		−20 000		−9 000		−15 000
1	2 000	12 000	−1 800	1 200	600	5 600
2	3 000	13 000	3 000	6 000	600	5 600
3			3 000	6 000	600	5 600

要求：计算各方案的净现值。

解　$NPV_A = \sum_{t=0}^{n} \frac{NCF_t}{(1+i)^t} = \frac{12\ 000}{1+10\%} + \frac{13\ 000}{(1+10\%)^2} - 20\ 000 = 1\ 653（元）$

$NPV_B = \sum_{t=0}^{n} \frac{NCF_t}{(1+i)^t} = \frac{1\ 200}{1+10\%} + \frac{6\ 000}{(1+10\%)^2} + \frac{6\ 000}{(1+10\%)^3} - 9\ 000 = 1\ 557（元）$

$$NPV_C = \sum_{t=0}^{n} \frac{NCF_t}{(1+i)^t} = \frac{5\,600}{1+10\%} + \frac{5\,600}{(1+10\%)^2} + \frac{5\,600}{(1+10\%)^3} - 15\,000 = -1\,074(元)$$

A、B 两项投资的净现值为正数,说明两方案的报酬率均超过 10%。如果企业的资本成本或要求的报酬率是 10%,这两个方案是有利的,因而是可以接受的。C 方案净现值为负数,说明该方案的报酬率达不到 10%,因而应放弃。如果资金供应不受限制,A 和 B 相比,A 方案净现值更高,所以 A 方案更好些。

应当指出的是,在项目评价中正确地选择折现率至关重要,它直接影响项目评价的结论。如果选择的折现率过低,则会导致一些经济效益较差的项目得以通过,从而浪费了有限的社会资源;如果选择的折现率过高,则会导致一些效益较好的项目不能通过评价,从而使有限的社会资源不能充分发挥作用。在实务中,一般有以下几种方法可以用来确定项目的折现率:①以投资项目的资本成本作为折现率;②以企业要求的最低资金利润率来确定折现率;③以投资的机会成本作为折现率;④不同阶段采用不同的折现率,例如在计算项目建设期净现金流量现值时,以贷款的实际利率作为折现率,而在计算项目经营期净现金流量时,以全社会平均收益率作为折现率;⑤以行业平均收益率作为折现率。

2. 净现值法的决策规则

净现值法的决策规则是:在只有一个备选方案时,净现值大于或等于零,该方案为可行方案;净现值小于零,该方案为不可行方案。在有多个备选方案的互斥项目选择决策中,应选用净现值是正值中的最大者。

3. 净现值法的优缺点

净现值法的优点是:①考虑了资金时间价值因素,增强了投资经济性的评价;②考虑了项目计算期的全部现金流量,体现了流动性与收益性的统一;③考虑了投资风险,因为折现率的大小与风险大小有关,风险越大折现率越高。

但净现值法也存在明显的缺点,主要有:①不能从动态的角度直接反映投资项目的实际收益率水平;②当各项目投资额不等时,仅用净现值无法确定投资方案的优劣;③折现率的确定比较困难,而它们的正确性对计算净现值有着重要影响。

(二)现值指数法

现值指数(Profitability Index,记作 PI)又称获利能力指数、现值比率、折现后收益-成本比率、利润指数,是指未来现金流入量的现值与现金流出量的现值的比率。

1. 现值指数的计算

现值指数计算公式为

$$PI = \frac{\sum_{t=0}^{n} \frac{I_t}{(1+i)^t}}{\sum_{t=0}^{n} \frac{O_t}{(1+i)^t}}$$

根据例 5-5 的资料,三个方案的现值指数为

$$PI_A = \frac{\sum_{t=0}^{n} \frac{I_t}{(1+i)^t}}{\sum_{t=0}^{n} \frac{O_t}{(1+i)^t}} = \frac{\frac{12\,000}{1+10\%} + \frac{13\,000}{(1+10\%)^2}}{20\,000} = 1.08$$

$$PI_{B} = \frac{\sum_{t=0}^{n} \frac{I_t}{(1+i)^t}}{\sum_{t=0}^{n} \frac{O_t}{(1+i)^t}} = \frac{\frac{1\,200}{1+10\%} + \frac{6\,000}{(1+10\%)^2} + \frac{6\,000}{(1+10\%)^3}}{9\,000} = 1.17$$

$$PI_{C} = \frac{\sum_{t=0}^{n} \frac{I_t}{(1+i)^t}}{\sum_{t=0}^{n} \frac{O_t}{(1+i)^t}} = \frac{\frac{5\,600}{1+10\%} + \frac{5\,600}{(1+10\%)^2} + \frac{5\,600}{(1+10\%)^3}}{15\,000} = 0.93$$

A、B 两项投资的现值指数大于 1，说明其收益超过成本，即投资报酬率超过预定的贴现率，可以接受；C 项投资的现值指数小于 1，说明其报酬率没有达到预定的贴现率，不予采纳。如果现值指数为 1，说明贴现后现金流入等于现金流出，投资的报酬率与预定的贴现率相等，也可接受。

2. 现值指数法的决策规则

现值指数法的决策规则是：在只有一个备选方案时，现值指数大于或等于 1，该方案为可行方案；现值指数小于 1，该方案为不可行方案。在有多个方案的互斥选择决策中，应采用现值指数超过 1 最多的投资项目。

3. 现值指数法的优缺点

现值指数可以看做是 1 元的原始投资可望获得的现值净收益。其优点是：考虑了资金的时间价值，能够真实地反映项目的盈利能力。由于现值指数用相对数来表示，所以现值指数法有利于在初始投资额不同的投资方案之间进行对比。

现值指数法的缺点是：现值指数只代表获得收益的能力而不代表实际可能获得的财富，它忽略了互斥项目之间投资规模上的差异，所以在多个互斥项目的选择中，可能会得到错误的答案。

（三）内部报酬率法

内部报酬率（Internal Rate of Return，记作 IRR），又称内含报酬率，是能使未来现金流入现值等于未来现金流出现值的贴现率，是使投资项目的净现值等于零的贴现率。

1. 内部报酬率的计算

内部报酬率的计算公式为

$$NPV = \sum_{t=0}^{n} \frac{NCF_t}{(1 + IRR)^t} = 0$$

净现值法和现值指数法虽然考虑了时间价值，可以说明投资方案高于或低于某一特定的投资报酬率，但没有揭示方案本身可以达到的具体报酬率是多少。内部报酬率是根据方案的现金流量计算的，是方案本身的投资报酬率。

2. 内部报酬率的计算方法

根据投资方案现金流量的特点不同，内部报酬率的求解方法也不同，具体有以下两种。

1）如果投资方案各年的现金流量不同，用测试法求解

先设一个贴现率，计算其净现值，如果净现值为零，结束测试过程，所设的贴现率就是项目的内部报酬率；如果净现值为正，则提高贴现率再测试；如果净现值为

负,则降低贴现率再测试;经过反复测试,直到找到净现值由正到负并比较接近于零的两个贴现率,再用内插法计算其精确的内部报酬率。

根据例5-5的资料,已知B方案的净现值为正数,说明它的内部报酬率大于10%,因此,应提高折现率进一步测试。假设以18%的折现率进行测试,其净现值为−22元。净现值为负数,说明折现率已高于内部报酬率,下一步降低到16%重新测试,结果净现值为337元,这说明内部报酬率在16%~18%之间。用内插法进行估算,则

$$\frac{IRR_B - 16\%}{18\% - 16\%} = \frac{0 - 337}{-22 - 337}$$

得
$$IRR_B = 17.88\%$$

利用同样的方法,可计算出:
$$IRR_A = 16.02\%$$

2)如果投资方案各年的现金流量相等,用查表的方法求解

可按下述步骤计算:

(1)计算年金现值系数。

$$年金现值系数 = \frac{初始投资额}{每年现金净流量}$$

(2)查"年金现值系数表",在相同期数内,找出与上述年金现值系数接近的较小的和较大的两个折现率。

(3)根据上述两个临近的折现率和已求得的年金现值系数,采用内插法计算该投资方案的内部报酬率。

该法所要求的充分而必要的条件是:项目的全部投资均于建设起点一次投入,建设期为零,建设起点第0期净现金流量等于原始投资的负值,即 $NCF_0 = -O$;投产后每年净现金流量相等,第1期至第 n 期每期净现金流量取得了普通年金的形式。

根据例5-5的资料,C方案各期现金流入量相等,符合年金形式,内部报酬率可直接利用年金现值系数来确定,不需要进行逐步测试。

$$年金现值系数 = \frac{初始投资额}{每年现金净流量} = \frac{15\ 000}{5\ 600} = 2.678\ 6$$

查"年金现值系数表",当 $n = 3$ 时,与2.678 6接近的现值系数2.723 2和2.673 0分别指向5%和6%。再用内插法确定C方案的内部报酬率为

$$\frac{6\% - IRR_C}{6\% - 5\%} = \frac{2.673\ 0 - 2.678\ 6}{2.673\ 0 - 2.723\ 2}$$

得
$$IRR_C = 5.89\%$$

3. 内部报酬率法的决策规则

内部报酬率法的决策规则是:在只有一个备选方案时,如果投资方案的内部报酬率大于或等于资本成本或必要报酬率时,该方案为可行方案;反之,该方案为不可行方案。如果本例中资本成本或必要报酬率为10%,则A、B方案可以接受,C方案则应放弃。在有多个备选方案的互斥选择决策中,选择内部报酬率超过资本成本或必要报酬率最多的投资项目。

4. 内部报酬率法的优缺点

内部报酬率法的优点：考虑了资金时间价值，考虑了项目计算期的全部现金流量，反映了投资项目的真实报酬率。

内部报酬率法的缺点：内部报酬率法的计算过程较复杂，当各年现金净流量不等时，一般要经过多次测算才能算出，而且当经营期大量追加投资时，内部报酬率法往往会出现多重解的问题，缺乏实际意义。内部报酬率法不适用于互斥方案的分析评价，因为内部报酬率是相对量指标，只能说明项目报酬率的相对水平，反映不出项目未来全部报酬规模的大小，内部报酬率大的项目不一定获得的总报酬就大。另外，净现值随资本成本变动而变动，而内部报酬率法不考虑经济环境的变化。也就是说，企业的资本成本在内部报酬率上没有反映，这显然不符合要求。

（四）贴现现金流量指标的比较

从例 5-5 可以看出，如 A、B、C 三个方案是互斥的，根据净现值指标，应选择 A 方案；根据现值指数和内部报酬率指标，均应选择 B 方案。因此，在有多个方案的互斥选择中，净现值和现值指数、内部报酬率指标之间会产生矛盾。这三种方法哪一种方法更好呢？

1. 净现值和内部报酬率的比较

净现值法具有广泛的适用性，在理论上也比其他方法更完善，是目前应用最多的一种投资决策评价方法。在多数情况下，运用净现值法和内部报酬率法这两种方法得出的结论是相同的。但在如下两种情况下，有时可能会产生差异。

（1）净现值法和内部报酬率法结论可能不同的一种情况是互斥项目。对于常规的独立项目，净现值法和内部报酬率法的结论是完全一致的，但对于互斥项目，有时会不一致。不一致的原因主要有以下两点。

①投资规模不同。当一个项目的投资规模大于另一个项目时，规模较小的项目的内部报酬率可能较大但净现值可能较小。例 5-5 中，项目 A 的内部报酬率为 16.02%，净现值为 1 653 元，项目 B 的内部报酬率为 17.88%，净现值为 1 557 元。因此，规模较小的 B 项目的内部报酬率较大但净现值较小。在这两个互斥项目之间进行选择，实际上就是在更多的财富和更高的内部报酬率之间进行选择，很显然，决策者将选择财富，即选择方案 A。所以，当互斥项目投资规模不同并且资金可以满足投资规模时，净现值决策规则优于内部报酬率决策规则。

②现金流量发生的时间不同。有的项目早期现金流量比较大，而有的项目早期现金流量比较小。之所以会产生现金流量发生时间的问题，是因为"再投资率假设"。即两种方法假定投资项目使用过程中产生的现金流量进行再投资时，会产生不同的报酬率。内部报酬率法假定现金流量重新投资产生的利润率与此项目的特定的内部报酬率相同，而净现值法假定产生的现金流量重新投资会产生相当于企业资本成本的利润率。

（2）净现值法和内部报酬率法结论可能不同的另一种情况是非常规项目。非常规项目的现金流量形式在某些方面与常规项目有所不同，如现金流出不发生在期初，或者期初和以后各期有多次现金流出等。非常规项目可能会导致净现值法和内部报酬率法结论不一致。当不同年度的未来现金流量有正有负时，就会出现多个内部报酬率的问题。例如,企业付出一笔初始投资后,在项目经营过程中会获得正的现金流量,而在项目结束时需要付出一笔现金进行环境清理。在项目存续期间需要一次或多次大的修理的项目也属于这种情况。

例 5-6 假设某公司要投资一个项目,该项目的初始投资为 4 000 元,预计第 1 年年末的现金流入量为 20 000 元,第 2 年年末的现金流入量为 20 000 元,但同时要发生 40 000 元的环境清理支出,如表 5-2 所示。

表 5-2 某公司现金流量表 (单位:元)

现金净流量		
第 0 年末	第 1 年末	第 2 年末
−4 000	20 000	−20 000

解 根据以上资料,有

$$NPV = -4\ 000 + \frac{20\ 000}{1+IRR} - \frac{20\ 000}{(1+IRR)^2} = 0$$

得
$$IRR_1 = 38.2\%, \quad IRR_2 = 261.8\%$$

该项目有两个内部报酬率,38.2% 和 261.8%。也就是说,能使净现值为零的资本成本有两个。在这种情况下,内部报酬率决策规则失去了作用,如果盲目地使用内部报酬率决策规则,就会出现严重的错误。而此时如果用净现值法,则不会出现上述的困惑。

2. 净现值和获利指数的比较

由于净现值和获利指数使用的是相同的信息,在评价投资项目的优劣时,它们常常是一致的,但有时也会产生分歧。这两个指标之间的主要差别在于获利指数指标考虑了初始投资额的大小,是一个相对数的概念,反映投资的效率;而净现值是一个绝对数的概念,反映投资的效益。只有当初始投资不同时,净现值和获利指数才会产生差异。

净现值越高,企业的收益越大,越符合企业的最大利益的要求。而获利指数只反映投资回收的程度,而不反映投资回收的多少。在没有资金限量情况下的互斥选择决策中,应选用净现值较大的投资项目。也就是说,在没有资金限量的情况下,当获利指数与净现值做出不同结论时,应以净现值为准。在无资金限量的情况下,利用净现值法在所有的投资评价中都能做出正确的决策。然而在有资金限量的情况下,由于初始投资额受到限制,净现值大的项目可能初始投资额也大,因而不一定是较好的项目。

总之,在没有资金限制的情况下,利用净现值法在所有的投资评价中都能做出正确的决策,而利用内部报酬率和现值指数在独立项目评价中也能做出正确的决策,但在互斥选择决策或非常规项目中有时会得到错误的结论。因而,在这三种方法中,净现值仍然是最好的方法。

二、非贴现现金流量法

(一)静态投资回收期法

静态投资回收期(Payback Period,记作 PP),是指在不考虑资金时间价值的情况下，收回原始投资所需要的时间。

1. 静态投资回收期的计算

静态投资回收期计算公式分为以下两种情况。

（1）当项目经营期各年的净现金流量不相等，或原始投资是分几年投入的，则可使下式成立的 n 为回收期：

$$\sum_{t=0}^{n} I_t = \sum_{t=0}^{n} O_t$$

例 5-7 承例 5-5，其中 A、B 方案属于各年的净现金流量不相等的情况，求 A 方案的静态投资回收期。

解 A 方案的静态投资回收期计算如表 5-3 所示。

表 5-3　A 方案现金流量表　　　　　　（单位：元）

年　份　　　　　　　项　目	第 0 年	第 1 年	第 2 年
现金净流量	-20 000	12 000	13 000
累计现金净流量	-20 000	-8 000	5 000

从表 5-3 可见，A 方案的静态投资回收期应在 1～2 年之间。在第二年年末尚有 8 000 元未回收，在第三年年末不但原始投资完全回收完毕，而且还有 5 000 元的净现金流量。

因此 A 方案的投资回收期为

$$PP_A = 1 + \frac{8\,000}{13\,000} = 1.62（年）$$

同理，可计算 B 方案的投资回收期为

$$PP_B = 2 + \frac{1\,800}{6\,000} = 2.3（年）$$

（2）在原始投资一次支出，经营期前若干年现金净流量都相等时，

$$静态投资回收期 = \frac{原始投资额}{每年现金净流入量}$$

需要注意的是，用该公式计算的静态投资回收期不包括建设期。包括建设期的静态投资回收期＝不包括建设期的静态投资回收期＋建设期。

例 5-8 承例 5-5，C 方案属于这种情况，计算其静态投资回收期。

解 $$PP_C = \frac{15\,000}{5\,600} = 2.68（年）$$

2. 静态投资回收期法的决策规则

在只有一个备选方案时，静态投资回收期小于或等于基准投资回收期时，可接受该项目；反之，应拒绝该项目。在有多个方案的互斥选择决策中，选择静态投资回收期最短的方案。

3. 静态投资回收期法的优缺点

静态投资回收期概念容易理解，计算简单。但该指标没有考虑资金的时间价值，没有考虑回收期满后的现金流量状况，因而不能充分说明问题。事实上，实际工作中的很多固定资产投资往往在早期的现金流入量小，而在中后期的现金流入量

大,因此投资回收期法有可能选择了早期现金流入量大的方案而放弃了中后期现金流入量大的更加成功的长期投资方案。该方法是过去评价投资方案最常用的方法,目前仅作为辅助方法使用,主要用来测定方案的流动性而非营利性。

(二)会计收益率法

会计收益率(Accounting Rate of Return,记作 ARR)是项目经营期内年平均利润与原始投资额之比。其计算公式为

$$ARR = \frac{\text{年平均净收益}}{\text{原始投资额}} \times 100\%$$

根据例 5-5 的资料,A、B、C 三个方案的会计收益率分别为

$$ARR_A = \frac{\dfrac{2\,000 + 3\,000}{2}}{20\,000} \times 100\% = 12.5\%$$

$$ARR_B = \frac{\dfrac{-1\,800 + 3\,000 + 3\,000}{3}}{9\,000} \times 100\% = 15.56\%$$

$$ARR_C = \frac{\dfrac{600 + 600 + 600}{3}}{15\,000} \times 100\% = 4\%$$

当会计收益率大于或等于必要报酬率时,可接受该项目;反之,当会计收益率小于必要报酬率时,应拒绝该项目。在有多个方案的互斥选择中,应选择会计收益率最高的方案。

如果公司确定的必要报酬率为 10%,A、B 两项投资项目的会计收益率都大于必要报酬率,因而是可行的。而 C 项目会计收益率小于必要报酬率,是不可行的。若 A、B 两项目是互斥项目,应选择会计收益率较高的项目,即选择 B 项目。

会计收益率计算简单,但没有考虑时间价值,不能正确反映建设期的长短及投资方式不同对项目的影响;该指标无法利用净现金流量信息;必要报酬率的确定具有很大的主观性。

第四节　项目投资决策实务

一、互斥方案决策

在多个互斥方案的比较中,一般情况下可以利用投资回收期、会计收益、净现值、内部报酬率及获利指数等方法做出正确的决策。但当投资项目之间的投资总额或寿命期不相同时,仅利用上述指标就有可能做出错误的决策。

当备选方案的投资总额或寿命期不相同时,决策的目的是要保证投资年收益最大。这时,可以采用差额内部收益率法或年均净回收额法进行决策,后一种方法尤其适用于项目寿命期不同的多方案比较决策。

1. 差额内部收益率法

差额内部收益率(ΔIRR)法适用于项目寿命期相同但投资额不同的情形。它是

在比较计算出不同方案的差量净现金流量（ΔNCF）的基础上，再计算出差额内部收益率，并据以判断方案优劣的方法。采用该方法时，当差额内部收益率大于或等于基准报酬率或设定的折现率，原始投资额大的方案较优；反之，则投资少的方案较优。

差额内部收益率法经常被用于更新改造项目的投资决策中，当该项目的差额内部收益率指标大于或等于基准折现率或设定折现率时，应进行更新改造；反之，就不应当进行此项更新改造。

例 5-9 某企业现有两个互斥投资项目方案 A 和方案 B。现金净流量如表 5-4 所示。

表 5-4 A、B 方案现金流量表 （单位：元）

项 目 年 份	方案 A	方案 B	差量
第 0 年	−10 000	−15 000	−5 000
第 1 年	15 000	21 000	6 000

假设企业所要求的投资报酬率为 10%，问企业应选择哪个方案？

解 通过计算可得

$$NPV_A = -10\ 000 + 15\ 000 \times (P/F, 10\%, 1) = 3\ 637（元）$$
$$IRR_A = 50\%$$
$$NPV_B = -15\ 000 + 21\ 000 \times (P/F, 10\%, 1) = 4\ 091（元）$$
$$IRR_B = 40\%$$

增量投资的净现值为

$$NPV_{增} = -5\ 000 + 6\ 000 \times (P/F, 10\%, 1) = 455（元）$$
$$IRR_{增} = 20\%$$

从净现值来看，增量分析得到的净现值 455 元大于零，投资额大的方案 B 较优；反之，如果增量分析得到的净现值小于零，则投资额小的方案 A 较优。

从差额内部收益率指标来看，差额内部收益率 20% 大于企业要求的投资报酬率 10%，投资额大的方案 B 较优；反之，如果差额内部收益率小于企业要求的投资报酬率 10%，则投资额小的方案 A 较优。

2. 年均净回收额法

原始投资不相同，计算期不同时，利用年均净回收额法，以年均净回收额最大的方案为优。年均净回收额法是指通过比较所有投资方案的年等额净回收额（NA）指标的大小来选择最优方案的决策方法。

某方案的年等额净回收额等于该方案净现值与年金现值系数倒数的乘积。计算公式如下：

$$某方案的年等额净回收额 = 该方案净现值 \times \frac{1}{年金现值系数}$$

例 5-10 某企业拟投资建设一条新生产线。现有三个方案可供选择：A 方案的原始投资为 1 500 万元，项目计算期为 12 年，净现值为 800 万元；B 方案的原始投资为 1 000 万元，项目计算期为 10 年，净现值为 700 万元；C 方案的净现值为 −15 万元。行业基准折现率为 10%。

要求:(1) 判断每个方案的财务可行性;

(2) 用年均净回收额法做出最终的投资决策。

解 (1) A、B 两个方案的净现值大于零,所以 A、B 两个方案具有财务可行性。C 方案的净现值小于零,不具有财务可行性。

(2) A 方案的年等额净回收额＝A 方案的净现值×$\dfrac{1}{(P/A,10\%,12)}$

$$=800\times\frac{1}{6.813\,7}=117.41(万元)$$

B 方案的年等额净回收额＝B 方案的净现值×$\dfrac{1}{(P/A,10\%,10)}$

$$=700\times\frac{1}{6.144\,6}=113.92(万元)$$

因为 A 方案的年等额净回收额大于 B 方案的年等额净回收额,所以 A 方案优于 B 方案。

二、固定资产更新决策

固定资产更新是指对技术上或经济上不宜继续使用的旧固定资产,用新的固定资产更换,或用先进的技术对原有设备进行局部改造。固定资产更新决策就是对这种投资进行分析并做出决策。

1. 新、旧设备使用寿命相同的情况

在新、旧设备尚可使用年限相同的情况下,我们可以采用差量分析法来计算一个方案比另一个方案增减的现金流量,这种计算方法比较简单。

假设有两个不同投资期的方案 A 和方案 B,差量分析法的基本步骤如下(Δ 表示增减量):

①将两个方案的现金流量进行对比,求出 Δ 现金流量＝方案 A 的现金流量－方案 B 的现金流量;

②根据各期的 Δ 现金流量,计算两个方案的 Δ 净现值;

③根据 Δ 净现值做出判断,如果 Δ 净现值≥0,则选择方案 A;否则,选择方案 B。

例 5-11 某公司考虑用一台新的效率更高的设备来代替旧设备,以减少成本,增加收益。新、旧设备均采用直线法折旧,公司的所得税税率为 25%,资本成本为 10%,不考虑营业税影响,其他情况见表 5-5。试做出该公司是继续使用旧设备还是对其进行更新的决策。

表 5-5 设备更新的相关数据

项 目	旧 设 备	新 设 备
原价/元	50 000	70 000
可用年限/年	10	4
已用年限/年	6	0
尚可使用年限/年	4	4
税法规定残值/元	0	7 000

项　目		旧　设　备	新　设　备
目前变现价值/元		20 000	70 000
每年可获得的收入/元		40 000	60 000
每年付现成本/元		20 000	18 000
每年折旧额/元	第1年	5 000	15 750
	第2年	5 000	15 750
	第3年	5 000	15 750
	第4年	5 000	15 750

解 （1）计算初始投资的差量。

$$\triangle 初始投资 = 70\,000 - 20\,000 = 50\,000（元）$$

（2）计算各年营业现金流量的差量（见表5-6）。

表5-6　各年营业现金流量差量　　　　　　　　（单位：元）

项　目	第1年	第2年	第3年	第4年
△销售收入(1)	20 000	20 000	20 000	20 000
△付现成本(2)	−2 000	−2 000	−2 000	−2 000
△折旧额(3)	10 750	10 750	10 750	10 750
△税前利润(4)=(1)−(2)−(3)	11 250	11 250	11 250	11 250
△所得税(5)=(4)×25%	2 812.5	2 812.5	2 812.5	2 812.5
△税后净利(6)=(4)−(5)	8 437.5	8 437.5	8 437.5	8 437.5
△营业净现金流量(7)=(1)−(2)−(5)	19 187.5	19 187.5	19 187.5	19 187.5

（3）计算两方案现金流量的差量（见表5-7）。

表5-7　两个方案现金流量差量　　　　　　　　（单位：元）

项　目	第0年	第1年	第2年	第3年	第4年
△初始投资	−50 000				
△营业净现金流量		19 187.5	19 187.5	19 187.5	19 187.5
△终结现金流量					7 000
△现金流量	−50 000	19 187.5	19 187.5	19 187.5	26 187.5

（4）计算净现值的差量。

$$\triangle NPV = 19\,187.5 \times (P/A, 10\%, 3) + 26\,187.5 \times (P/F, 10\%, 4) - 50\,000$$
$$= 19\,187.5 \times 2.486\,9 + 26\,187.5 \times 0.683\,0 - 50\,000$$
$$= 15\,603.45（元）$$

因为固定资产更新后，将增加净现值15 603.45元，故应进行更新。

2．新、旧设备使用寿命不同的情况

在例5-11中，新、旧设备尚可使用的年限相同。而多数情况下，新设备的使用年限要长于旧设备,此时的固定资产更新问题就演变成两个或两个以上寿命不同的投资项目的选择问题。

对于寿命不同的项目,不能对它们的净现值、内部报酬率及获利指数进行直接比较。为了使投资项目的各项指标具有可比性,使其在相同的寿命期内进行比较,此时可采用年均净现值法。

例 5-12 以例 5-11 为例,假设新设备的使用年限为 8 年,每年可获销售收入 45 000元,仍采用直线法折旧,期末无残值,其他条件不变。试做出该公司是继续使用旧设备还是对其进行更新的决策。

解 (1) 计算新、旧设备的营业现金流量,如表 5-8 所示。

表 5-8　新、旧设备的营业现金流量　　　　　　　　　　　　　　　(单位:元)

项　　目	旧设备(第1～4年)	新设备(第1～8年)
销售收入(1)	40 000	45 000
付现成本(2)	20 000	18 000
折旧额(3)	5 000	8 750
税前利润(4)=(1)-(2)-(3)	15 000	18 250
所得税(5)=(4)×25%	3 750	4 562.5
税后净利(6)=(4)-(5)	11 250	13 687.5
营业净现金流量(7)=(1)-(2)-(5)	16 250	22 437.5

(2) 计算新、旧设备的现金流量,如表 5-9 所示。

表 5-9　新、旧设备的现金流量　　　　　　　　　　　　　　　(单位:元)

项　　目	旧　设　备		新　设　备	
	第 0 年	第 1～4 年	第 0 年	第 1～8 年
初始投资	-20 000		-70 000	
营业净现金流量		16 250		22 437.5
终结现金流量		0		0
现金流量	-20 000	16 250	-70 000	22 437.5

(3) 计算新、旧设备的净现值。

$$NPV_{旧} = -20\ 000 + 16\ 250 \times (P/A, 10\%, 4)$$
$$= -20\ 000 + 16\ 250 \times 3.169\ 9$$
$$= 31\ 510.88(元)$$
$$NPV_{新} = -70\ 000 + 22\ 437.5 \times (P/A, 10\%, 8)$$
$$= -70\ 000 + 22\ 437.5 \times 5.334\ 9$$
$$= 49\ 701.82(元)$$

从以上计算中很容易得出应更新设备的结论,但这个结论是错误的。因为新、旧设备的使用寿命不同,不能进行直接比较。可使用年均净现值法将两个方案放到同一个寿命期内进行比较,使各种指标具有可比性。

年均净现值法是把投资项目在寿命期内总的净现值转化为每年的平均净现值,并进行比较分析的方法。

年均净现值法的计算公式为

$$ANPV = \frac{NPV}{(P/A, i, n)}$$

式中：NPV——项目净现值；

$(P/A, i, n)$——建立在资金成本和项目寿命期基础上的年金现值系数。

根据年均净现值的计算公式，可得使用新、旧设备的年均净现值为

$$ANPV_{旧} = \frac{NPV}{(P/A, 10\%, 4)} = \frac{31\,510.88}{3.169\,9} = 9\,940.65（元）$$

$$ANPV_{新} = \frac{NPV}{(P/A, 10\%, 8)} = \frac{49\,701.82}{5.334\,9} = 9\,316.35（元）$$

从计算结果可以看出，继续使用旧设备的年均净现值比使用新设备的年均净现值高，所以应该继续使用旧设备。

由年均净现值法的原理还可以衍生出年均成本法。当使用新、旧设备的未来收益相同，但准确数值不好估计时，可以比较年均成本，并选取年均成本最小的项目。年均成本是把项目的总现金流出转化为每年的平均现金流出值，其计算公式为

$$AC = \frac{C}{(P/A, i, n)}$$

式中：AC——年均成本；

C——项目总成本的现值。

三、资本限额决策

资本限额是指企业可以用于投资的资金总量有限，不能投资于所有可接受的项目。这种情况在很多公司都存在，尤其是那些以内部融资为经营策略或外部融资受到限制的公司。

在有资本限额的情况下，为了使企业获得最大利益，应该选择那些使净现值最大的投资组合，可以采用的方法有获利指数法和净现值法。

1. 采用获利指数法的步骤

第一步，计算所有项目的获利指数，并列出每个项目的初始投资额。

第二步，接受所有 $PI \geqslant 1$ 的项目。如果资本限额能够满足所有可接受的项目，则决策过程完成。

第三步，如果资本限额不能满足所有 $PI \geqslant 1$ 的项目，那么就要对第二步进行修正。修正的过程是，对所有项目在资本限额内进行各种可能的组合，然后计算出各种可能组合的加权平均获利指数。

第四步，接受加权平均获利指数最大的投资组合。

2. 采用净现值法的步骤

第一步，计算所有项目的净现值，并列出每个项目的初始投资额。

第二步，接受所有 $NPV \geqslant 0$ 的项目。如果资本限额能够满足所有可接受的项目，则决策过程完成。

第三步，如果资本限额不能满足所有 $NPV \geqslant 0$ 的项目，那么就要对第二步进行修正。修正的过程是，对所有项目在资本限额内进行各种可能的组合，然后计算出各种可能组合的净现值合计数。

第四步,接受净现值合计数最大的投资组合。

3. 资本限额决策举例

例 5-13 某公司有 5 个可供选择的项目 A、B、C、D、E,5 个项目彼此独立,公司的初始投资限额为 400 000 元。详细情况如表 5-10 所示。要求:通过计算确定最优投资组合。

表 5-10　某公司的 5 个投资项目

投 资 项 目	初始投资/元	获利指数 PI	净现值 NPV/元
A	120 000	1.56	67 000
B	150 000	1.53	79 500
C	300 000	1.37	111 000
D	125 000	1.17	21 000
E	100 000	1.18	18 000

解 为选出最优的项目组合,可列出 5 个项目的所有投资组合(n 个相互独立的投资项目的可能组合共有 2^n-1 种),在其中寻找满足资本限额要求的各种组合,并计算它们的加权平均获利指数和净现值合计,从中选择最优方案。

以上 5 个项目的所有投资组合共有 31 种,其中满足初始投资限额为 400 000 元条件的有 16 种,将这 16 种组合列于表 5-11 中,并分别计算它们的加权平均获利指数和合计净现值。

在表 5-11 中,投资组合 ABD 有 5 000 元资金没有用完,在计算加权平均获利指数时,可以假设这些剩余资金不再进行投资而作为现金持有,即将这部分剩余资金的获利指数看作 1(其余项目组合也如此),则组合 ABD 的加权平均获利指数可按以下方法计算。

表 5-11　公司的 16 种投资组合

序号	项目组合	初始投资/元	加权平均获利指数	净现值合计/元	优先级排序
1	A	120 000	1.168	67 000	13
2	AB	270 000	1.367	146 000	3
3	AD	245 000	1.221	88 000	10
4	AE	220 000	1.213	85 000	11
5	ABD	395 000	1.420	167 500	1
6	ABE	370 000	1.412	164 500	2
7	ADE	345 000	1.266	106 000	7
8	B	150 000	1.199	79 500	12
9	BD	275 000	1.252	100 500	8
10	BE	250 000	1.240	97 500	9
11	BDE	375 000	1.297	118 500	5

序号	项目组合	初始投资/元	加权平均获利指数	净现值合计/元	优先级排序
12	C	300 000	1.278	111 000	6
13	CE	400 000	1.323	129 000	4
14	D	125 000	1.053	21 000	15
15	DE	225 000	1.098	39 000	14
16	E	100 000	1.045	18 000	16

$$PI_{ABD}=\frac{120\ 000}{400\ 000}\times1.56+\frac{150\ 000}{400\ 000}\times1.53+\frac{125\ 000}{400\ 000}\times1.17+\frac{5\ 000}{400\ 000}\times1=1.42$$

从表 5-11 可以看出，项目组合 ABD 的加权平均获利指数和净现值合计均为最大，因此，用获利指数法和净现值法得到的结论一致：项目 ABD 是最优投资组合。

如果可供选择的项目中存在互斥项目，如例 5-13 中，假设 A 与 B 互斥，D 与 E 互斥，则可能的组合会少一些。此时，项目组合 AB、ABD、ABE、ADE 和项目组合 DE 将不存在。其他的计算方法与前面介绍的相同。

四、投资时机选择决策

项目的净现值是正的，并不意味着立即投资就是最好的选择，也许将来再启动能产生更大的价值。同样，当前净现值为负的项目也许等待一段时间，就能变成有价值的投资机会。因此，任何项目都有相互排斥的两种选择：立即行动或等待未来。进行投资时机选择的标准是净现值最大化。但由于开发的时间不同，不能将计算出来的净现值进行简单对比，而应该折算成同一个时点的现值再进行比较。

例 5-14 某企业拥有一座稀有矿藏，这种矿产品的价格在不断上升。根据预测，5 年后价格将上升 50%，因此，该企业需要进行现在开发还是 5 年后开发的决策。据分析，如果现在开发，其初始固定资产投资为 100 万元，流动资产投资为 50 万元，每吨售价为 1 万元，每年付现成本为 800 万元；如果 5 年后开发，其初始固定资产投资为 150 万元，建设期末流动资产投资为 60 万元，每吨售价为 1.5 万元，每年付现成本为 1 000 万元。假定该企业资本成本为 10%，所得税税率为 25%，建设期均为 1 年，所形成的固定资产均无残值，均从第二年开始投产，投产后 5 年开采完毕，每年产销量均为 2 000 吨。

要求：通过计算确定应该现在开采还是 5 年后开采。

解 （1）计算现在开采的净现值。

①每年应提折旧：　　　　　　100/5=20（万元）

②每年的净现金流量：

$$NCF_0=-100（万元）$$

$$NCF_1=-50（万元）$$

$$NCF_{2-5}=(2\ 000\times1-800)\times(1-25\%)+20\times25\%=905（万元）$$

$$NCF_6=(2\ 000\times1-800)\times(1-25\%)+20\times25\%+50=955（万元）$$

③现在开采的净现值：

$$NPV = -100 - 50 \times (P/F, 10\%, 1) + 905 \times (P/A, 10\%, 4) \times (P/F, 10\%, 1)$$
$$+ 955 \times (P/F, 10\%, 6)$$
$$= -100 - 50 \times 0.909\ 1 + 905 \times 3.169\ 9 \times 0.909\ 1 + 955 \times 0.564\ 5$$
$$= 3\ 001.63(万元)$$

（2）计算 5 年后开采的净现值。

①每年应提折旧：150/5＝30（万元）

②每年的净现金流量：

$$NCF_5 = -150(万元)$$
$$NCF_6 = -60(万元)$$
$$NCF_{7-10} = (2\ 000 \times 1.5 - 1\ 000) \times (1 - 25\%) + 30 \times 25\% = 1\ 507.5(万元)$$
$$NCF_{11} = (2\ 000 \times 1.5 - 1\ 000) \times (1 - 25\%) + 30 \times 25\% + 60 = 1\ 567.5(万元)$$

③5 年后开采的净现值：

$$NPV = -150 \times (P/F, 10\%, 5) - 60 \times (P/F, 10\%, 6) + 1\ 507.5 \times (P/A, 10\%, 4)$$
$$\times (P/F, 10\%, 6) + 1\ 567.5 \times (P/F, 10\%, 11)$$
$$= 3\ 119.94(万元)$$

由于 5 年后开采的净现值大于现在开采的净现值，所以应该 5 年后开采。

五、投资的风险决策

前面讨论投资评价及决策时，假定现金流量是确定的，即可以确知现金收支的金额及发生时间。实际上，客观世界充满了不确定性，每一投资项目都有一定的风险。由于投资决策涉及的时间比较长，投资支出、每年的现金流量、最低的投资收益率等都是预测的和估算的，任何预测都有实现和不实现两种情况，即带有某种程度的不确定性和一定的风险性。如果决策面临的不确定性和风险较小，可以忽略它们的影响，把决策仍视为确定情况下的决策。如果决策面临的不确定性和风险比较大且足以影响方案的选择，则在决策过程中，必须对它们充分考虑并进行计量，以保证决策的科学性和客观性。

在进行基于风险的投资项目决策时，常用的方法是净现值法。影响净现值法的因素是现金流量和折现率。只有现金流量和折现率相匹配时，才能进行正确的决策。在对项目进行风险调整时，可将有风险的现金流量调整为无风险的现金流量，使其与无风险的折现率匹配；或者是保留有风险的现金流量，而将无风险的折现率调整为有风险的折现率，使之相匹配。因此，这就形成了基于风险的投资项目分析的两种常用方法：风险调整贴现率法和调整现金流量法。前者是根据项目的风险程度调整净现值模型的分母，后者是根据项目的风险程度调整净现值模型的分子。

（一）风险调整贴现率法

风险调整贴现率法是将与特定投资项目有关的风险报酬，加入到资本成本或企业要求达到的报酬率中，构成按风险调整的折现率，并据以进行投资决策分析的方法。该方法是投资风险决策中最常用的方法。其基本思路是：对高风险的投资项目，采用较高的折现率计算净现值；对低风险的投资项目，采用较低的折现率计算净现值。

按风险调整折现法的关键在于风险调整折现率的确定,通常有以下两种方法。

1. 按风险报酬率模型来调整折现率

前已指出,一项投资的总报酬可分为无风险报酬率和风险报酬率两部分,即

$$K=R_f+b \cdot CV$$

因此,特定项目按风险调整的折现率可按下式计算:

$$K_i=R_f+b_i \cdot CV_i$$

式中:K_i——项目 i 按风险调整的折现率;

R_f——无风险报酬率;

b_i——项目 i 的风险报酬系数;

CV_i——项目 i 的标准离差率。

例 5-15 假定国库券的年利率为 6%,某投资项目的标准离差率为 3%,其风险报酬系数为 0.8,则该投资项目考虑风险因素后的预期报酬率为

$$K=R_f+b \cdot CV=6\%+0.8 \times 3\%=8.4\%$$

2. 按资本资产定价模型来调整折现率

资本资产定价模型确定的折现率公式为

$$K_i=R_f+\beta_i \times (R_m- R_F)$$

式中:β_i——项目 i 不可分散风险的 β 系数;

R_m——所有项目平均的折现率或必要的报酬率。

资本资产定价模型是在有效的证券市场中建立的,实务中资本市场不可能像证券市场那样有效,但其基本逻辑关系是一样的。我们可以借助这个模型将项目要求的收益率按项目风险的大小将其确定下来。

例 5-16 假定国库券的年利率为 6%,市场平均报酬率为 14%,甲项目的 β 系数为 2,乙项目的 β 系数为 1.5,计算甲、乙项目的风险调整折现率。

解 甲项目的风险调整折现率=6%+2×(14%-6%)=22%

乙项目的风险调整折现率=6%+1.5×(14%-6%)=18%

按风险调整的折现率确定下来后,便可以结合具体投资项目预期的带有不确定性的现金流量通过计算相应指标对投资项目做出评价。

按风险调整的折现率调整以后,具体的评价方法与无风险的情况基本相同。这种方法对风险高的项目采用较高的折现率,对风险低的项目采用较低的折现率,简单明了,便于理解,因此被广泛采用。但这种方法把时间价值和风险报酬混在一起,并据此对现金流量进行折现,意味着风险随着时间推移而加大,这种人为地假定风险一年比一年大,是不合理的。

(二) 调整现金流量法

这种方法的基本思路是由于不确定性或风险的客观存在,使得投资项目各年的现金流量变得不确定,这时可以按照一定方法将有风险情况下的现金流量调整为无风险情况下的现金流量,然后根据无风险折现率进行折现,计算有关的评价指标,进行财务评价。按风险调整现金流量中,最常用的方法是肯定当量法。即先按风险程度调整投资项目的预期现金流量,然后用一个系数(肯定当量系数)把有风险的现金流量调整为无风险的现金流量,最后,利用无风险折现率来评价不确定性投资项目。

计算公式如下：

$$风险调整后净现值 = \sum_{t=0}^{n} \frac{a_t \times 现金流量期望值}{(1+无风险报酬率)^t}$$

式中：a_t——第 t 年现金流量的肯定当量系数，在 0～1 之间。

肯定当量系数，是指不肯定的 1 元现金流量期望值相当于使投资者满意的肯定的金额的系数。它可以把各年不肯定的现金流量换算为肯定的现金流量。

$$a_t = \frac{肯定的现金流量}{不肯定的现金流量期望值}$$

使用肯定当量法，关键就是利用肯定当量系数，将各年不肯定现金流量折算成肯定现金流量。在进行项目评价时可根据各年现金流量风险的大小选用不同的肯定当量系数。当现金流量为确定时，可取 $a_t=1.00$；当现金流量的风险很小时，可取 $1.00 > a_t \geq 0.80$；当现金流量风险一般时，可取 $0.80 > a_t \geq 0.40$；当现金流量风险很大时，可取 $0.40 > a_t > 0$。

一般根据标准离差率来确定肯定当量系数，因为标准离差率较好地衡量了风险大小。肯定当量系数的选用因人而异，敢于冒险的投资者会选用较高的肯定当量系数，而不愿冒险的投资者可能选用较低的肯定当量系数。标准离差率与肯定当量系数的经验对照关系如表 5-12 所示。

表 5-12　标准离差率与肯定当量系数的经验对照关系

标准离差率	肯定当量系数
0.00～0.07	1
0.08～0.15	0.9
0.16～0.23	0.8
0.24～0.32	0.7
0.33～0.42	0.6
0.43～0.54	0.5
0.55～0.70	0.4
⋮	⋮

当肯定当量系数确定后，就可根据经计算取得的投资项目未来各年现金流量的标准离差率资料，将各年的不肯定的现金流量转化成肯定的现金流量，然后根据前面介绍的分析方法进行评价分析。

例 5-17　假设某公司准备进行一项投资，其各年的现金流量和分析人员确定的肯定当量系数如表 5-13 所示，无风险折现率为 10%，要求：试判断此项目是否可行。

表 5-13　投资项目资料表

时　间	第 0 年	第 1 年	第 2 年	第 3 年	第 4 年
现金净流量/元	−20 000	6 000	8 000	10 000	8 000
肯定当量系数 a_t	1.0	0.95	0.9	0.85	0.8

解　根据以上资料，用净现值法进行评价。

$$NPV = \sum_{t=0}^{n} \frac{a_t \times 现金流量期望值}{(1+无风险报酬率)^t}$$

$$= 0.95 \times 6\,000 \times 0.909\,1 + 0.9 \times 8\,000 \times 0.826\,4$$

$$+ 0.85 \times 10\,000 \times 0.751\,3 + 0.8 \times 8\,000 \times 0.683 - 20\,000$$

$$= 1\,889.2(元)$$

在按风险程度对现金流量进行调整后,计算出的净现值大于零,故该投资可行。

采用肯定当量法对现金流量进行调整,克服了调整折现率法夸大远期风险的缺点。但如何合理地确定肯定当量系数却是一个十分困难的问题,因为标准离差率与肯定当量系数之间的对照关系,并没有公认的客观标准。

 ## 本章小结

在企业的整个投资中,项目投资具有十分重要的地位。它不仅投资数额大、投资面广,而且对企业的稳定与发展,对企业的现金流量、未来盈利能力、长期偿债能力等产生重大的影响。本章主要阐述了项目投资的现金流量分析、项目投资的决策方法以及项目投资决策实务。

 ## 案例与点评

开开日用化学品公司投资决策分析

2006 年 4 月 14 日上午,开开日用化学品公司正在召开会议,讨论新产品开发及其资本支出预算等有关问题。

开开公司成立于 2000 年,主要生产彩虹牌系列洗涤剂。面对日益激烈的商业竞争和层出不穷的科技创新,开开公司投入大量资金进行新产品的研究和开发工作,经过两年不懈努力,终于试制成功一种新型、高浓缩液体洗涤剂——海浪牌液体洗涤剂。该产品采用国际最新技术、生物可降解配方制成,与传统的粉状洗涤剂相比,具有以下几项优点:①采用海浪牌系列洗涤剂漂洗相同重量的衣物,其用量只相当于粉状洗涤剂的 1/6 或 1/8;②对于特别脏的衣物、洗衣量较大或水质较硬的地区,如华北、东北,可达最佳洗涤效果,且不需要事前浸泡,这一点是粉状洗涤剂不能比拟的;③采用轻体塑料瓶包装,使用方便,容易保管。

参加会议的有公司董事长、总经理、研究开发部经理、财务部经理等有关人员。会上,研究开发部经理首先介绍了新产品的特点、作用,研究开发费用以及开发项目的现金流量等。研究开发部经理指出,生产海浪牌液体洗涤剂的原始投资为2 500 000 元,其中新产品市场调查研究费 500 000 元(这项活动在上一年年底就已经完成),购置专用设备、包装用品设备等需投资 2 000 000 元。预计设备使用年限15 年,期满无残值。按 15 年计算新产品的现金流量,与公司一贯奉行的经营方针相一致,在公司看来,15 年以后的现金流量具有极大的不确定性,与其预计误差,不如

不予预计。

研究开发部经理列示了海浪牌洗涤剂投产后公司的预计年现金流量表(见表5-14),并解释由于新产品投放后会冲击原来两种产品的销量。海浪牌洗涤剂投产后增量现金流量表如表5-15所示。

表5-14 开发海浪牌产品后公司的预计年现金流量 (单位:元)

年　份	现金流量	年　份	现金流量
1	280 000	9	350 000
2	280 000	10	350 000
3	280 000	11	250 000
4	280 000	12	250 000
5	280 000	13	250 000
6	350 000	14	250 000
7	350 000	15	250 000
8	350 000		

表5-15 开发海浪牌产品公司增量现金流量 (单位:元)

年　份	现金流量	年　份	现金流量
1	250 000	9	315 000
2	250 000	10	315 000
3	250 000	11	225 000
4	250 000	12	225 000
5	250 000	13	225 000
6	315 000	14	225 000
7	315 000	15	225 000
8	315 000		

研究开发部经理介绍完毕,会议展开了讨论,在分析了市场状况、投资机会以及同行业发展水平的基础上,确定公司投资机会成本为10%。

公司财务部经理首先提出海浪牌洗涤剂开发项目资本支出预算中为什么没有包括厂房和其他设备支出?

研究开发部经理解释道:目前,彩虹牌系列洗涤剂的生产设备利用率仅为55%,由于这些设备完全适用于生产海浪牌液体洗涤剂,故除专用设备和加工包装所用的设备外,不需再增加其他设备。预计海浪牌洗涤剂生产线全部开机后,只需要10%的工厂生产能力。

公司总经理问道:开发新产品是否应考虑增加的流动资金?研究开发部经理解释说:新产品投产后,每年需追加流动资金200 000元,由于这项资金每年年初借,年末还，一直保留在公司，所以不必将此项费用列入项目现金流量中。

接着，公司董事长提出：生产新产品占用了公司的剩余生产能力，如果将这部分剩余能力出租，公司将得到近 2 000 000 元的租金收入，因此新产品投资收入应该与租金收入相对比。但他又指出，开开公司一直奉行严格的设备管理政策，即不允许出租厂房设备等固定资产。按此政策，公司有可能接受新项目，这与正常的投资项目决策方法有所不同。

讨论仍在进行，主要集中的问题是：如何分析严格的设备管理政策对投资项目收益的影响？如何分析新产品市场调查研究费和追加的流动资金对项目的影响？

（资料来源：Petty，Keown，Scot，Martin. Basic Financial Management. 6 版. London：Prentice Hall，2006. 有改动。）

思考：

根据以上情况，回答下列问题：

（1）如果你是财务部经理，你认为新产品市场调查研究费属于该项目的现金流量吗？

（2）关于生产新产品所追加的流动资金，应否算作项目的现金流量？

（3）新产品生产使用公司剩余的生产能力，是否应该支付使用费？为什么？

（4）就新型液体洗涤剂挤占公司现有产品销售和市场这个事实而言，新型液体洗涤剂项目现金流量是用表 5-14 的数据还是表 5-15 的数据？如果公司不推出新型液体洗涤剂，竞争对手也会推出类似的产品，这会影响您的回答吗？

（5）试计算投资项目的 NPV、IRR 和 PI，并根据其他因素，做出你最终的选择：是接受项目还是放弃项目？

点评：

（1）新产品市场调查研究费不属于该项目的现金流量。这是因为：新产品市场调查研究费是过去已经发生了的，现在无法收回，是与未来投资决策无关的沉淀成本。

（2）应该。增加的流动资金是项目的一项资金占用，是增量现金流量。

（3）新产品生产使用公司剩余的生产能力，不应该支付使用费。这是因为：公司不允许出租厂房、设备等固定资产，即使新产品不使用公司剩余的生产能力，也不能取得租金收入，也即新产品生产使用公司剩余的生产能力的机会成本为零。

（4）应用表 5-15 的数据；影响。如果公司不推出新型液体洗涤剂，竞争对手也会推出类似的产品，则应使用表 5-14 的数据。

$$（5）\quad NPV = -200 + 25 \times (P/A,10\%,5)$$
$$+ 31.5 \times (P/A,10\%,5) \times (P/F,10\%,5)$$
$$+ 22.5 \times (P/A,10\%,5) \times (P/F,10\%,10)$$
$$= 1.8（万元）$$
$$IRR = 10.16\%（过程略）$$
$$PI = \frac{25 \times (P/A,10\%,5) + 31.5 \times (P/A,10\%,5) \times (P/F,10\%,5) \times (P/A,10\%,5) \times (P/F,10\%,10)}{200}$$
$$= 1.01$$

因为该项目 $NPV>0,PI>1,IRR>10\%$,综合其他因素,该项目可行,应予接受。

 思考与练习题

【思考题】

1. 为什么进行投资决策时需要利用现金流量指标而不是利润指标?

2. 投资项目现金流量包括哪些内容?

3. 分析项目现金流量时应注意哪些问题?

4. 税负与折旧对投资有什么影响?

5. 项目投资决策的指标有哪些?在利用这些指标时应遵循哪些原则?

【练习题】

一、单项选择题

1. 某公司购入一批价值 30 万元的专用材料,因规格不符无法投入使用,拟以 20 万元变价处理,并已找到购买单位。此时,技术部门完成一项新产品开发,并准备支出 60 万元购入设备当年投产。经检验,上述专用材料完全符合新产品使用,故不再对外处理。在评价该项目时第一年的现金流出应按( )万元计算。

A. 60   B. 90   C. 80   D. 110

2. 下列关于评价投资项目的回收期法的说法中,不正确的是:( )。

A. 它忽略了货币时间价值

B. 它需要一个主观上确定的最长的可接受回收期作为评价依据

C. 它不能测度项目的盈利性

D. 它不能测度项目的流动性

3. 已知某设备原值为 60 000 元,税法规定残值率为 10%,最终报废残值5 000 元,该公司所得税税率为 25%,则该设备最终报废由于残值带来的现金流入为( )元。

A. 5 250   B. 6 000   C. 5 000   D. 4 750

4. 企业在分析投资方案时,有关所得税税率的数据应根据( )来确定。

A. 过去若干年的平均税率   B. 当前的税率

C. 未来可能的税率   D. 全国的平均税率

5. 对投资项目的内部报酬率指标大小不产生影响的因素是( )。

A. 投资项目的原始投资   B. 投资项目的现金流量

C. 投资项目的有效年限   D. 投资项目设定的贴现率

6. 某投资方案的年营业收入为 100 000 元,年总营业成本为 60 000 元,其中年折旧额为 10 000 元,所得税税率为 25%,该方案每年的营业现金流量为( )元。

A. 30 000   B. 40 000   C. 37 500   D. 32 500

7. 某投资方案,当贴现率为 16%时,其净现值为 9 元,当贴现率为 18%时,其净

现值为－499 元。该方案的内部报酬率为（　　）。

 A. 15.88% B. 16.12% C. 16.04% D. 18.14%

8. 现值指数法与净现值法相比较，其优点是（　　）。

 A. 不必事先选择贴现率

 B. 可以进行独立方案获利能力的比较

 C. 可以进行互斥方案获利能力的比较

 D. 考虑了现金流量的时间价值

9. 某企业拟按 15%的期望投资报酬率进行一项固定资产投资决策，所计算的净现值指标为 100 万元，货币时间价值为 8%。假定不考虑通货膨胀因素，则下列表述中正确的是：（　　）。

 A. 该项目的现值指数小于 1

 B. 该项目的内部报酬率小于 8%

 C. 该项目的风险报酬率为 7%

 D. 该企业不应进行此项投资

10. 已知某设备原值为 160 000 元，累计折旧 127 000 元。如现在变现，则变现价值为 30 000 元，该公司适用的所得税税率为 25%，那么继续使用该设备引起的现金流出量为（　　）元。

 A. 30 000 B. 30 750 C. 29 250 D. 33 000

11. 若净现值为负数，表明该投资项目（　　）。

 A. 各年利润小于 0，不可行

 B. 它的投资报酬率小于 0，不可行

 C. 它的投资报酬率没有达到预定的贴现率，不可行

 D. 它的现值指数小于 0

12. 企业投资 18.9 万元购入一台设备，预计使用年限为 10 年，预计残值0.9万元，该设备按直线法计提折旧。设备投产后预计每年可获得净利 1.2 万元，则投资回收期为（　　）。

 A. 3.56 年 B. 4.09 年 C. 5.62 年 D. 6.3 年

13. 某公司现有一幢厂房，账面原值 300 万元，已计提折旧 80 万元，目前市价为 280 万元。如果利用该厂房兴建安装一条生产线，应将（　　）作为投资分析的机会成本考虑 。

 A. 300 万元 B. 220 万元 C. 280 万元 D. 200 万元

14. 当两个方案为独立选择时，应优先选择（　　）。

 A. 净现值大的方案   B. 项目周期短的方案

 C. 投资额小的方案   D. 现值指数大的方案

15. 在全部投资均于建设起点一次投入，建设期为 0，投产后每年净现金流量相等的情况下，为计算内部报酬率所求得的年金现值系数应等于该项目的（　　）。

 A. 现值指数指标的值   B. 预计使用年限

 C. 回收期指标的值   D. 会计收益率指标的值

二、多项选择题

1. 当贴现率与内部报酬率相等时，（　　）。

A. 净现值等于 0   B. 现值指数等于 0

C. 净现值等于 1   D. 现值指数等于 1

2. 某公司开会讨论是否投产一种新产品,对以下收支发生争论。你认为不应列入该项目评价的现金流量的是:(　　)。

A. 新产品投产需要占用营运资金 80 万元,它们可在公司现有周转资金中解决,不需要另外筹集

B. 该项目利用现有未充分利用的厂房和设备,如将该设备出租可获收益 200 万元,但公司规定不得将生产设备出租,以防止对本公司产品形成竞争

C. 新产品销售会使本公司同类产品减少收益 100 万元。如果本公司不经营此产品,竞争对手也会推出此产品

D. 使用为其他产品储备的原材料约 200 万元

3. 如果其他因素不变,一旦折现率提高,则下列指标中其数值将会变小的是(　　)。

A. 静态投资回收期   B. 净现值

C. 内部收益率   D. 获利指数

4. 在单一方案决策过程中,与净现值评价结论可能发生矛盾的评价指标是(　　)。

A. 现值指数   B. 会计收益率

C. 投资回收期   D. 内部报酬率

5. 与财务会计使用的现金流量相比,项目投资决策所涉及的现金流量的特点有(　　)。

A. 只反映特定投资项目的现金流量

B. 在时间上包括整个项目使用寿命

C. 所依据的数据是实际信息

D. 所依据的数据是预计信息

6. 某项目需要在第 1 年年初投资 76 万元,寿命期为 6 年,每年年末产生现金净流量为 20 万元。已知$(P/A,14\%,6)=3.8887$,$(P/A,15\%,6)=3.7845$。若公司根据内部收益率法认定该项目具有可行性,则该项目的必要投资收益率不可能是(　　)。

A. 16%   B. 13%   C. 14%   D. 15%

三、判断题

1. 某公司对某投资项目的分析与评价资料如下:该投资项目适用的所得税税率为 30%,年税后营业收入为 700 万元,税后付现成本为 350 万元,税后净利润为 210 万元。那么,该项目年营业现金流量为 410 万元。(　　)

2. 某公司已投资 50 万元用于一项设备研制,但它不能使用;又投资 50 万元,但仍不能使用;如果再继续投资 80 万元,应当有成功把握。则须取得现金流入至少为 180 万元才能继续投资这 80 万元。(　　)

3. 折旧之所以对投资决策产生影响,是因为折旧是现金的一种来源。(　　)

4. 一般情况下,使某投资方案的净现值小于零的折现率,一定小于该投资方案的内部报酬率。(　　)

5. 若 A、B、C 三个方案是独立的，那么用内部报酬率法可以做出优先次序的排列。（　　）

6. 考虑所得税影响时，项目采用加速折旧法计提折旧，计算出来的净现值比采用直线法计提折旧大。（　　）

四、计算题

1. 某公司有一投资项目，原始投资 270 万元，垫支流动资金 20 万元。该项目建设期为 1 年，设备投资于建设起点投入，流动资金于建设期期末垫支并于项目结束时收回。该项目寿命期为 5 年，按直线法折旧，预计残值为 20 万元。预计项目投产后每年营业收入为 120 万元，每年付现成本为 30 万元。假设所得税税率为 25％，该公司要求的最低报酬率为 10％。

要求：

（1）计算该项目各年现金净流量；

（2）计算该项目净现值；

（3）计算该项目的现值指数；

（4）计算该项目的内部报酬率；

（5）计算该项目的投资回收期；

（6）判断该项目是否可行。

2. 某公司拟投产一种新产品，需要购置一套专用设备，预计价款 900 000 元，追加流动资金 145 822 元。公司的会计政策与税法规定相同，设备按 5 年折旧，采用直线法折旧，净残值率为零。该产品预计销售单价为 20 元/件，单位变动成本为 12 元/件，每年固定付现成本为 500 000 元。假定该公司所得税税率为 25％，投资要求的最低报酬率为 10％。

要求：计算净现值为零的销售量水平（计算结果保留整数）。

3. 某公司考虑用一台新的、效益更高的设备来代替现行的旧设备，以减少成本，增加收益。有关资料如表 5-16 所示。

表 5-16　新、旧设备对比表

项　　目	旧　设　备	新　设　备
原价/万元	300	250
可用年限/年	7	5
已使用年限/年	3	0
尚可使用年限/年	4	5
税法规定残值（10％）/万元	30	25
目前变现价值/万元	100	250
每年可获得的收入/万元	100	150
每年付现成本/万元	40	20

假设该企业的资本成本为 10％，所得税税率为 25％，按直线法计提折旧，不考虑营业税的影响。通过计算，确定是否应该更新旧设备。

第六章

证券投资管理

本章知识结构图

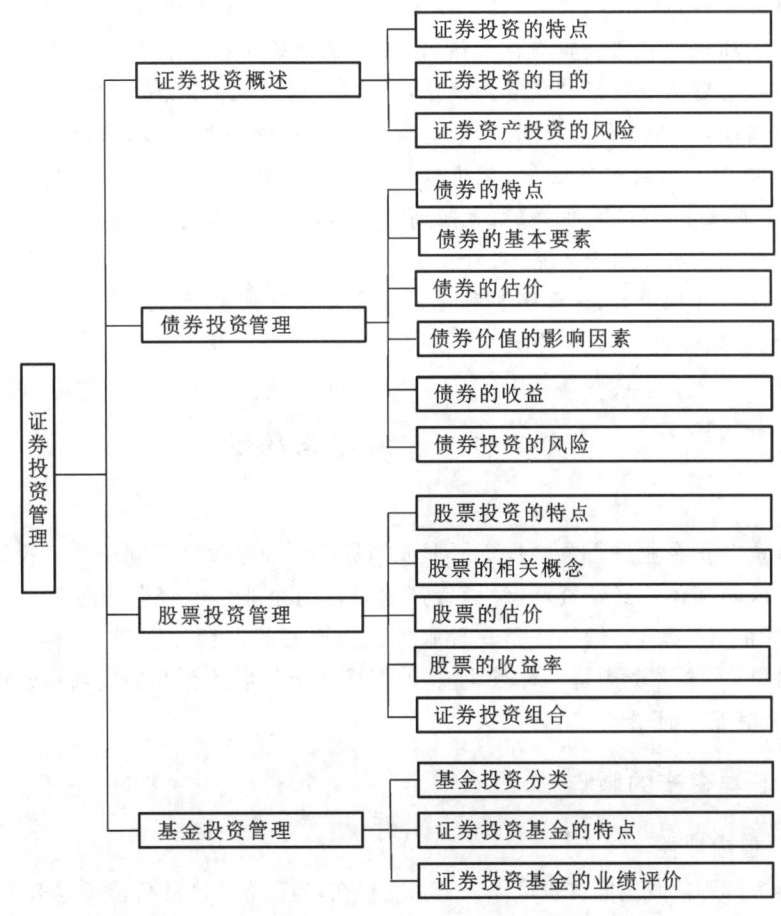

 学习目的

通过本章的学习,我们希望达到以下目标:

(1) 理解证券的含义、分类及特征;

(2) 理解证券投资的含义、目的及特征,了解证券投资的程序;

(3) 理解债券的特点,掌握债券价值的估算、债券投资收益的计算,理解债券投资的风险;

(4) 理解股票投资的特点,掌握股票价值的估算、股票投资收益的计算;

（5）理解证券投资组合的含义，掌握证券投资组合的风险和收益的计算及相互关系；

（6）能够叙述证券投资组合的策略和实现方法。

（7）了解基金投资管理。

导入案例

银河公司投资决策

银河公司 2007 年年初决定利用手中闲置的资金 3 000 万元对外投资，获得投资收益。在开会讨论投资项目时，经营经理说："应该投资购买国债，收益稳定，风险也小。"销售经理说："目前股市在低位运行，可以选择购买价值低估的股票，可以获得较高的收益。"财务经理说："投资买债券，风险小，收益也低；投资买股票，收益高，风险也大。因此，可以进行有效组合，拿一部分资金投资购买债券，降低风险，另一部分资金投资成长性较好的股票，获得较好的投资收益。"生产经理说，"投资到基金中，委托专家理财，风险也低，收益也较高。"最后，总经理考虑各方面因素，决定由财务经理负责提出投资组合方案，对外投资。

当企业对外投资时，会面临多种选择。究竟该如何投资，才能既获取适当的收益，又不能冒风险太大，是一个需要多方面综合考虑的问题。

第一节　证券投资概述

证券资产是企业进行金融投资所形成的资产。证券投资不同于项目投资，项目投资的对象是实体性经营资产，经营资产是直接为企业生产经营服务的资产，如固定资产、无形资产等，它们往往是一种服务能力递减的消耗性资产。证券投资的对象是金融资产，金融资产是一种以凭证、票据或者合约形式存在的权利性资产，如股票、债券及其衍生证券等。

一、证券资产的特点

1. 价值虚拟性

证券资产不能脱离实体资产而完全独立存在，但证券资产的价值不是完全由实体资本的现实生产经营活动决定的，而是取决于契约性权利所能带来的未来现金流量，是一种未来现金流量折现的资本化价值。债券投资代表的是未来按合同规定收取债券利息和收回本金的权利；股票投资代表的是对发行股票企业的经营控制权、财务控制权、收益分配权和剩余财产索取权等股东权利。证券资产的服务能力在于它能带来未来的现金流量，按未来现金流量折现的资本化价值是证券资产价值的统一表达。

2. 可分割性

实体项目投资的经营资产一般具有整体性要求，如购建新的生产能力，往往是厂房、设备、配套流动资产的结合。证券资产可以分割为一个最小的投资单位，如一股股票、一份债券，这就决定了证券资产投资的现金流量比较单一，往往由原始投资、未来收益或资本利得、本金回收所构成。

3. 持有目的多元性

实体项目投资的经营资产往往是为消耗而持有,为流动资产的加工提供生产条件。证券资产的持有目的是多元的,既可能是为未来积累现金即为未来变现而持有,也可能是为谋取资本利得即为销售而持有,还有可能是为取得对其他企业的控制权而持有。

4. 流动性强

证券资产具有很强的流动性,其流动性表现在:①变现能力强,证券资产往往都是上市证券,一般都有活跃的交易市场可供及时转让;②持有目的可以相互转换,当企业急需现金时,可以立即将为其他目的而持有的证券资产变现。证券资产本身的变现能力虽然较强,但其实际周转速度取决于企业对证券资产的持有目的。作为长期投资的形式,企业持有的证券资产周转一次一般都会经历一个会计年度以上。

5. 风险高

证券资产是一种虚拟资产,决定了金融投资受企业风险和市场风险的双重影响,不仅发行证券资产的企业业绩影响着证券资产投资的报酬率,资本市场的市场平均报酬率变化也会给金融投资带来直接的市场风险。

二、证券投资的目的

1. 分散资金投向,降低投资风险

投资分散化,即将资金投资于多个相关程度较低的项目,实现多元化经营,能够有效地分散投资风险。当某个项目经营不景气而利润下降甚至导致亏损时,其他项目可能会获得较高的收益,企业总体经营将不受太大影响。将企业的资金分成内部经营投资和对外证券投资两个部分,实现了企业投资的多元化。而且,与对内投资相比,对外证券投资不受地域和经营范围的限制,投资选择面非常广,投资资金的推出和收回也比较容易,是多元化投资的主要方式。

2. 利用限制资金,增加企业收益

企业在生产经营过程中,由于各种原因有时会出现资金闲置、现金结余较多的情况。这些闲置的资金可以投资于股票、债券等有价证券,谋取投资利益,这些投资收益主要表现在股利收益、债息收入、证券买卖差价等方面。有时企业资金的闲置是暂时的,可以投资于在资本市场上流通性和变现能力较强的有价证券,这类证券能够随时变卖,收回资金。

3. 稳定客户关系,保障生产经营

企业生产经营环节中,供应和销售是企业与市场相联系的重要通道。没有稳定的原材料供应来源、没有稳定的销售客户,都会使企业的生产经营中断。为了保持与供销客户良好而稳定的业务关系,可以对业务关系链的供销企业进行投资,保持对它们一定的债权或股权,甚至控股。这样,企业能够以债权或股权对关联企业的生产经营施加影响和控制,保障本企业的生产经营顺利进行。

4. 提高资产的流动性,增强偿债能力

资产流动性强弱是影响企业财务安全性的主要因素。除现金等货币资产外,有价证券投资是企业流动性最强的资产,是企业速动资产的主要构成部分。在企业需

要支付大量现金,而现有现金储备又不足时,可以通过变卖有价证券迅速取得大量现金,保证企业的及时支付。

三、证券资产投资的风险

由于证券资产的市价波动频繁,证券投资的风险往往较大。获取投资收益是证券投资的主要目的,证券投资的风险是投资者无法获得预期投资收益的可能性。证券投资的风险可分为系统风险和非系统风险。有关系统风险与非系统风险的论述详见第二章,在此不再详述。

第二节　债券投资管理

一、债券的特点

债券是企业或政府发行的信用票据,是发行者为筹集资金向债权人发行的,在约定时间支付一定比例的利息,并在到期时偿还本金的一种有价证券。

债券作为一种重要的融资手段和金融工具,有以下特点。

1. 期限性

债券的期限性是指债券在发行时对债券的偿还期限进行严格规定,而且债券发行方必须按时支付债券利息。在历史上只有无期公债或永久性公债不规定到期时间,这种公债的持有者不能要求清偿,只能按期取得利息。而其他的一切债券都对债券的偿还期限有严格的规定,且债务人必须如期向持有人支付利息。

2. 流动性

债券的流动性是指债券能迅速和方便地变现为货币的能力。如果债券的发行者即债务人资信程度较高,则债券的流动性就比较强。

3. 安全性

债券的安全性是指债券在市场上能抵御价格下降的性能,一般是指其不跌破发行价的能力。债券在发行时都承诺到期偿还本息,所以其安全性一般都较高。有些债券虽然流动性不高,但其安全性较好,因为它们经过较长的一段时间后就可以收取现金或不受损失地出售。

4. 收益性

债券的收益性是指获取债券利息的能力。因债券的风险比银行存款要大,所以债券的利率也比银行高。如果债券到期能按时偿付,购买债券就可以获得固定的、一般高于同期银行存款利率的利息收入。

二、债券的基本要素

构成债券基本因素通常包括债券面值、票面利率、债券的到期日、付息方式等。

1. 债券面值

债券面值是指发行债券时设定的票面金额,是债务人对债权人在债券到期后所应偿还本金的数额,也是债务人对债权人按期支付利息的计算依据。

2. 票面利率

债券票面利率是指债券发行者预计一年内向投资者支付的利息占票面金额的比率。

3. 债券的到期日

债券的到期日是规定债务人偿还本金的日期。债券一般都规定到期日,以便到时归还本金。

4. 付息方式

债券的付息方式规定了债券利息如何支付。债券的付息方式有多种,可能使用单利或复利计息。利息支付可能半年一次、一年一次或到期日一次总付,这就使得票面利率可能不等于有效年利率。

三、债券的估价

(一)债券估价的意义

债券估价是对某种债券进行分析后确定的估计价值。债券估价在企业融资决策中具有重要意义。从发行企业看,定价偏低会导致发行方筹资成本的增加,而定价偏高又可能会导致筹资失败。因此,发行企业运用债券从资本市场上筹集资金时,必须对它合理定价。对于投资者而言,只有当债券的价值大于债券的价格时,债券才值得购买;否则,投资该债券是不可取的。

(二)债券的价值估算

债券的价值,也称债券的内在价值,是指债券未来现金流入的现值。债券投资的现金流出是其购买债券的价格,其现金流入主要包括利息和到期归还的本金或出售时获得的现金。因此,影响债券价值的主要因素有:债券的票面利率和发行时的市场利率的高低,债券的期限长短及规定的付息方式等。对于债券价值的计算,可以先进行现金流量分析,确定合适的贴现率,然后利用净现值法将其折算成现值,即得到债券的价值。计算现值时所使用的折现率,取决于当前的市场利率和现金流量的风险水平。

1. 债券估价的基本模型

典型的债券是固定利率、每年计算并支付利息、到期归还本金。按这种模式,债券估价的基本模型是

$$V = \frac{I_1}{(1+i)^1} + \frac{I_2}{(1+i)^2} + \cdots + \frac{I_n}{(1+i)^n} + \frac{M}{(1+i)^n}$$

式中:V——债券的价值;

I_t——第 t 年的债券利息;

n——现在至债券到期的年限;

i——贴现率,一般采用当时的市场利率或投资人要求的最低报酬率;

M——债券的面值。

例 6-1 某企业于 2022 年 3 月 1 日发行面值为 1 000 元的债券,票面利率为 6%,每年 4 月 1 日计算并支付一次利息,并于 5 年后的 3 月 31 日到期。同等风险

投资的必要报酬率为8%,计算该债券的价值。

解 未来的现金流入有两种:一是每年相同的利息60元,二是到期收到的票面本金1 000元。这两者的贴现和即是该债券的价值。现金流量分析如图6-1所示。

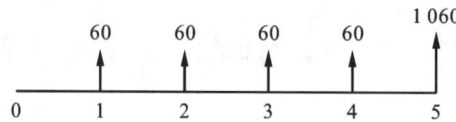

图 6-1 现金流分析图

$$V = \frac{60}{(1+8\%)^1} + \frac{60}{(1+8\%)^2} + \frac{60}{(1+8\%)^3} + \frac{60}{(1+8\%)^4} + \frac{60}{(1+8\%)^5} + \frac{1\ 000}{(1+8\%)^5}$$
$$= 60 \times (P/A, 8\%, 5) + 1\ 000 \times (P/F, 8\%, 5)$$
$$= 60 \times 3.992\ 7 + 1\ 000 \times 0.680\ 6$$
$$= 920.16(元)$$

2. 其他模型

1)平息债券

平息债券是指利息在到期时间内平均支付的债券。支付的频率可能是一年一次、半年一次或每季度一次等。

平息债券的计算公式如下:

$$V = \sum_{t=1}^{mn} \frac{I/m}{\left(1 + \frac{i}{m}\right)^n} + \frac{M}{\left(1 + \frac{i}{m}\right)^{mn}}$$

式中:V——债券的价值;

m——年付息次数;

I_t——第 t 年的债券利息;

n——现在至债券到期的年限;

i——贴现率,一般采用当时的市场利率或投资人要求的最低报酬率;

M——债券的面值。

例 6-2 ABC 公司发行一种面值为 1 000 元的债券,票面利率为 6%,期限为 5 年,每半年付息一次,投资者要求的年报酬率为 8%,计算该债券的价值。

解 债券每半年支付的利息 $I = 1\ 000 \times 6\% \div 2 = 30$(元),总期数 $n = 5 \times 2 = 10$(期),贴现率 $i = 8\% \div 2 = 4\%$,则 ABC 公司债券的价值为

$$V = I/m \times (P/A, i/m, mn) + M \times (P/F, i/m, mn)$$
$$= 30 \times (P/A, 4\%, 10) + 1\ 000 \times (P/F, 4\%, 10)$$
$$= 30 \times 8.110\ 9 + 1\ 000 \times 0.675\ 6$$
$$= 918.93(元)$$

该债券的价值为918.93元,比一年付息一次的债券的价值(920.16元)低了。债券付息期越短、价值越低的现象,仅出现在折价出售的状态;如债券溢价出售,则情况正好相反。

2)纯贴现债券

纯贴现债券是指承诺在未来某一确定日期作某一单笔支付的债券。这种债券

在到期日前购买人不能得到任何现金支付,因此也称为"零息债券"。零息债券没有标明利息计算规则的,通常采用按年计息的复利计算规则。

纯贴现债券的价值为

$$V = M \times (P/F, i, n)$$

式中:V——债券的价值;

$\quad I$——每年的债券利息;

$\quad n$——现在至债券到期的年限;

$\quad i$——贴现率,一般采用当时的市场利率或投资人要求的最低报酬率;

$\quad M$——债券的面值。

例 6-3 假设 2021 年我国发行了一种面值为 100 元的 2 年期零息国库券,投资者要求的报酬率为 12%,计算该债券的价值。

解 本例中,$M = 100, i = 12\%, n = 2$,则理论上债券的价值为

$\quad V = M \times (P/F, i, n) = 100 \times (P/F, 12\%, 2) = 100 \times 0.747 = 74.7$(元)

有时,债券的利息会在债券到期时和本金一起支付(到期一次还本付息),这种债券实际也是一种纯贴现债券,只不过到期日不是按票面金额支付而是按本利和作单笔支付。

例 6-4 甲公司于 2021 年 1 月 5 日以每张 1 020 元的价格购买乙公司发行的到期一次还本付息的企业债券。该债券每张面值 1 000 元,期限为 3 年,票面年利率为 10%,不计复利。购买时市场年利率为 8%。计算该债券的价值。

解 该债券的年利息 $I = 1\,000 \times 10\% = 100, M = 1\,000, i = 8\%$,则该债券的价值为

$$V = (100 \times 3 + 1\,000) \times (P/F, 8\%, 3) = 1\,031.98(元)$$

3)永久债券

永久债券是指没有到期日,永不停止定期支付利息的债券。英国和美国都发行过这种公债。对于永久公债,通常政府都保留了回购债券的权力。优先股实际上也是一种永久债券,如果公司的股利支付没有问题,将会持续地支付固定的优先股息。

永久债券的价值计算公式如下:

$$V = \frac{利息额}{折现率}$$

例 6-5 有一永久债券,每年支付利息 50 元,假设折现率为 10%,计算该债券的价值。

解 $$V = \frac{50}{10\%} = 500(元)$$

4)流通债券

流通债券是指已发行并在二级市场上流通的债券。它们不同于新发行债券,已经在市场上流通了一段时间。流通债券的特点是:到期时间小于债券发行的时间;估价的时点不在发行日,可以是任何时点,会产生"非整数计息期"的问题。因此,在估价时需要考虑现在至下一次利息支付的时间因素。

例 6-6 有一面值为 1 000 元的债券,票面利率为 8%,每年支付一次利息,2019 年 6 月 1 日发行,2024 年 5 月 30 日到期。假如现在是 2022 年 4 月 1 日,假设投资

的折现率为 10％，计算该债券的价值。

解 流通债券的估价方法有两种：①以现在为折算时间点，历年现金流量按非整数计息期折现；②以最近一次付息时间（或最后一次付息时间）为折算时间点，计算历次现金流量现值，然后将其折算到现在时点。无论哪种方法，都需要计算非整数期的折现系数。

第一种计算办法：分别计算 4 笔现金流入的现值，然后求和。由于计息期数不是整数，而是 2/12、14/12、26/12，需要计算现值因数。

第二种计算办法：先计算历次现金流量的价值，然后将其折算为 4 月 1 日的价值。

2022 年 6 月 1 日价值＝80×1.735 5＋80＋1 000×0.826 4＝1 045.24(元)

2022 年 4 月 1 日价值＝1 045.24/$(1+10\%)^{2/12}$＝1028.78(元)

流通债券的价值在两个付息日之间呈周期性变动。对于折价发行债券来说，发行后价值逐渐升高，在付息日由于割息而价值下降，然后又逐渐上升。总的趋势是波动上升，如图 6-2 所示。越临近付息日，利息的现值越大，债券的价值有可能超过面值。付息日后债券的价值下降，会低于其面值。

图 6-2 流通债券价值的周期性

四、债券价值的影响因素

通过上述模型可以看出，影响债券价值的因素有折现率、债券面值、到期时间、计息期和到期时间。下面重点介绍折现率和到期时间对债券价值的影响。

（一）折现率对债券价值的影响

折现率和债券价值有密切的关系。债券定价的基本原则是：折现率等于债券利率时，债券价值就是其面值；折现率高于债券利率，债券的价值就低于面值；折现率低于债券利率，债券的价值就高于面值。对所有类型的债券估价，都必须遵循这一原理。

在例 6-1 中，如果投资的折现率为 6％，则该债券的价值为

$$V = 60×(P/A,6\%,5) + 1\ 000×(P/F,6\%,5)$$
$$= 60×4.212\ 4 + 1\ 000×0.747\ 3$$
$$= 1\ 000(元)$$

在例 6-1 中，如果投资的折现率为 5％，则该债券的价值为

$$V = 60×(P/A,5\%,5) + 1\ 000×(P/F,5\%,5)$$
$$= 60×4.329\ 5 + 1\ 000×0.783\ 5$$
$$= 1\ 043.27(元)$$

例 6-7 某 3 年期债券，票面利率为 8％，每年付息 4 次，面值 1 000 元，折现率为 8％。计算该债券的价值。

解 由于债券在一年内复利 2 次,给出票面利率是以一年为计息期的报价利率。实际付息时,以季度为计息期,即以 2％ 计算利息。同样,由于债券在一年内付息 4 次,给出的年折现率也是报价利率,以季度为付息期,折现率为 2％。由于票面利率与折现率相同,该债券的价值应等于其面值。

$$V = 20 \times (P/A, 2\%, 12) + 1\,000 \times (P/F, 2\%, 12)$$
$$= 20 \times 10.575\,3 + 1\,000 \times 0.788\,5$$
$$= 1\,000(元)$$

应当注意的是,凡是利率都可分为报价利率和有效年利率。当一年内要复利几次时,给出的利率是报价利率,报价利率除以年内复利次数得出计息周期利率,根据计息周期利率可以换算出有效年利率。对于这一规则,利率和折现率都要遵守,否则就破坏了估值原则的内在统一性,也就失去了估值的科学性。折现率也有报价折现率、报价周期折现率和有效年折现率之分。当一年内要折现几次时,给出的年折现率是报价折现率。报价折现率除以年内折现次数等于折现周期折现率,折现周期折现率可以换算为有效年折现率。

影响利息高低的因素不仅有利息率,还有复利期长短。因此,利息率和复利期必须同时报价,不能分割。比如,对于平价发行的半年付息债券来说,若票面利率即报价利率为 8％,则它的定价依据是有效年利率为 8.16％,或者说周期折现率为 4％。为了便于不同债券的比较,在报价时需要将不同计息期的利率统一折算为年利率。折算时,报价利率是依据实际计息周期利率乘以一年的复利次数得出,无论是利息率还是折现率都应当如此。

(二)到期时间对债券价值的影响

债券的到期时间,是指当前日至债券到期日之间的时间间隔。

当折现率低于票面利率时,随着时间向到期日靠近,债券价值逐渐下降,最终等于面值;当折现率高于票面利率时,随着时间向到期日靠近,债券价值逐渐上升,最终等于面值;当折现率等于票面利率时,在折现率一直保持不变的情况下,不管它高于或低于票面利率,债券的价值随到期时间的缩短逐渐向债券面值靠近,至到期日债券价值等于债券面值。

例 6-8 某 5 年期债券,票面利率为 8％,折现率为 8％。当到期日为 3 年时,计算该债券的价值。

解
$$V = \frac{80}{(1+8\%)^1} + \frac{80}{(1+8\%)^2} + \frac{80+1\,000}{(1+8\%)^3}$$
$$= 80 \times (P/A, 8\%, 3) + 1\,000 \times (P/F, 8\%, 3)$$
$$= 80 \times 2.577\,1 + 1\,000 \times 0.793\,8$$
$$= 1\,000(元)$$

如果折现率保持 8％ 不变,再经过 1 年,到期日为 2 年时,则该债券的价值为

$$V = \frac{80}{(1+8\%)^1} + \frac{80+1\,000}{(1+8\%)^2}$$
$$= 80 \times (P/A, 8\%, 2) + 1\,000 \times (P/F, 8\%, 2)$$
$$= 80 \times 1.783\,3 + 1\,000 \times 0.857\,3$$
$$= 1\,000(元)$$

可以看出,当折现率等于票面利率时,到期日的缩短对债券价值没有影响。

例 6-9 在例 6-1 中,当到期日为 5 年时,其债券价值为 920.16 元。如果折现率保持 8% 不变,经过 2 年,到期日为 3 年时,计算该债券的价值。

解
$$V = \frac{60}{(1+8\%)^1} + \frac{60}{(1+8\%)^2} + \frac{60+1\,000}{(1+8\%)^3}$$
$$= 60 \times (P/A, 8\%, 3) + 1\,000 \times (P/F, 8\%, 3)$$
$$= 60 \times 2.577\,1 + 1\,000 \times 0.793\,8$$
$$= 948.43(元)$$

可以看出,当折现率高于票面利率时,随着到期日缩短,债券的价值上升。

例 6-10 某 5 年期债券,票面利率为 8%,折现率为 6%。当到期日为 3 年时,计算该债券的价值。

解
$$V = \frac{80}{(1+6\%)^1} + \frac{80}{(1+6\%)^2} + \frac{80+1\,000}{(1+6\%)^3}$$
$$= 80 \times (P/A, 6\%, 3) + 1\,000 \times (P/F, 6\%, 3)$$
$$= 80 \times 2.673 + 1\,000 \times 0.839\,6$$
$$= 1\,053.44(元)$$

如果折现率保持 8% 不变,再经过 1 年,到期日为 2 年时,则该债券的价值为
$$V = \frac{80}{(1+6\%)^1} + \frac{80+1\,000}{(1+6\%)^2}$$
$$= 80 \times (P/A, 6\%, 2) + 1\,000 \times (P/F, 6\%, 2)$$
$$= 80 \times 1.833\,4 + 1\,000 \times 0.89$$
$$= 1\,036.67(元)$$

可以看出,当折现率低于票面利率时,随着到期日缩短,债券的价值下降。

五、债券的收益

(一) 债券收益的来源及影响因素

债券的收益主要包括两方面的内容:一是债券的利息收入;二是资本损益,即债券买入价与卖出价(在持有至到期的情况下为到期偿还额)之间的差额,当卖出价高于买入价时为资本收益,反之,为资本损失。

债券的收益率是衡量债券收益水平的尺度,一般以债券在特定期间带来的收益额与买入价(或本金)的比率表示。决定债券收益率的因素主要有债券票面利率、期限、面值、持有时间、购买价格和出售价格。

(二) 债券收益率的计算

债券的收益率可以分为名义收益率、本期收益率和持有期收益率。

1. 名义收益率

名义收益率又叫票面收益率或息票率,是印制在债券票面上的固定利率,通常是年利息收入与债券面额的比率。名义收益率反映了债券按面值购入、持有至到期所获得的收益水平。

2. 本期收益率

本期收益率又称直接收益率、当前收益率,指债券的年实际利息收入与买入债券的实际价格的比率,计算公式为

$$本期收益率 = \frac{债券年利息}{债券买入价}$$

本期收益率反映了购买债券的实际成本所带来的收益情况,但是不能反映债券的资本损益情况。

例 6-11 有甲、乙、丙三个投资者均购买了大众公司的 10 张债券。该债券的面值为 1 000 元,票面利率为 8%,每年付息一次,偿还期为 10 年。如果他们的购买价格分别为 950 元、1 000 元、1 020 元,则每个认购者的投资收益率分别是多少?

解 三种债券的投资收益率分别为

$$本期收益率_甲 = \frac{债券年利息}{债券买入价} = \frac{1\,000 \times 8\%}{950} = 8.42\%$$

$$本期收益率_乙 = \frac{债券年利息}{债券买入价} = \frac{1\,000 \times 8\%}{1\,000} = 8\%$$

$$本期收益率_丙 = \frac{债券年利息}{债券买入价} = \frac{1\,000 \times 8\%}{1\,020} = 7.84\%$$

可以看出,按照面值购买债券的投资者获得的收益率和票面利率相同;折价购买的投资者获得的收益率高于票面利率,而溢价购买的投资者获得的收益率低于票面利率。

3. 持有期收益率

债券的持有期收益率是指债券持有人在持有期间得到的收益率,能综合反映债券持有期间的利息收入情况和资本损益水平。其中,债券的持有期是指从购入债券到卖出债券或者债券到期清偿之间的期间,通常以年为单位(一年以 360 天计算)。根据债券持有期长短和计息方式不同,债券持有收益率的计算公式存在差异。由于利息率、收益率等指标多数以年利率的形式出现,债券持有收益率可以根据具体情况换算为年均收益率。

1) 债券持有时间较短(不超过一年)的收益率

债券持有时间较短(不超过一年)的,直接按债券持有期间的收益额除以买入价计算持有期收益率:

$$持有期收益率 = \frac{债券持有期间的利息收入 + (卖出价 - 买入价)}{债券买入价}$$

$$持有期年均收益率 = \frac{持有期收益率}{持有年限}$$

$$持有年限 = \frac{实际持有天数}{360}$$

例 6-12 张华 2 月 1 日以每张 980 元的价格购买某公司当天发行的债券 10 张,该债券面值 1 000 元,票面年利息率为 8%,每半年付息一次,期限 3 年。当年 8 月 1 日,收到上半年的利息 40 元;9 月 30 日以 995 元的价格卖出。请你帮张华计算一下,他购买该债券的持有期收益率是多少?

解 持有期间获取的利息 = 1 000 × 8% ÷ 2 = 40(元)

则持有期间的收益率为

$$持有期收益率 = \frac{40 + (995 - 980)}{980} = 5.61\%$$

$$持有期年均收益率 = \frac{5.61\%}{8/12} = 8.42\%$$

即张华持有该债券的收益率为 5.61%，年均收益率为 8.42%。

2）持有期限较长（超过一年）的收益率

持有期限较长的债券收益率是按每年复利 1 次计算的收益率，它是能够使债券未来现金流入现值等于债券购入价格的贴现率。计算到期收益率的方法是求解含有贴现率的方程。以下按照债券付息方式的不同，分别进行分析计算。

（1）到期一次还本付息的单利债券到期收益率的计算

到期一次还本付息的单利债券到期收益率的计算比较简单，只需要求解下列方程：

$$V = M(1 + n \times i) \times (1 + K)^{-n}$$

整理可得

$$K = \sqrt[n]{\frac{M(1 + i \times n)}{V}} - 1$$

式中：i——票面年利率；

K——所求的债券的收益率。

例 6-13　美华企业于 2021 年 2 月 1 日购入三枪公司同日发行的 3 年期，到期一次还本付息的债券，面值 100 000 元，票面利率 6%，利息采用单利计息方式，买入价格为 90 000 元。美华企业持有该债券至到期的收益率为多少？

解　债券到期时可收回本利和 118 000 元（100 000×(1+6%×3)），$n=3$，代入公式得

$$K = \sqrt[3]{\frac{118\ 000}{90\ 000}} - 1 = 9.45\%$$

即本次所购债券持有至到期的收益率为 9.45%。

此外，也可以通过查复利现值系数表，采用插入法求解。

（2）固定利率、每年计算并支付利息、到期归还本金的债券到期收益率的计算

这种债券到期收益率的计算可求解如下方程：

$$V = I \times (P/A, K, n) + M \times (P/F, K, n)$$

债券的到期收益率无法直接计算，可以采用逐步测试法和内插法来计算。

例 6-14　联众公司于 2022 年 2 月 1 日以 1 105 元的价格购买了一张面值 1 000 元的债券，其票面利率为 8%，每年 2 月 1 日计算并支付 1 次利息。该债券于 5 年后的 1 月 31 日到期。联众公司持有该债券至到期日。那么该债券的到期收益率是多少？

解　设该债券的到期收益率为 K，则 K 必须使下面的式子成立：

$$1\ 105 = 1\ 000 \times 8\% \times (P/A, K, 5) + 1\ 000 \times (P/F, K, 5)$$

用 $K=8\%$ 试算：

$$1\ 000 \times 8\% \times (P/A, 8\%, 5) + 1\ 000 \times (P/F, 8\%, 5)$$
$$= 80 \times 3.992\ 7 + 1\ 000 \times 0.680\ 6$$
$$= 1\ 000（元）$$

即债券的收益率和票面利率相等时,债券价格等于价值。

由于贴现结果 1 000 元小于 1 105 元,可判断收益率低于 8%,故应减小贴现率。用 $K=6\%$ 试算:

$$1\ 000 \times 8\% \times (P/A,6\%,5) + 1\ 000 \times (P/F,6\%,5)$$
$$= 80 \times 4.212\ 4 + 1\ 000 \times 0.747\ 3$$
$$= 1\ 084.29(元)$$

贴现结果 1 084.29 元仍小于 1 105 元,还应进一步降低贴现率。用 $K=4\%$ 试算:

$$1\ 000 \times 8\% \times (P/A,4\%,5) + 1\ 000 \times (P/F,4\%,5)$$
$$= 80 \times 4.451\ 8 + 1\ 000 \times 0.821\ 9$$
$$= 1\ 178.04(元)$$

贴现结果 1 178.04 元高于 1 105 元,可以判断,该债券的到期收益率 K 介于 4% 至 6% 之间,我们可以采用内插法来进行估计计算。债券的到期收益率计算如表 6-1 所示。

表 6-1　债券的到期收益率计算表

收益率 K	债券现值 V/元
4%	1 178.04
K	1 105
6%	1 084.29

可以通过下列式子来求解 K,即

$$\frac{K-4\%}{6\%-4\%} = \frac{1\ 105 - 1\ 178.04}{1\ 084.29 - 1\ 178.04}$$

整理得

$$K = \frac{1\ 178.04 - 1\ 105}{1\ 178.04 - 1\ 084.29} \times 2\% + 4\% = 5.56\%$$

即联众公司购买该债券的到期收益率为 5.56%。

显然,逐步测试法比较麻烦。为方便计算,债券的到期收益率也可用以下简便算法求得近似结果:

$$K = \frac{I + (M-V) \div n}{(M+V) \div 2}$$

把联众公司所购买该债券的数据带入上述公式,得到

$$K = \frac{80 + (1\ 000 - 1\ 105) \div 5}{(1\ 000 + 1\ 105) \div 2} = 5.61\%$$

可见,用简易法求得的结果和用插值法求得的结果比较接近。在对结果要求不十分精确的情况下,简易法的计算就可以满足需求。

六、债券投资的风险

债券投资的风险主要包括违约风险、利率风险、购买力风险、流动性风险和期限性风险。

1. 违约风险

违约风险是指债券的发行人不能足额和按时支付利息或偿付本金的风险，这种风险主要决定于发行者的资信程度。一般来说，政府的资信程度最高，其次为金融公司和企业。防范违约风险的方法是不买质量差的债券。

2. 利率风险

债券的利率风险，是指由于利率变动而使投资者遭受损失的风险。利率是影响债券价格的重要因素之一：当利率提高时，债券的价格就降低；当利率降低时，债券的价格就会上升。由于债券价格会随利率变动，所以即便是没有违约风险的国债也会存在利率风险。防范利率风险的措施是分散债券的期限，长、短期配合。如果利率上升，短期投资可以迅速地找到高收益投资机会；如果利率下降，长期债券却能保持高收益。

3. 购买力风险

购买力风险是指由于通货膨胀而使货币的购买力下降的风险。一般来说，预期报酬率会上升的资产，其购买力风险会低于报酬率固定的风险。比如收益长期固定的债券受通货膨胀的影响比股票、房地产等资产要大。规避购买力风险的最好方法是分散投资。

4. 流动性风险

流动性风险，也称变现力风险，是指无法在短期内以合理价格来卖掉债券的风险。如果投资者遇到一个更好的投资机会，他就必须在一定的时间内出售现有的债券，以便进行新的投资。如果他不能找到合适的买主，就有可能蒙受降价损失或者丧失新的投资机会。一般来说，冷门债券的变现能力较差，国库券的流动性较强。

5. 期限性风险

期限性风险，也称再投资风险，是指债券到期时由于利率下降，找不到与购买日利率类似的投资机会而使投资者遭受的风险。购买短期债券而没有购买长期债券，就会有期限性风险。对期限性风险，防范措施应该是分散债券的期限，长、短期配合，不论利率上升还是下降，都会有一部分债券保持较高的收益。

第三节　股票投资管理

一、股票投资的特点

股票投资和债券投资都属于证券投资。证券投资与其他投资相比，总的来说，都具有高风险、高收益、易于变现的特点。但股票投资相对于债券投资而言又具有以下特点。

1. 股票投资是权益性投资

股票投资与债券投资虽然都是证券投资，但是投资的性质不同：股票投资是权益性投资，股票是代表所有权的凭证，持有人作为发行公司的股东，有权参与公司的经营决策。

2. 股票投资的风险大

投资者购买股票后,不能要求股份公司偿还本金,只能在证券市场上转让。因此,股票投资者至少面临两方面的风险:一是股票发行公司经营不善所形成的风险;二是股票市场价格变动所形成的差价损失风险。

3. 股票投资的收益率高

由于投资的高风险性,股票作为一种收益不固定的证券,其收益率一般高于债券。

4. 股票投资的收益不稳定

股票投资的收益主要是公司发放的股利和股票转让的价差收益,相对于债券而言,其稳定性较差。

5. 股票价格的波动性大

股票价格既受发行公司经营状况的影响,又受股市投机等因素的影响,波动性较大。

二、股票的相关概念

1. 股票价值

股票价值是指股票预期的未来现金流入的现值。股票价值也称"股票的内在价值",它是股票的真实价值,也叫理论价值。通常用 V 代表股票的价值。

2. 股票价格

股票价格主要是由预期股利和当时的市场利率决定,即股利的资本化价值决定了股票价格。另外,股票价格还受整个经济环境变化和投资者心理等复杂因素的影响。

3. 股利

股利是股息和红利的总称。股利是公司从其税后利润中分配给股东的,是公司对股东投资的一种报酬。用 D 代表股利,D_0 代表最近刚支付的股利,D_t 代表股东预期在第 t 年底收到的股利。

三、股票的估价

(一)股票价值计算的基本模型

股票价值的计算类似于债券价值的计算,即求股票未来现金流入的现值。
永久性持有该公司股票,则股票价值计算的基本模型为

$$V = \frac{D_1}{(1+K)^1} + \frac{D_2}{(1+K)^2} + \cdots + \frac{D_n}{(1+K)^n} + \cdots = \sum_{t=1}^{\infty} \frac{D_t}{(1+K)^t}$$

式中:V——股票的价值;

D_t——第 t 年的股利;

K——贴现率,即股票必要的报酬率;

t——年份。

若投资者不打算永久地持有该股票,而在一段时间后出售,他的未来现金流入是几次股利和出售时的股价之和,则模型为

$$V = \sum_{t=1}^{n} \frac{D_t}{(1+K)^t} + \frac{P_n}{(1+K)^n}$$

式中：P_n——第 n 年的市场价格，即投资者出售时的市场价格。

（二）股票价值计算的具体应用

1. 零成长股票的价值

零成长股票是指预期股利金额每年是固定的，即 $D_1 = D_2 = D_3 = \cdots = D_n$（$n$ 为 ∞），则股利支付过程是一个永续年金。由于永续年金的现值是由永续年金除以贴现率来决定，故该种股票的价值为

$$V = \frac{D}{K}$$

例 6-15 某种股票每年股利均为 4 元，投资者要求的最低报酬率为 8%，计算该股票的价值。

解

$$V = \frac{D}{K} = 4 \div 8\% = 50（元）$$

2. 固定股利增长率股票的价值

如果企业股利以一定的增长率稳定增长，并假设每年股利增长率均为 g，目前的股利为 D_0，则第 t 年的股利 D_t 为

$$D_t = D_0(1+g)^t$$

则固定成长股票的价值的计算公式为

$$V = \sum_{t=1}^{\infty} \frac{D_0(1+g)^t}{(1+K)^t}$$

当 g 固定且小于 K 时，上述公式可简化为

$$V = \frac{D_0(1+g)}{K-g} = \frac{D_1}{K-g}$$

例 6-16 某企业股票目前的股利为每股 4 元，预计年增长率为 3%，市场收益率为 8%，小王以每股 80 元的价格购买了该股票。判断小王购买该股票是否合适？并计算小王持有该股票的投资报酬率。

解
$$V = \frac{D_0(1+g)}{K-g} = \frac{4(1+3\%)}{8\%-3\%} = 82.4（元）$$

小王的买价低于股票的价值，该投资合适。

小王持有该股票的收益率为

$$K = \frac{D_1}{P_0} + g = 4 \times (1+3\%) \div 80 + 3\% = 8.15\%$$

3. 非固定成长股票的价值

非固定成长股票价值的计算，实际上就是固定成长股票价值计算的分段运用。

例 6-17 股票市场预期某公司的股票股利在未来的 3 年内高速成长，成长率达到 15%，以后转为正常增长，增长率为 10%。已知该公司最近支付的股利为每股 3 元，投资者要求的最低报酬率为 12%。试计算该公司股票目前的市场价值。

解 首先，计算前 3 年的股利现值，具体见表 6-2。

表 6-2　前 3 年股利现值计算表

年　份	股利(D_t)/元	现值系数(12%)	股利现值 P/元
1	$3\times(1+15\%)$	0.892 9	3.080 5
2	$3\times(1+15\%)^2$	0.797 2	3.162 9
3	$3\times(1+15\%)^3$	0.711 8	3.247 6
合　计			9.491 0

然后,计算第 3 年底该股票的价值:

$$V_1 = \frac{D_4}{K-g}$$
$$=3\times(1+15\%)^3\times(1+10\%)\div(12\%-10\%)$$
$$=250.94(元)$$

再计算其第 3 年底股票价值的现值:

$$V_2 = 250.94\div(1+12\%)^3 = 178.61(元)$$

最后,将上述两步所计算的现值相加,便能得到目前该股票的价值,即

$$V = 9.491\,0 + 178.61 = 188.10(元)$$

即该公司股票目前的市场价值为 188.10 元。

4. 优先股的价值

优先股按照约定的票面股息率支付股利,其票面股息率可以是固定股息率或浮动股息率。公司章程中规定优先股采用固定股息率的,可以在优先股存续期内采取相同的固定股息率,或明确每年的固定股息率,各年度的股息率可以不同;公司章程中规定优先股采用浮动股息率的,应当明确优先股存续期内票面股息率的计算方法。

无论优先股采用固定股息率还是浮动股息率,优先股价值均可以通过对未来优先股股利的折现进行估计,即采用股利的现金流折现模型估值。其中,当优先股存续期内采用相同的固定股息率时,每期股息就形成了无限期定额支付的年金,即永续年金,优先股就相当于永久债券。其估值公式如下:

$$V_p = \frac{D_p}{K}$$

式中:D_p——优先股股息;

　　V_p——优先股价值。

（三）市盈率分析法

市盈率分析法是以股票的市盈率和每股收益的乘积来评价股票价值的方法。

股票价值＝行业平均市盈率×该股票每股收益

股票价格＝该股票市盈率×该股票每股收益

用股票价值与股票价格比较,可以看出该股票是否值得投资。

例 6-18　某公司的市盈率为 20,该公司的每股收益为 0.80 元,行业同类企业股票的平均市盈率为 24。计算该股票的价值和价格。

解
$$股票价值＝24×0.80＝19.2（元）$$
$$股票价格＝20×0.80＝16（元）$$

市盈率指标在证券投资中是一个非常重要的概念。一般认为，股票的市盈率高，则表明投资者对公司的未来充满信心，愿意为每1元盈余多付买价；股票的市盈率低，则表明投资者对公司的未来缺乏信心，不愿意为每1元盈余多付买价。但市盈率过高或过低都不好，意味着该股票的风险增大。决定和影响市盈率的因素有股利增长率、折现率、付息率等。

四、股票的收益率

1. 股票收益率的来源

股票投资的收益由股利收益、股利再投资收益、转让价差收益三部分构成。只要按照货币时间价值的原理计算股票投资收益，就无须单独考虑再投资收益的因素。

2. 股票的内部收益率

股票的内部收益率，是使得股票未来现金流入量贴现值等于目前的购买价格时的贴现率，也就是股票投资项目的内含报酬率。股票的内部报酬率高于投资者所要求的最低报酬率时，投资者才愿意购买该股票。在固定增长率股票估价模型中，用股票的购买价格 P_0 代替内在价值 V，就有

$$K=\frac{D_1}{P_0}+g$$

从上式中可以看出，股票投资内部收益率由两部分构成：一是预期股利收益率 $\frac{D_1}{P_0}$，二是股利增长率 g。

如果投资者不准备长期持有股票，而是将股票转让出去，则股票的投资收益由股利收益和资本利得（转让价差收益）构成。这时股票内部收益率 K 是股票投资净现值为零时的贴现率，计算公式为

$$NPV=\sum_{t=0}^{n}\frac{D_t}{(1+K)^t}+\frac{P_n}{(1+K)^n}-P_0=0$$

例 6-19 老杨 2018 年 5 月买入 A 公司股票 1 000 股，每股购价 6.5 元。该公司 2019 年到 2021 年连续 3 年每年 5 月分别派发现金股利 0.20 元/股、0.25 元/股、0.32 元/股。老杨在 2021 年 5 月收到股利后，以每股 7.50 元的价格出售该股票。计算老杨投资该股票的内部收益率。

解
$$NPV=\frac{0.2}{1+K}+\frac{0.25}{(1+K)^2}+\frac{0.32}{(1+K)^3}+\frac{7.50}{(1+K)^3}-6.5=0$$

当 $K=10\%$ 时，
$$NPV=-0.238\,9$$

当 $K=8\%$ 时，
$$NPV=0.108\,5$$

用插值法求解：

$$K = 8\% + 2\% \times \frac{0.108\ 5}{0.108\ 5 + 0.238\ 9} = 8.62\%$$

五、证券投资组合

(一)证券投资组合的意义

证券投资组合又叫证券组合,是指在进行证券投资时,不是将所有的资金都投向单一的某种证券,而是有选择地投向一组证券。这种同时投资多种证券的做法便叫证券的投资组合。

通过有效地进行证券投资组合,便可削减证券风险,达到降低风险的目的。证券市场上经常可听到这样一句名言:不要把全部鸡蛋放在同一个篮子里。证券投资组合是证券投资的重要武器,它可以帮助投资者全面捕捉获利机会,降低投资风险。

(二)证券投资组合的风险与收益

证券投资组合的风险包括非系统性风险和系统性风险。非系统性风险可通过证券持有的多样化来抵消,系统性风险不能通过证券组合分散掉。系统风险的大小,通常用 β 系数来计量。整个证券市场的 β 系数为 1,单个证券的 β 系数可以由有关的投资服务机构提供。

证券投资组合的风险大小、证券投资组合的风险收益和必要收益率的确定,详见第二章资产组合的有关叙述。

例 6-20 某证券投资组合中有三只股票,有关的信息如表 6-3 所示。假如同期市场收益率为 15%,国债收益率为 10%。计算该资产组合的 β 系数、风险收益率和必要报酬率。

表 6-3　投资组合中股票的相关信息

股票	β 系数	股票的每股市价/元	股票的数量/股
A	0.7	4	2 000
B	1.1	2	1 000
C	1.7	10	1 000

解　三种股票所占投资组合的比例分别为
A 股票的比例＝4×2 000÷(4×2 000+2×1 000+10×1 000)＝40%
B 股票的比例＝2×1 000÷(4×2 000+2×1 000+10×1 000)＝10%
C 股票的比例＝10×1 000÷(4×2 000+2×1 000+10×1 000)＝50%
该组合的 β 系数为
$$\beta = 40\% \times 0.7 + 10\% \times 1.1 + 50\% \times 1.7 = 1.24$$
该组合的风险收益率为
$$R_p = \beta \cdot (R_m - R_f) = 1.24 \times (15\% - 10\%) = 6.2\%$$
该投资组合的必要报酬率为
$$R = R_f + \beta \cdot (R_m - R_f) = 10\% + 1.24 \times (15\% - 10\%) = 16.2\%$$

（三）证券投资组合的策略与构建

1. 证券投资组合策略

1）保守型策略

这种策略认为，最佳证券投资组合策略是要尽量模拟市场现状，将尽可能多的证券包括进来，以便分散全部可分散风险，得到与市场所有证券的平均收益同样的收益。这种投资组合有以下好处：第一，能分散掉全部可分散风险；第二，不需要高深的证券投资的专业知识；第三，证券投资的管理费比较低。但这种组合获得的收益不会高于证券市场上所有证券的平均收益。

2）冒险型策略

这种策略认为，与市场完全一样的组合不是最佳组合，只要投资组合做得好，就能取得远远高于平均水平的收益。在这种组合中，一些成长型的股票比较多，而那些低风险、低收益的证券不多。另外，其组合的随意性强，变动频繁。

3）适中型策略

这种策略认为证券的价格，特别是股票的价格，是由特定企业的经营业绩来决定的。市场上股票价格的一时沉浮并不重要，只要企业经营业绩好，股票一定会升到其本来的价值水平。各种金融机构、投资基金和企事业单位在进行证券投资时一般都采用此种策略。

2. 证券投资组合的构建

投资者要进行投资组合，首先必须确定组合应达到的目标。一般证券组合的目标有两个方面：一是收益目标，包括保证本金的安全；二是风险控制目标，包括对资产流动性的要求以及最大损失范围的确定等。证券资产组合的目标不是一成不变的，必须与投资者的各种制约条件和偏好相适应，同时还要与企业所处的财务管理环境相适应。

管理一个证券组合的核心步骤是证券组合的构建，这直接决定组合效益和风险的高低。一般情况下，证券组合的构建要分四步走：第一是界定证券组合的范围，比如债券、股票等；第二是分析并判断各个证券和资产的类型的预期回报率和风险；第三是确定各种证券资产在证券资产组合中的权重；第四，对证券投资组合的风险和收益进行评价。当证券组合建立之后，还必须根据评价结果，选择恰当的时机，对证券组合中的具体证券品种做出必要的调整，比如增加有利于提高证券组合效益或降低证券组合风险的证券品种，剔除对提高证券组合效益或降低证券组合风险不利的证券品种。

第四节　基金投资管理

投资基金是一种集合投资方式，投资者通过购买基金份额，将众多资金集中起来，由专业的投资者即基金经理人进行管理，以投资组合的方式进行投资，实现利益共享、风险共担。

一、基金投资分类

基金按照投资对象的不同,可以分为证券投资基金和另类投资基金。证券投资基金主要投资于证券交易所或者银行间市场上公开交易的有价证券,如股票、债券等;另类投资基金包括私募股权基金、风险投资基金、对冲基金和投资于实物资产如房地产、基础设施等的基金。

本教材主要介绍证券投资基金。证券投资基金以股票、债券等金融证券为投资对象,基金投资者通过购买基金份额的方式进行间接的证券投资,由基金管理人进行专业化投资决策,由基金托管人对资金进行托管,基金托管人往往是商业银行或其他金融机构。基金反映的是一种信托关系,是一种受益凭证,投资者购买基金份额成为基金的受益人。

二、证券投资基金的特点

1. 集合理财实现专业化管理

基金将投资者的资金集合起来,通过基金管理人进行投资,实现了集合理财。基金管理人具有更加专业的投资技能和丰富的投资经验,将集中起来的资金交由基金管理人进行管理,对于中小投资者来说,可以获得更加专业的投资服务。

2. 通过投资组合实现分散风险的目的

资金量较小时无法通过购买多种证券实现分散投资风险的目的,而基于基金投资集合理财的特点可以同时购买多种证券,投资者可以通过购买基金份额从而用较小的资金购买"一揽子"证券,实现分散风险的目的。

3. 投资组合利益共享且风险共担

基金投资者可以获取的收益等于基金投资收益减去基金应当承担的相关费用,各投资者依据所持有的份额比例进行分配,当收益上升或下降时,各基金投资者获取的收益也按照持有的比例上升或下降相应的金额。参与基金运作的管理人和基金托管人按照约定的比例收取管理费用和托管费用,无权参与基金收益的分配。

4. 权利隔离的运作机制

参与基金运作的包括基金投资者、托管人、管理人。基金管理人只负责基金的投资工作,而基金财产则交给基金托管人,基金操作权利与资金管理权利相互隔离,形成了相互监督、相互制约的机制,从而有效地保障基金投资者的利益。

5. 严格的监管制度

我国基金监管机构依据《证券投资基金法》及其他相关管理办法对基金行业进行严格监管,严厉打击侵害投资者利益的违法行为。我国的基金业监管采取法定监管机构与自律性组织相结合的监管模式。中国证监会是我国政府的基金监管机构,证券交易所是证券市场的自律管理者。

三、证券投资基金的业绩评价

基金投资后,投资者关注的重要问题是基金的业绩。只有通过完备的投资业绩评估,投资者才能有足够的信息来了解自己的投资状况,进行基金投资决策。

（一）进行业绩评价时需要考虑的因素

1. 投资目标与范围

两种投资目标与范围不同的基金不具有可比性，不能作为基金投资决策的选择标准。例如，被动型基金主要以指数成分股作为投资标的，其投资目的为获得与指数表现同步的收益；货币基金则是依据其投资范围进行性质判定，主要投资于货币市场，获得稳定但较少的收益，同时承担着较低风险。被动型基金与货币基金之间不具备可比性。在进行业绩比较时需考虑投资目标与范围的差异，从而为投资决策提供正确的依据。

2. 风险水平

依据财务学的基本理论，风险与收益之间存在正相关关系，风险增加时必然要求更高的收益进行补偿，所以单纯比较收益水平会导致业绩评价结果存在偏差，应当关注收益背后的风险水平。

3. 基金规模

基金存在研究费、信息获取费用等固定成本，随着基金规模的增加，基金的平均成本会下降。另外，非系统风险也会随着基金规模的增加而降低。

4. 时间区间

在比较不同的基金业绩时需要注意是否处在同样的业绩计算期，不同的业绩比较期，基金业绩可能存在较大差异。为提高业绩比较结果的准确性，可以采用多个时间段的业绩进行比较，比如选择近一个月、近三个月或者近一年等。

（二）基金业绩评估的指标

1. 绝对收益

基金绝对收益测量的是证券或者投资组合的增值或贬值，在一定时期内获得的回报情况，一般用百分比的收益率衡量。常用的收益指标有以下三个。

1）持有期间收益率

基金持有期间所获得的收益通常来源于所投资证券的资产回报和收入回报两部分。资产回报是指股票、债券等资产价格的增加，收入回报为股票或债券的分红、利息等。计算公式如下：

$$持有期间收益率 = \frac{期末资产价格 - 期初资产价格 + 持有期间红利收入}{期初资产价格} \times 100\%$$

2）现金流和时间加权收益率

基金投资的收益率计算需要考虑多重因素的变化，一方面在进投资过程中会不断地有投资者在进行申购赎回等操作，引发资金变动；另一方面基金是众多证券投资的组合，证券发放红利或利息的时间存在差异。因此，在全球投资业绩标准的基本要求中往往采用现金流和时间的加权收益率。该方法将收益率计算区间划分为若干个子区间，每个子区间以现金流发生时间划分，以各个子区间收益率为基础计算整个期间的绝对收益水平。例如，某股票基金 2019 年 5 月 1 日有大客户进行了申购，9 月 1 日进行了分红，上述两个时点即为现金流发生的时点，因此，将 2019 年以上述两个时点划分为三个阶段，假设三个阶段的收益率分别为 −6%、5%、4%，则该基金当年的现金流和时间加权收益率为 2.65%,即 $(1-6\%)\times(1+5\%)\times(1+4\%)-1=2.65\%$。

3)平均收益率

基金的平均收益率根据计算方法不同,可以分为算术平均收益率和几何平均收益率。算术平均收益率计算各期收益率的算术平均值。算术平均收益率 (R_A) 计算公式如下:

$$R_A = \frac{\sum_{t=1}^{n} R_t}{n} \times 100\%$$

式中:R_t——t 期收益率;

n——期数。

几何平均收益率 (R_G) 的计算公式如下:

$$R_G = \left[\sqrt[n]{\prod_{i=1}^{n}(1+R_i)} - 1\right] \times 100\%$$

式中:R_i——i 期收益率;

n——期数。

几何平均收益率相比算术平均收益率考虑了货币时间价值。一般来说,收益率波动越明显,算术平均收益率相比几何平均收益率越大。

2. 相对收益

基金的相对收益,是基金相对于一定业绩比较基准的收益。根据基金投资的目标选取对应的行业或市场指数,例如沪深 300 指数、上证指数等,以此指数成分股股票收益率作为业绩比较基准,求解相对收益。例如,某基金以沪深 300 指数作为业绩比较基准,当沪深 300 指数收益率为 8%,该基金收益率为 6% 时,从绝对收益看确实盈利了,但其实相对收益为 -2%。这样的收益计算方式可以使投资者通过比较基金与基准基金的收益差异对基金经营业绩有更深入的认识,该业绩比较基准也为某基金经理提供了投资参考。

本章小结

证券投资管理是企业投资管理的一个重要内容,特别是在我国证券市场日益成熟的环境下更是如此。良好的证券投资管理,可以使企业的资金得到合理的利用,给企业带来一定的投资收益。企业证券投资的主要形式是股票投资和债券投资。本章介绍了证券投资的基本理论知识,重点介绍了股票、债券的理论估值及其投资收益的计算,以及相关风险的分析及其防范,以期对企业的日常投资管理提供理论支持。

百兴商业集团的股票价值

张伟是东方咨询公司的一名财务分析师,应邀评估百兴商业集团建设新商场对

209

公司股票价值的影响。张伟根据公司情况作了以下估计。

（1）公司本年度净收益为 200 万元，每股支付现金股利 2 元，新建商场开业后，预计净收益第一年、第二年均比上年增长 15%，第三年比上年增长 8%，第四年及以后将保持第三年的净收益水平。

（2）该公司一直采用固定支付率的股利政策，并打算今后继续实行该政策。

（3）公司的 β 系数为 1，如果将新项目考虑进去，β 系数将提高到 1.5。

（4）无风险收益率（国库券利率）为 4%，市场要求的收益率为 8%。

（5）公司股票目前市价为 23.60 元。

张伟打算利用股利贴现模型，同时考虑风险因素进行股票价值的评估。百兴商业集团的一位董事提出，如果采用股利贴现模型，股利越高，则股价越高，所以公司应改变原有的股利政策，提高股利支付率。

（资料来源：秦志敏.财务管理习题与案例[M].大连：东北财经大学出版社，2007.）

思考：

请你协助张伟完成以下工作：

（1）参考固定股利增长贴现模型，分析这位董事的观点是否正确；

（2）分析股利增加对可持续增长率和股票的账面价值有何影响；

（3）评估公司股票价值。

点评：

（1）该董事的观点是错误的。该公司一直采用固定支付率的股利政策，由于第 4 年及以后的净收益水平保持不变，所以从第 4 年后每年股利是固定的。在固定股利增长率模型 $V=\dfrac{D_1}{K-g}$ 中，当股利较高、贴现率及增长率不变的情况下，价格也会较高。但是，如果公司提高了股利支付率，股利的增长率 g 就会下降，股票的价格就不一定会上升。

（2）提高股利支付率，把更多的利润分配给股东，留在企业的利润就会相对减少，从而减少企业再投资的机会，这样就会降低公司的可持续增长率，从而降低公司股票的账面价值。

（3）根据已知条件，有：$K=R_f+\beta\cdot(R_m-R_f)=4\%+1.5\times(8\%-4\%)=10\%$。

公司股票价值计算表如表 6-4 所示。

表 6-4　股票价值计算表

年　　份	第 0 年	第 1 年	第 2 年	第 3 年	合　　计
每股股利/元	2.00	2.30	2.65	2.86	
现值系数（$i=10\%$）		0.909 1	0.826 4	0.751 3	
前 3 年股利现值/（元/股）		2.09	2.19	2.15	6.43
第 3 年末股票价值/（元/股）				28.60	
第 3 年末股票价值的现值/（元/股）				21.49	21.49
股票价值/（元/股）					27.92

由表 6-4 的计算结果可以看出，目前公司股票的价值为 27.92 元/股，高于其市

价 23.60 元/股。这一结果表明,上新项目会使公司股价上升,同时公司的 β 系数和风险溢价也会上升。

表中有关数据计算如下:

第 3 年末该股票的价值:

$$V_1 = \frac{D_4}{K} = 2.86 \div 10\% = 28.60(元/股)$$

第 3 年末股票价值的现值:

$$V_2 = 28.60 \div (1+10\%)^3 = 21.49(元/股)$$

目前该股票的价值:

$$V = 6.43 + 21.49 = 27.92(元/股)$$

 思考与练习题

【思考题】

1. 在市场利率不变的情况下,债券的理论价值会随着时间的推移如何变化?

2. 债券的发行价格受哪些因素影响?认为债券的票面利率高于发行时的市场利率,债券就一定溢价发行,否则就一定折价发行的观点对吗?

3. 股票的价格受哪些因素影响?如何影响?

4. 证券组合投资的主要目的是什么?你认为通过合理的证券投资组合,能把所有的投资风险规避掉吗?为什么?

5. 证券投资基金的优点是什么?

【练习题】

一、单项选择题

1. 相对于股票投资而言,下列项目中能够揭示债券投资特点的是:(　　)。

A. 无法事先预知投资收益水平　　B. 投资收益率的稳定性较强

C. 投资收益率比较高　　　　　　D. 投资风险较大

2. 某种股票当前的市价是 8 元,每股股利是 0.40 元,预期的股利增长率为 5%,则其市场决定的预期收益率是(　　)。

A. 5%　　　　B. 5.5%　　　　C. 10%　　　　D. 10.25%

3. 某公司发行面值为 1 000 元的债券,票面利率是 6%,期限是 10 年,每年付息一次,当时市场利率为 10%。债券的内在价值为(　　)元。

A. 1 000　　　B. 924　　　　C. 754　　　　D. 950

4. 某公司的股票每股盈余为 2 元,市盈率为 10。若同期同行业股票的平均市盈率为 13,则该股票的价值为(　　)元。

A. 20　　　　B. 23　　　　C. 46　　　　D. 26

5. 小张于 2020 年 6 月 30 日以 980 元的价格购买 A 公司于 2016 年 1 月 1 日平价发行的债券,面值为 1 000 元,票面利率为 8%,5 年期,每年 12 月 31 日支付一次利息,小张将此债券持有至到期,则持有期年均收益率为(　　)。

A. 8% B. 16% C. 20.4% D. 10.2%

6. 已知某只股票的 $\beta=1.2$，则以下说法正确的是：(　　)。

A. 该股票的系统风险大于整个市场的系统风险

B. 该股票的系统风险等于整个市场的系统风险

C. 该股票的系统风险小于整个市场的系统风险

D. 该股票的系统风险与整个市场的系统风险大小不确定

7. 下列各项中，不能通过证券组合分散的风险是(　　)。

A. 非系统性风险　　　　　　B. 公司特别风险

C. 可分散风险　　　　　　　D. 系统风险

8. 某投资组合的风险收益率为 10%，市场组合的平均收益率为 12%，无风险收益率为 8%，则该投资组合的 β 系数为(　　)。

A. 2 B. 2.5 C. 1.5 D. 5

二、多项选择题

1. 股票投资相对于债券投资具有的特点包括(　　)。

A. 股票投资和债券投资都是权益性投资

B. 股票投资的风险大，收益率低

C. 股票投资的收益不稳定

D. 股票价格波动性大

2. 在计算不超过一年期债券的持有期年均收益率时，应考虑的因素包括(　　)。

A. 利息收入　　B. 持有时间　　C. 买入价　　　　D. 卖出价

3. 与股票投资相比，债券投资的优点是(　　)。

A. 本金安全性好　　　　　　B. 投资收益率高

C. 购买力风险低　　　　　　D. 收入稳定性强

4. 在下列各项中，影响债券收益率的是(　　)。

A. 债券的票面利率、期限和面值　　B. 债券的持有时间

C. 债券的买入价和卖出价　　　　　D. 债券的流动性和违约风险

5. 证券投资具有的特点是(　　)。

A. 流动性强　　B. 价格不稳定　　C. 交易成本低　　D. 风险高

6. 证券的基本特征是(　　)。

A. 产权性　　B. 收益性　　C. 流通性　　　　D. 风险性

7. 按证券的性质不同，可以分为(　　)。

A. 债权性证券　　　　　　　B. 权益性证券

C. 混合性证券　　　　　　　D. 固定收益证券

E. 长期证券

8. 投资组合的证券 A 和证券 B，其标准差分别为 12% 和 8%，其收益分别为 15% 和 10%，则下列表述中正确的是：(　　)。

A. 两种资产组合的最高收益率为 15%

B. 两种资产组合的最低收益率为 10%

C. 两种资产组合的收益率有可能会高于 15%

D. 两种资产组合的收益率有可能会低于 10%

9. 下列关于市场组合的表述中,正确的是:(　　　)。

A. 市场组合是指由市场上所有资产组成的组合

B. 市场组合的收益率就是市场平均收益率,实务中通常用股票价格指数的收益率来代替

C. 市场组合的方差则代表了市场整体的风险

D. 市场组合的风险就是市场风险或系统风险

10. 关于股票或股票组合的 β 系数,下列说法中正确的是:(　　　)。

A. 作为整体的市场投资组合的 β 系数为 1

B. 股票组合的 β 系数是构成组合的个股 β 系数的加权平均数

C. 股票的 β 系数衡量个别股票的系统风险

D. 股票的 β 系数衡量个别股票的非系统风险

三、判断题

1. 票面收益率又称名义收益率或息票率,是印制在债券票面上的固定利率,通常是年利息收入与债券面额的比率。票面收益率反映了债券按面值购入、持有到期满所获得的收益水平。(　　　)

2. 本期收益率又称直接收益率、当期收益率,指债券的年实际利息收入与买入债券的实际价格之比率。(　　　)

3. 一般来说,市盈率高,说明投资者对该公司的发展前景看好,愿意出较高的价格购买该公司股票。但是,市盈率也不能说越高越好。(　　　)

四、计算题

1. 老张 2021 年 4 月 1 日以 1 080 元的价格购入当天发行的 4 年期债券,已知债券面值为 1000 元,票面利率为 12%,每年付息 1 次,并且持有至到期。假如 2021 年的市场利率为 10%。要求:

(1) 分别计算该债券价值和收益率,计算后分析老张投资该债券是否合适。

(2) 如果该债券为到期一次还本付息,单利计息,再计算分析老张投资该债券是否合适。

(3) 如果该债券是每年付息 2 次,其他条件不变,再分析老张投资该债券是否合适。

2. 某种股票为固定成长股票,年增长率为 5%,预期 1 年后的股利为 6 元。现行国库券的收益率为 11%,平均风险股票的必要报酬率为 16%,且该股票的 β 系数为 1.2。

要求计算:

(1) 该股票的风险报酬率和必要报酬率分别是多少?

(2) 该股票的理论价值是多少? 假如该股票市价为 60 元,是否适合投资?

(3) 假设另有一只股票市价为 20 元,每年支付股利 5 元,β 系数为 1.5,分析该股票是否适合投资?

3. 某公司持有 A、B、C 三种股票构成的证券组合,它们的 β 系数分别是1.8、1.5 和 0.7,它们在证券组合中所占的比重分别是 50%、30% 和 20%,股票的市场收益率为 10%,无风险收益率为 5%。要求计算:

(1) 该证券组合的 β 系数是多少?

(2) 该证券组合的风险报酬率是多少?

(3) 该证券组合的必要报酬率是多少?

第七章 营运资金管理

本章知识结构图

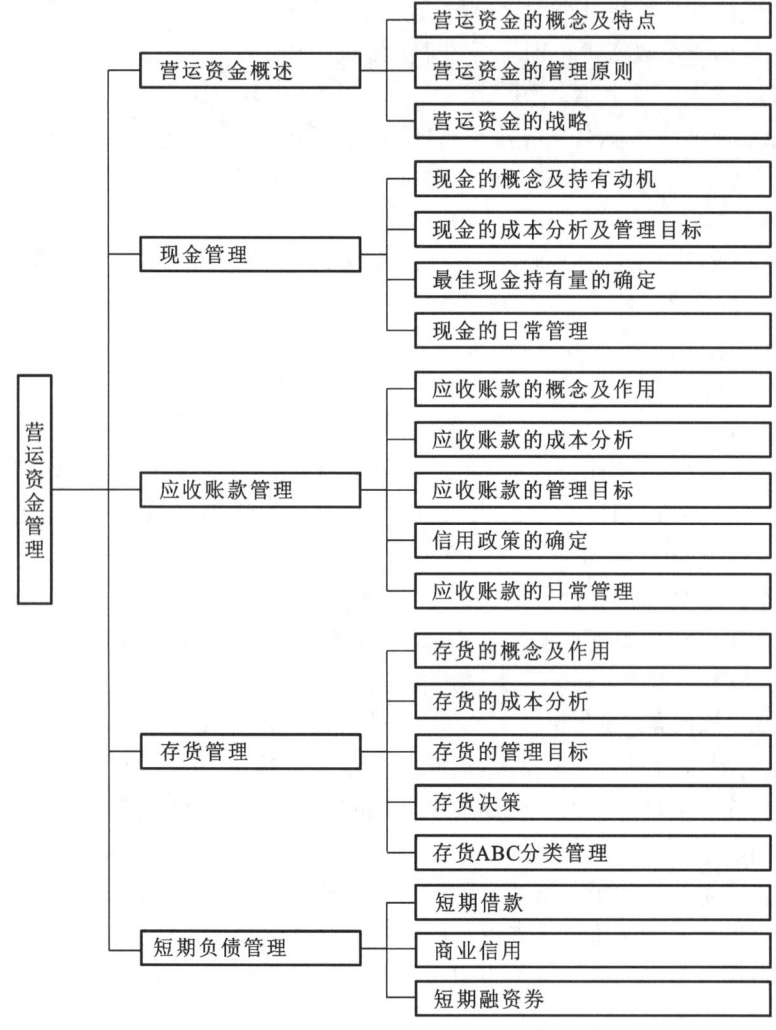

营运资金管理
- 营运资金概述
  - 营运资金的概念及特点
  - 营运资金的管理原则
  - 营运资金的战略
- 现金管理
  - 现金的概念及持有动机
  - 现金的成本分析及管理目标
  - 最佳现金持有量的确定
  - 现金的日常管理
- 应收账款管理
  - 应收账款的概念及作用
  - 应收账款的成本分析
  - 应收账款的管理目标
  - 信用政策的确定
  - 应收账款的日常管理
- 存货管理
  - 存货的概念及作用
  - 存货的成本分析
  - 存货的管理目标
  - 存货决策
  - 存货ABC分类管理
- 短期负债管理
  - 短期借款
  - 商业信用
  - 短期融资券

 学习目的

通过本章的学习,我们希望达到以下目标:

(1) 熟悉营运资金的定义与特点及营运资金管理要求;

(2) 掌握现金管理的目标、持有动机、最佳现金持有量的确定及现金收支管理方法；

（3）理解应收账款的功能与应收账款的成本、信用政策的概念，掌握信用政策的决策方法及应收账款的日常管理方法；

（4）理解存货的功能与存货成本分析，掌握常见的最佳存货量的决策方法及存货的管理方法。

（5）掌握短期借款的信用条件和利息的支付方法；

（6）了解商业信用种类，掌握应付账款放弃现金折扣成本的计算及利用现金折扣的决策。

导入案例

长虹巨额应收账款是怎样形成的

四川长虹，从 1994 年上市到 1997 年，业绩一直很好。1998 年，长虹业绩开始下滑，为了扭转局面，长虹大力开拓国内农村市场，但成效甚微。从 2001 年开始，长虹转向开拓国际市场，业绩有所回升。到 2002 年，出口量逐渐增加，业绩也不断好转。2000 年到 2003 年，公司的销售收入平均每年增长 8.47%，但同期应收账款增速为 52.27%。2003 年应收账款占销售收入的 33.52%。

长虹公司的主要欠款单位为美国的 APEX 公司。2003 年年度报告显示，到 2003 年末，长虹公司应收账款共计 49.85 亿元，其中美国 APEX 公司就有 44.46 亿元。

巨额应收账款无法收回，外界疯传长虹被骗，公司资金出现严重危机，导致股价连续暴跌，损失了 13.3 亿元。

后经调查，美国 APEX 公司是国际市场上臭名昭著的骗子公司。在长虹与其合作之前，就已经有国内的公司与该公司就应收账款归还问题诉诸官司。

从长虹巨额应收账款的形成过程中，我们对企业营运资金管理中该注意哪些问题？

第一节　营运资金概述

一、营运资金的概念

营运资金是指流动资产减去流动负债后的余额。营运资金的管理既包括流动资产的管理，也包括流动负债的管理。

1. 流动资产

流动资产是指可以在 1 年以内或超过 1 年的一个营业周期内变现或运用的资产。流动资产具有占用时间短、周转快、易变现等特点。企业拥有较多的流动资产，可在一定程度上降低财务风险。流动资产按不同的标准可进行不同的分类，常见分类方式如下：

（1）按占用形态不同，分为现金、交易性金融资产、应收及预付款项和存货等。

（2）按在生产经营过程中所处的环节不同，分为生产领域中的流动资产、流通领域中的流动资产及其他领域的流动资产。

2. 流动负债

流动负债是指需要在1年或者超过1年的一个营业周期内偿还的债务。流动负债又称短期负债，具有成本低、偿还期短的特点。流动负债按不同标准可作不同分类，最常见的分类方式如下。

（1）以应付金额是否确定为标准，可以分为应付金额确定的流动负债和应付金额不确定的流动负债。应付金额确定的流动负债是指那些根据合同或法律规定到期必须偿付、并有确定金额的流动负债；应付金额不确定的流动负债是指那些要根据企业生产经营状况，到一定时期或具备一定条件才能确定的流动负债，或应付金额需要估计的流动负债。

（2）以流动负债的形成情况为标准，可以分为自然性流动负债和人为性流动负债。自然性流动负债是指不需要正式安排，由于结算程序或有关法律法规的规定等原因而自然形成的流动负债；人为性流动负债是指根据企业对短期资金的需求情况，通过人为安排所形成的流动负债。

（3）以是否支付利息为标准，可以分为有息流动负债和无息流动负债。

二、营运资金的特点

为了有效地管理企业的营运资金，必须研究营运资金的特点，以便有针对性地进行管理。营运资金一般具有如下特点。

（1）营运资金的来源具有灵活多样性。与筹集长期资金的方式相比，企业筹集营运资金的方式较为灵活多样，通常有银行短期借款、短期融资券、商业信用、应交税金、应交利润、应付工资、应付费用、预收货款、票据贴现等多种内外部融资方式。

（2）营运资金的数量具有波动性。流动资产的数量会随企业内外条件的变化而变化，时高时低，波动很大。季节性企业如此，非季节性企业也如此。随着流动资产数量的变动，流动负债的数量也会相应发生变动。

（3）营运资金的周转具有短期性。企业占用在流动资产上的资金，通常会在1年或一个营业周期内收回。根据这一特点，营运资金可以用商业信用、银行短期借款等短期筹资方式来加以解决。

（4）营运资金的实物形态具有变动性和易变现性。企业营运资金的实物形态是经常变化的，一般按照现金、材料、在产品、产成品、应收账款、现金的顺序转化。为此，在进行流动资产管理时，必须在各项流动资产上合理配置资金数额，做到结构合理，以促进资金周转顺利进行。此外，短期投资、应收账款、存货等流动资产一般具有较强的变现能力，如果遇到意外情况，企业出现资金周转不灵、现金短缺时，便可迅速变卖这些资产，以获取现金。这对财务上应付临时性资金需求具有重要意义。

三、营运资金的管理原则

企业的营运资金在全部资金中占有相当大的比重，而且周转期短，形态易变，是企业财务管理工作的一项重要内容。实证研究也表明,财务经理的大量时间都用于营运资金的管理。企业进行营运资金管理,应遵循以下原则。

1. 保证合理的资金需求

企业应认真分析生产经营状况,合理确定营运资金的需要数量。企业营运资金的需求数量与企业生产经营活动有直接关系。一般情况下,当企业产销两旺时,流动资产会不断增加,流动负债也会相应增加;而当企业产销量不断减少时,流动资产和流动负债也会相应减少。营运资金的管理必须把满足正常合理的资金需求作为首要任务。

2. 提高资金使用效率

加速资金周转是提高资金使用效率的主要手段之一。提高营运资金使用效率的关键就是采取得力措施,缩短营业周期,加速变现过程,加快营运资金周转。因此,企业要千方百计地加速存货、应收账款等流动资产的周转,以便用有限的资金,服务于更大的产业规模,为企业取得更好的经济效益提供条件。

3. 节约资金使用成本

在营运资金管理中,必须正确处理保证生产经营需要和节约资金使用成本二者之间的关系。要在保证生产经营需要的前提下,遵守勤俭节约的原则,尽力降低资金使用成本。一方面,要挖掘资金潜力,盘活全部资金,精打细算地使用资金;另一方面,积极拓展融资渠道,合理配置资源,筹措低成本资金,服务于生产经营。

4. 保持足够的短期偿债能力

偿债能力的高低是企业财务风险高低的标志之一。合理安排流动资产与流动负债的比例关系,保持流动资产结构与流动负债结构的适配性,保证企业有足够的短期偿债能力是营运资金管理的重要原则之一。流动资产、流动负债以及二者之间的关系能较好地反映企业的短期偿债能力。流动负债是在短期内需要偿还的债务,而流动资产则是在短期内可以转化为现金的资产。因此,如果一个企业的流动资产比较多,流动负债比较少,说明企业的短期偿债能力较强;反之,则说明短期偿债能力较弱。但如果企业的流动资产太多,流动负债太少,也不是正常现象,这可能是因流动资产闲置或流动负债利用不足所致。

四、营运资金战略

企业必须建立一个框架用来评估营运资金管理中的风险与收益的平衡,包括营运资金的投资和融资战略,这些战略反映企业的需要以及对风险承担的态度。实际上,一个财务管理者必须做两个决策:一是需要拥有多少营运资金;二是如何为营运资金融资。在实践中,这些决策一般同时进行,而且它们相互影响。

(一)流动资产的投资战略

由于销售水平、成本、生产时间、存货补给时订货到交货的时间、顾客服务水平、首款和支付期限等方面存在不确定性,因此,流动资产的投资决策至关重要。对于不同的产业和企业规模,流动资产与销售额比率的变动范围非常大。

企业销售额的不确定性和风险忍受的程度决定了其在流动资产账户上的投资

水平。流动资产账户通常随着销售额的变化而立即变化,但风险则与销售的稳定性和可预测性相关。销售额越不稳定,越不可预测,则投资于流动资产上的资金就应越多,以保证有足够的存货满足顾客的需要。

稳定性和可预测性的相互作用非常重要。即使销售额是不稳定的,但可以预测,如属于季节性变化,那么将没有显著的风险。然而,如果销售额不稳定,而且难以预测,例如石油和天然气开采业以及许多建筑业企业,就会存在显著的风险,从而这些企业必须保证一个高的流动资产水平,维持较高的流动资产与销售收入比率。如果销售额既稳定又可预测,则只需维持较低的流动资产投资水平。

一个企业必须选择与其业务需要和管理风格相符合的流动资产投资战略。如果企业管理政策趋于保守,就会选择较高的流动资产水平,保证更高的流动性(安全性),但盈利能力也更低;然而,如果管理者偏向于为了产生更高的盈利能力而承担风险,那么它将以一个低水平的流动资产与销售收入比率来运营。下面就紧缩的或较低流动性的投资战略与宽松的或更高流动性的投资战略进行介绍。

1. 紧缩的流动资产投资战略

在紧缩的流动资产投资战略下,企业维持低水平的流动资产与销售收入比率。利用适时制(JIT)存货管理技术,原材料等存货投资将尽可能紧缩。另外,尚未结清的应收账款和现金余额将保持在最低水平。

紧缩的流动资产投资战略可能伴随着更高风险,这些风险可能源于更紧的信用和存货管理,或源于缺乏现金用于偿还应付账款。此外,紧缩的信用政策可能减少企业销售收入,而紧缩的产品存货政策则不利于顾客进行商品选择,从而影响企业销售。

只要不可预见的事件没有损坏企业的流动性而导致严重的问题发生,紧缩的流动资产投资战略就会提高企业效益。

2. 宽松的流动资产投资战略

在宽松的流动资产投资战略下,企业通常会维持高水平的流动资产与销售收入比率。也就是说,企业将保持高水平的现金、高水平的应收账款(通常来自于宽松的信用政策)和高水平的存货(通常源于补给原材料或不愿意因为产成品存货不足而失去销售)。对流动资产的高投资可能导致较低的投资收益率,但由于较高的流动性,企业的营运风险较小。

3. 如何选择流动资产投资战略

一个企业该选择何种流动资产投资战略取决于该企业对风险和收益的权衡。通常,银行和其他借款人对企业流动性水平非常重视,因为流动性包含了这些债权人对信贷扩张和借款利率的决策。他们还考虑应收账款和存货的质量,尤其是当这些资产被用来当作一项贷款的抵押品时。

许多企业,由于上市和短期借贷较为困难,通常采用紧缩的投资战略。此外,一个企业的流动资产战略可能还受产业因素的影响。在销售边际毛利较高的产业,如果从额外销售中获得的利润超过额外应收账款所增加的成本,宽松的信用政策可能为企业带来更为可观的收益。

流动资产投资战略的另一个影响因素是那些影响企业政策的决策者。财务管理人员较之运营或销售经理,通常具有不同的流动资产管理观点。运营经理通常喜欢高水平的原材料存货或部分产成品,以便满足生产所需。相似地,销售经理也喜欢高水平的产成品存货以便满足顾客的需要,而且喜欢宽松的信用政策以便刺激销售。相反,财务管理人员喜欢使存货和应收账款最小化,以便使流动资产融资的成本最小化。

(二)流动资产的融资战略

关于流动资产的融资战略问题,读者可参考本书第三章第一节"企业筹资原则"中的"结构合理原则"部分,在此不再赘述。

第二节　现　金　管　理

一、现金的概念及持有动机

现金是指在生产过程中暂时停留在货币形态的资金,包括库存现金、银行存款、其他货币资金。现金是变现能力最强的非盈利性资产。

企业为了保证企业经营活动的正常进行,必须要保持一定的现金持有量。企业持有足够的现金,主要是基于以下三个方面的考虑。

1. 交易性动机

交易性动机是指企业必须持有一定量的现金以满足其日常业务活动的现金支付需要。企业经常取得现金收入,也经常发生现金支出,两者不可能同步同量。当收入大于支出,就形成现金滞存;当收入小于支出,就需要借入现金。若企业不能按时足额借入现金,企业的日常开支将受到重大影响。因此,企业必须维持适当的现金余额,才能使企业的业务活动正常地进行下去。

企业为了交易性动机而持有的现金余额被称为交易性现金余额。交易性现金余额的数量主要取决于企业的经营规模。一般而言,企业扩大销售,销售额增加,所需的交易性现金余额也随之增加;反之,所需的交易性现金余额则减少。除此之外,企业生产经营的性质、特点等也会影响到交易性现金余额的大小。

2. 预防性动机

预防性动机是指企业为应付意外事件所产生的现金需求而持有的现金。由于市场行情的瞬息万变和其他各种不确定因素的存在,企业通常难以对未来现金流入与流出做出准确的估计。因此,为了满足企业未来意外事件的现金支付需求,企业应该在保持正常业务活动现金需求量的基础上,追加一定数量的现金余额以应付未来现金流入和流出的随机波动。

为预防性动机所持有的现金余额被称为预防性现金余额。预防性现金余额的数量取决于企业生产经营的稳定性、企业现金流量预测的准确性和企业临时举债能力的强弱。当企业生产经营稳定性越差,预测现金流量不确定性越大、企业的临时举债能力越小,则企业需要的预防性现金余额就越大;反之,所需的预防性现金余额则越小。

3. 投机性动机

投机性动机是指企业为了满足未来某种投机行为所需要的现金支付而持有的一定量的现金。如遇到有廉价原材料或其他资产供应的机会,便可用手里持有的现金大量购入;或者在适当的时机购入价格有利的股票和其他有价证券等。

为投机性动机而储备的现金余额被称为投机性现金余额。不过,除了金融企业和投资公司外,一般来讲,其他企业专门为投机性动机需要而特殊置存的现金不多,如遇到不寻常的购买机会,也会设法临时筹集资金。投机性动机只是企业确定现金余额时所考虑的次要因素之一,其持有量的大小往往与企业在金融市场的投资机会及企业对待风险的态度有关。

最后需要指出的是,虽然在理论上可以找出以上持有现金的动机并形成交易性现金余额、预防性现金余额和投机性现金余额,但在实际工作中是很难加以明确区分的。上述各种动机只是告诉我们,企业必须持有一定量的现金以便满足各种各样的资金需要,至于究竟是用于哪种动机,取决于现金支付时的具体情况。

二、现金的成本分析及管理目标

(一)现金的成本分析

与现金相关的成本通常由以下三个部分组成。

1. 持有成本

现金的持有成本是指企业因保留一定的现金余额而增加的管理费用以及丧失的再投资收益。企业保留现金,对现金进行管理,会发生一定的管理费用,如管理人员工资及必要的安全措施费等。这部分费用具有固定成本的性质,它在一定范围内与现金持有量的多少关系不大,是决策无关成本。再投资收益是企业不能同时用该现金进行有价证券投资所产生的机会成本,这种成本在数额上等于资金成本。放弃的再投资收益即机会成本,属于变动成本,它与现金持有量成正比例关系。

2. 转换成本

转换成本是指企业用现金购入有价证券以及转让有价证券换取现金时付出的交易费用,即现金同有价证券之间相互转换的成本,如委托买卖佣金、委托手续费、证券过户费等。严格地讲,转换成本并不都是固定费用,有的具有变动成本的性质,如委托买卖佣金和手续费等。

3. 短缺成本

现金短缺成本是指在现金持有量不足而又无法及时通过有价证券变现加以补充而给企业造成的损失,包括直接损失和间接损失。现金的短缺成本与现金持有量呈反方向变动关系。

(二)现金的管理目标

企业持有现金能够满足企业不同的需要,保持企业生产经营业务的顺利进行。但同时,现金虽然变现能力最强,却是非盈利资产。所以现金管理的过程就是在现金的流动性和收益性之间进行权衡选择,现金管理的目标就是在保证企业经营活动需要的同时,降低企业闲置现金的数量,提高资金收益率。

三、最佳现金持有量的确定

现金是一种流动性最强而盈利性最差的资产,企业持有过多的现金会影响企业的盈利水平,而现金太少又可能影响企业正常的生产经营活动。因此,确定适当的现金持有量是现金管理中很重要的组成部分。

确定最佳现金持有量的模式主要有成本分析模式、存货模式、现金周转期模式和随机模式。

(一)成本分析模式

成本分析模式就是通过分析企业持有现金的成本,找出持有成本最低的现金持有量。在此模式下,一般考虑企业持有现金的三种相关成本。

(1)机会成本。机会成本作为现金持有成本的一部分,是指企业由于持有现金而丧失的再投资收益,与现金持有量成正比例变动关系,用公式表示为

$$机会成本 = 平均现金持有量 \times 有价证券利率(或报酬率)$$
$$平均现金持有量 = 现金持有量 \div 2$$

(2)管理成本。管理成本也是现金持有成本的一部分,是指企业拥有现金而发生的管理费用,如管理人员工资、安保措施费等。管理成本是一种固定成本,与现金持有量之间无明显的比例关系。

(3)短缺成本。短缺成本见前面内容介绍。

上述三项成本之和最小的现金持有量就是最佳现金持有量。现金的持有量与现金成本的关系如图7-1所示。

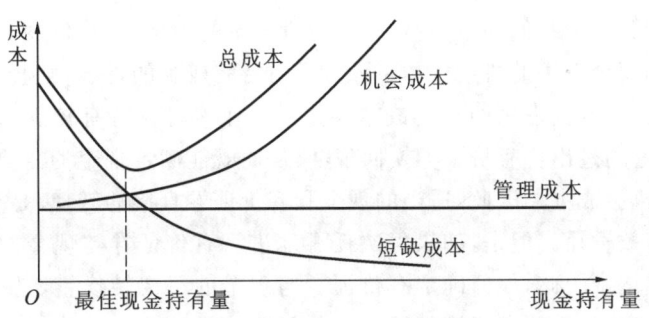

图7-1 持有现金的总成本

如图7-1所示,各项成本与现金持有量的变动关系不同,使得总成本曲线呈抛物线形,抛物线的最低点,就是成本最低点,该点对应的现金持有量就是最佳现金持有量,此时总成本最低。

运用成本分析模式确定最佳现金持有量的步骤是:①根据不同现金持有量测算,并确定有关成本数值;②按照不同现金持有量及其有关成本资料编制最佳现金持有量测算表;③在测算表中找出总成本最低时的现金持有量,即最佳现金持有量。在这种模式下,最佳现金持有量,就是持有现金而产生的机会成本与短缺成本之和

最小时的现金持有量。

例 7-1　金马商贸有限公司拥有以下四种现金持有量的备选方案,相关成本资料如表 7-1 所示。

表 7-1　现金持有量备选方案表 （单位:元）

项　　目	A	B	C	D
平均现金持有量	100 000	200 000	300 000	400 000
机会成本率	10%	10%	10%	10%
短缺成本	48 000	25 000	10 000	8 000

要求:根据表 7-1,采用成本分析模式编制该企业最佳现金持有量测算表。

解　该企业最佳现金持有量测算表如表 7-2 所示。

表 7-2　最佳现金持有量测算表 （单位:元）

方案及平均现金持有量	机会成本	短缺成本	相关总成本
A(100 000)	10 000	48 000	58 000
B(200 000)	20 000	25 000	45 000
C(300 000)	30 000	10 000	40 000
D(400 000)	40 000	8 000	48 000

通过分析比较,可知 C 方案的相关总成本最低,因此企业平均持有 300 000 元现金时,总成本最低。所以,600 000 元为现金最佳持有量。

(二)存货模式

在前面的分析中我们知道,企业平时持有较多的现金,会降低现金的短缺成本,但同时会增加现金占用的机会成本;反之,平时持有较少的现金,则会增加现金的短缺成本,同时减少现金占用的机会成本。如果企业平时只持有较少的现金,在有现金需要时,能够通过出售有价证券换回现金,从而既能满足现金的需要,避免短缺成本,又能减少机会成本。因此,适当的现金和有价证券直接的转换,是企业提供资金使用效率的有效途径。但是,如果每次任意地进行有价证券与现金的转换,还是会加大企业的成本。因此,如何确定有价证券与现金的每次转换量,是一个必须解决的问题,而现金持有量的存货模式就是一个方法。

存货模式是利用存货经济订货批量模型原理来确定目标现金的持有量,其着眼点也是现金相关成本之和最低。

运用存货模式确定现金最佳持有量,是以下列假设为前提的:①企业所需要的现金可以通过证券变现取得,且证券变现的不确定性很小;②企业预算期内的现金需要总量可以预测;③现金的支出过程比较稳定、波动较小,而且每当现金余额降至零时,均通过部分证券变现得以补足;④证券的利率或报酬率及每次固定性交易费用可以获得。

利用存货模式计算现金最佳持有量时,对短缺成本不予考虑,只对机会成本和固定性转换成本予以考虑。机会成本和固定性转换成本随着现金持有量的变动而呈现出相反的变动趋势,因而能够使现金管理的机会成本与固定性转换成本之和保持最低的现金持有量,即为最佳现金持有量。

设 T 为一个周期内现金总需求量,F 为每次转换有价证券的固定成本,Q 为最佳现金持有量(每次证券变现的数量),K 为有价证券利息率(机会成本),TC 为现金管理相关总成本,则

现金管理相关总成本＝持有机会成本＋固定性转换成本

即

$$TC = \frac{Q}{2} \cdot K + \frac{T}{Q} \cdot F$$

现金管理相关总成本与机会成本、固定性转换成本之间的关系见图 7-2。

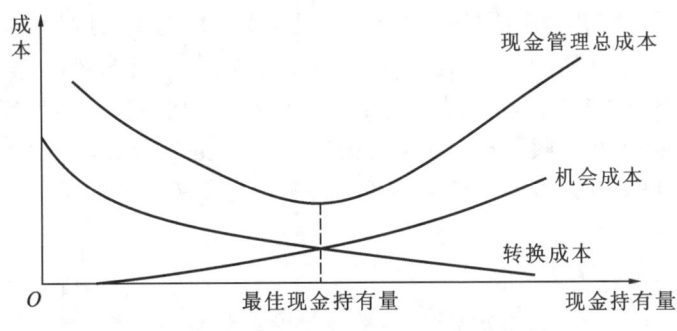

图 7-2　存货模式示意图

从图 7-2 中可以看出,企业现金管理的相关总成本与现金持有量呈凹形曲线关系。当持有现金的机会成本与证券变现的交易成本相等时,现金管理的相关总成本最低,此时的现金持有量为最佳现金持有量,即

$$Q = \sqrt{\frac{2TF}{K}}$$

将上式代入总成本计算,可得最小现金管理相关总成本:

$$TC = \sqrt{2TFK}$$

例 7-2　蓝天公司现金收支状况比较稳定,预计全年(按 360 天计算)需要现金 400 万元,现金与有价证券的转换成本为每次 400 元,有价证券的年利率为 8%。则该企业每年的最佳现金持有量是多少? 最低现金管理相关总成本是多少?

解　根据条件,全年现金需要量 $T = 4\,000\,000$,现金与有价证券每次转换成本 $F = 400$,持有现金的机会成本率 $K = 8\%$,则根据公式有

$$Q = \sqrt{\frac{2TF}{K}} = \sqrt{\frac{2 \times 4\,000\,000 \times 400}{8\%}} = 200\,000(元)$$

$$TC = \sqrt{2TFK} = \sqrt{2 \times 4\,000\,000 \times 400 \times 8\%} = 16\,000(元)$$

该公司每年最佳现金持有量为 200 000 元,最低现金管理相关总成本为 16 000元。

同时,我们也可以分析计算出该公司最佳现金持有量为 200 000 元时,每年发生的现金转换次数、转换成本和持有现金的机会成本。

现金转换次数＝4 000 000÷200 000＝20(次)

$$转换成本=20\times400=8\ 000(元)$$
$$持有机会成本=(200\ 000\div2)\times8\%=8\ 000(元)$$

现金持有量的存货模式是一种简单、直观的确定最佳现金持有量方法,但是,它主要是假定现金的流出量稳定不变,而实际上这样的情况很少有。相比而言,那些适用于现金流量不确定的控制最佳现金持有量的方法就更显得具有普遍应用性。

(三)现金周转期模式

现金周转期模式是根据现金周转速度来确定最佳持有量的模式。该模式主要包括以下三项内容。

1. 计算现金周转期

现金周转期是指公司从现金投入生产经营开始,到商品销售收回现金为止所需要的时间,即现金周转一次所需要的天数。现金周转期越短,企业所需的现金持有量就越小。现金周转期的长短取决于以下三个方面:①存货周转期,是指从购买原材料开始,并将原材料转化为产成品再销售为止所需要的时间;②应收账款周转期,是指从应收账款形成到收回现金所需要的时间;③应付账款周转期,是指从购买原材料形成应付账款开始直到以现金偿还应付账款为止所需要的时间。它们之间的关系如图7-3所示。

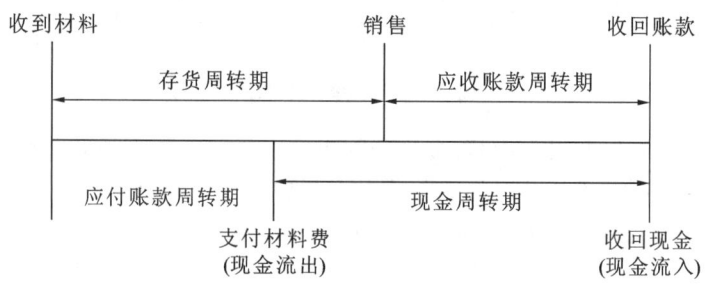

图 7-3 现金周转期示意图

根据图7-3,现金周转期计算公式如下:

$$现金周转期=存货周转期+应收账款周转期-应付账款周转期$$

2. 计算现金周转率

现金周转率是指一定时期内现金周转的次数,其计算公式如下:

$$现金周转率=\frac{计划期天数}{现金周转期}$$

其中,计算期天数通常按年计算,即360天。现金周转率与周转期互为倒数,周转期越短,则周转次数越多,在现金需求额一定的情况下,现金持有量将会减少。

3. 确定最佳现金持有量

$$最佳现金持有量=\frac{全年现金需求量}{现金周转率}$$

例7-3 某公司全年的现金需求量为240万元,其原材料购买及产品销售均采用赊销赊购方式,应收账款的平均收账期为40天,应付账款的平均付款期为40天,存货平均周转期为60天,计算该公司最佳现金持有量。

解 　　　　　　　　现金周转期=60+40-40=60(天)

$$现金周转率 = 360 \div 60 = 6(次)$$
$$最佳现金持有量 = 240 \div 6 = 40(万元)$$

现金周转模式简单明了、易于计算,但在应用时应注意两个前提条件:①公司生产经营保持相对稳定,以保证未来年度的现金总需求量可以根据产销计划比较准确地预计;②公司能够根据历史资料比较准确地预测出未来年度的现金周转期与周转率,预测结果应符合实际,保证科学准确。

(四) 随机模式

随机模式是在现金需求量难以预知的情况下确定最佳现金持有量的一种方法。通常情况下,企业的现金需求量往往波动大而且难以预知,但是企业可以根据历史经验和现实需要,测算出一个现金持有量的控制范围,确定出现金持有量的上限和下限,从而将现金持有量控制在上下限之间。当现金量达到控制上限时,就用现金购买有价证券,使现金持有量下降;当现金持有量将达到控制下限时,就出售有价证券换回现金,使现金持有量上升到下限之上;当现金持有量在上下限之间时,就不进行现金与有价证券的转换,保持它们各自的现有存量。这种对现金持有量的控制方式,如图 7-4 所示。

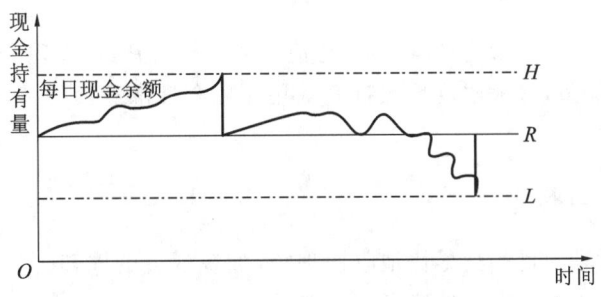

图 7-4 最佳现金持有量的随机模式

在图 7-4 中,虚线 H 为现金存量的上限,虚线 L 为下限。实线 R 为最优现金返回线。从图中可以看到,企业每日的现金余额随机波动,当其达到 A 点即现金控制的上限时,企业就应当购进 $(H-R)$ 的有价证券,使现金余额回落到现金返回线 R 上;当现金存量降低到 B 点时,就达到了现金控制的下限,企业就需要出售 $(R-L)$ 的有价证券,换回现金,从而使现金余额回升到现金返回线的水平。当现金存量在上下限之间波动时,就不予理会。其中上限 H、现金返回线 R 可以按照以下公式计算:

$$R = \sqrt[3]{\frac{3b\delta^2}{4i}} + L$$
$$H = 3R - 2L$$

式中:b——每次有价证券的固定转换成本;

i——有价证券的日利息率;

δ——每日现金余额变化的标准差;

L——现金持有量的下限。

现金持有量下限的确定,主要受企业每日的最低现金需求、管理人员的风险承

例 7-4　假定某公司有价证券的年利率为 9%,每次现金与有价证券的固定转换成本为 100 元,公司认为任何时期银行活期存款及现金余额均不能低于 2 000 元,根据以往经验测算出现金余额波动的标准差为 1 000 元。计算最优现金返回线 R、现金控制上限 H。

解
$$i = 9\% \div 360 = 0.025\%$$

$$R = \sqrt[3]{\frac{3b\delta^2}{4i}} + L = \sqrt[3]{\frac{3 \times 100 \times 1\,000^2}{4 \times 0.025\%}} + 2\,000 = 8\,694(\text{元})$$

$$H = 3R - 2L = 3 \times 8\,694 - 2 \times 2\,000 = 22\,082(\text{元})$$

当公司的现金余额达到 22 082 元时,就应该用 13 388 元(22 080 − 8 694)的现金去投资于有价证券,使现金持有量回落为 8 694 元;当公司的现金余额降到 2 000 元时,则需要转让 6 694 元(8 694 − 2 000)的有价证券,使现金持有量回升到 8 694 元。

随机模式建立在企业的现金未来需求总量和收支不可预测的前提下,因此,计算出来的现金持有量是比较保守的。

四、现金的日常管理

企业在确定了最佳现金持有量后,还应采取各种措施,加强现金的日常管理,保证现金的安全、完整,最大限度地发挥其效用。现金日常管理的基本内容主要包括以下几个方面。

(一)现金回收管理

现金回收管理的目的是尽快地收回现金,加快现金的周转。为此,企业应根据成本效益原则选用适当方法加速账款的收回。

一般来说,企业账款的收回需要经过 4 个时点,即客户开出付款票据、企业收到票据、票据交存银行和企业收到现金。企业账款收回的时间包括票据邮寄时间、票据在企业停留时间及票据结算的时间。前两个阶段所需时间的长短不但与客户、企业、银行之间的距离有关,而且与收款的效率有关。在实际工作中,缩短这两段时间的方法一般有锁箱法、银行业务集中法等。

1. 锁箱法

锁箱法又叫邮政信箱法,是西方企业加速现金流转的一种常用方法。企业可以在各主要城市租用专门的邮政信箱,并开了分行存款户,授权当地银行每日开启信箱,在取得客户票据后立即予以结算,并通过电汇再将货款拨给企业所在地银行。该方法缩短了支票邮寄及在企业的停留时间,但成本较高。

2. 银行业务集中法

这种方法是通过建立多个收款中心来加速现金流转。企业制定一个主要开户行(通常是总部所在地)为集中银行,并在收款额较集中的若干地区设立若干个收款中心;当地银行在进行票据交换后立即转给企业总部所在地银行。该方法缩短了现金从客户到企业的中间周转时间,但在多处设立收款中心,增加了相应的费用支出。

为此,企业应在权衡利弊得失的基础上,做出是否采用银行业务集中法的决策,这需要计算分散收账收益净额。当分散收账收益净额大于零,则采用银行业务集中法可行。

$$分散收账收益净额＝(分散收账前应收账款投资额－分散收账后应收账款投资额)$$
$$×企业综合资金成本率－因增设收账中心每年增加费用额$$

(二)现金支出管理

现金日常管理的另一方面就是决定如何使用现金。企业应根据风险与收益权衡的原则选用适当方法延期支付账款。

与现金收入的管理方法相反,现金支出管理的主要任务是尽可能延缓现金的支出时间。延期支付账款的方法一般有以下几种。

1. 合理利用"浮游量"

现金浮游量是指企业账户上的现金余额与银行账户上所显示的存款余额之间的差额。有时,企业账户上的现金余额已为零或负数,而银行账上该企业的现金余额还有很多。这是因为有些企业已经开出的付款票据尚处在传递中,银行尚未付款出账。如果能够正确预测浮游量并加以利用,可节约大量现金。

2. 推迟支付应付款

企业可在不影响信誉的情况下,尽可能推迟应付款的支付期。

3. 采用汇票支付

在使用支票付款时,只要受票人将支票存入银行,付款人就要无条件地付款。但汇票不是"见票即付"的付款方式,在受票人将汇票送达银行后,银行要将汇票送交付款人,并由付款人将一笔相当于汇票金额的资金存入银行,银行才会付款给受票人,这样就有可能合法地延期付款。

4. 闲置现金投资管理

企业在筹资和经营时,会取得大量的现金。这些现金在用于资本投资或其他业务活动之前,通常会闲置一段时间。这些现金可用于短期证券投资以获取利息收入或资本利得,如果管理得当,可为企业增加相当可观的净收益。

企业现金管理的目的,首先是保证日常生产经营业务的现金需求,其次才是使这些现金获得最大的收益。这两个目的要求企业把闲置资金投入到流动性高、风险性低、交易期短的金融工具中,以期获得较多的收入。在货币市场上,财务人员通常使用的金融工具有国库券、可转让大额存单、回购协议等。

第三节　应收账款管理

一、应收账款的概念及作用

(一)应收账款的概念

应收账款是指企业因对外赊销产品、材料及供应劳务等而应向购货或接受劳务单位收取的款项,包括应收账款、其他应收款、应收票据等。

（二）应收账款的功能

应收账款的功能是指它在企业生产经营中所具有的作用。应收账款的功能主要有两种。

1. 促进销售

企业销售产品时可以采取两种基本方式,即现销方式和赊销方式。现销方式的最大优点是应计现金流入量与实际现金流入量完全吻合,既能避免坏账损失,又能及时地将收回的款项投入再循环过程,因而是企业最期望的一种销售结算方式。但是,在竞争激烈的市场经济条件下,完全依赖现销方式常常是不现实的。在赊销方式下,企业在销售产品的同时,向买方提供了在一定时期内可以无偿使用的资金,也就是商业信用资金,其数额等于商品的售价,这对于购买方而言,具有极大的吸引力。所以,赊销是一种重要的促销手段,对于企业销售产品,开拓并占领市场具有重要意义。特别是在企业产品销售不畅、市场萎缩、竞争力不强的情况下,或者在企业销售新产品、开拓市场时,为适应市场竞争的需要,适当地采取各种有效的赊销方式,是非常必要的。

2. 减少存货

赊销可以加快产品销售的实现,加快产成品向销售收入的转化速度,从而对降低存货中的产成品数额有着积极的影响。这样就有利于缩短产成品的库存时间,降低产成品存货的管理费用、仓储费用和保险费用等各方面的支出。因此,当产成品存货较多时,企业可以采用较为优惠的信用条件进行赊销,从而尽快地实现产成品存货向销售收入的转化,变持有产成品存货为持有应收账款,以节约各项存货开支。

二、应收账款的成本分析

企业采用赊销方式,一方面促进了产品销售,降低了产成品存货的成本;另一方面,企业也会因为持有应收账款而付出一定的代价,这种代价,就是应收账款的成本。应收账款成本主要包括机会成本、管理成本、坏账成本。

（一）机会成本

应收账款的机会成本是指因资金投放在应收账款上而丧失的其他收入,如投资于有价证券便会有利息收入等。这一成本的大小通常与企业维持赊销业务所需要的资金数额（即应收账款投资额）、资金成本率有关。其计算公式如下:

$$应收账款的机会成本＝维持赊销业务所需要的资金×资金成本率$$

其中,资金成本率一般可按照有价证券的利息率计算;维持赊销业务所需要的资金数量可以按照以下步骤计算。

1. 计算应收账款的平均余额

$$\frac{应收账款}{平均余额}＝\frac{年赊销额}{360}×平均收账天数$$

$$＝平均每日赊销额×平均收账天数$$

其中,平均收账天数一般按照客户各自赊销额占总赊销额比重为权数的所有客户收账天数的加权平均数计算。

2. 计算维持赊销业务所需要的资金

$$\frac{维持赊销业务}{所需要的资金}=应收账款平均余额\times\frac{变动成本}{销售收入}$$

$$=应收账款平均余额\times变动成本率$$

上式中假设企业的成本水平保持不变（即单位变动成本保持不变、固定成本总额不变），因此，随着赊销业务的扩大，只有变动成本随之上升。

例 7-5　假设汇丰公司预测年度赊销净额为 9 000 000 元，应收账款的平均收账天数为 45 天，变动成本率为 60%，资金成本率为 10%，计算该公司应收账款机会成本。

解　　　$$应收账款平均余额=\frac{9\,000\,000}{360}\times45=1\,125\,000（元）$$

$$维持赊销业务所需要的资金=1\,125\,000\times60\%=675\,000（元）$$

$$应收账款的机会成本=675\,000\times10\%=67\,500（元）$$

该企业需投放 675 000 元的资金就可以维持 9 000 000 元的赊销业务，相当于垫支资金的 13 倍之多。这一较高的倍数，很大程度上取决于应收账款的收账速度。通常情况下，应收账款收账期越短，一定数量的资金所维持的赊销额就越大；应收账款收账天数越多，维持相同赊销额所需要的资金数额就越大。

（二）管理成本

应收账款的管理成本是指企业对应收账款进行日常管理而耗费的开支，主要包括对客户的资信调查费、收账费用、账簿记录费用及其他费用。

（三）坏账成本

应收账款的坏账成本是指由于应收账款无法收回而给企业带来的损失。坏账成本一般与企业应收账款数量同方向变动，即应收账款越多，坏账成本也就越高。因此，为规避发生坏账成本给企业生产经营活动的稳定性带来不利影响，企业应合理提取坏账准备。

三、应收账款的管理目标

企业发生应收账款一方面能够扩大销售，增强企业竞争力，同时减少存货量，降低存货成本，从而给企业带来更多的利润。所以说，企业发生应收账款就类似于企业为扩大销售和盈利而进行的投资，其主要目的是追求利润最大化。但是，如前分析，企业发生应收账款能给企业带来更多机会的同时，也会发生相应的成本支出。所以，应收账款的管理目标就是合理确定企业的信用政策，使企业赊销增加的收入最大限度地大于应收账款成本，使企业收益最大化。

四、信用政策确定

制定合理的信用政策，是加强应收账款管理、提高应收账款投资效益的重要前提。信用政策即应收账款的管理政策，是企业对应收账款投资进行规划和控制的基本原则和行为规范，包括信用标准、信用条件和收账政策三部分内容。

（一）信用标准

信用标准是指客户获取企业的商业信用所应具备的最低条件,通常以预期的坏账损失率表示。如果客户达不到信用标准,便不能享受企业信用或只能享受较低的信用优惠。同时,如果企业把信用标准定得过高,将使许多客户因信用品质达不到所设的标准而被企业拒之门外,这样尽管有利于降低违约风险和收账费用,但是不利于企业市场竞争能力的提高和销售收入的扩大。反之,如果企业接受较低的信用标准,虽然有利于扩大销售,提高市场竞争力和占有率,但同时也会导致坏账损失风险加大和收账费用增加。所以,企业要在成本与收益比较原则的基础上,确定适宜的信用标准。

1. 影响信用标准的因素分析

影响信用标准的基本因素包括:①同行业竞争对手的情况;②企业承担违约风险的能力;③客户的资信程度。其中,关于客户的资信程度,企业往往先要评估他赖账的可能性,这主要通过"5C"系统来进行。所谓"5C"系统是指评估客户资信程度的五个方面,即品质（Character）、能力（Capacity）、资本（Capital）、抵押（Collateral）和条件（Conditions）。

（1）品质。品质指客户的信誉,即履行偿债义务或赖账的可能性。企业必须设法了解客户过去的付款记录,看其是否有按期如数付款的一贯做法,以及该客户与其他企业的关系是否良好。这一点经常被视为评价客户信用的首要因素。

（2）能力。能力是指客户的偿债能力,即其流动资产的数量和质量,以及流动资产与流动负债的比例。顾客的流动资产越多,其转换为现金支付款项的能力就越强。同时,还应注意顾客流动资产的质量,看是否有存货过多、过时或质量下降,影响其变现能力和支付能力的情况。

（3）资本。资本是指顾客的财务实力和财务状况,是客户偿付债务的最终保证。

（4）抵押。抵押是指顾客拒付款项或无力支付款项时能被用作抵押的资产。这对于不知底细或信用状况有争议的顾客尤为重要。一旦收不到这些顾客的款项,便以其抵押品抵补。如果这些顾客提供足够的抵押,就可以考虑向他们提供相应的信用。

（5）条件。条件是指可能影响顾客付款能力的经济环境。如当出现经济不景气时,会对顾客的付款产生什么影响、顾客会如何做等,这就需要了解顾客在过去困难时期的付款历史。

企业可以通过如下渠道取得以上这些信息资料:①商业代理机构或资信调查机构所提供的客户信息资料即信用等级标准资料;②委托往来银行信用部门向与客户有关联业务的银行索取信用资料;③与同一客户有信用关系的其他企业相互交换该客户的信用资料;④客户的财务报告资料;⑤企业自身的经验与其他可以取得的资料等。

2. 确立信用标准的定量分析

对信用标准进行定量分析,主要解决两个问题:一是确定客户拒付账款的分析,即坏账损失率;二是具体确定客户的信用等级,以作为给予或拒绝信用的依据。主要通过以下三个步骤来完成。

（1）设定信用等级的评价标准，即根据对客户信用资料的调查分析，确定评价信用优劣的数量标准，以一组有代表性、能够说明付款能力和财务状况的若干比率（如流动比率、速动比率、存货周转率、产权比率等）作为信用风险指标，根据数年内最坏年份的情况分别找出信用最好和信用最差两类顾客的上述比率的平均值，以此作为比较其他顾客的信用标准。

（2）利用既有或潜在客户的财务报表数据，计算各自的指标值，并与上述标准比较。比较的方法是：如某客户的某项指标值等于或低于最差的信用标准，则该客户的坏账损失率增加 10 个百分点；若客户的某项指标值介于好与差的信用标准之间，则该客户的坏账损失率增加 5 个百分点；当客户的某项指标值等于或高于好的信用标准时，则认为该客户的这一指标的坏账损失率为 0。最后，将客户的各项指标的坏账损失率累加，作为该客户发生坏账损失的总比率。

（3）进行风险排队，并确定各有关客户的信用等级。依据上述风险系数的分析数据，按照客户累计风险系数由小到大进行排序。然后，结合企业承受违约风险的能力及市场竞争的需要，具体划分客户的信用等级。如累计拒付风险系数（坏账损失率）在 5% 以内的为 A 级客户，在 5% 到 10% 之间的为 B 级客户等。对于不同信用等级的客户，分别采用不同的信用政策，包括拒绝或接受客户信用订单，以及给予不同的信用优惠条件或附加某些限制条款等。

对信用标准进行定量分析，有利于企业提高应收账款投资决策的效果。但是，由于实际情况错综复杂，不同企业的同一指标往往存在很大差异，难以按照统一的标准进行衡量。因此，要求企业财务决策者必须在更加深刻地考察各指标内在质量的基础上，结合以往经验，对各项指标进行具体的分析判定。

（二）信用条件

信用标准是企业评价客户等级，决定给予或拒绝客户信用的依据。当企业决定给予客户信用优惠时，就需要考虑具体的信用条件。

信用条件就是企业接受客户信用订单时所提出的付款要求，主要包括信用期限、现金折扣率、折扣期限等。信用条件的基本表现方式，如（2/10，N/30），表示若客户能够在发票开出后的 10 日内付款，可以享受 2% 的现金折扣；如果放弃折扣优惠，则全部货款必须在 30 日内付清。其中，30 天为信用期限，10 天为折扣期限，2% 为现金折扣率。

1. 信用期限

信用期限是指企业允许顾客从购货到付款之间的时间。企业产品销售量与信用期限之间存在着一定的依存关系。通常，延长信用期，可以在一定程度上扩大销售量，从而增加毛利。但是，不适当地延长信用期限会给企业带来不利后果：一是平均收账期会延长，占用在应收账款上的资金会相应增加，引起机会成本增加；二是会引起坏账损失率和收账费用的增加。所以，企业是否给客户延长信用期限，应根据延长信用期限增加的边际收入是否大于增加的边际成本而定。

2. 现金折扣和折扣期限

延长信用期会增加应收账款占用的时间和金额。许多企业为了加速资金周转，及时收回货款,减少坏账损失,往往在延长信用期限的同时,采用一定的优惠措施,在规定的时间内提前偿付货款的客户可以按照销售收入的一定比例享受折扣。如(2/10, N/30)表示赊销期限为 30 天,若客户在 10 天内付款,则可享受 2% 的现金折扣。现金折扣实际上是对现金收入的扣减,企业决定是否提供以及提供多大程度的现金折扣时,着重考虑提供折扣后所得的收益是否大于现金折扣的成本。

企业在确定现金折扣期应该为多长,应该给予客户多大程度的现金折扣时,必须将信用期限及加速收款所得到的收益与付出的现金折扣成本结合起来考虑。与延长信用期一样,采用现金折扣方式有利于刺激销售,同时也需要付出一定的成本代价,即给予现金折扣造成的损失。如果加速收款带来的机会收益能够充分地补偿现金折扣成本,企业就可以采取现金折扣或者改变当前的现金折扣方式;如果加速收款的机会收益不能补偿现金折扣成本,则认为现金折扣条件是不恰当的。

除了上述的信用条件外,企业还可以根据需要,采取阶段性的现金折扣期和不同的现金折扣率。如"3/10,2/20,N/45",表示给予客户 45 天的信用期,客户若能在开票后的 10 日内付款,便可以得到 3% 的现金折扣;超过 10 天而能够在 20 天内付款,可以得到 2% 的现金折扣;超过 20 天,则只能全额付款。

3. 信用条件备选方案的评价

通常情况下,企业在信用管理政策中,已经对可接受信用风险水平作了规定。但是,当企业的经营环境发生变化时,就需要对信用管理政策中的某些规定进行修订和调整,就需要对改变条件的各种备选方案进行认真评价。

例 7-6 天天公司预测 2015 年度赊销净额为 1 200 万元,其信用条件是"N/30",变动成本率是 45%,资金成本率(或有价证券利息率)是 10%。假设企业的收账政策不变,固定成本总额不变。该企业准备了三个信用条件的备选方案。

A:维持"N/30"的信用条件不变。

B:将信用期放宽到"N/60"。

C:将信用期放宽到"N/90"。

为各备选方案估计的赊销水平、坏账百分比和收账费用等有关数据如表 7-3 所示。

表 7-3　信用条件备选方案

方案 信用条件 项目	A N/30	B N/60	C N/90
年赊销额/万元	1 200	1 320	1 400
应收账款平均收账天数/天	30	60	90
应收账款平均余额/万元	1 200÷360×30＝100	1 320÷360×60＝220	1 400÷360×90＝350
维持赊销业务所需资金/万元	100×45%＝45	220×45%＝99	350×45%＝157.5
坏账损失率	2%	3%	6%
坏账损失/万元	1 200×2%＝24	1 320×3%＝39.6	1 400×6%＝84
收账费用/万元	36	60	90

要求:根据以上资料,判断天天公司应选择哪个方案。

解　根据以上资料计算可得如下指标,见表 7-4。

表 7-4 信用条件分析评价表 （单位：万元）

项 目	方 案信用条件	A N/30	B N/60	C N/90
年赊销额		1 200	1 320	1 400
变动成本		540	594	630
扣除信用成本前的贡献		660	726	770
信用成本：				
应收账款的机会成本		$45×10\%=4.5$	$99×10\%=9.9$	$157.5×10\%=15.75$
坏账损失		24	39.6	84
收账费用		36	60	90
小计		64.5	109.5	189.75
扣除信用成本后的贡献		595.5	616.5	580.25

根据表 7-4 分析，在这三种方案中，信用期为 60 天的获利最大，所以在其他条件不变的情况下，应选择方案 B。

例 7-7 承例 7-6，如果天天公司为了加速应收账款的回收，决定在 B 方案的基础上加上现金折扣条件，改为"2/10，1/20，N/60"，估计约有 60％的客户（按赊销额计算）会利用 2％的折扣；15％的客户将利用 1％的折扣。坏账损失率将为 1.5％，收账费用将为 42 万元。要求：根据上述资料，判断天天公司是否应该更改信用条件。

解 应收账款平均收账天数$=60\%×10+15\%×20+(1-60\%-15\%)×60=24$(天)

应收账款平均余额$=1\ 320÷360×24=88$(万元)

维持赊销业务所需要的资金$=88×45\%=39.6$(万元)

应收账款的机会成本$=39.6×10\%=3.96$(万元)

坏账损失$=1\ 320×1.5\%=19.8$(万元)

现金折扣$=1\ 320×(2\%×60\%+1\%×15\%)=17.82$(万元)

根据以上资料，编制表 7-5。

表 7-5 信用条件分析评价表 （单位：万元）

项 目	方 案信用条件	B N/60	D 2/10,1/20,N/60
年赊销额		1 320.00	1 320.00
减：现金折扣		—	17.82
年赊销净额		1 320.00	1 302.18
变动成本		594.00	594.00
扣除信用成本前的贡献		726.00	708.18
信用成本：			
应收账款的机会成本		9.90	3.96
坏账损失		39.60	19.80
收账费用		60.00	42.00
小计		109.50	65.76
扣除信用成本后的贡献		616.50	642.42

通过以上分析,可知企业实行现金折扣后,企业的收益增加 25.92 万元,所以,企业更改信用条件是可行的。

(三）收账政策

收账政策是指企业针对客户违反信用条件,拖欠甚至拒付账款所采取的收账策略与措施。

企业在向客户提供商业信用时,必须考虑三个问题:第一,客户是否会拖欠或拒付账款,程度如何;第二,怎样才能最大限度地防止客户拖欠账款;第三,当账款遭到拖欠或拒付时,企业应当采取怎样的对策。前两个问题主要靠信用调查和严格信用审批制度来解决;最后一个问题则必须通过制定完善的收账方针,采取有效的收账措施予以解决。

从理论上讲,履约付款是客户不容置疑的责任与义务,债权企业有权通过法律途径要求客户履约付款。但是,如果企业对所有客户拖欠或拒付账款的行为均付诸法律解决,往往并不是最有效的办法。实际上,每个客户拖欠或拒付账款的原因是不尽相同的,许多品质良好的客户也可能因为某些原因而无法如期付款。此时,如果企业直接向法院起诉,不仅要花费相当数额的诉讼费,而且除非法院裁决客户破产,否则效果往往不很理想。所以,通过法院强行收回账款一般是企业不得已而为之的最后办法。给予这种考虑,使企业如果能够与客户商量折中方案,也许能够将大部分账款收回。

通常的步骤是,当账款被客户拖欠或拒付时,企业应当首先分析现有的信用标准及信用审批制度是否存在纸漏,然后对违约客户的资信等级重新进行调查、评价。将信用品质恶劣的客户从信用名单中删除,对其所拖欠的款项可先通过信函、电讯或派人前往等方式进行催收,态度可以逐渐强硬,并提出警告。当这些措施无效时,可考虑通过法院裁决。为了增强诉讼效果,可以与其他经常被该客户拖欠或拒付的企业联合向法院起诉,以提高该客户信用品质不佳的证据力。对于信用记录一向良好的客户,在去电、去函的基础上,不妨派人与该客户直接进行协商、沟通,达成谅解,既可密切相互之间的关系,又有助于较为理想地解决账款拖欠问题,并且一旦将来彼此关系置换时,也有一个缓冲的余地。当然,如果双方无法取得谅解,也只能付诸法律进行最后的裁决。

除上述收账政策外,有些国家还兴起了一种新的收账代理业务,企业可以委托收账代理机构催收账款。但由于委托手续费往往较高,许多企业,尤其是那些财资较小、经济效益不好的企业很难采用。

企业对拖欠的应收账款,无论采用何种方式进行催收,都需要付出一定的代价,这就是收账费用。如收款所花的邮电通信费、派专人收款的差旅费和法律诉讼费等。通常,企业为了扩大销售,增强企业竞争能力,往往对客户的逾期未付款规定一个允许的拖欠期限,超过规定期限,企业就应当采取各种形式进行催收。如果企业制定的收款政策过宽,会导致逾期未付款的客户拖延时间更长,对企业不利;收账政策过严,催收过急,又可能伤害无意拖欠的客户,影响企业未来的销售和利润。因此,企业在制定收账政策时,要权衡利弊,掌握好宽严界限。

一般而言,企业加强收账管理,及早收回货款,可以减少坏账损失,减少应收账款上占用的资金,但同时会增加收账费用。因此,制定收账政策就是要在增加收账费用与减少坏账损失、减少应收账款机会成本之间进行权衡。若前者小于后者,则说明收账政策是可取的。

例 7-8 已知某企业应收账款原有的收账政策和拟改变的收账政策如表 7-6 所示。假设资金利润率为 10%,根据表 7-6 的资料,计算两种方案的收账总成本。

解 两种方案的收账总成本如表7-7 所示。

表 7-6 收账政策备选方案资料

项 目	现行收账政策	拟改变的收账政策
年收账费用/万元	100	150
应收账款平均收账天数/天	60	30
坏账损失占赊销额的百分比/(%)	3	2
赊销额/万元	14 400	14 400
变动成本率/(%)	60	60

表 7-7 收账政策分析评价表

项 目	现行收账政策	拟改变的收账政策
赊销额/万元	14 400.0	14 400.0
应收账款平均收账天数/天	60	30
应收账款平均余额/万元	14 400÷360×60=2 400.0	14 400÷360×30=1 200.0
应收账款资金占用额/万元	2 400×60%=1 440.0	1 200×60%=720.0
收账成本: 应收账款机会成本/万元 坏账损失/万元 年收账费用/万元	1 440×10%=144.0 14 400×3%=432.0 100.0	720×10%=72.0 14 400×2%=288.0 150.0
收账总成本/万元	676.0	510.0

表 7-7 的计算结果表明,拟改变的收账政策比现行收账政策减少的坏账损失和减少的应收账款机会成本之和 216 万元,大于增加的收账费用 50 万元,因此,改变后的收账方案是可行的。

影响企业信用标准、信用条件及收账政策的因素很多,如销售额、赊销期限、收账期限、现金折扣、坏账损失、过剩生产能力、信用部门成本、机会成本、存货投资变化等,这就使得信用政策的制定更为复杂。一般来说,理想的信用政策就是企业采取或松或紧的信用政策时所带来的收益最大。

五、应收账款的日常管理

对已经发生的应收账款,企业还应该进一步强化日常管理,采取有力的措施进行分析、控制,及时发现问题,采取对策。这些措施主要有对应收账款追踪分析、应收账款账龄分析、应收账款收现率分析和建立应收账款坏账准备金制度。

(一)应收账款追踪分析

应收账款一旦发生,赊销企业就必须考虑如何按期足额收回的问题。要达到这一目的,赊销企业就有必要在收账之前,对该项应收账款的运行过程进行追踪分析,对应收账款实施追踪分析的重点应该放在赊销商品的销售与变现方面。客户以赊销方式购入商品后，迫于获利和付款信誉的动力与压力，期望迅速地实现销售，收回账款。如果这一期望能够顺利地实现，而客户又具有良好的信用品质，则赊销企业如期足额收回客户欠款一般不会有多大问题。然而，市场供求的瞬息万变，客户所赊购的商品不能顺利地销售与变现，出现滞销或积压存货的情况。无论属于其中的哪种情形，都意味着客户与应付账款相对应的现金支付能力匮乏。在这种情况下，客户能否严格履行赊销企业的信用条件，取决于两个要素：其一，客户的信用品质；其二，客户现金的持有量与调剂程度（如现金用途的约束性、其他短期债务偿还对现金的要求等）。如果客户的信用品质良好，持有一定的现金余额，且现金支出的约束性较小，可调剂程度大，客户是不愿以损失市场信誉为代价而拖欠赊销企业账款的。如果客户信用品质不佳，或者现金匮乏，或者现金的可调剂程度低下，那么，赊销企业的账款遭受拖欠就在所难免。

（二）应收账款账龄分析

企业已经发生的应收账款时间长短不一，有的尚未超过信用期，有的已经逾期拖欠。一般来讲，逾期拖欠时间越长，账款催收的难度越大，成为坏账的可能性就越大。所以，进行账龄分析，密切注意应收账款的回收情况，是提高应收账款收现率的重要环节。

应收账款账龄分析就是考察研究应收账款的账龄结构。所谓应收账款的账龄结构就是各账龄应收账款的余额占应收账款总计余额的比重。

利用账龄分析表，企业可以了解到以下情况。

（1）有多少欠款尚在信用期内。这些款项尚未到偿付期，欠款是正常的，但是后期能否收回，还不确定，还需要及时监督。

（2）有多少欠款超过了信用期，超过时间长短的款项各占多少，有多少欠款会因拖欠时间太久而可能成为坏账。

此时，企业应分析逾期账款具体属于哪些客户，这些客户是否经常发生拖欠情况，发生拖欠的原因何在。一般而言，账款的逾期时间越短，收回的可能性就越大，发生坏账损失的程度就越小；反之，收账的难度及发生坏账损失的可能性就越大。因此，对不同拖欠时间的账款及不同信用品质的客户，企业要采取不同的收账方法，制定出经济可行的收账政策。对可能发生的坏账损失，需提前有所准备，充分估计这一因素对企业损益的影响。对尚未过期的应收账款，同样不能放松管理监督，以防止发生新的拖欠。

（三）应收账款收现率分析

由于企业当期现金支付需要量与当期应收账款收现额不一致，如企业必须用现金支付与赊销收入有关的增值税和所得税，弥补应收账款占用资金等，这就决定了企业必须对应收账款收现水平制定一个必要的控制标准，即应收账款收现率。

应收账款收现率是为适应企业现金收支匹配关系的需要，所确定的有效收现的账款应占全部应收账款的百分比，是二者应当保持的最低比例。应收账款收现率计算公式如下：

$$\frac{应收账款}{收现率}=\frac{当期必要现金支付总额-当期其他稳定可靠的现金流入总额}{当期应收账款总计金额}\times100\%$$

其中,其他稳定可靠的现金流入总额是指从应收账款收现以外的途径可以取得的各种稳定可靠的现金流入数额,包括短期有价证券变现净额、可随时取得的银行贷款额等。

应收账款收现率指标反映了企业既定会计期间预期现金支付数量扣除各种可靠稳定性来源后的差额,必须通过应收款项有效收现予以弥补的最低保证程度,其意义在于:应收款项未来是否满足同期必需的现金支付要求,特别是满足具有刚性约束的纳税债务及偿付不得展期或调换的到期债务的需要。

例 7-9 某企业预期必须以现金支付的款项有:支付工人工资 150 万元,应纳税款 105 万元,支付应付账款 180 万元,其他现金支出 9 万元。预计该期稳定的现金收回数是 210 万元。记载在该期应收账款明细期末账上客户有 A(欠款 240 万元)、B(欠款 300 万元)和 C(欠款 60 万元)。计算应收账款收现率。

解 当期现金支付总额=150+105+180+9=444(万元)

当期应收账款总计金额=240+300+60=600(万元)

应收账款收现率=(444-210)÷600×100%=39%

以上计算结果表明,该企业当期必须收回应收账款的 39%,才能最低限度地保证当期必要的现金支出,否则企业便有可能出现支付危机。为此,企业应当定期计算应收账款实际收现率,看其是否达到了既定的控制标准。若实际收现率低于应收账款收现率,企业应查明原因,采取相应措施,确保企业有足够的现金满足同期必需的现金支付要求。

(四)应收账款坏账准备金制度

不管企业采用怎样严格的信用政策,只要存在着商业信用行为,坏账损失的发生就不可避免。当有确凿的证据表明确实无法收回的应收账款,如债务单位已撤销、破产、资不抵债等,经股东大会或董事会批准,应当作为坏账损失处理。因此,企业要遵循稳健性原则,对坏账损失的可能性预先进行估计,积极建立弥补坏账损失的准备金制度。

坏账准备金制度是指企业按照事先确定的比例估计坏账损失,计提坏账准备金,待发生坏账时再冲减坏账准备金。建立坏账准备金制度的关键是合理地确定计提坏账准备的比例,计提比例的确定是建立在历史经验数据的基础之上的,企业通常根据以往应收账款发生坏账的比例和目前信用政策的实际情况来估计计提坏账准备的比例。通常,计提坏账准备的方法主要有以下三种。

(1)销货百分比法。按赊销货款的一定比率计提坏账准备。

(2)账龄分析法。这种方法是按照账龄长短分别确定不同的计提比例:账龄越短,比例越小;账龄越长,比例越大。

(3)应收账款余额百分比法。即按照应收账款期末余额的一定比率计提坏账准备。

(五)应收账款保理

保理是保付代理的简称,又称托收保付,是指保理商与债权人签订协议,转让其对应收账款的部分或全部的权利与义务，并收取一定费用的过程。

保理是卖方（供应商或出口商）与保理商之间存在的一种契约关系。根据该契约，卖方将其现在或将来的基于其与买方（债务人）订立的货物销售（服务）合同所产生的应收账款转让给保理商，由保理商提供下列服务中的至少两项：贸易融资、销售分户账管理、应收账款的催收、信用风险控制与坏账担保。可见，保理是一项综合性的金融服务方式，其与单纯的融资或收账管理有本质区别。

应收账款保理是企业将赊销形成的未到期应收账款在满足一定条件的情况下，转让给保理商，以获得银行的流动资金支持，加快资金的周转。

1. 应收账款保理的分类

保理可以分为有追索权保理（非买断型）和无追索权保理（买断型）、明保理和暗保理、折扣保理和到期保理。

1）有追索权保理和无追索权保理

有追索权保理是指供应商将债权转让给保理商，供应商向保理商融通资金后，如果购货商拒绝付款或无力付款，保理商有权向供应商要求偿还预付的现金。如果购货商破产或无力支付，只要有关款项到期未能收回，保理商都有权向供应商进行追索，因而保理商具有全部"追索权"。这种保理方式在我国采用较多。无追索权保理是指保理商将销售合同完全买断，并承担全部的收款风险。

2）明保理和暗保理

明保理是指保理商和供应商需要将销售合同被转让的情况通知购货商，并签订保理商、供应商、购货商之间的三方合同。暗保理是指供应商为了避免让客户知道自己因流动资金不足而转让应收账款，并不将债权转让情况通知客户，货款到期时仍由销售商出面催款，再向银行偿还借款。

3）折扣保理和到期保理

折扣保理又称融资保理，即在销售合同到期前，保理商将剩余未收款部分先预付给销售商，一般不超过全部合同额的70%～90%。到期保理是指保理商并不提供预付账款融资，而是在赊销到期时才支付，届时不管货款是否收到，保理商都必须向销售商支付货款。

2. 应收账款保理的作用

应收账款保理对于企业而言，其理财作用主要体现在以下几点。

1）融资功能

应收账款保理，其实质也是一种利用未到期应收账款这种流动资产作为抵押从而获得银行短期借款的一种融资方式。对于那些规模小、销售业务少的公司来说，向银行贷款将会受到很大的限制，而自身的原始积累又不能支撑企业的高速发展，通过保理业务进行融资可能是这些企业较为明智的选择。

2）减轻企业应收账款的管理负担

推行保理业务是市场分工原理的运用，面对市场的激烈竞争，企业可以把应收账款让与专门的保理商进行管理，使企业从应收账款的管理之中解脱出来，由专业的保理公司对销售企业的应收账款进行管理。保理公司具备专业技术人员和业务运行机制，会详细地对销售客户的信用状况进行调查，建立一套有效的收款政策，及时收回账款，使企业减轻财务管理负担，提高财务管理效率。

3)减少坏账损失,降低经营风险

企业只要有应收账款就有发生坏账的可能性。以往应收账款的风险都是由企业单独承担,而采用应收账款保理后,一方面,可以提供信用风险控制与坏账担保,帮助企业降低其客户违约的风险;另一方面,可以借助专业的保理商去催收账款,能够在很大程度上降低坏账发生的可能性,有效地控制坏账风险。

4)改善企业的财务结构

应收账款保理业务是将企业的应收账款与货币资金进行置换。企业通过出售应收账款,将流动性稍弱的应收账款置换为具有高度流动性的货币资金,增强了企业资产的流动性,提高了企业的债务清偿能力和盈利能力。

第四节 存货管理

一、存货的概念及作用

存货是指企业在生产经营过程中为生产或销售而储备的物资,包括材料、燃料、低值易耗品、在产品、半成品、产成品、库存商品等。

企业持有存货,主要是因为存货在企业生产经营过程中具有以下几个方面的作用。

1. 防止停工待料

适量的原材料存货和在制品、半成品存货是企业生产正常进行的前提和保障。就企业外部而言,供货方的生产和销售往往会因为某些原因而暂停或推迟,从而影响企业材料的及时采购、入库和投产。就企业内部而言,有适量的半成品储备,能使各生产环节的生产调度更加合理,各生产工序步调更为协调,联系更为紧密,不至于因等待半成品而影响生产。可见,适量的存货能有效防止停工待料事件的发生,维持生产的连续性。

2. 适应市场变化

存货储备能增强企业在生产和销售方面的动机性以及适应市场变化的能力。企业有了足够的库存产成品,能有效地供应市场,满足顾客的需求。相反,若某种畅销产品库存不足,将会错失目前的或未来的推销良机,并有可能因此而失去顾客。在通货膨胀时,适当地储存原材料存货,能够减缓因原材料价格上涨而给企业带来的冲击。

3. 降低进货成本

很多企业为了扩大销售规模,对购货方提供较为优厚的商业折扣待遇,即购货达到一定数量时,便在价格上给予相应的折扣优惠。采取批量集中进货,可获得较多的商业折扣。此外,通过增加每次进货数量、减少购货次数,可以降低采购费用支出。即便在推崇以零存货为管理目标的今天,仍有不少企业采取大批量购货方式,原因就在于这种购货方式有助于降低购货成本。只要购货成本的降低额大于因存货增加而导致的储存等各项费用的增加额,便是可行的。

4. 维持均衡生产

对于那些生产的产品季节性较强、生产所需材料的供应具有季节性的企业，为实现均衡生产、降低产品成本，就必须适当储备一定的半成品存货或保持一定的原材料存货。否则，这些企业若按照季节性变动组织生产活动，难免会产生忙时超负荷运转，闲时生产能力得不到充分利用的情形，这也会导致生产成本的提高。其他企业在生产过程中，同样会因为各种原因导致生产水平的高低变化，拥有合理的存货可以缓冲这种变化对企业生产活动及获利能力的影响。

二、存货的成本分析

通过前面的分析，我们知道存货在企业生产活动中的重要作用，但是，企业储备存货，必然会发生由此而产生的各项支出，这就是存货成本。企业存货成本主要包括以下内容。

（一）取得成本

取得成本是指企业为取得某种存货而支出的成本，通常用 TC_a 来表示。取得成本又分为订货成本和购置成本。

1. 订货成本

订货成本是指取得订单的成本，如办公费、差旅费、邮资、电报电话费等支出。订货成本中有一部分与订货次数无关，如常设采购机构的基本开销等，称为订货的固定成本，用 F_1 表示；另一部分与订货次数有关，如差旅费、邮资等，称为订货的变动成本。每次订货的变动成本用 K 表示，订货次数等于存货年需要量 D 与每次进货量 Q 之商。订货成本的计算公式为

$$订货成本 = F_1 + \frac{D}{Q}K$$

2. 购置成本

购置成本是指存货本身的价值，经常用数量与单价的乘积来表示。当年需要量是 D、单价为 U 时，购置成本就是 DU。

订货成本加上购置成本，就是存货的取得成本，用公式表示为

$$TC_a = F_1 + \frac{D}{Q}K + DU$$

（二）储存成本

储存成本是指为保持存货而发生的成本，包括存货占用资金所应计的利息（如企业用现金购买存货，便失去了现金存放银行或投资于证券本应取得的利息，称之为"放弃利息"；如企业借款购买存货，便要支付利息费用，称之为"付出利息"）、仓库费用、保险费用、存货破损和变质损失等，通常用 TC_c 来表示。

储存成本也分为固定成本和变动成本。固定成本与存货数量的多少无关，如仓库折旧费、仓库职工的固定月工资等，常用 F_2 表示。变动成本与存货的数量有关，如存货资金的应计利息、存货的破损和变质损失、存货的保险费等，单位成本用 K_c 来表示。用公式表达的储存成本为

$$储存成本 = 储存固定成本 + 储存变动成本$$

$$TC_c = F_2 + \frac{Q}{2}K_c$$

（三）缺货成本

缺货成本是指由于存货供应中断而造成的损失,包括材料供应中断造成的停工损失、产成品库存缺货造成的拖欠发货损失和丧失销售机会的损失,以及需要主观估计的商誉损失;如果生产企业以紧急采购待用材料解决库存材料中断之急,那么缺货成本就表现为紧急额外购入成本(紧急额外购入的开支会大于正常采购的开支)。缺货成本用 TC_s 表示。

如果用 TC 来表示储备存货的总成本,它的计算公式为

$$TC = TC_a + TC_c + TC_s = F_1 + \frac{D}{Q}K + DU + F_2 + \frac{Q}{2}K_c + TC_s$$

企业存货管理的最优化就是在满足需求的同时,追求 TC 最小。

三、存货的管理目标

通过前面的分析我们知道,企业持有较高的存货,就能够为企业正常的生产经营提供良好的保障,但同时,过高的存货水平必然会带来较高的存货成本,而存货成本的增加必然会导致获利能力的降低。所以,存货管理水平的高低,直接影响着收益、风险和流动性的综合水平。因此,存货管理的目标就在于在存货的成本与收益之间进行利弊权衡,实现两者的最佳结合,达到既要维持高效和持续经营的需要,又要以最低的存货总成本获得最高的收益。

四、存货决策

存货决策涉及 4 项内容:决定进货项目、选择供应单位、决定进货时间和决定进货批量。决定进货项目和选择供应单位是销售部门、采购部门和生产部门的职责。财务部门的职责是决定进货时间和进货批量。根据存货管理的目的,需要通过合理的进货批量和进货时间,使存货总成本最低,这时对应的进货批量就是经济订货量或经济批量。根据经济订货量,我们可以较容易地找出最适宜的进货时间。

（一）经济订货量的基本模型

经济订货批量的基本模型有下列假设条件:

(1)企业能够及时补充存货,即需要订货时便可立即取得存货;

(2)能集中到货,而不是陆续入库;

(3)不允许缺货,即无缺货成本,TC_s 为零,这是因为良好的存货管理本来就不应该出现缺货成本;

(4)需求量稳定,并且能预测,即 D 为已知常量;

(5)存货采购单价不变,不存在商业折扣和现金折扣,即 U 为常量;

(6)企业现金充足,不会因为现金短缺而影响进货;

(7)所需存货市场供应充足,不会因为买不到需要的存货而影响其他。

设立了上述假设后，存货总成本的公式可以简化为

$$TC = TC_a + TC_c + TC_s = F_1 + \frac{D}{Q}K + DU + F_2 + \frac{Q}{2}K_c$$

当 F_1、K、D、U、F_2、K_c 为常量时，TC 的大小就取决于 Q。通过对 TC 求极小值分析，可得，当 TC 取极小值时，对应的经济订货批量 Q^* 为

$$Q^* = \sqrt{\frac{2KD}{K_c}}$$

这一公式成为经济订货批量的基本模型，用此公式求出的每次订货批量，就是经济订货批量，能够使 TC 达到最小值。

这个基本模型还可以演变为其他形式：

$$\text{每年最佳订货次数 } N^* = \frac{D}{Q^*} = \sqrt{\frac{DK_c}{2K}}$$

$$\text{与批量有关的存货总成本 } TC(Q^*) = \sqrt{2KDK_c}$$

$$\text{最佳订货周期（天数）} t^* = \frac{360}{N^*}$$

$$\text{经济订货量占用资金 } I^* = \frac{Q^*}{2} \times U$$

例 7-10 已知大华工厂全年需用甲材料 1 200 千克，材料单价 5 元。每次订货的变动性订货成本为 100 元，每千克甲材料年平均变动性储存成本为 1.5 元。要求计算经济订货批量 Q^*、与批量有关的存货总成本 $TC(Q^*)$、每年最佳订货次数 N^*、最佳订货周期 t^* 和经济订货量占用资金 I^*。

解 已知 $D = 1\ 200$，$K = 100$，$K_c = 1.5$，$U = 5$，则

$$Q^* = \sqrt{\frac{2KD}{K_c}} = \sqrt{\frac{2 \times 100 \times 1\ 200}{1.5}} = 400（千克）$$

$$TC(Q^*) = \sqrt{2KDK_c} = \sqrt{2 \times 100 \times 1\ 200 \times 1.5} = 600（元）$$

$$N^* = \frac{D}{Q^*} = \sqrt{\frac{DK_c}{2K}} = \sqrt{\frac{1\ 200 \times 1.5}{2 \times 100}} = 3（次）$$

$$t^* = \frac{360}{N^*} = \frac{360}{3} = 120（天）$$

$$I^* = \frac{Q^*}{2} \times U = \frac{400}{2} \times 5 = 1\ 000（元）$$

（二）经济订货批量的扩展模型

经济订货量的基本模型是在前述假设条件下建立的，但是现实生活中能够满足这些假设条件的情况十分罕见。为使模型更接近于实际情况，需要逐一放宽条件，改进模型。

1. 有商业折扣的经济批量模型

为了鼓励客户购买更多的商品，销售企业通常会给予不同程度的价格优惠，即实行商业折扣。购买越多，所获得的价格优惠就越大。此时，进货企业对经济订货批量的确定，除了考虑进货成本与储存成本外，还应考虑存货的进价成本，因为此时的存货进价成本已经与进货数量的大小有了直接的联系，属于决策的相关成本。

在经济批量基本模型其他各种假设条件均具备的前提下,存在数量折扣时的存货相关总成本可以按下面的公式计算:

$$存货相关总成本 = 存货进价 + 相关订货成本 + 相关储存成本$$

实行数量折扣的经济进货批量可以按照如下步骤进行。

(1) 按照基本经济批量模型确定经济进货批量。

(2) 计算按经济批量进货时的存货相关总成本。

(3) 计算按给予数量折扣的进货批量进货时的存货相关总成本。

如果给予数量折扣的进货批量是一个范围,如进货数量在 1 000 到 1 999 单位之间可以享受 2% 的价格优惠,此时按给予数量折扣的最低进货批量,即按 1 000 单位计算存货相关总成本。

(4) 比较不同进货批量的存货相关总成本、最低存货相关总成本对应的进货批量,就是实行数量折扣的最佳经济批量。

例 7-11 某企业甲材料的年需要量为 32 000 千克,每千克标准价格为 40 元。销售企业规定:客户每批购买量不足 1 000 千克的,按照标准价格计算;每批购买量 1 000 千克以上,价格优惠 2%。已知每批订货成本为 600 元,单位材料年储存成本为 60 元。求该企业最佳订货批量。

解 按经济订货批量基本模型计算的经济批量为

$$Q = \sqrt{\frac{2 \times 32\,000 \times 600}{60}} = 800(千克)$$

每次进货 800 千克时的存货相关总成本为

$$TC = \sqrt{2 \times 32\,000 \times 600 \times 60} + 32\,000 \times 40 = 1\,328\,000(元)$$

每次进货 1 000 千克时,存货的相关总成本为

$$TC = 32\,000 \times 40 \times (1 - 2\%) + \frac{32\,000}{1\,000} \times 600 + \frac{1\,000}{2} \times 60$$

$$= 1\,303\,600(元)$$

通过比较得到,每次进货为 1000 千克时,存货相关总成本低于每次进货 800 千克时的成本,所以最佳经济批量为 1 000 千克。

2. 存货陆续供应和使用的经济批量模型

经济批量基本模型是在存货一次全部入库的假设之上的。事实上,各批存货一般都是陆续入库,库存量陆续增加。特别是产成品入库和在产品转移,几乎总是陆续供应和陆续耗用的。在这种情况下,需要对经济订货的基本模型进行一些修正。

假设每批订货数为 Q,每日送货量为 p,则该批存货全部送达所需日数即送货期为

$$送货期 = \frac{Q}{p}$$

假设每日耗用量为 d,则送货期内的全部耗用量为

$$送货期内耗用量 = \frac{Q}{p}d$$

由于零件边送边用,所以每批送完时,送货期内平均库存量为

$$送货期内平均库存量 = \frac{1}{2}\left(Q - \frac{Q}{p}d\right)$$

假设存货年需要量为 D，每次订货费用为 K，单位存货储存费率为 K_c，则与批量有关的总成本为

$$TC(Q) = \frac{D}{Q}K + \frac{1}{2}\left(Q - \frac{Q}{p}d\right)K_c$$

$$= \frac{D}{Q}K + \frac{Q}{2}\left(1 - \frac{d}{p}\right)K_c$$

在订货变动成本与储存变动成本相等时，$TC(Q)$ 有最小值，故存货陆续供应和使用的经济订货批量公式为

$$\frac{D}{Q^*} \times K = \frac{Q^*}{2}\left(1 - \frac{d}{p}\right)K_c$$

则

$$Q^* = \sqrt{\frac{2KD}{K_c} \cdot \frac{p}{p-d}}$$

与订货批量相关的最小成本为

$$TC(Q^*) = \sqrt{2KDK_c\left(1 - \frac{d}{p}\right)}$$

例 7-12　某零件年需要量（D）为 3600 件，每日送货量（p）为 30 件，每日耗用量（d）为 10 件，单价（U）为 10 元，一次订货成本（生产准备成本）（K）为 25 元，单位储存变动成本（K_c）为 2 元。要求计算该零件的经济订货量和与订货批量相关的总成本。

解　将例题中相关数据带入公式可得

$$Q^* = \sqrt{\frac{2KD}{K_c} \cdot \frac{p}{p-d}} = \sqrt{\frac{2 \times 25 \times 3\,600}{2} \times \frac{30}{30-10}} = 367（件）$$

$$TC(Q^*) = \sqrt{2KDK_c\left(1 - \frac{d}{p}\right)} = \sqrt{2 \times 25 \times 3\,600 \times 2 \times \left(1 - \frac{10}{30}\right)} = 490（元）$$

3. 订货提前期

一般情况下，企业的存货不能做到随用随时补充，因此不能等到企业存货用完时再去订货，而是需要在存货没有用完时提前订货。在提前订货的情况下，企业再次发出订货单时，尚有存货的库存量，称为再订货点，用 R 表示。它的数量等于交货时间（L）和每日平均需用量（d）的乘积：

$$R = Ld$$

例 7-13　承例 7-10，假设企业订货日至到货日的时间为 10 天，每日存货需要量为 4 千克，计算该企业的再订货点。

解　　　　　　　　　　$R = Ld = 10 \times 4 = 40（千克）$

即企业在库存 40 千克存货时，就应当再次订货，等到下批订货到达时，原有库存刚好用完。此时，有关存货的每次订货批量、订货次数、订货间隔时间等并无变化，与瞬时补充时相同。也就是说，订货提前期对经济订货量并无影响，可仍以原来瞬时补充情况下的 400 千克为订货批量，只不过在达到再订货点 40 千克库存时就发出订货单罢了。提前订货情形如图 7-5 所示。

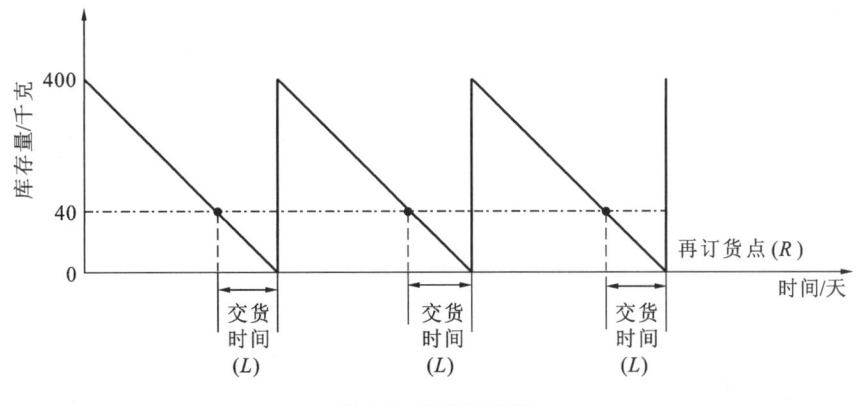

图 7-5　订货提前期

（三）保险储备

前述我们假定企业存货每日需求量不变，交货时间也固定不变，但实际上，每日需求量可能会变化，交货时间也可能会变化。按照经济订货批量订货和再订货点发出订单后，如果需求量突然增大或送货延长，就会发生缺货或供货中断。企业为了防止缺货或供货中断的损失而多储备的以备应急之需的存货量，就是保险储备（安全存量）。这些安全存量在正常情况下不动用，只有当存货过量使用或送货延迟时才动用。保险储备如图 7-6 所示。

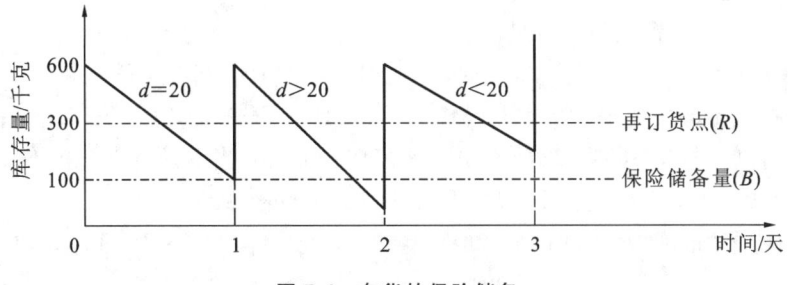

图 7-6　存货的保险储备

在图 7-6 中，假定经济订货量为 600 件，每年订货次数为 12 次，存货平均每日需求量（d）为 20 件，平均每次交货时间（L）为 10 天。为防止需求变化引起缺货损失，保险储备量（B）为 100 件，再订货点 R 就会相应提高到

$$R = 交货时间 \times 平均日需求量 + 保险储备$$
$$= Ld + B = 20 \times 10 + 100 = 300（件）$$

在第一个周期中，日需求量等于 20 件，不需要动用保险储备；在第二个周期里，日需求量大于 20 件，需要动用保险储备；在第三个周期中，日需求量小于 20 件，不需要动用保险储备，而且正常储备还没有用完时，下次存货就已经到了。

通过前面的分析可知，建立保险储备可以使企业弥补缺货或供货中断造成的损失，但是存货储备量的加大也会使储备成本提高。所以，找出合理的保险储备量，使缺货成本或供应中断损失和储备成本之和最小，就是保险储备研究的目的。我们可以采用先计算出各种不同保险储备量的总成本，然后再对总成本进行比较，选定其中最低的。

设与此有关的总成本为 $TC(S,B)$，缺货成本为 C_s，保险储备成本为 C_B，则有
$$TC(S,B) = C_s + C_B$$

设单位缺货成本为 K_U，一次订货缺货量为 S，年订货次数为 N，保险储备量为 B，单位存货成本为 K_c，则有
$$C_s = K_U S N$$
$$C_B = BK_c$$
$$TC(S,B) = C_s + C_B = K_U SN + BK_c$$

在现实中，缺货量 S 具有概率性，其概率可以根据历史经验估计得出；保险储备量 B 可以选择而定。

例 7-14　假定某存货的年需要量 D 为 7 200 件，单位变动储存成本 K_c 为 4 元，单位缺货成本 K_U 为 8 元，交货时间 L 为 10 天，平均每天需要存货量为 20 件；已经计算出经济订货量 Q 为 600 件，每年订货次数 N 为 12 次。交货期内存货需要量及其概率分布如表 7-8 所示。

表 7-8　交货期内存货需要量及其概率分布

需要量 $10d$	140	160	180	200	220	240	260
概率（P_i）	0.01	0.04	0.20	0.50	0.20	0.04	0.01

要求确定合适的保险储备量。

解　（1）不设置保险储备量。

$B=0$，$R=Ld=10\times20=200$（件）。此时，交货期内，当存货需求量为 200 件及其以下时，就不会发生缺货成本，其概率为 0.75（0.01＋0.04＋0.20＋0.50）；当需求量为 220 件时，缺货 20 件（220－200），其概率为 0.20；当需求量为 240 件时，缺货 40（240－200）件，其概率为 0.04；当需求量为 260 件时，缺货 60 件（260－200），其概率为 0.01。因此，当 $B=0$ 时，缺货的期望值 S_0、总成本 $TC(S,B)$ 可计算如下：
$$S_0 = (220-200)\times0.20 + (240-200)\times0.04$$
$$+ (260-200)\times0.01 = 6.2（件）$$
$$TC(S,B) = K_U S N + BK_c = 8\times6.2\times12 + 0\times4 = 595.2（元）$$

（2）保险储备量为 20 件时。

$B=20$，$R=Ld+B=10\times20+20=220$（件）。此时，交货期内，当存货需求量为 220 件及其以下时，就不会发生缺货成本，其概率为 0.95（0.01＋0.04＋0.20＋0.50＋0.20）；当需求量为 240 件时，缺货 20（240－220）件，其概率为 0.04；当需求量为 260 件时，缺货 40 件（260－220），其概率为 0.01。因此，当 $B=20$ 时，缺货的期望值 S_{20}、总成本 $TC(S,B)$ 可计算如下：
$$S_{20} = (240-220)\times0.04 + (260-220)\times0.01 = 1.2（件）$$
$$TC(S,B) = K_U SN + BK_c = 8\times1.2\times12 + 20\times4 = 195.2（元）$$

（3）保险储备量为 40 件时。

运用同样的方法可得
$$S_{40} = (260-240)\times0.01 = 0.2（件）$$

$$TC(S,B) = K_U SN + BK_c = 8 \times 0.2 \times 12 + 40 \times 4 = 179.2(元)$$

（4）保险储备量为 60 件时。

$B=60, R=Ld+B=10 \times 20+60=260$（件）。此时可以满足最大需求，不会发生缺货成本，所以

$$S_{60} = 0(件)$$

$$TC(S,B) = K_U SN + BK_c = 8 \times 0 \times 12 + 60 \times 4 = 240(元)$$

通过比较不同保险储备量的总成本，可知，当 $B=40$ 件时，总成本 179.2 元是最低成本。因此，保险储备量应该是 40 件，以 240 件为再订货点。

上面的例子解决了由于需求量变化引起的缺货问题，对于由于延迟交货而引起的缺货问题，也可以通过建立保险储备的方法解决。确定保险储备量时，将交货延迟天数折算为增加的需求量，再用前述计算方法即可。

五、存货 ABC 分类管理

ABC 分类管理就是按照一定的标准，将企业的存货划分为 A、B、C 三类，分别实行分品种重点管理、分类别一般控制和按总额灵活掌握的存货管理方法。

企业存货品种繁多，尤其是大中型企业的存货往往多达上万种甚至数十万种。有的存货尽管品种数量很少，但是金额巨大，如果管理不善，将会给企业造成极大的损失；有的存货虽然品种数量繁多，但金额微小，即使管理当中出现一些问题，也不至于对企业产生较大的影响。因此，无论是从经济角度还是从能力角度，企业均不能也没有必要对所有存货事无巨细地严加管理。ABC 分类管理正是基于这一考虑提出的，目的在于使企业分清主次，突出重点，以提高存货管理的整体效果。

1. 存货 ABC 分类的标准

存货 ABC 分类的标准主要有两个：一个是金额标准，另一个是数量标准。其中，金额标准是最基本的，品种数量标准仅作为参考。

A 类存货的特点是金额巨大，但是品种数量较少；B 类存货金额一般，品种数量相对较多；C 类存货品种数量繁多，但是价值金额很小。

一般而言，三类存货的金额比例大致为 A∶B∶C=0.7∶0.2∶0.1，而品种数量比例大致为 A∶B∶C=0.1∶0.2∶0.7。由此可见，A 类存货占用着企业绝大多数的资金，只要能够控制好 A 类存货，基本上也就不会出现较大的问题。同时，由于 A 类存货品种数量较少，企业完全有能力按照每一个品种进行管理。B 类存货的金额相对较小，企业不必像对待 A 类存货那样花费太多的精力。同时，由于 B 类存货的品种数量远远多于 A 类存货，企业通常没有能力对每一具体品种进行控制，因此可以通过划分类别的方式进行管理。C 类存货尽管品种数量繁多，但其所占金额却很小，对此，企业只要把握一个总金额也就可以了。不过，需要提醒的是，由于 C 类存货大多与消费者日常的生活息息相关，虽然这类存货的直接经济效益对企业并不重要，但其间接经济效益将是无法估量的。

2. A、B、C 三类存货的具体划分

具体过程可以分为以下三个步骤。

（1）列示企业全部存货的明细表，计算出每种存货的价值总额及占全部存货金额的百分比。

（2）按照金额由大到小进行排序，并累加金额百分比。

（3）当金额百分比累加到 70% 左右时，以上存货视为 A 类存货；百分比介于 70%～90% 的存货作为 B 类存货；其余则为 C 类存货。

通过对存货进行 ABC 管理，可以使企业分清主次，采取相应的对策进行有效的管理控制。企业在组织经济进货批量、储存期分析时，对 A、B 两类存货可以分别按品种、类别进行。对 C 类存货只需要加以灵活掌握即可，一般不必进行上述各方面的测算与分析。此外，企业还可以运用 ABC 分类法将存货区分为 A、B、C 三类，通过研究各类消费者的消费倾向、档次等，对各档次存货的需要量（额）加以估计，并购进相应数量的存货。这样，能够使存货的购进与销售工作有效地建立在市场调查的基础上，从而收到良好的控制效果。

第五节　短期负债管理

短期负债是为满足企业生产经营过程中短期资金的需要或季节性波动需求而产生的信贷资金，是满足企业流动资产的主要资金来源，使用期限一般不超过一年。短期负债主要包括短期借款和商业信用。短期负债管理的主要内容是各种短期负债筹资方式的选择。

一、短期借款

短期借款是指企业向银行或其他非银行金融机构借入的期限在一年以内的借款。

（一）短期借款的种类

短期借款按企业不同的生产目的和用途，主要分为生产周转借款、临时借款、结算借款等；按偿还方式的不同，分为一次性偿还借款和分期偿还借款；按利息支付方法的不同，分为收款法借款、贴现法借款和加息法借款；按有无担保，分为抵押借款和信用借款。

（二）短期借款的信用条件

按国际惯例，银行发放短期贷款时，往往涉及以下信用条件。

1. 信贷额度

信贷额度即贷款限额，指银行与贷款人在协议中规定的允许借款人借款的最高限额。如借款人超过规定限额继续向银行借款，银行则停止办理。此外，如果企业信誉恶化，即使银行曾经同意按信贷限额提供贷款，企业也可能得不到借款，这时银行也不会承担法律责任。

2. 周转信贷协定

周转信贷协定是银行具有法律义务地承诺提供不超过某一最高限额的贷款协定。在协定的有效期内，只要企业借款总额未超过最高限额，银行必须满足企业任何时候提出的借款要求。企业享用周转信贷协定，通常要对贷款限额的未使用部分付给银行一笔承诺费。

例 7-15 某银行与企业商定的周转信贷额为 1 000 万元,年承诺费率为 0.5%,借款企业年度内使用了 600 万元(使用期半年),借款年利率为 6%,则该企业当年应向银行支付利息和承诺费共计多少万元?

解 当年应向银行支付利息 $= 600 \times 6\% \times 0.5 = 18$(万元)

当年应向银行支付的承诺费 $= 600 \times 0.5\% \times 0.5 + 400 \times 0.5\% = 3.5$(万元)

当年应向银行支付利息和承诺费 $= 18 + 3.5 = 21.5$(万元)

3. 补偿性余额

补偿性余额指银行要求借款人在银行中保持按贷款限额或实际借用额一定百分比(一般为 10%~20%)计算的最低存款余额。补偿性余额有助于银行降低贷款风险,补偿其可能遭受的损失;但对借款企业来说,补偿性余额提高了借款的实际利率,加重了企业的利息负担。在有补偿性余额条件下,实际利率的计算公式为

$$实际利率 = \frac{名义借款金额 \times 名义利率}{名义借款金额 \times (1 - 补偿性余额比例)} = \frac{名义利率}{1 - 补偿性余额比例}$$

例 7-16 某企业按年利率 10% 向银行借款 1 000 万元,期限一年,补偿性余额比率为 10%,则该项借款的实际利率是多少?

解 补偿性余额贷款的实际利率 $= \dfrac{10\%}{1 - 10\%} = 11.11\%$

4. 借款抵押

银行向财务风险较大、信誉不好的企业发放贷款,往往需要有抵押品担保,以减少自己蒙受损失的风险。借款的抵押品通常是借款企业的应收账款、存货、股票、债券以及房屋等。银行接收抵押品后,将根据抵押品的账面价值决定贷款金额,一般为抵押品账面价值的 30%~90%,这一比率的高低取决于抵押品的变现能力和银行的风险偏好。

5. 偿还条件

贷款的偿还有到期一次偿还和在贷款期内定期等额偿还两种方式。一般来说,企业不希望采用后种方式,因为这会提高贷款的实际利率;而银行不希望采用前种方式,因为这会加重企业还款时的财务负担,增加企业的拒付风险,同时会降低实际贷款利率。

(三)借款利息的支付方法

1. 利随本清法

利随本清法又称收款法,是在借款到期时向银行支付利息的方法。采用这种方法,借款的名义利率等于其实际利率。

2. 贴现法

贴现法是指银行向企业发放贷款时,先从本金中扣除利息部分,而到期时借款企业再偿还全部本金的计息方法。采用这种方法,企业可利用的贷款额只有本金扣除利息后的差额部分,因此其实际利率高于名义利率。贴现法的实际贷款利率公式为

$$贴现贷款实际利率 = \frac{利息}{贷款金额 - 利息} = \frac{名义利率}{1 - 名义利率}$$

例 7-17 某公司向银行取得借款 100 万元,期限一年,合同规定利率为 10%,银行要求按贴现法付息,该项贷款实际利率为多少?

解

$$贴现贷款实际利率=\frac{利息}{贷款金额-利息}$$

$$=\frac{100\times 10\%}{100-100\times 10\%}=11.11\%$$

或

$$贴现贷款实际利率=\frac{名义利率}{1-名义利率}=\frac{10\%}{1-10\%}=11.11\%$$

3. 加息法

加息法是银行发放分期等额偿还贷款时采取的利息收取方法。在分期等额偿还贷款的情况下,银行将根据名义利率计算的利息加到贷款本金上,计算出贷款的本息和,要求企业在贷款期内分期偿还本息之和。由于贷款本金分期均衡偿还,借款企业实际上只平均使用了贷款本金的一半,却支付了全额利息。这样企业所负担的实际利率便要高于名义利率大约 1 倍。

例如,某公司借入名义年利率为 12% 的贷款 2 万元,分 12 个月等额偿还本息。该项借款的实际年利率为 24%,即

$$实际年利率=\frac{20\ 000\times 12\%}{20\ 000/2}=24\%$$

(四)短期借款筹资的特点

1. 筹资速度快,容易取得

企业获得短期借款所需时间要比长期借款短得多。因为长期借款的债权人风险较高,为了保护自身利益,往往要对债务人进行全面的财务调查,因而筹资所需时间一般较长且不易取得。短期借款在较短时间内即可归还,债权人顾虑较少,债务人容易取得短期借款,融通资金的时间会减少。

2. 筹资富有弹性

举借长期借款,债权人或有关方面经常会向债务人提出很多限定性条件。而短期借款的限制条款相对少一些,使筹资企业的资金使用较为灵活、富有弹性。

3. 筹资成本低

一般来说,短期借款的利率低于长期借款的利率。短期借款的时间较短,债权人的风险相对较低,所要求的投资报酬率也较低。

4. 筹资风险高

对于筹资企业而言,短期借款的还贷时间很短,若企业资金安排不当,将会导致还债困难,引起筹资企业的财务风险,陷入财务危机。

二、商业信用

商业信用是指在商品交易中由于延期付款或预收货款所形成的企业间的借贷关系。商业信用产生于商品交换之中,是所谓的"自发性筹资"。商业信用的具体形式有应付账款、应付票据、预收账款等。

（一）应付账款

应付账款是企业购买货物暂未付款而欠对方的账项,即卖方允许买方在购货后一定时期内支付货款的一种形式。卖方利用这种方式促销,而对买方来说延期付款则等于向卖方借用资金购进商品,可以满足短期的资金需要。

按付款日期不同,应付账款可以分为:免费信用,即买方企业在规定的折扣期内享受折扣而获得的信用;有代价信用,即买方企业放弃折扣为代价而获得的信用;展期信用,即买方企业超过规定的信用期推迟付款而强制获得的信用。

应付账款有信用期、折扣期、现金折扣等信用条件。卖方为了促使买方及早归还货款,会给予买方一定的现金折扣。如"1/10,N/30",其中"10"表示折扣期为10天,"1"表示现金折扣为1%,"N"表示没有折扣,"30"表示信用期为30天。"1/10,N/30"表示在10天之内付款,卖方给予买方1%的现金折扣;10天之后30天内全额付款,没有折扣。

1. 应付账款的成本

若买方购买货物后在卖方规定的折扣期内付款,便可以享受免费信用,这种情况下没有因为享受信用而付出代价。

假定某企业按"1/10,N/30"的条件购入货物,货款共计100万元,如果该企业在10天内付款,便享受了10天的免费信用期,并获得折扣1万元(100×1%),免费信用额为99(100-1)万元。

倘若买方企业放弃折扣,在10天后(不超过30天)付款,该企业便要承受因放弃折扣而造成的隐含利息成本。一般而言,放弃现金折扣的成本可由下式求得。

$$放弃现金折扣的成本 = \frac{折扣百分比}{1-折扣百分比} \times \frac{360}{信用期-折扣期}$$

运用上式,该企业放弃现金折扣的成本为

$$\frac{1\%}{1-1\%} \times \frac{360}{30-10} = 18.18\%$$

需要注意的是,放弃现金折扣的成本是按年计算的,是一种因放弃折扣而造成的隐含利息成本。该企业放弃现金折扣的成本为18.18%,表明企业为享用100万元资金20天的使用期而付出的现金折扣成本,相当于向银行借款98万元,付出的年利息率为18.18%。

放弃现金折扣的成本公式表明,放弃现金折扣的成本与折扣百分比的大小、折扣期的长短同方向变化,与信用期的长短反方向变化。企业在放弃折扣的情况下,推迟付款的时间越长,其成本便会越小。比如,如果企业延至60天付款,其成本则为

$$\frac{1\%}{1-1\%} \times \frac{360}{60-10} = 7.27\%$$

2. 利用现金折扣的决策

形成应付账款后,买方既可以享受现金折扣,也可放弃现金折扣。这取决于买方对放弃现金折扣成本与借款成本、短期投资收益率等的比较。利用现金折扣的决

策主要有以下几种。

（1）如果能以低于放弃折扣的隐含利息成本（实质上是一种机会成本）的利率借入资金，则应在现金折扣期内用借入的资金支付贷款，享受现金折扣。

（2）如果折扣期内将应付账款用于短期投资所得的投资收益高于放弃折扣的成本，则应放弃折扣而去追求更高的收益。

（3）如果企业因缺乏资金而欲展延付款期，则需在降低了的放弃折扣成本与展延付款带来的损失之间做出选择。展延付款带来的损失主要是指因企业信誉恶化而丧失供应商乃至其他贷款人的信用，或日后招致苛刻的信用条件。

（4）如果面对两家以上提供不同信用条件的卖方，应通过衡量放弃折扣成本的大小，选择信用成本最小（或收益最大）的一家。

例 7-18　某企业采购一批材料，供应商报价为 10 000 元，付款条件为：3/10、2.5/30、1.8/50、N/90。目前企业用于支付账款的资金需要在 90 天时才能周转回来，在 90 天内付款，只能通过银行借款解决，收到货款后偿还借款。如果银行利率为 12%，确定企业材料采购款的付款时间和价格。

解　第 10 天付款，放弃现金折扣的成本为

$$\frac{3\%}{1-3\%}\times\frac{360}{90-10}=13.92\%$$

第 30 天付款，放弃现金折扣的成本为

$$\frac{2.5\%}{1-2.5\%}\times\frac{360}{90-30}=15.38\%$$

第 50 天付款，放弃现金折扣的成本为

$$\frac{1.8\%}{1-1.8\%}\times\frac{360}{90-50}=16.50\%$$

由于各种方案放弃现金折扣的成本率均高于借款利率，因此应取得现金折扣，向银行借款以偿还货款。

进一步分析：10 天付款方案，得折扣 300 元，用资 9 700 元，借款 80 天，利息 258.67 元，净收益 41.33 元；30 天付款方案，得折扣 250 元，用资 9750 元，借款 60 天，利息 195 元，净收益 55 元；50 天付款方案，得折扣 180 元，用资 9820 元，借款 40 天，利息 130.93 元，净收益 49.07 元。

因此，第 30 天付款是最佳方案，其净收益最大。

（二）应付票据

应付票据是企业进行延期付款交易商品时，开具的反映债权债务关系的票据。根据承兑人的不同，应付票据分为商业承兑汇票和银行承兑汇票两种，支付期最长不超过 6 个月。应付票据可以带息，也可以不带息。应付票据的利率一般比银行借款的利率低，且不用保持相应的补偿性余额和支付协议费，所以应付票据的筹资成本低于银行借款成本。但是，应付票据到期必须归还，如若延期，便要交付罚金，因而风险较大。

（三）预收账款

预收账款是卖方企业在交付货物之前向买方预先收取部分或全部货款的信用形式。对于卖方来讲，预收账款相当于向买方借用资金后用货物抵偿。预收账款一般用于生产周期长、资金需要量大的货物销售。

此外，企业往往还存在一些在非商品交易中产生，但也是一种自发性筹资的应付费用，如应付工资、应付税金、应付利息、应付水电费等，这些费用也是企业内部的资金来源。应付费用使企业受益在前、费用支付在后，相当于享用了收款方的借款，一定程度上缓解了企业的资金需要。这些应付费用的期限具有强制性，不能由企业随便使用，但通常不需花费代价。

商业信用筹资最大的优越性在于容易取得。首先，对于多数企业来说，商业信用是一种持续性的信用形式，且无须正式办理筹资手续，筹资便利；其次，如果没有现金折扣或使用不带息票据，商业信用筹资不负担成本；再次，商业信用筹资对筹资企业的限制条件少。其缺点在于：期限一般都很短，还款风险大；使用范围窄，主要适用于商品交易；放弃现金折扣的情况下要负担较高的资金成本。

三、短期融资券

短期融资券是由企业依法发行的无担保短期本票。在我国，短期融资券是指企业在银行间债券市场发行和交易并约定在一定期限内还本付息的有价证券，是企业筹措短期(1 年以内)资金的直接融资方式。

短期融资券按照发行人分类，可以分为金融企业的融资券和非金融企业的融资券。在我国目前发行和交易的是非金融企业的融资券。

按发行方式分类，短期融资券分为经纪人承销的融资券和直接销售的融资券。非金融企业发行融资券一般采用间接承销方式进行，金融企业发行融资券一般采用直接发行方式进行。

短期融资券的筹资特点主要有三点：一是筹资成本低，相对于发行企业债券而言，发行短期融资券的筹资成本较低；二是筹资数额比较大，相对于银行借款筹资而言，短期融资券一次性的筹资数额比较大；三是发行条件比较严格，只有具备一定信用等级的实力强的企业，才能发行短期融资券。

 **本章小结**

营运资金是企业维持日常经营活动的必需资金。因此，企业的日常财务管理活动，最多的是企业的营运资金的管理。营运资金的管理主要体现在流动资产和流动负债的管理上。由于流动负债的管理在企业融资部分有所论述，所以本章主要介绍了流动资产的管理。其中主要介绍了现金、应收账款和存货这三种主要流动资产的管理。在学习这三种流动资产的管理方法的过程中，应注意每一种方法的相关假设条件，在实际运用中要灵活运用。

案例与点评

海尔：从 9 月开始实现"零库存"

到 2009 年 9 月，海尔集团将努力达到在"国内客户结算 100％现款现货"的财务目标基础上实现"零库存下即需即供"，这是海尔集团降低营运资金的又一新战略目标。

作为全球营业额达 1 220 亿人民币、在白色家电制造商中排名世界第四的集团公司，海尔最高管理层再次确立了新的战略目标。在日前于青岛举办的"中国企业营运资金管理研究中心"成立发布会上，海尔集团财务运营总监朱治国介绍了这一点。

白色家电行业基本属于买方市场，激烈的竞争和不断压缩的利润空间，再加上"渠道为王"的现状，使得这一战略听起来让人觉得不可思议。

从 2000 年起，海尔下定决心改变赊销的局面。目前，海尔已成功地降低了应收款，从而降低了企业营运资金。到目前为止，在客户结算方面，除对苏宁、国美外，实现了国内日日顺、超市、精品店、专卖店均 100％现款现货，国外零逾期。

"最有效的降低营运资金的方法是降低库存，因为有效地压减库存完全取决于公司的内部管理，对公司的合作伙伴没有利益冲击。"朱治国这样说。从 2008 年起，海尔集团开始采用"零库存下即需即供"的财务协同模型。

"达到这一目标，不仅仅有财务层面的变动，还需要整个管理体系来共同促进。包括生产线以及制造、销售和管理体系等，都会牵涉其中。"有些理念看起来简单，但实际操作起来还是需要很多决心和技巧的。

为了降低库存且不影响销售，海尔提出了精确管理理念，制定了"161 计划"，对需求量作 6 周预测、1 周挂定和 1 周锁定，并推进自主经营体损益模型和进销存账户，将库存与自主经营体的损益直接挂钩。

最终的效果是明显的：从趋势上看，从采购到销售收回现金的循环天数持续改善；存货周转天数同比改善 12 天，其中，产成品下降 9 天，原材料下降 2 天，在产品下降 1 天；库存占用资金降低 22 亿元。

然而，在原材料看涨的情况下，还会要零库存吗？当然不是。朱治国最后补充说，此时就需权衡是否要适当囤货，也可能会采取期货的方式来降低风险。零库存不是取消原材料的存货，而是尽量降低产成品所占压的资金。

（资料来源：贾丽娟，《中国会计报》，2009 年 8 月 27 日）

点评：

从海尔零库存的存货管理结果看，库存占用资金降低 22 亿元，取得了巨大的经济效益。但是从实现零库存的过程来看，可以看出企业实现零库存目标不仅仅是企业存货管理的结果，而是从采购到生产到销售一系列管理过程共同促成的。从中我们可以得出结论：良好的营运资金管理是建立在一系列科学合理的管理体系的基础上的，任何一个环节出现问题，都可能使营运资金的管理达不到预期的效果。

思考与练习题

【思考题】

1. 现金管理过程中应该注意哪些问题？

2. 存货的管理过程中应该注意哪些问题？

3. 在给客户提供信用的过程中，应注意哪些问题？

4. 短期借款的信用条件和利息支付方法有哪些？

5. 如何利用现金折扣决策？

【练习题】

一、单项选择题

1. 利用成本分析模式确定最佳现金持有量时，不予考虑的因素是（　　　）。

A. 持有现金的机会成本　　　　　　B. 现金短缺成本

C. 现金与有价证券的转换成本　　　D. 现金管理费用

2. 下列有关现金的成本中，属于固定成本性质的是（　　　）。

A. 现金管理成本　　　　　　　　　B. 占用现金的机会成本

C. 转换成本中的委托买卖佣金　　　D. 现金短缺成本

3. 下列各项中，不属于信用条件构成要素的是（　　　）。

A. 信用期限　　B. 现金折扣（率）　C. 现金折扣期　　D. 商业折扣

4. 基本经济进货批量模式所依据的假设不包括（　　　）。

A. 一定时期的进货总量可以准确预测

B. 存货进价稳定

C. 存货耗用或销售均衡

D. 允许缺货

5. 下列各项中，不属于应收账款成本构成要素的是（　　　）。

A. 机会成本　　B. 管理成本　　　C. 坏账成本　　　D. 短缺成本

6. 在对存货实行 ABC 分类管理的情况下，A、B、C 三类存货的品种数量比重大致为（　　　）。

A. 0.7：0.2：0.1　　　　　　　　B. 0.1：0.2：0.7

C. 0.5：0.3：0.2　　　　　　　　D. 0.2：0.3：0.5

7. 在确定最佳现金持有量时，成本分析模式和存货模式均需考虑的因素是（　　　）。

A. 持有现金的机会成本　　　　　　B. 固定性转换成本

C. 现金短缺成本　　　　　　　　　D. 现金保管费用

8. 采用 ABC 法对存货进行控制时，应当重点控制的是（　　　）。

A. 数量较多的存货　　　　　　　　B. 占用资金较多的存货

C. 品种较多的存货　　　　　　　　D. 库存时间较长的存货

9. 企业从银行借入短期借款，不会导致实际利率高于名义利率的利息支付方式是（　　　）。

A. 收款法　　　　　　　　　　　　B. 贴现法

C. 分期等额偿还本利和的方法　　D. 分期等额还本的方法

10. 某企业拟以"2/10，N/30"的信用条件购进原料一批，企业放弃现金折扣的成本为（　　）。

A. 2%　　　　　B. 36.73%　　　　C. 18.2%　　　　D. 36.4%

11. 某企业需借入资金 60 万元，借款年利率为 8%。由于银行要求将贷款数额的 20% 作为补偿性余额，故企业需向银行申请的贷款数额和该借款的实际利率分别为（　　）。

A. 60 万元、8%　　　　　　　　B. 67.2 万元、10%

C. 72 万元、8%　　　　　　　　D. 75 万元、10%

12. 某公司向银行借款 200 万元，期限为一年，年利率为 10%，按贴现法付息，则该笔借款的实际利率为（　　）。

A. 10%　　　B. 20%　　　C. 11.11%　　　D. 9%

13. 某公司拟从银行获得贷款，该银行要求的补偿性余额为 10%，贷款的年利率为 12%，且银行要求按贴现法付息，则该笔贷款的实际利率为（　　）。

A. 15.38%　　B. 15.15%　　C. 14.29%　　D. 10.8%

14. 某企业取得 2010 年为期一年的周转信贷额为 1 000 万元，承诺费率为 0.4%。2010 年 1 月 1 日从银行借入 500 万元，8 月 1 日又借入 300 万元，如果年利率为 8%，则企业 2010 年末应向银行支付利息和承诺费共为（　　）万元。

A. 4.5　　　B. 51.5　　　C. 64.8　　　D. 66.7

15. 如果在折扣期内将应付账款用于短期投资，所得的投资收益率高于放弃现金折扣的成本，则应（　　）。

A. 在折扣期内付款，享受现金折扣

B. 放弃现金折扣，直到到期再付款

C. 采用展期信用，延迟到信用期后付款

D. 选择另一家供应商提供的信用

16. 企业评价客户等级，决定给予或拒绝客户信用的依据是（　　）。

A. 信用标准　　B. 收账政策　　C. 信用条件　　D. 信用政策

17. 某企业全年必要现金支付额 2 000 万元，除银行同意在 10 月份贷款 500 万元外，其他稳定可靠的现金流入为 500 万元，企业应收账款总额为 2 000 万元，则应收账款收现保证率为（　　）。

A. 25%　　　B. 50%　　　C. 75%　　　D. 100%

二、多项选择题

1. 企业持有现金的动机有（　　）。

A. 交易动机　　B. 预防动机　　C. 投机动机　　D. 维持补偿性余额

2. 下列各项中，能够被视为自发性负债的项目有（　　）。

A. 短期借款　　　　　　　　B. 应交税金

C. 应付水电费　　　　　　　D. 应付工资

3. 企业运用存货模式确定最佳现金持有量所依据的假设包括（　　）。

A. 所需现金只能通过银行借款取得

B. 预算期内现金需要总量可以预测

C. 现金支出过程比较稳定

D. 证券利率及转换成本可以知悉

4. 存货管理的经济订货量基本模型建立于( )的假设条件之上。

A. 企业能及时补充所需存货

B. 存货单价不考虑销售折扣

C. 每批订货之间相互独立

D. 存货的单位储存变动成本不变

E. 存货的需求量稳定或虽有变化但可根据历史经验估计其概率

5. 延期支付账款的方法一般有( )。

A. 合理利用"浮游量"   B. 推迟支付应付款

C. 采用汇票付款   D. 采用本票付款

6. 某企业的信用条件为"5/10,2/20,N/30",则以下选项正确的是:( )。

A. 5/10 表示 10 天内付款,可以享受 5% 的价格优惠

B. 2/20 表示在 20 天内付款,可以享受 2% 的价格优惠

C. N/30 表示最后的付款期限是 30 天,此时付款无优惠

D. 如果该企业有一项 100 万元的货款需要收回,客户在 15 天付款,则该客户只需要支付 98 万元货款

7. 企业如果延长信用期限,可能导致的结果有( )。

A. 扩大当期销售   B. 延长平均收账期

C. 增加坏账损失   D. 增加收账费用

8. 某企业的最低现金持有量为 10 000 元,最高控制线为 25 000 元。如果公司现有现金 20 000 元,根据随机现金管理模型,下列说法正确的是:( )。

A. 现金回归线为 17 500 元   B. 应该投资有价证券

C. 不应该投资有价证券   D. 现金回归线为 15 000 元

三、判断题

1. 能够使企业的进货成本、储存成本和缺货成本之和最低的进货批量,便是经济进货批量。( )

2. 现金折扣是企业为了鼓励客户多买商品而给予的价格优惠,每次购买的数量越多,价格也就越便宜。( )

3. 企业现金持有量过多,会降低企业的收益水平。( )

4. 营运资金周转的数额还受到偿债风险、收益要求和成本约束等因素的制约。( )

5. 某公司按(2/10,N/30)的条件购入货物 100 万元,倘若放弃现金折扣,在 10 天后付款,则相当于以 36.7% 的利率借入 100 万元,使用期 20 天。( )

四、计算题

1. 某公司的年赊销收入为 720 万元,平均收账期为 60 天,坏账损失为赊销额的 10%,年收账费用为 5 万元。该公司认为通过增加收账人员等措施,可以使平均收账期降为 50 天,坏账损失降为赊销额的 7%。假设公司的资本成本率为 6%,变动成本率为 50%。

要求:计算为使上述变更经济合理,新增收账费用的上限(每年按 360 天计算)。

2. 甲公司是电脑经销商，预计今年需求量为 7 200 台，购进电脑每台平均单价为 3 000 元，平均每日供货量 100 台，每日销售量为 20 台（一年按 360 天计算），单位缺货成本为 100 元。与订货和储存有关的成本资料预计如下：

（1）采购部门全年办公费为 10 万元，平均每次差旅费为 2 000 元，每次装卸费为 200 元；

（2）仓库职工的工资每月 3 000 元，仓库年折旧 60 000 元，电脑的破损损失为 200 元/台，保险费用为 210 元/台，占用资金应计利息等其他的储存成本为 30 元/台；

（3）从发出订单到第一批货物运到需要的时间有五种可能，分别是 8 天（概率 10%）、9 天（概率 20%）、10 天（概率 40%）、11 天（概率 20%）、12 天（概率 10%）；

（4）确定的合理保险储备量为 20 台。

要求：

（1）计算经济订货量、送货期和订货次数；

（2）确定再订货点；

（3）计算今年与经济订货批量相关的存货总成本；

（4）计算今年与保险储备存货相关的总成本；

（5）计算今年储备存货的总成本。

3. 某公司现金收支平衡，预计全年（按 360 天计算）现金需要量为 250 000 元，现金与有价证券的转换成本为每次 500 元，有价证券年利率为 10%。

要求：

（1）计算最佳现金持有量；

（2）计算最佳现金持有量下的全年现金管理总成本、全年现金交易成本和全年现金持有机会成本；

（3）计算最佳现金持有量下的全年有价证券交易次数和有价证券交易间隔期。

4. 某公司拟采购一批零件，供应商报价如下：

（1）立即付款，价格为 9 630 元；

（2）30 天内付款，价格为 9 750 元；

（3）31 至 60 天内付款，价格为 9 870 元；

（4）61 至 90 天内付款，价格为 10 000 元。

要求：

（1）假设银行短期借款利率为 15%，计算放弃现金折扣的成本，并确定对公司最有利的付款日期和价格；

（2）假定有一短期投资报酬率为 40%，确定对该公司最有利的付款日期和价格。

第八章
收益分配管理

本章知识结构图

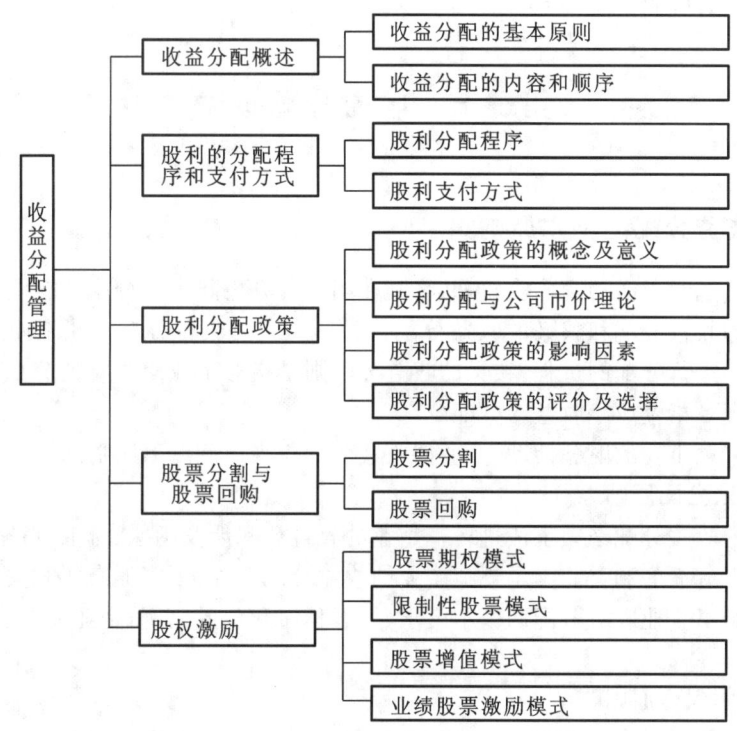

 学习目的

通过本章的学习,我们希望达到以下目标:

(1) 理解收益分配的基本原则,掌握收益分配的内容和顺序;

(2) 了解股利分配的程序,熟悉各种股利支付方式对公司的影响;

(3) 理解股利分配政策的概念,能够叙述股利分配政策的意义;

(4) 熟悉与股利分配政策相关的各种理论;

(5) 理解股利分配政策的各种影响因素对股利分配政策的影响;

(6) 掌握各种股利分配政策,理解各种股利分配政策的特点及使用范围;

(7) 理解股票分割和股票回购的动因及其对公司的影响;

(8) 理解股权激励及常见模式,了解各种激励模式的适用范围。

导入案例

王飞公司的股利分配

经过一年的经营，王飞所在的公司税前盈余比上年增加120%。经董事会股东大会决议，每股派发0.10元现金股利。这种低股利分配方案令许多投资者不解，因为同行业的另一家企业，虽然税前盈余只比去年增加10%，但每股派发0.20元的现金股利。两家企业为什么会采取不同的股利分配政策？不同的股利分配政策对企业价值有什么影响？在制定股利分配政策时应该考虑哪些问题？通过本章的学习，我们就可以理解和回答这些问题。

第一节　收益分配概述

一、收益分配的基本原则

企业通过经营活动赚取收益，并将其在相关各方之间进行分配。企业的收益分配有广义的收益分配和狭义的收益分配两种。广义的收益分配是指对企业的收入和收益总额进行分配的过程；狭义的收益分配则是指对企业净收益的分配。本章所指收益分配是指企业净收益的分配。

作为一项重要的财务活动，企业的收益分配应当遵循以下原则。

1. 依法分配原则

企业的收益分配必须依法进行。企业的收益分配涉及国家、企业、股东、债权人和职工等多方面的利益。为了规范企业的收益分配行为，国家颁布了相关法规。这些法规规定了企业收益分配的基本要求、一般程序和重要比例，企业应当认真执行，不得违反。

2. 资本保全原则

企业的收益分配必须以资本的保全为前提。企业的收益分配是对投资者投入资本的增值部分所进行的分配，而不是投资者资本金的返还。企业对资本金进行分配，属于一种清算行为，而不是收益的分配。企业必须在有可供分配留存收益的情况下进行收益分配，只有这样才能充分保护投资者的利益。

3. 兼顾各方面利益原则

企业的收益分配必须兼顾各方面的利益。企业是经济社会的基本单元，企业的收益分配直接关系到各方的切身利益。企业除依法纳税外，投资者作为资本投入者、企业的所有者，依法享有净收益的分配权。企业的债权人，在向企业投入资金的同时也承担了一定的风险，企业的收益分配中应当体现出对债权人利益的充分保护，不能伤害债权人的利益。另外，企业的员工是企业净收益的直接创造者，企业的收益分配应当考虑到员工的长远利益。因此，企业进行收益分配时，应当统筹兼顾，维护各相关团体的合法利益。

4. 分配与积累并重原则

收益的分配必须坚持分配与积累并重的原则。企业赚取的净收益，一部分对投资者进行分配,另一部分形成企业的积累。企业积累起来的留存收益仍归企业所有者拥有,只是暂时未作分配。积累的留存收益不仅为企业扩大再生产筹集了资金,同时也增强了企业抵抗风险的能力,提高了企业经营的稳定性和安全性,有利于所有者的长远利益。正确处理分配与积累之间的关系,留存一部分净收益以供未来分配之需,还可以达到以丰补歉、平抑收益分配数额波动、稳定投资报酬率的效果。因此,企业在进行收益分配时,应当正确处理分配与积累之间的关系。

5. 投资与收益对等的原则

通常而言,企业的收益分配必须遵循投资与收益对等的原则,即企业进行收益分配应当体现"谁投资谁受益"、收益大小与投资比例相适应的原则。投资与收益对等的原则是正确处理投资者利益关系的关键。投资者因其投资行为而享有收益权,投资收益应当同其投资比例对等。企业在向投资者分配收益时,应本着平等一致的原则,按照投资者投入的比例来进行分配,不允许发生任何一方随意多分多占的现象。这样,才能从根本上实现收益分配中的公平、公开、公正,保护投资者的利益,提高投资者的积极性。

二、收益分配的内容和顺序

根据我国公司法规定,公司进行利润分配涉及盈余公积分配和股利分配两部分。公司税后利润按以下顺序进行分配。

1. 弥补以前年度亏损

(1) 税后利润弥补。企业本年度发生的亏损,当连续 5 年用税前利润弥补后,仍不足弥补的,从第 6 年起,应当用税后利润弥补。

(2) 盈余公积弥补。企业发生的亏损,依照税法的规定弥补后仍未弥补的亏损,由董事会提议,经股东(大)会或类似权力机构批准,可以用所提取的盈余公积来弥补。

(3) 资本公积弥补。在我国,资本公积用来转增资本,但在具体工作中因现实需要,经过国家批准,国有企业的资本公积可以用来弥补政策性重大损失。

企业在以前年度亏损未弥补完之前,不得向投资者分配利润。企业用资本公积或盈余公积弥补亏损时,应当征得全体投资者同意。

2. 提取法定公积金

根据公司法规定,公司分配当年税后收益时,应当提取当年税后收益(弥补亏损后)的 10% 列入公司法定公积金。公司法定公积金累计额为公司注册资本的 50% 以上的,可以不再提取。法定盈余公积金可用于弥补亏损,扩大公司生产经营或转增资本,但企业用盈余公积金转增资本后,法定盈余公积金的余额不得低于转增前公司注册资本的 25%。

3. 提取任意盈余公积金

根据公司法规定,公司从税后收益中提取法定公积金后,企业章程对提取任意公积金有规定的,按规定提取任意公积金;企业章程没有规定的,可以根据股东(大)会决议的比例提取任意公积金。

4. 向股东(投资者)分配股利(利润)

根据公司法规定,公司弥补亏损和提取公积金后所余税后收益,公司可以向股东股份（投资者）分配股利（利润），其中有限责任公司股东按照实缴的出资比例分取红利，但全体股东约定不按持股比例分配的除外；股份有限公司按照股东持有的股份比例分配，但股份有限公司章程规定不按持股比例分配的除外。

根据公司法规定，股东会、股东大会或者董事会违反相关规定，在公司弥补亏损和提取法定公积金之前向股东分配利润的，股东必须将违反规定的利润退还公司。另外，公司持有的本公司股份不得分配利润。

第二节　股利的分配程序和支付方式

股利分配是指公司制企业向股东分派股利，是企业利润分配的一部分。股利分配涉及很多方面，如股利支付程序中各日期的确定、股利支付比率的确定、股利支付形式的确定、支付现金股利所需资金的筹集方式等。其中最主要的是确定股利的支付比率，因为这可能对其股价产生影响。

一、股利分配程序

1．决策程序

在公司会计年度决算后，是否分配股利不仅取决于公司是否有可供分配的利润，还取决于公司股利政策部门的相关决策。具体的程序包括：由公司董事会根据公司的盈利水平和股利政策制定股利分配方案，提交股东大会审议，通过后方能生效。只有经过了上述决策程序，公司方可对外发布股利分配公告，具体实施分配方案。我国股利分配决策权属于股东大会。

2．分配公告

根据有关规定，公司利润分配方案、公积金转增股本方案须经股东大会批准，董事会应当在股东大会召开后2个月内完成股利派发或股份转增事项。在此期间，董事会必须对外发布股利分配公告，以确定分配的具体程序和时间安排。

股利分配公告，一般在股权登记日前3个工作日发布。如果公司股东较少，股票交易不活跃，公告日可以与股利支付日放在同一天进行。公告包括以下内容。

（1）利润分配方案。

（2）股利分配对象。为股权登记日当日登记在册的全体股东。

（3）股利发放方法。

3．分配程序

以深圳证券交易所的规定为例，对于流通股份，其现金股利由上市公司于股权登记日前划入深交所账户，再由深交所在登记日后第3个工作日划入各托管证券经营机构账户，托管证券经营机构在登记日后第5个工作日划入股东资金账户。红利则在股权登记日后第3个工作日直接记入股东的证券账户，并自即日起开始上市交易。

4．股利支付过程中的重要日期

股份有限公司向股东支付股利，其过程中的重要日期包括股利宣告日、股权登记日、除息日和股利支付日。

股利宣告日，即公司董事会将股利支付情况予以公告的日期。公告中将宣布每股支付的股利、股权登记期限和股利支付日期等事项。

股权登记日，也叫除权日，即有权领取股利的股东有资格登记截止日期。只有在股权登记日前在公司股东名册上有名的股东，才有权分享股利。

除息日，一般股权登记日的下一个交易日即为除息日，该日交易的股票已被除息处理，不再享有分红派息的权利。

股利支付日，即向股东发放股利的日期。

例 8-1 假定某公司 2022 年 4 月 15 日发布公告："本公司 2022 年 4 月 15 日股东大会决定，本年度发放每股为 0.5 元的股利；本公司将于 2022 年 5 月 28 日将上述股利支付给已在 2022 年 5 月 20 日登记为本公司股东的人士。"

要求：判断该股利支付过程中的几个重要日期。

解 2022 年 4 月 15 日为公司的股利宣告日；2022 年 5 月 20 日为其股权登记日；2022 年 5 月 21 日为除息日；2022 年 5 月 28 日则为其股利支付日。

二、股利支付方式

1. 现金股利

现金股利是指公司以现金支付股利，它是股利支付的主要方式。该形式能满足投资者得到现金的投资要求，分配后公司的所有权结构没有变化。这种方式的不足是加大了公司支付现金的压力，公司支付现金股利除了要有累计盈余（特殊情况下可用弥补亏损后的盈余公积金支付）外，还要有足够的现金，因此公司在支付现金股利前必须筹备足够的现金。

2. 财产股利

财产股利是以现金以外的资产支付的股利。它有两种基本形式：一是证券股利，即本公司持有的其他公司的有价证券或政府公债等证券作为股利发放；二是实物股利，即以公司的物资、产品或不动产等充当股利。

3. 负债股利

负债股利是公司以负债支付的股利，通常以公司的应付票据支付给股东，不得已情况下也有发行公司债券抵付股利的。财产股利和负债股利实际上是现金股利的替代。这种股利方式目前在我国公司实务中很少使用，但并非法律所禁止。

4. 股票股利

股票股利是公司以发放的股票作为股利的支付方式，我国实务中通常也称为"红股"。股票股利对于公司来说，并没有现金流出企业，也不会导致公司的财产减少，而只是将公司的留存收益转化为股本，但股票股利会增加流通在外的股票数量，同时降低股票的每股价值。它不会改变公司股东权益总额，但会改变股东权益的构成。

例 8-2 某上市公司在 2021 年发放股票股利前，其资产负债表上的股东权益账户情况如表 8-1 所示。

表 8-1 发放股票股利前资产负债表上的股东权益 (单位:万元)

普通股(面值 1 元,发行在外 2 000 万股)	2 000
资本公积	3 000
盈余公积	2 000
未分配利润	3 000
股东权益合计	10 000

要求:假设该公司宣布发放 10% 的股票股利,判断该股票股利对公司股东权益和股东持股比例有何影响。

解 假设该公司宣布发放 10% 的股票股利,现有股东每持有 10 股,即可获赠 1 股普通股。若该股票当时市价为 5 元,那么随着股票股利的发放,需从"未分配利润"项目划转出的资金为 1 000 万元(2 000×10%×5)。

由于股票面值(1 元)不变,发放 200 万股,"普通股"项目只应增加 200 万元,其余的 800 万元(1 000－200)应作为股票溢价转至"资本公积"项目,而公司的股东权益总额并未发生改变,仍是 10 000 万元,股票股利发放后的资产负债表上的股东权益部分如表 8-2 所示。

表 8-2 股票股利发放后的资产负债表上的股东权益 (单位:万元)

普通股(面值 1 元,发行在外 2 200 万股)	2 200
资本公积	3 800
盈余公积	2 000
未分配利润	2 000
股东权益合计	10 000

假设某股东在公司派发股票股利之前持有公司的普通股 10 万股,那么,他所拥有的股权比例为:

$$10 \text{ 万股} \div 2\ 000 \text{ 万股} = 0.5\%$$

派发股利之后,他所拥有的股票数量和股份比例分别为:

$$10 \text{ 万股} \times (1+10\%) = 11 \text{ 万股}; \quad 10 \text{ 万股} \div 2\ 200 \text{ 万股} = 0.5\%$$

可见,发放股票股利,不会对公司股东权益总额产生影响,但会引起资金在各股东权益项目间的再分配。而股票股利派发前后每一位股东的持股比例也不会发生变化。需要说明的是,例题中股票股利以市价计算价格的做法,是很多西方国家所通行的,但在我国,股票股利价格则是按照股票面值来计算的。

发放股票股利虽不直接增加股东的财富,也不增加公司的价值,但对股东和公司都有特殊意义。

对股东来讲,股票股利的优点主要有以下两点。

(1)派发股票股利后,理论上每股市价会成比例下降,但实务中这并非必然结果。因为市场和投资者普遍认为,发放股票股利往往预示着公司会有较大的发展和成长,这样的信息传递会稳定股价或使股价下降比例减少甚至不降反升,股东便可以获得股票价值相对上升的好处。

（2）由于股利收入和资本利得税率的差异，如果股东把股票股利出售，还会给他带来资本利得纳税上的好处。

对公司来讲，股票股利的优点主要有以下三点。

（1）发放股票股利不需要向股东支付现金，在再投资机会较多的情况下，公司就可以为再投资提供成本较低的资金，从而有助于公司的发展。

（2）发放股票股利可以降低公司股票的市场价格，既有利于促进股票的交易和流通，又有利于吸引更多的投资者成为公司股东，进而使股权更为分散，有效地防止公司被恶意控制。

（3）股票股利的发放可以传递公司未来发展前景良好的信息，从而增强投资者的信心，在一定程度上稳定股票价格。

第三节　股利分配政策

一、股利分配政策的概念及意义

股利分配政策是指在法律允许的范围内，企业是否发放股利、发放多少股利、何时发放股利的方针及对策。

企业的净收益可以支付给股东，也可以留存在企业内部，股利政策的关键问题是确定分配和留存的比例。股利政策不仅会影响到股东的财富，而且会影响企业在资本市场的形象及企业股票的价格，更会影响企业的长短期利益，因此，合理的股利政策对企业及股东来说是非常重要的。企业应当确定适当的股利政策，并使其保持连续性，以便股东据以判断其发展的趋势。

二、股利分配与公司市价理论

关于股利与公司市价之间的关系，存在着不同的观点，形成了不同的股利理论。股利理论主要包括股利无关论、股利相关论。

（一）股利无关论

股利无关论（也称 MM 理论）认为，在一定假设条件下，股利政策不会对公司的价值或股票价格产生任何影响。一个公司的股票价格完全由公司的投资决策的获利能力和风险组合决定，而与公司的利润分配政策无关。该理论是建立在完全市场理论的假设之上的。该假设条件包括：①市场是完善的；②没有筹资费用；③企业的投资决策与股利决策彼此独立；④不存在公司或个人的所得税。

（二）股利相关论

股利相关论认为，企业的股利政策同股票的价格相关，主要观点如下。

1. 股利重要论

股利重要论（又叫"一鸟在手"理论）是麦仑·戈登和约翰·林特纳提出来的。该理论认为，在不确定的条件下，公司利润在留存收益和股利之间的分配影响股票价格。大部分投资者更偏好于股利收益,特别是正常的股利收益。因为正常的股利收益是投资者能够按时、按量,有把握取得的现实收益,好比在手之鸟,抓在手中是飞不掉的。而资本利得收益要靠出售股票才能够得到,但抛售股票的价格起伏不定,具有很大的不确定性。一旦股价大跌,则资本利得会大幅减少,好比在林之鸟,看上去多,但不一定能抓到。因此,资本利得风险要比股利风险大得多。所以,投资者更偏向于选择股利支付率比较高的公司股票。随着公司股利支付率的下降,股票价格因此而下跌。总之,该理论认为"一鸟在手,强于二鸟在林"。

2. 信号传递理论

有些学者认为,投资者和管理当局可同样地获取公司关于未来投资机会的信息是不存在的。一般情况下,投资者只能通过公司的财务报告及其他公司的财务信息来了解公司的经营状况和盈利能力,并据此来判断股票的价格是否合理。但财务报告在一定时期内是可以调整的,甚至还有可能有虚假的成分。因此,投资者对公司未来的发展和收益的了解远不如公司管理人员清楚,存在着某种程度的信息不对称。在这种情况下,现金股利的分配就成了一个难得的信息传播渠道。股利政策因此就有了信息效应,即股利的分配给投资者传递了关于公司盈利能力的信息,而这一信息自然会引起股票价格的变化。通常,增加现金股利的支付,向投资者传递的是公司经营状况良好、盈利能力充足的信息,会导致股票价格上升;反之,减少现金股利的支付,可能给投资者传递的是公司经营状况恶化、前途不甚乐观的信息,会导致股票价格的下跌。这就是说,股利政策所产生的信息效应会影响股票的价格。

3. 税差理论

莱森伯格和拉姆斯韦在 1979 年提出了税差理论。该理论认为,在现实生活中,公司和个人所得税都是存在的,并且,一般来说,股利收入的税率高于资本利得的税率,这样使得资本利得对于股东更为有利。因此,股东更倾向于获得资本利得而非股利,从而乐于选择低股利支付率的股票。但对那些希望保持资本的流动性,面对较高交易成本的股东而言,现金股利仍将是较好的选择,因为获取现金而在资本市场上转让股票所发生的交易成本将会抵消他们的税收收益。

三、股利分配政策的影响因素

(一) 法律因素

为了保护债权人和股东的利益,法律法规就公司的收益分配做出了规定,公司的收益分配政策必须符合相关法律法规的要求。相关要求主要体现在资本保全约束、偿债能力约束、资本积累约束、超额累积利润约束等几个方面。

1. 资本保全约束

资本保全要求公司股利的发放不能侵蚀资本,即公司不能因支付股利而引起资本减少。资本保全的目的,在于防止企业任意减少资本结构中的所有者权益的比例,以保护债权人的利益。

2. 偿债能力约束

偿债能力约束是指企业按时足额偿还各种到期债务的能力,是企业确定收益分配政策时要考虑的一个基本因素。现金股利是企业现金的支出,而大量的现金支出必然影响企业的偿债能力。因此,公司在确定股利分配数量时,一定要考虑现金股利分配对公司偿债能力的影响,保证在现金股利分配后公司仍能保持较强的偿债能力,以维护公司的信誉和借贷能力,从而保证公司的正常资金周转。

3. 资本积累约束

资本积累约束要求企业必须按照一定的比例和基数提取各种公积金,股利只能从企业的可供分配收益中支付,企业当期的净收益按照规定提取各种公积金后和过去累积的未分配利润形成企业的可供分配收益。另外,企业在进行收益分配时,一般应当贯彻"无利不分"的原则,即当企业出现年度亏损时,一般不进行利润分配。

4. 超额累积利润约束

因为资本利得和股利收入的税率不一致,公司通过保留利润来提高其股票价格,则可使股东避税。有些国家的法律禁止公司过度地积累盈余,如果一个公司盈余的积累大大超过公司目前及未来投资的需要,则可看做是过度保留,将被加征额外的税款。我国目前法律尚未对此做出规定。

(二)公司因素

公司出于长期发展和短期经营的考虑,需要考虑以下因素来确定收益分配政策。

1. 现金流量

公司资金的正常周转,是公司生产经营得以有序进行的必要条件。因此,保证企业正常的经营活动对现金的需求是确定收益分配政策的最重要限制因素。企业在进行收益分配时,必须充分考虑企业的现金流量,而不仅仅是企业的净收益。由于会计规范的要求和核算方法的选择,有一部分项目增加了企业的净收益,但并未增加企业可供支配的现金流量,在确定收益分配政策时,应当充分考虑这方面的影响。

2. 投资需求

企业的收益分配政策应当考虑未来投资需求的影响。如果一个公司有较多的投资机会,那么,它更适合采用低股利支付水平的分配政策。相反,如果一个公司的投资机会较少,那么就有可能倾向于采用较高的股利支付水平。

3. 筹资能力

企业收益分配政策受其筹资能力的限制。如果公司具有较强的筹资能力,随时能筹集到所需资金,那么公司就具有较强的股利支付能力。

4. 资产的流动性

企业现金股利的支付能力,在很大程度上受其资产变现能力的限制。较多地支付现金股利,会减少企业的现金持有量,使资产的流动性降低,而保持一定的资产流动性是企业正常运转的基础和必备条件。如果一个公司的资产有较强的变现能力,现金的来源较充裕,则它的股利支付能力也比较强。

5. 盈利的稳定性

对企业的收益分配政策在很大程度上会受其盈利的稳定性影响。一般来讲,一个公司的盈利越稳定,则其股利支付水平也就越高。

6. 筹资成本

留存收益是企业内部筹资的一种重要方式，它同发行新股或举债相比，具有成本低的优点。因此，很多企业在确定收益分配政策时，往往将企业的净收益作为首选的筹资渠道，特别是在负债资金较多、资本结构欠佳的时期。

7. 股利政策惯性

一般情况下，企业不宜经常改变其收益分配政策。企业在确定收益分配政策时，应当充分考虑股利政策调整有可能带来的负面影响。如果企业历年采取的股利政策具有一定的连续性和稳定性，那么重大的股利政策调整有可能对企业的声誉、股票价格、负债能力、信用等多方面产生影响。另外，靠股利来生活的股东不愿意投资于股利波动频繁的股票。

8. 其他因素

企业收益分配政策的确定还会受其他公司因素的影响。如上市公司所处行业也会影响到它的股利政策。一般地，朝阳行业一般处于调整成长期，甚至能以数倍于经济发展速度的水平发展，因此就可能进行较高比例的股利支付；而夕阳产业则由于处在发展的衰退期，会随着经济的高增长而萎缩，就难以进行高比例的分红；对公用事业来说，则往往有及时、充裕的现金来源，而且可选择投资机会有限，所以发放现金股利的可能性较大。另外，企业可能有意地多发股利使股价上升，使已发行的可转换债券尽快地实现转换，从而达到调整资本结构的目的或达到兼并、反收购的目的等。

（三）股东因素

股东在收入、控制权、税负、风险及投资机会等方面的考虑也会对企业的收益分配政策产生影响。

1. 稳定的收入

有些股东依赖公司发放的现金股利维持生活，他们往往要求公司能够支付稳定的股利，反对公司留存过多的收益。另外，有些股东认为留存利润使公司股票价格上升而获得资本利得具有较大的不确定性，取得现实的股利比较可靠，因此，这些股东也会倾向于多分配股利。

2. 控制权

收益分配政策也会受到现有股东对控制权要求的影响。以现有股东为基础组成的董事会，在长期的经营中可能形成了一定的有效控制格局，他们往往会将股利政策作为维持其控制地位的工具。当公司为有利可图的投资机会筹集所需资金，而外部又无适当的筹资渠道可以利用时，为避免由于增发新股，可能会有新的股东加入公司中来而打破目前已经形成的控制格局，股东就会倾向于较低的股利支付水平，以便从内部的留存收益中取得所需资金。

3. 税负

公司的股利政策会受到股东对税负因素考虑的影响。一般来讲，股利收入的税率要高于资本利得的税率，很多股东会由于对税负因素的考虑而偏好于低股利支付水平。因此，低股利政策会使他们获得更多纳税上的好处。

4. 投资机会

股东的外部投资机会也是公司制度分配政策必须考虑的一个因素。如果公司将留存收益用于再投资所得的报酬低于股东个人单独将股利收入投资于其他投资机会所得的报酬,则股东倾向于公司少留收益,应多发放股利给股东,因为这样做将对股东更为有利。

(四)债务契约与通货膨胀

1. 债务契约

一般来说,股利支付水平越高,留存收益越少,公司的破产风险加大,就越有可能损害到债权人的利益。因此,为了保证自己的利益不受损害,债权人通常都会在公司借款合同、债权契约以及租赁合约中加入关于借款公司股利政策的条款,以限制公司股利的发放。

这些限制条款经常包括以下几个方面:①未来的股利只能以签订合同之后的收益来发放,即不能以过去的留存收益来发放股利;②营运资金低于某一特定金额时不得发放股利;③将利润的一部分以偿债基金的形式留存下来;④利息保障倍数低于一定水平时不得发放股利。

2. 通货膨胀

通货膨胀会带来货币购买力水平下降、固定资产重置资金来源不足的问题。此时,企业往往不得不考虑留用一定的利润,以便弥补由于货币购买力水平下降而造成的固定资产重置资金缺口。因此,在通货膨胀时期,企业一般会采取偏紧的收益分配政策。

四、股利分配政策的评价及选择

在实际工作中,通常有以下几种股利分配政策可供选择。

(一)剩余股利政策

剩余股利政策是指公司生产经营所获得的净收益首先应满足公司的资金需求,如果还有剩余,则派发股利;如果没有剩余,则不派发股利。也就是说,在公司有着良好的投资机会时,根据一定的目标资本结构,测算出投资所需的权益资本,先从盈余当中留用,然后将剩余作为股利予以分配。该政策的理论依据是股利无关论。采用剩余股利政策时,应遵循以下四个步骤:

(1)设定目标资本结构,即确定权益资本与债务资本的比率。此结构中综合资金成本将达到最低水平;

(2)确定目标结构下投资所需的股东权益资本数额;

(3)最大限度地使用保留盈余来满足投资方案所需的权益资本数额;

(4)投资方案所需权益资本已经满足后,若有剩余盈余,再将其作为股利发放给股东。

剩余股利政策的优点是,留存收益优先保证再投资的需求,从而有助于降低再投资的资金成本,保持最佳的资本结构,降低综合资本成本,实现企业价值的长期最大化。其缺点是股利发放额每年随投资机会和盈利水平的波动而波动,不利于投资者安排收入与支出,也不利于公司树立良好的形象。剩余股利政策一般适用于公司初创阶段或公司处于衰退阶段。

例 8-3 某公司 2021 年度净利润为 4 000 万元,2022 年度投资计划所需资金 3 500万元,公司的目标资本结构为自有资金占 60％,借入资金占 40％。求该公司 2021 年度可向投资者分发多少红利?

解 按照目标资本结构的要求,公司投资方案所需的自有资金数额为

$$3\ 500 \times 60\% = 2\ 100(万元)$$

按照剩余股利政策的要求,该公司 2021 年度可向投资者分红(发放股利)数额为

$$4\ 000 - 2\ 100 = 1\ 900(万元)$$

(二) 固定股利政策

固定股利政策是将每年发放的股利固定在一个固定的水平上,不论公司的盈利情况和财务状况如何,派发的股利额均保持不变。只有当公司认为未来盈余将会显著地、不可逆转地增长时,或出现较长时期的通货膨胀,将提高年度股利发放额。该政策的理论依据是股利重要论。

该政策的优点有以下两点:①股利的稳定向市场传递公司正常发展的信息,有利于树立公司良好形象,增强投资者的信心,稳定股价;②稳定的股利额有利于投资者安排股利收入和支出,特别是那些对现金股利有着很高依赖性的股东。

该政策的缺点也有两点:①股利的支付与盈余脱节,当盈余较低时仍要支付固定的股利,这可能导致资金短缺,财务状况恶化;②不能像剩余股利政策那样保持较低的资本成本。

该政策一般适用于经营比较稳定或正处于成长期的公司,且很难被长期采用。

(三) 固定股利支付率政策

固定股利支付率政策是指公司确定一个股利占盈余的比率,长期按此比率支付股利。在这种政策下,各年的股利额随经营的好坏而上下波动。盈余多的年份股利额高,盈余少的年份则股利额低。

固定股利支付率政策的优点有以下两点:①使股利与企业盈余紧密结合,以体现多盈多分、少盈少分、不盈不分的原则;②保持股利与利润间的一定比例关系,体现了投资风险与投资收益的对称性。

固定股利支付率政策的缺点如下。

(1) 传递的信息容易成为公司的不利因素。大多数公司每年的收益很难保持稳定不变,如果公司每年收益状况不同,固定股利支付率的股利政策将导致公司每年股利分配额的频繁变化。波动的股利向市场传递的信息是公司未来收益前景不明确、不可靠等,很容易给投资者带来公司经营状况不稳定、投资风险较大的不良印象。不利于树立公司良好形象,不利于稳定公司股票价格。

(2) 容易使公司面临较大的财务压力。因为公司实现的盈利越多,一定支付比率下派发的股利就越多,但公司实现的盈利多,并不代表公司有充足的现金派发股利,只能表示公司盈利状况较好而已。如果公司的现金流量状况并不好,却还要按

照固定比率派发股利的话,就很容易给公司造成较大的财务压力。

(3) 缺乏财务弹性。股利支付率是公司股利政策的主要内容,股利模式的选择、股利政策的制定是公司的财务手段和方法。在不同阶段,根据财务状况制定不同的股利政策,会更有效地实现公司的财务目标。但在固定股利支付率政策下,公司丧失了利用股利政策的财务方法,缺乏财务弹性。

(4) 确定合理的固定股利支付率难度很大。如果固定股利支付率确定得较低,不能满足投资者对投资收益的要求;而固定股利支付率确定得较高,没有足够的现金派发股利时会给企业带来巨大的财务压力。另外,当公司发展需要大量资金时,也要受其制约。因此,确定较优的股利支付率的难度很大。

由于公司每年面临的投资机会、筹资渠道都不同,而这些都影响到公司的股利分配,所以执行按固定比率发放股利政策的公司在实际中并不多见。这种政策比较适用于那些稳定发展且财务状况较稳定的公司。

例 8-4 A公司目前发行在外的股数为 1 000 万股,该公司的产品销路稳定,拟投资 1 200 万元,扩大生产能力。该公司想要维持目前 50% 的负债比率,并想继续执行 10% 的固定股利支付率政策。该公司在 2021 年的税后利润为 500 万元,则该公司 2022 年为扩充上述生产能力必须从外部筹措多少权益资本?

解 公司当年的留存收益为:
$$500 \times (1 - 10\%) = 450(万元)$$

项目所需权益融资为:
$$1\ 200 \times (1 - 50\%) = 600(万元)$$
所以,企业需要从外部筹措的权益资本为:
$$600 - 450 = 150(万元)$$

(四) 低正常股利加额外股利政策

公司事先设定一个较低的经常性股利额,一般情况下,公司每期都按此金额支付正常股利;只有企业盈利较多时,再根据实际情况发放额外股利。该政策的理论依据是股利相关论,主要适用于公司高速发展阶段。

低正常股利加额外股利政策的优点有如下几点。

(1) 这种政策赋予公司较大的灵活性,使公司在发放股利时留有余地和有较大的财务弹性。同时,每年可以根据公司的具体情况,选择不同的股利发放水平,以完善公司的资本结构,进而实现公司的财务目标。

(2) 既能使股东增强对公司的信心,又有利于稳定股票价格。由于公司每年固定派发的股利维持在一个较低的水平上,在公司盈利较少或需用较多的留存收益进行投资时,公司仍然能够按照既定承诺的股利水平派发股利,使投资者保持一个固有的收益保障,这有助于维持公司股票的现有价格。而当公司盈利状况较好且有剩余现金时,就可以在正常股利的基础上再派发额外股利,而额外股利信息的传递则有助于公司股票的股价上扬,增强投资者的信心。

(3) 低正常股利加额外股利政策,既可以维持股利的一定稳定性,又有利于优化资本结构,使灵活性与稳定性较好地相结合。

(4) 可以使那些依靠股利度日的股东每年至少可以得到虽然较低,但比较稳定的股利收入，从而吸引住这部分股东。

低正常股利加额外股利政策的缺点有以下两点。

（1）股利派发仍然缺乏稳定性，由于各年之间公司盈利波动使得额外股利不断变化，造成分配的股利不同，容易给投资者以公司收益不稳定的感觉。

（2）公司较长时期一直发放额外股利，股东就会误认为这是"正常股利"，一旦取消这部分额外股利，容易给投资者造成公司"财务状况"逆转的负面印象，从而导致股价下跌。所以相对来说，对那些盈利水平随着经济周期波动较大的公司或行业，这种股利政策也许是不错的选择。

例 8-5 某公司成立于 2020 年 1 月 1 日，2020 年度实现的净利润为 1 000 万元，分配现金股利 550 万元，提取盈余公积 450 万元（所提盈余公积均已指定用途）。2021 年实现的净利润为 900 万元（不考虑计提法定盈余公积的因素）。2022 年计划增加投资，所需资金为 700 万元。假定公司目标资本结构为自有资金占 60%，借入资金占 40%。

要求：（1）在保持目标资本结构的前提下，计算 2022 年投资方案所需的自有资金额和需要从外部借入的资金额。

（2）在保持目标资本结构的前提下，如果公司执行剩余股利政策。计算 2021 年度应分配的现金股利。

（3）在不考虑目标资本结构的前提下，如果公司执行固定股利政策，计算 2021 年度应分配的现金股利，以及可用于 2022 年投资的留存收益和需要额外筹集的资金额。

（4）不考虑目标资本结构的前提下，如果公司执行固定股利支付率政策，计算该公司的股利支付率和 2021 年度应分配的现金股利。

（5）假定公司 2022 年面临着从外部筹资的困难，只能从内部筹资，不考虑目标资本结构，计算在此情况下 2021 年度应分配的现金股利。

解 （1）所需的自有资金数额 $= 700 \times 60\% = 420$（万元）

外部借入的资金额 $= 700 \times 40\% = 280$（万元）

（2）在保持目标资本结构的前提下，执行剩余股利政策：

2021 年度应分配的现金股利

$=$ 2021 年实现的净利润 $-$ 2022 年投资方案所需的自有资金额

$= 900 - 420 = 480$（万元）

（3）在不考虑目标资本结构的前提下，执行固定股利政策：

2021 年度应分配的现金股利 $=$ 上年分配的现金股利 $= 550$（万元）

可用于 2022 年投资的留存收益 $= 900 - 550 = 350$（万元）

2022 年投资需要额外筹集的资金额 $= 700 - 350 = 350$（万元）

（4）在不考虑目标资本结构的前提下，执行固定股利支付率政策：

该公司的股利支付率 $= 550/1\,000 \times 100\% = 55\%$

2021 年度应分配的现金股利 $= 55\% \times 900 = 495$（万元）

（5）因为公司只能从内部筹资，2022 年的投资需要从 2021 年的净利润中留存 700 万元，所以 2021 年度应分配的现金股利为 200（900－700）万元。

股利政策不仅影响股东的利益，也会影响公司的正常运营及未来的发展，因此，制定恰当的股利政策就十分重要。由于各种股利政策各有利弊,公司在制定股利政策时要综合考虑公司面临的各种具体影响因素,适当遵循收益分配的各种原则,以保证不偏离公司目标。而且每家公司都有自己的发展历程,在不同的发展阶段,公司所面临的财务经营等问题都会有所不同,所以公司在制定股利政策时还要与其所处的发展阶段相适应。

公司在不同成长与发展阶段所采取的股利政策可以用表 8-3 描述。

表 8-3 股利政策的特点及使用范围

公司发展阶段	股利政策的特点	适用的股利政策
公司初创阶段	公司经营风险高,有投资需求,且融资能力差	剩余股利政策
公司快速发展阶段	公司快速发展,投资需求大	低正常股利加额外股利政策
公司稳定增长阶段	公司业务稳定增长,投资需求减少,净现金流量增加,每股净收益呈上升趋势	固定或稳定增长性股利政策
公司成熟阶段	公司盈利水平稳定,公司通常已经积累了一定的留存收益和资金	固定支付率股利政策
公司衰退阶段	公司业务锐减,获利能力和现金获利能力下降	剩余股利政策

第四节 股票分割与股票回购

一、股票分割

1. 股票分割的含义

股票分割又称拆股,即将一股股票拆分成多股股票的行为。股票分割一般只会增加发行在外的股票总数,但不会对公司的资本结构产生任何影响。股票分割与股票股利非常相似,都是在不增加股东权益的情况下增加了股份的数量。不同的是,股票股利虽不会引起股东权益总额的改变,但股东权益的内部结构会发生变化;而股票分割之后,股东权益总额及其内部结构都不会发生任何变化,变化的只是股票面值。

2. 股票分割的作用

股票分割的作用有以下两点。

(1)降低股票价格。股票分割会使每股市价降低,买卖该股票所需资金量减少,从而可以促进股票的流通和交易。流通性的提高和股东数量的增加,会在一定程度上加大对公司股票恶意收购的难度。此外,降低股票价格还可以为公司发行新股做准备,因为股价太高会使许多潜在投资者力不从心而不敢轻易对公司股票进行投资。

(2)向市场和投资者传递"公司发展前景良好"的信号,有助于提高投资者对公司股票的信心。

与股票分割相反,如果公司认为其股票价格过低,不利于其在市场上的声誉和未来的再筹资时，为提高股票的价格，会采取反分割措施。反分割又称股票合并或逆向分割，是指将多股股票合并为一股股票的行为。反分割显然会降低股票的流通性，提高公司股票投资的门槛，它向市场传递的信息通常都是不利的。

例 8-6 某上市公司在 2021 年年末资产负债表上的股东权益账户情况如表 8-4 所示。

表 8-4　2021 年年末资产负债表　　　（单位：万元）

普通股（面值 10 元，发行在外 1 000 万股）	10 000
资本公积	10 000
盈余公积	5 000
未分配利润	8 000
股东权益合计	33 000

（1）假设股票市价为 20 元，该公司宣布发放 10% 的股票股利，即现有股东每持有 10 股即可获赠 1 股普通股。发放股票股利后，股东权益有何变化？每股净资产是多少？

（2）假设该公司按照 1：2 的比例进行股票分割。股票分割后，股东权益有何变化？每股净资产是多少？

解　根据上述资料，分析计算如下。

（1）发放股票股利后股东权益情况如表 8-5 所示。

表 8-5　发放股票股利后股东权益情况　　　（单位：万元）

普通股（面值 10 元，发行在外 1 100 万股）	11 000
资本公积	11 000
盈余公积	5 000
未分配利润	6 000
股东权益合计	33 000

每股净资产＝33 000÷(1 000＋100)＝30(元/股)

（2）股票分割后股东权益情况如表 8-6 所示。

表 8-6　股票分割后股东权益情况　　　（单位：万元）

普通股（面值 5 元，发行在外 2 000 万股）	10 000
资本公积	10 000
盈余公积	5 000
未分配利润	8 000
股东权益合计	33 000

每股净资产＝33 000÷(1 000×2)＝16.5(元/股)

二、股票回购

1. 股票回购的含义及方式

股票回购是指上市公司出资将其发行在外的普通股以一定价格购买回来予以

注销或作为库存股的一种资本运作方式。公司不得随意收购本公司的股份。只有满足相关法律规定的情形才允许股票回购。

股票回购的方式主要包括公开市场回购、要约回购和协议回购三种。其中,公开市场回购是指公司在公开交易市场上以当前市价回购股票;要约回购是指公司在特定期间向股东发出的以高于当前市价的某一价格回购既定数量股票的要约;协议回购则是指公司以协议价格直接向一个或几个主要股东回购股票。

2. 股票回购的动机

在证券市场上,股票回购的动机多种多样,主要有以下几点。

(1) 现金股利的替代。现金股利政策会对公司产生未来的派现压力,而股票回购不会。当公司有富余资金时,通过回购股东所持股票将现金分配给股东,这样,股东就可以根据自己的需要选择继续持有股票或出售获得现金。

(2) 改变公司的资本结构。无论是现金回购还是举债回购股份,都会提高公司的财务杠杆水平,改变公司的资本结构。公司认为权益资本在资本结构中所占比例较大时,为了调整资本结构而进行股票回购,可以在一定程度上降低整体资金成本。

(3) 传递公司信息。由于信息不对称和预期差异,证券市场上的公司股票价格可能被低估,而过低的股价将会对公司产生负面影响。一般情况下,投资者会认为股票回购意味着公司认为其股票价值被低估而采取的应对措施。

(4) 基于控制权的考虑。控股股东为了保证其控制权,往往采取直接或间接的方式回购股票,从而巩固既有的控制权。另外,股票回购使流通在外的股份数变少,股价上升,从而可以有效地防止敌意收购。

3. 股票回购的影响

股票回购对上市公司的影响主要表现在以下三个方面:

(1) 股票回购需要大量资金支付回购成本,容易造成资金紧张,降低资产流动性,影响公司的后续发展;

(2) 股票回购无异于股东退股和公司资本的减少,也可能会使公司的发起人股东更注重创业利润的实现,从而不仅在一定程度上削弱了对债权人利益的保护,而且忽视了公司的长远发展,损害了公司的根本利益;

(3) 股票回购容易导致公司操纵股价,公司可以利用内幕消息进行炒作,从而加剧公司行为的非规范化,损害投资者的利益。

第五节 股权激励

随着资本市场的发展和公司治理的完善,公司股权日益分散化,管理技术日益复杂化。为了合理激励公司管理人员,创新激励方式,一些大公司纷纷推行了股票期权等形式的股权激励机制。股权激励是通过经营者获取公司股权形式给予企业经营者一定的经济权利,使他们能够以股东的身份参与企业决策、分享利润、承担风险,从而勤勉尽责地为公司的长期发展服务的一种激励方法。现阶段,股权激励模式主要有股票期权模式、限制性股票模式、股票增值模式、业绩股票激励模式和虚拟股票模式等。以下介绍四种较为普遍的股权激励模式。

一、股票期权模式

股票期权是指股份公司赋予激励对象（如经理人员）在未来某一特定日期内以预先确定的价格和条件购买公司一定数量股份的选择权。持有这种权利的经理人可以按照特定价格购买公司一定数量的股票，也可以放弃购买股票的权利，但股票期权本身不可转让。

股票期权实质上是公司给予激励对象的一种激励报酬，但能否取得该报酬，取决于以经理人为首的相关人员是否通过努力实现公司的目标。在行权期内，如果股价高于行权价格，激励对象可以通过行权获得市场价与行权价格差带来的收益；否则，将放弃行权。《上市公司股权激励管理办法》规定，股票期权授权日与获授股票期权首次可以行权日之间的间隔不得少于1年。股票期权的有效期从授权日计算不得超过10年。

股票期权模式的优点在于能够降低委托代理成本，将经营者的报酬与公司的长期利益绑在一起，实现了经营者与企业所有者利益的高度一致，使二者的利益紧密联系起来，并且有利于降低激励成本。另外，可以锁定期权人的风险。由于期权人事先没有支付成本或支付成本较低，如果行权时公司股票价格下跌，期权人可以放弃行权，几乎没有损失。

股票期权激励模式存在以下缺点。

（1）影响现有股东的权益。激励对象行权将会分散股权，改变公司的总资本和股本结构，会影响到现有股东的权益，可能导致产权和经济纠纷。

（2）可能遭遇来自股票市场的风险。由于股票市场受较多不可控因素的影响，导致股票市场的价格具有不确定性，持续性的牛市会产生"收入差距过大"的问题；当期权人行权但尚未售出购入的股票时，如果股价下跌至行权价以下，期权人又将同时承担行权后纳税和股票跌破行权价的双重损失的风险。

（3）可能带来经营者的短期行为。由于期权的收益取决于行权之日市场上的股票价格高于行权价格的差额，因而可能促使公司的经营者片面追求股价提升的短期行为，而放弃有利于公司发展的重要投资机会。

股票期权模式比较适合那些初始资本投入较少、资本增值较快、处于成长初期或扩张期的企业，如网络、高科技等风险较高的企业等。

二、限制性股票模式

限制性股票模式是指为实现某一特定目标，公司现将一定数量的股票赠与或以较低的价格售予激励对象。只有当预定目标实现后，激励对象才可将限制性股票抛售并从中获利；若预定目标没有实现，公司有权将免费赠与的限制性股票收回或者将售出股票以激励对象购买时的价格回购。

由于只有达到限制性股票所规定的限制性条件时，持有人才能拥有实在的股票，因此在限制期间内，公司不需要支付现金对价，便能留住人才。但是限制性股票缺乏一个能推动股价上涨的激励机制，即在股价下跌的时候，激励对象仍能够通过抛售股份并从中获利,这样可能使股东遭受损失。

对处于成熟期的企业,由于其股价的上涨空间有限,因此采用限制性股票模式较为合适。

三、股票增值模式

股票增值模式是指授予公司经营者一种权利,如果经营者努力经营企业,在规定的期限内,公司股票价格上扬或业绩上升,经营者就可以按照一定比例获得这种由股价上扬或业绩提升所带来的收益,收益为行权价与行权日二级市场股价之间的差价或净资产的增值额。激励对象不用为行权支付现金,行权后由公司支付现金、股票或股票和现金的组合。

股票增值模式比较易于操作,股票增值权持有人在行权时,直接兑现股票升值部分。这种模式审批程序简单,无须解决股票来源问题。但由于激励对象不能获得真正意义上的股票,激励的效果相对较差。此外,公司方面需要提取奖励基金,从而使公司的现金支付压力较大。因此,股票增值模式较适合现金流量比较充裕且比较稳定的上市公司和现金流量比较充裕的非上市公司。

四、业绩股票激励模式

业绩股票激励模式指公司在年初确定一个合理的年度业绩目标,如果激励对象在年末实现了公司预定的年度业绩目标,则公司给予激励对象一定数量的股票,或奖励其一定数量的奖金来购买本公司的股票。业绩股票在锁定一定年限以后才可以兑现。因此,这种激励模式是根据被激励者完成业绩目标的情况,以普通股作为长期激励形式支付给经营者的一种激励机制。

业绩股票模式能够激励公司高管人员努力完成业绩目标,激励对象获得激励股票后便成为公司的股东,与原股东有共同利益,会更加努力地去提升公司的业绩,进而获得因公司股价上涨带来的更多收益。但由于公司的业绩目标确定的科学性很难保证,容易导致公司高管人员为获得业绩股票而弄虚作假;同时,激励成本较高,可能造成公司支付现金的压力。

业绩股票激励模式只对公司的业绩目标进行考核,不要求股价的上涨,因此比较适合业绩稳定型的上市公司及其集团公司和子公司。

 **本章小结**

利润分配管理是企业财务管理的重要内容之一。合理的利润分配政策,不仅使企业股东的财富得到合理保障,而且会使企业在资本市场中树立良好的形象,使企业股票的价格相对合理,更会使企业的长短期利益合理结合。因此,合理的股利政策对企业及股东来说是非常重要的。企业应当确定适当的股利政策,并使其保持连续性,以便股东据以判断其发展的趋势。本章主要介绍了收益分配的顺序和原则、股利分配的分配程序和支付方式、股利分配政策、股票分割与回购、股权激励。

财务管理（第三版）

 **案例与点评**

花旗集团的股利决策

花旗集团是花旗银行的母公司，由于巨额房地产贷款损失和一些其他问题，于 1991 年宣布暂停其股利支付。新闻报道透露银行监管者开始着手结束银行的监管活动，并迫使花旗银行暂停股利支付，直到它的资本复原。到 1993 年，花旗银行的状况大为改善。

从 1990 年末到 1993 年末，该集团控制的资本从 160 亿美元上升到 235 亿美元，并且其第一层杠杆资本比率（即第一层普通股股东权益与平均资产的比率）达到 6.8%（最低要求为 4%）。现在花旗正在考虑重新开始支付股利。在暂停股利支付前 2 年，花旗银行的股利分配方案如表 8-7 所示。

表 8-7　花旗银行的股利分配方案

日　期	股利分配方案/美元	日　期	股利分配方案/美元
1990.1	现金股利 0.405	1991.1	现金股利 0.25
1990.2	现金股利 0.445	1991.2	现金股利 0.25
1990.3	现金股利 0.445	1991.3	现金股利 0.25
1990.4	现金股利 0.445	1991.4	暂停支付（1991 年 10 月 15 日）

花旗集团过去数年的每股盈余和 1994 年 4 月以后数年的预期每股盈余如表 8-8 所示。

表 8-8　花旗银行的每股收益

年　份	1988	1989	1990	1991	1992	1993	1994	1995	1996
每股盈余/美元	4.87	1.16	0.57	−3.32	1.35	3.53	6.00	6.50	7.50

花旗集团在重新确定现金股利时需要考虑可比同类银行的股利政策。表 8-9 提供了它所考虑的一些信息。

表 8-9　可比同类银行的股利政策

金融机构	净值与资产比率/（%）			股利支付率/（%）			股利收益率/（%）
	1991 年	1992 年	1993 年	1991 年	1992 年	1993 年	
花旗银行	4.4	5.2	6.5				
纽约银行	7.4	8.6	8.9	131	36	32	1.7
美国商业银行	7.0	8.6	9.2	25	31	29	4.1
银行家信托公司	5.3	5.3	4.9	34	33	26	5.1
大通银行	5.5	6.8	8.0	38	35	63	4.1
化工银行	5.2	7.1	7.4	955	31	24	4.2
摩根银行	5.9	6.9	7.4	36	32	29	4.3
国民银行	5.9	6.6	6.3	195	33	33	4.0

注：股利收益率＝4×最近一季度股利÷每股价格

思考：

（1）1990 年花旗股利支付率是多少？

（2）为什么花旗集团在 1991 年的第 1 季度要削减股利？当时它是否应当暂停股利支付？

（3）1992 年可比银行的平均股利支付率是多少？1993 年呢？

（4）你认为在 1994 年春季，当花旗集团宣布发放现金股利时，市场将如何反应？这一信息传递可信吗？

（5）根据已知信息，你建议花旗采用多高的股利支付率？如果你需要做出更有把握的推荐，还须增加了解哪些信息？

（6）假定花旗集团的股票价格为 39 美元，如果该公司希望它的股票能提供平均股利收益率，那么它应宣告的每季股利是多少？

点评：

（1）1990 年花旗集团平均现金股利＝0.435 美元；1990 年花旗集团股利支付率＝0.435/0.57＝76.32%。

（2）花旗集团 1989 年起其盈余就大幅下降，每股盈余 1989 年为 1.16 美元，1990 年为 0.57 美元，1991 年开始出现亏损，且其产权比率在同行业中最低，仅为 4.4%（最低要求为 4%），而同行业平均数为 5.825%。在这种情况下，花旗集团确应考虑暂停支付现金股利，以使集团资本得以复原，降低财务风险，扭转经营不利局面。

（3）1992 年可比银行平均股利支付率为 33%，1993 年为 33.7%。

（4）花旗集团的股票将出现利好反应，股价有可能上扬，其股票交易量上涨，交易活跃。这一信息传递很可信，因为据预测花旗集团 1994 年的每股盈余将高达 6.00 美元，集团的产权比率因盈余大增也会得到提高，将高于 1993 年末的 6.8%，资本结构更趋合理。

（5）花旗银行的股利支付率应该不低于可比银行的平均水平或最低水平。如果要做出更有把握的推荐，还必须了解花旗银行自身的投资需求及股利政策，从而确定合理的股利支付率。

（6）可比银行平均股利收益率为 3.93%；每季股利＝39×3.93%÷4＝3.83 美元。

 思考与练习题

【思考题】

1. 股份有限公司股本增加的途径有哪些？

2. 公司确定合适的股利政策时需要考虑哪些因素？

3. 发放股票股利对股东和公司各有什么影响？

4. 股票回购和股票分割对公司的影响如何？

5. 股权激励有哪些模式？

【练习题】

一、单项选择题

1. 企业采用剩余股利政策进行收益分配的主要优点是（　　）。

A. 有利于稳定股价　　　　　　　B. 获得财务杠杆利益

C. 降低综合资金成本　　　　　　D. 增强公众投资信心

2. 公司采用固定股利政策发放股利的好处主要表现为（　　）。

A. 降低资金成本　　　　　　　　B. 维持股价稳定

C. 提高支付能力　　　　　　　　D. 实现资本保全

3. 在下列股利分配政策中，能保持股利与利润之间一定的比例关系，并体现风险投资与风险收益对等原则的是（　　）。

A. 剩余股利政策　　　　　　　　B. 固定股利政策

C. 固定股利比例政策　　　　　　D. 正常股利加额外股利政策

4. 我国上市公司不得用于支付股利的权益资金是（　　）。

A. 资本公积　　　　　　　　　　B. 任意盈余公积

C. 法定盈余公积　　　　　　　　D. 上年未分配利润

5. 通常适合采用固定股利政策的是（　　）的公司。

A. 收益显著增长　　　　　　　　B. 收益相对稳定

C. 财务风险比较高　　　　　　　D. 投资机会较多

6. 相对于其他股利政策而言，既可以维持股利的稳定性，又有利于优化资本结构的股利政策是（　　）。

A. 剩余股利政策　　　　　　　　B. 固定股利政策

C. 固定股利支付率政策　　　　　D. 低正常股利加额外股利政策

7. 在确定企业的收益分配政策时，应当考虑相关因素的影响，其中"资本保全约束"属于（　　）。

A. 股东因素　　　B. 公司因素　　　C. 法律因素　　　D. 债务契约因素

8. 如果上市公司以其应付票据作为股利支付给股东，则这种股利的方式称为（　　）。

A. 现金股利　　　B. 股票股利　　　C. 财产股利　　　D. 负债股利

9. 当盈余公积达到注册资本的（　　）时，公司可不再提取盈余公积。

A. 25%　　　　　B. 50%　　　　　C. 80%　　　　　D. 100%

10. 有权领取股利的股东资格登记截止日期称为（　　）。

A. 股利宣告日　　B. 股利支付日　　C. 除息日　　　　D. 股权登记日

11. 下列关于股票分割的说法中，不正确的是：（　　）。

A. 股票分割会引起公司现金流的变化

B. 股票分割会使普通股每股面额下降

C. 股票分割会增加发行在外的普通股股数

D. 股票分割会使每股盈余下降

二、多项选择题

1. 企业在确定股利支付率水平时，应当考虑的因素有（　　）。

A. 投资机会　　　B. 筹资成本　　　C. 资本结构　　　D. 股东偏好

2. 确定企业收益分配政策时需要考虑的法律约束因素主要包括（   ）。

A. 资本保全约束   B. 资本积累约束

C. 偿债能力约束   D. 稳定股价约束

3. 若上市公司采用了合理的收益分配政策，则可获得的效果有（   ）。

A. 能为企业筹资创造良好条件   B. 能处理好与投资者的关系

C. 改善企业经营管理   D. 能增强投资者的信心

4. 上市公司发放股票股利可能导致的结果有（   ）。

A. 公司股东权益内部结构发生变化

B. 公司股东权益总额发生变化

C. 公司每股利润下降

D. 公司股份总额发生变化

5. 按照资本保全约束的要求，企业发放股利所需资金的来源包括（   ）。

A. 当期利润   B. 留存收益   C. 原始投资   D. 股本

6. 公司在制定利润分配政策时应考虑的因素有（   ）。

A. 通货膨胀因素 B. 股东因素   C. 法律因素   D. 公司因素

7. 股东从保护自身利益的角度出发，在确定股利分配政策时应考虑的因素有（   ）。

A. 避税   B. 控制权   C. 稳定收入   D. 规避风险

8. 在下列各项中，属于企业进行收益分配应遵循的原则有（   ）。

A. 依法分配原则   B. 资本保全原则

C. 分配与积累并重原则   D. 投资与收益对等原则

9. 股利支付形式分为（   ）。

A. 现金股利   B. 财产股利   C. 负债股利   D. 股票股利

10. 股票股利支付的优点是（   ）。

A. 降低公司股票的市场价格   B. 降低股价水平

C. 增加投资者信心   D. 防止公司被恶意控制

11. 股权激励的常见模式有（   ）。

A. 股票期权模式   B. 限制性股票模式

C. 股票增值权模式   D. 业绩股票模式

三、判断题

1. 固定股利分配政策的主要缺点，在于公司股利支付与其盈利能力相脱节，当盈利较低时仍要支付较高的股利，容易引起公司资金短缺、财务状况恶化。（   ）

2. 采用固定股利比例政策分配利润时，股利不受经营状况的影响，有利于公司股票价格的稳定。（   ）

3. 采用剩余股利分配政策的优点是有利于保持理想的资金结构，降低企业的综合资金成本。（   ）

四、计算题

1. 某公司 2020 年度的税后利润为 1 000 万元，该年分配股利 500 万元。2022 年拟投资 1 000 万元引进一条生产线以扩大生产能力。该公司目标资本结构为自有资金占 80%，借入资金占 20%。该公司 2021 年度的税后利润为 1 200 万元。

要求：

（1）如果该公司执行的是固定股利政策，并保持资金结构不变，则 2022 年度该公司为引进生产线需要从外部筹集多少自有资金？

（2）如果该公司执行的是固定股利支付率政策，并保持资金结构不变，则 2022 年度该公司为引进生产线需要从外部筹集多少自有资金？

（3）如果该公司执行的是剩余股利政策，则 2021 年度公司可以发放多少现金股利？

2. 正保公司年终进行利润分配前的股东权益情况如表 8-10 所示：

表 8-10　正保公司的股东权益表　　　　　　　　　　（单位：万元）

股本（面值 3 元，已发行 100 万股）	300
资本公积	300
未分配利润	600
股东权益合计	1 200

要求：如果公司宣布发放 10% 的股票股利，若当时该股票市价为 5 元，股票股利的金额按照当时的市价计算，并按发放股票股利后的股数发放现金股利每股 0.1 元，请计算发放股利后的股东权益各项目的数额。

第九章
财务分析

本章知识结构图

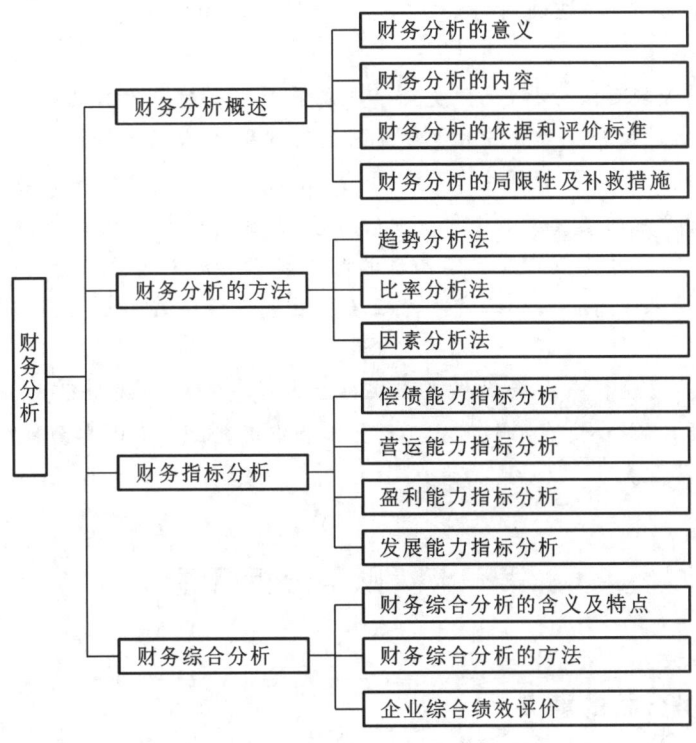

 学习目的

通过本章的学习,希望达到以下目标:

(1) 理解财务分析的意义和内容,熟悉财务分析的依据和评价标准,理解财务分析的局限性及补救措施;

(2) 掌握财务分析的三种常用方法;

(3) 掌握偿债能力、盈利能力、营运能力、发展能力的评价指标及分析方法;

(4) 理解财务综合分析的含义及特点,掌握财务综合分析方法;

(5) 能够对上市公司的财务报表进行财务报表分析。

导入案例

银广夏案例分析

银广夏公司自 1999 年开始闻名遐迩,银广夏 2001 年的市值高居深沪两市第 3 名,创造了股市神话。但是 2001 年 8 月《财经》刊发的《银广夏陷阱》撩开了银广夏神秘的面纱。

从 1999 年到 2000 年,银广夏所有的会计利润财务指标都是超级优秀,中证·亚商依据 1999 年度报告将该公司遴选为"第二届中国最具发展潜力上市公司 50 强"第 38 位,香港《亚洲周刊》也将其评为"2000 年中国内地一百大上市企业排行榜"第 8 名。

但是,结合现金流分析,就会发现银广夏前面所有超级优秀的财务指标背后的一些问题。通过结合现金流量对银广夏的盈利质量、偿债能力、营运效率分析,却发现该公司连续几年的经营现金流量远小于利润总额,利润总额中存在大量应收款项;经营活动产生的现金流远小于企业的负债,甚至连利息都无法偿还,巨大的财务危机隐患浮现;几年来银广夏持续高额利润居然不能产生正的经营现金流量,需要依靠筹资活动来维持企业的正常生产经营!巨额投资所需的资金仍然是通过外部筹资。

对于银广夏这样一个表面风光但实际上却是一个财务风险很大、盈余质量低劣、靠借款度日的公司,我们如何从其财务报表中识别出其庐山真面目? 学完本章,就可以得到答案。

第一节 财务分析概述

一、财务分析的意义

财务分析是指以财务报表等会计资料为依据,采用专门方法,系统分析和评价企业过去和现在的财务状况、经营成果及其变动,目的是了解过去、评价现在、预测未来。财务分析的基本功能是将大量的财务报表及相关的数据转换为对特定决策有用的信息,减少决策的不确定性。做好财务分析工作具有以下重要意义。

1. 财务分析是评价财务状况、衡量经营业绩的重要依据

通过对企业财务报表等核算资料进行分析,可以了解企业的偿债能力、营运能力、盈利能力和发展能力,便于企业管理当局及其他报表使用人了解企业财务状况和经营成果,并将影响财务状况和经验成果的主观因素与客观因素、微观因素与宏观因素区别开来,以划清经济责任,合理评价经营者的工作业绩,并据此奖优罚劣,以促进经营者不断改进工作。

2. 财务分析是挖掘潜力、改进工作、实现理财目标的重要手段

企业理财的根本目标是努力实现企业价值最大化。通过财务指标的设置和分析,能了解企业的盈利能力和资产周转状况,不断挖掘企业改善财务状况、扩大财务成果的内部潜力,充分认识未被利用的人力资源和物力资源,寻找利用不当的部分及原因,发现进一步提高利用效率的可能性,以便从各个方面揭露矛盾、找出差距、寻求措施,促进企业经营理财活动按照企业价值最大化的目标实现良性运行。

3. 财务分析是合理实施投资决策的重要步骤

投资者及潜在投资者是企业重要的财务报表使用人,通过对企业财务报表的分析,可以了解企业偿债能力的强弱、营运能力的大小、获利能力的高低以及发展能力的增减,可以了解投资后的收益水平和风险程度,从而为投资决策提供必要的信息。

二、财务分析的内容

财务报表的使用者包括投资人、债权人、经理、政府、雇员和工会、中介机构等利益关系人,不同人所关心的问题和侧重点不同,因此进行财务分析的要求也有所不同。

1. 权益投资者和中介机构

权益投资者包括公司现有的和潜在的股东。权益投资者可能面临的投资决策问题包括股票的买进、卖出、持有,以及买卖时点、买卖组合的确定等。为决定是否投资,潜在股东与中介机构需要分析公司的未来盈利能力和经营风险;为决定是否转让股份,现有股东或中介机构需要分析盈利状况、股价变动和发展前景;为考察经营者的业绩,需要分析资产盈利水平、破产风险和竞争能力;为决定股利分配政策,需要分析筹资状况。

2. 债权人

债权人是指银行、债券持有者和其他一些贷款给公司的机构或人员。银行等贷款人为决定是否给公司贷款,需要分析公司是否有能力定期支付利息并到期偿还贷款本金,据此确定是否贷款并制定债务条款;为了解债务人的短期偿债能力,需要分析其流动状况;为了解债务人的长期偿债能力,需要分析其盈利状况和资本结构。

3. 治理层和管理层

公司董事会、监事会受股东委托监督管理层,需要分析评价公司财务报表的质量和管理层的经验业绩。公司管理层负责公司的经营和战略决策,是财务报表信息最主要的内部使用者。为满足不同利益主体的需要,协调各方面的利益关系,管理层必须对公司经营理财的各个方面,包括偿债能力、营运能力、盈利能力及发展能力的全部信息予以详尽的了解和掌握,以及时发现问题,采取对策,规划和调整市场定位目标、策略,进一步挖掘潜力,为经济效益的持续稳定增长奠定基础。此外,给予财务报表指标的明示或暗含的报酬计划,管理层也会分析自身的经营业绩。

4. 政府及相关监管机构

政府兼具多重身份,既是宏观经济管理者,又是国有企业的所有者和重要的市场参与者,因此,政府对企业财务分析的关注点因所具身份的不同而有所变化。政府对国有企业投资的目的,除关注投资所产生的社会效应外,还必然对投资的经济效益予以考虑。在谋求资本保全的前提下,期望能够同时带来稳定增长的财政收入。因此,政府考核企业经营理财状况,不仅需要了解企业资金使用效率,预测财政收入增长情况,有效地组织和调整社会资金资源的配置,而且还要借助分析,检查企业是否合法合规、国家资产是否浪费的问题,最后通过综合分析,对企业的发展后劲以及对社会的贡献程度进行分析考察。另外,政府合同的价格以成本加成为基础,政府需要通过财务成本分析确定政府合同的价格、决定公用事业的费率。政府对陷入财务困境公司的挽救以及对企业贷款做出的担保,也要以财务分析为依据。

5. 注册会计师

注册会计师为减少审计风险,需要评估公司的盈利性和破产风险;为确定审计的重点,需要分析财务数据的异常变动。

6. 其他财务信息使用者

其他财务信息使用者包括公司雇员、供应商、顾客、并购分析师和媒体等多个方面。

雇员基于自身的职业发展规划,需要分析公司经营的持续性和盈利能力,分析其工资和工作环境的公允性,分析退休金的保障程度,并根据财务报表信息签订和履行劳动合同。

供应商为决定建立长期合作关系的需要,需要分析公司的长期偿债能力和盈利能力;为决定信用政策,需要分析公司的短期偿债能力。

顾客关心自身与公司的长期关系,关注公司的售后服务以及今后的优惠,需要分析公司的财务实力、发展趋势和持续供货能力等。

并购分析师关心的是分析确定潜在兼并对象的经济价值和评估其在财务上和经营上的兼容性。

媒体基于对市场的监督和提供投资建议,也会分析公司的财务状况、经营成果和现金流量等情况。

尽管不同利益主体进行财务分析有着各自的侧重点,但就企业总体来看,财务分析的内容可以归纳为 4 个方面:偿债能力分析、营运能力分析、盈利能力分析和发展能力分析。其中,偿债能力是财务目标实现的稳健保证,营运能力是财务目标实现的物质基础,盈利能力是两者共同作用的结果,同时也对两者的增强起着推动作用。它们相辅相成,共同构成企业财务分析的基本内容。

三、财务分析的依据和评价标准

(一)财务分析的依据

开展财务分析需要依据一定的财务数据和其他信息,这些数据和信息除了公开披露的财务报表外,还包括财务报表附注、管理层的解释和讨论、审计师意见、其他公告(预盈、预亏等)、社会责任报告、媒体和专家评论,以及监督部门处理公告等。由于分析的主体不同,获得信息的数量和难度也不尽相同,但分析者应尽可能地收集可能获取的各种信息,防止片面性。

财务报表是财务分析最直接、最主要的依据。依据财务报表得出有效的分析结论需要具备两个前提条件:一是财务报表具有反馈价值,能够如实反映过去;二是财务报表具有前瞻价值,具有可预测性。但是,财务会计本身具有局限性,存在着财务报告偏离实际业绩和状况的可能性。例如,会计准则的统一性限制了企业的个性化报告;管理层有选择会计政策的自由;管理层选择会计估计的可能偏差和误导;交易事项对会计结果的影响可受人为操纵等。影响财务报表质量的因素很多,如会计准则和监管、财务数据估计和预测的准确性、审计的有效性、法律环境和诉讼的可能、管理层操纵盈利的动机和机会等。

由于上述原因,使得财务报表存在以下三个方面的局限性:①财务报表没有披露公司的全部信息,管理层拥有更多的信息,得到披露的只是其中的一部分;②已经披露的财务信息存在会计估计误差,不一定是真实情况的准确计量;③管理层的各项会计政策选择,使得财务报表扭曲公司的实际情况。

因此,我们在进行财务分析时,也要做好以下三项工作。①全面系统地收集各类信息,既要收集财务信息,也要收集非财务信息;既要收集公开披露的信息,也要收集内部信息;既要收集静态信息,也要收集动态信息。②对有关分析资料要注意是否扣减一致,剔除不可比因素。③从实际出发,坚持实事求是,反对主观臆断,结论先行。同时,注意识别盈利操纵的警示信号:如未经解释的会计方法变化;未经解释的资产交易盈利;应收账款和存货不成比例的增减;净利润和现金流量变化的不一致;期末的大量交易;递延和未摊销资产的不寻常变化;关联交易;非标准审计意见等。

(二) 财务分析的评价标准

开展财务分析,通常需要选用一定的标准与之对比,以便对企业的财务状况做出评价。通常而言,可行合理的对比标准有历史标准、行业标准、目标标准和经验标准等。

1. 历史标准

历史标准是指本企业过去某一时期(如上年或上年同期)该指标的实际值,如上期实际、历史先进水平,以及有典型意义的时期实际水平等。

历史标准对于评价企业自身经营状况和财务状况是否得到改善是非常有用的。历史标准可以选择本企业历史最高水平,也可以选择企业正常经营条件下的业绩水平,或者也可以取以往连续多年的平均水平。另外,在财务分析实践中,还经常与上年实际业绩作比较。

应用历史标准的好处是比较真实可靠、客观,具有较强的可比性。历史标准的不足是往往比较保守,适用范围较窄(只能说明企业自身的发展变化,不能全面评价企业的财务竞争能力和健康状况)。当企业主体发生重大变化(如企业合并)时,历史标准就会失去意义或至少不便直接使用。企业外部环境发生突变后,历史标准的作用会受到限制。

2. 行业标准

行业标准是指主管部门或行业协会颁布的技术标准,或国内外同类企业的先进水平、国内外同类企业的平均水平。

行业标准的优点在于,它可以说明企业在行业中所处的地位和水平(竞争的需要),也可用于判断企业的发展趋势。例如,在一个经济萧条时期,企业的利润率从12%下降为9%,而同期该企业所在行业的平均利润率由12%下降为6%,那么,就可以认为该企业的盈利状况是相当好的。

行业标准的缺点是同行业内的两个公司并不一定是十分可比的；由于多元化经营会带来分析比较的困难，同行业企业也可能存在会计政策和会计估计等方面的差异。

3. 经验标准

经验标准指的是依据大量且长期的实践经验而形成的标准（适当）的财务比率值。

例如，西方国家 20 世纪 70 年代的财务实践就形成了流动比率的经验标准为 2∶1，速动比率的经验标准为 1∶1 等。此外，通常认为当流动负债对有形净资产的比率超过 80％时，企业就会出现经营困难；存货对净营运资本的比率不应超过 80％；资产负债率通常认为应该控制在 30％～70％之间。

事实上，所有这些经验标准主要是就制造业企业的平均状况而言的，而不是适用于一切领域和一切情况的绝对标准。

在具体应用经验标准进行财务分析时，还必须结合一些更为具体的信息。例如，假设 A 公司的流动比率大于 2∶1，但其存在大量被长期拖欠的应收账款和许多积压的存货；而 B 公司的流动比率可能略小于 2∶1，比如说为 1.5∶1，但在应收账款、存货及现金管理等方面都非常成功。那么，如何评价 A 与 B？很显然，B 公司的管理更好。

经验标准并非一般意义上的平均水平，即财务比率的平均值，并不一定就构成经验标准。一般而言，只有那些既有上限又有下限的财务比率，才可能建立起适当的经验比率。而那些越大越好或越小越好的财务比率，如各种利润率指标，就不可以建立适当的经验标准。

经验标准的优点是相对稳定、客观。经验标准的不足是使用范围不够广泛，往往受行业限制；其数值也可能随时间推移而有所变化。

4. 目标标准

目标标准是指实行目标管理的企业所设定的经营指标、实行预算管理的企业所指定的预算指标、企业的设计产能指标、各项定额指标、理论指标等。

目标标准的优点是符合战略及目标管理的要求，对于新建企业和垄断性企业尤其适用。

目标标准的不足是外部分析通常无法利用；预算等目标指标的主观性较强，未必可靠。

四、财务分析的局限性及补救措施

尽管通过财务分析，有利于优化企业经营管理，提高决策水平，促进企业价值最大化目标的实现，但同时也应该认识到，财务分析方法与评价结果不是绝对的，财务分析也有一定的局限性。

1. 资料来源的局限性

财务报表是财务分析的主要依据，财务报表数据的局限性决定了财务分析与评价的局限性。财务报表数据的局限性主要体现在以下几个方面。

（1）财务报表数据缺乏可比性。财务分析实际上就是数据资料的比较过程，而比较的双方必须具有可比性才有意义。然而，数据是否可比受众多条件的限制，如计算方法、计价标准、时间跨度、经营规模等。一旦这些条件发生了变动而企业在分析时又未加以考虑，必然对分析的结果造成不利影响。

（2）财务报表数据缺乏可靠性。可靠的数据才能提供可靠的信息。但报表数据是否真实可靠，不仅受制于企业的主观因素及人为因素，而且还受通货膨胀的影响。同时，也与会计方法的有效性密切相关。如果通货膨胀严重、会计方法不当或者过多地掺杂了各种人为因素和主观因素，就必然使财务报表数据缺乏真实可靠性，从而影响财务分析的结果。

（3）财务报表数据存在滞后性。进行财务分析，不单是为了评价企业以往的财务状况，更主要的是对企业未来的经营理财活动进行指导和规划。而财务报表的各项数据及其他有关资料大多属于企业的历史资料，有一定的滞后性。如果单纯依据这些资料，而不考虑企业的发展变化情况，其分析结果的有效性会大打折扣，严重时还有可能对企业的决策行为产生误导作用。

2. 分析方法的局限性

具有可比性是进行财务分析的前提。而各种分析方法运用的有效性都是以各种条件不变或具有可比性为前提假设的。一旦这些前提条件发生变化或者已经不再具备，财务分析的结果就会与实际相背离，而这种变化是客观存在的。

3. 分析指标的局限性

出于保护自身商业秘密和市场利益的目的，企业向社会披露的指标通常仅限于财务通则以及会计制度和准则等有关规定要求披露的信息。同时，企业出于市场形象的考虑，或为了得到政府及其金融机构的良好评价，有可能还存在对这些公开信息加以粉饰的情况。因此，投资者依据这些指标有时难以对企业真实的经营理财状况做出正确的评价。此外，在指标的名称、计算公式、计算口径等方面也存在较大的不规范性；如何将资金时间价值观念纳入财务分析中，如何消除通货膨胀的影响等都缺乏统一规定及标准，所有这些问题也同样降低了财务指标的有效性。

针对上述种种缺陷，在进行财务分析时应当采取如下弥补措施。

（1）尽可能求同去异，增强指标的可比性。例如将不同会计方法的影响差异剔除，将某些特殊的、个别的事项和因素剔除，选择同行业、同规模企业进行横向比较等。

（2）注意各种指标的综合运用。如定量分析与定性分析相结合、趋势分析与比率分析相结合、横向分析与纵向分析相结合、总量分析与个量分析相结合、静态分析与动态分析相结合，以便取长补短，发挥财务分析的总体功效。

（3）不能仅凭某一项或某几项指标便草率做出结论，而必须将各项指标综合权衡，并结合社会经济环境的变化及企业不同时期具体经营理财目标的不同进行系统分析。

（4）不要机械遵循所谓的标准，而应当善于运用"例外管理"原则，对各种异常现象进行追踪调查和深入剖析。

第二节　财务分析的方法

财务分析的方法主要包括趋势分析法、比率分析法和因素分析法。

一、趋势分析法

趋势分析法又叫水平分析法，是将两期或连续数期财务报告中相同指标进行对比，确定其增减变动的方向、数额和幅度，以说明企业财务状况及经营成果变动趋势的一种方法。采用这种方法，可以分析引起变化的主要原因、变动的性质，并预测企业未来的发展前景。趋势分析法的具体运用主要有以下三种方式。

（一）重要财务指标的比较

这种方法是将不同时期财务报告中相同的重要指标或比率进行比较，直接观察其增减变动情况及变动幅度，分析其发展趋势，预测其发展前景。

对不同时期财务指标的比较，可以有以下两种方法。

1. 定基动态比率

定基动态比率是将分析期数额与某一固定基期数额对比计算的动态比率。其计算公式为

$$定基动态比率 = \frac{分析期数额}{固定基期数额} \times 100\%$$

2. 环比动态比率

它是将每一分析期数额与前一期同一指标进行对比计算得出的动态比率。其计算公式为

$$环比动态比率 = \frac{分析期数额}{前期数额} \times 100\%$$

（二）会计报表的比较

这种方法是将连续数期的会计报表有关数字并行排列，比较相同指标的增减变动金额及幅度，以此来说明企业财务状况和经营成果的发展变化。财务报表的比较包括资产负债表比较、利润表比较和现金流量表比较等。比较时，既要计算出表中有关项目增减变动的绝对值，又要计算出增减变动的百分比。

在实务工作中，也可以采用编制趋势财务报表的方法来进行财务报表的比较。首先选择一个年度为基年，然后与基年相联系地表达随后各年的报表项目。按惯例，基年被设定为"100"。

例如，某公司 2018 年、2019 年、2020 年、2021 年连续四年财务报表中销售收入分别为 350 万元、396 万元、482 万元、504 万元。则以 2018 年为基年，2019 年、2020年及 2021 年的销售收入在趋势报表上就表达为 100、113、138、144。

例 9-1　某公司 2018 到 2021 年间有关项目的趋势表达情况如表 9-1 所示。要求：根据趋势报表，分析该公司的财务状况。

表 9-1 相关项目趋势表达情况表

项 目	2018 年	2019 年	2020 年	2021 年
销售收入/万元	100	110.8	119.0	157.7
其中:啤酒销售/万元	100	111.3	119.8	162.8
销货成本/万元	100	111.9	118.4	155.9
经营及管理费用/万元	100	112.5	130.7	176.1
净收益/万元	100	116.0	131.6	164.3
啤酒销售桶数/万桶	100	105.2	109.4	132.2

解 通过分析可知,该公司财务状况的变化趋势表现出两个重要特征。一是经营及管理费用以远远快于销售收入及销售成本的增长速度增长。2018 年到 2021 年间,经营及管理费用增长 76.1%,而同期销售收入和销售成本增长率分别为 57.7% 和 55.9%。所以,经营及管理费用增长可能意味着该公司为维护或扩大自己的市场份额,不得不增加广告支出等方面的投入。二是该公司啤酒的销售额增长了 62.8%,而啤酒的销售量只增长了 32.2%。

(三) 财务报表项目构成的比较

这种方法是以会计报表中某个总体指标作为 100%,再计算出报表各构成项目占该总体指标的百分比,以此来比较各个项目百分比的增减变动,以及判断有关财务活动的变化趋势。这种方法比前两种方法更能准确地分析企业财务活动的发展趋势,既可用于同一企业不同时期财务状况的纵向比较,又可用于不同企业间的横向比较,并且还可以消除不同时期(不同企业)间业务规模差异的影响,有助于正确分析企业的资本结构、耗费水平及盈利水平。

趋势分析法的优点是简便、直观。但采用趋势分析法时,应注意以下几个问题:①用于对比的各项指标的计算口径要一致;②剔除偶然性因素的影响,使分析数据能反映正常的经营及财务状况;③运用例外原则,对有显著变动的指标要作重点分析,研究其产生的原因,以便采取对策,趋利避害。

二、比率分析法

比率分析法是把两个相互联系的项目加以对比,计算出比率,以确定经济活动变动情况的分析方法。比率指标主要有以下三类。

1. 效率比率

效率比率是反映经济活动中投入与产出、所费与所得的比率,以考察经营成果,评价经济效益的指标。利用效率比率指标,可以进行得失比较,考察经营成果,评价经济效益。如将利润项目与营业成本、营业收入、资本金等项目对比,可以计算成本利润率、销售利润率及资本利润率等利润率指标,从不同角度观察、比较企业盈利能力的高低和增减变化情况。

2. 结构比率

结构比率又称构成比率,是某项经济指标的某个组成部分与总体的比率,反映

部分与总体的关系。其计算公式为

$$构成比率 = \frac{某个组成部分数值}{总体数值} \times 100\%$$

例如，企业资产中流动资产、固定资产和无形资产占资产总额的百分比（资产构成比率），企业负债中流动负债和非流动负债占负债总额的百分比（负债构成比率）。利用结构比率可以考察总体中某部分形成与安排的合理性，以协调各项财务活动。

3. 相关比率

相关比率是将两个不同但又有一定关联的项目加以对比得出的比率，以反映经济活动的各种相互关系。利用相关比率指标，可以考察企业有联系的相关业务安排是否合理，以保障运营活动顺利进行。比如，将流动资产与流动负债加以对比，计算出流动比率，据以判定企业的短期偿债能力。

比率分析法的优点是计算简便，计算结果容易判断分析，而且可以使某些指标在不同规模企业间进行比较，甚至也能在一定程度上超越行业间的差别进行比较。但采用该方法时要注意以下几点。

（1）对比项目的相关性。计算比率的分子和分母必须具有相关性，否则就不具有可比性。构成比率指标中，部分指标必须是总体指标的一个小系统；效率比率指标中，投入产出必须具有因果关系；相关比率指标分子、分母也要有某种内在联系，否则比较就毫无意义。

（2）对比口径的一致性。计算比率的子项和母项必须在计算时间、范围等方面要保持口径一致。

（3）衡量标准的科学性。运用比率分析，要选择科学合理的参照标准与之对比，以便对企业的财务状况做出恰当评价。通常而言，科学合理的参照标准有：①预定目标，如预算指标、设计指标、定额指标和理论指标等；②历史指标，如上期实际、上年同期实际、历史先进水平，以及有典型意义时期的实际水平等；③行业标准，如主管部门或行业协会颁布的技术标准、国内外同类企业的先进水平、国内外同类企业的平均水平等；④公认标准。

三、因素分析法

因素分析法是依据分析指标与其影响因素的关系，从数量上确定各因素对分析指标影响方向和影响程度的一种方法。一个经济指标往往是由多种因素造成的，各种因素对某一个经济指标都有不同程度的影响。只有将这一综合性的指标分解成各个构成因素，才能从数量上把握每一个因素的影响程度，给工作指明方向。

因素分析法具体有两种：一是连环替代法；二是差额分析法。

1. 连环替代法

连环替代法是将分析指标分解为各个可以计量的因素，并根据各个因素之间的依存关系，顺次用各种因素的比较值（通常即实际值）替代基准值（通常即标准值或计划值），据以测定各因素对分析指标的影响。

例9-2 某企业甲产品的材料成本资料如表9-2所示，要求运用因素分析法分析各因素变动对材料成本的影响程度。

表 9-2　材料成本资料表

项　　目	计量单位	计 划 数	实 际 数
产品产量	件	160	180
单位产品材料消耗量	千克/件	14	12
材料单价	元/千克	8	10
材料总成本	元	17 920	21 600

　　解　由于材料成本是由产品产量、单位产品材料消耗量和材料单价三个因素的乘积构成的,因此,可以把材料成本这一总指标分解为三个因素,然后逐个来分析它们对材料成本总额的影响程度。

　　根据以上资料分析如下:

$$材料成本＝产量×单位产品材料消耗量×材料单价$$
$$材料成本总差异＝21\ 600－17\ 920＝3\ 680(元)$$

　　材料总成本实际数比计划数增加 3 680 元,这是分析对象。运用连环替代法,可以计算各因素变动对材料成本总额的影响程度如下:

　　计划指标:160×14×8＝17 920(元)　　①
　　第一次替代:180×14×8＝20 160 (元)　　②
　　第二次替代:180×12×8＝17 280(元)　　③
　　第三次替代:180×12×10＝21 600(元)　　④(实际指标)
　　②－①＝20 160－17 920＝2 240(元)　　产量增加的影响
　　③－②＝17 280－20 160＝－2 880(元)　　单位产品材料消耗量变动的影响
　　④－③＝21 600－17 280＝4 320(元)　　材料单价变动的影响
　　2 240＋(－2 880)＋4 320＝3 680(元)　　全部因素的影响

2. 差额分析法

　　差额分析法是连环替代法的一种简化形式,它是利用各个因素的比较值与基准值之间的差额,来计算各因素对分析指标的影响。

　　例 9-3　资料同例 9-2,要求采用差额分析法计算各因素变动对材料成本的影响。

　　解　(1)产量变动对材料成本的影响值为
$$(180－160)×14×8＝2\ 240(元)$$
　　(2)单位产品材料消耗量变动对材料成本的影响值为
$$180×(12－14)×8＝－2\ 880(元)$$
　　(3)材料单价变动对材料成本的影响值为
$$180×12×(10－8)＝4\ 320(元)$$
　　全部因素的影响值为
$$2\ 240＋(－2\ 880)＋4\ 320＝3\ 680(元)$$

　　因素分析法既可以全面分析各因素对某一经济指标的影响,又可以单独分析某个因素对某一经济指标的影响,在财务分析中应用颇为广泛。但应用因素分析法须注意以下几个问题。

（1）因素分解的关联性。即构成经济指标的各因素确实是形成该项指标差异的内在构成原因，它们之间存在着客观的因果关系。

（2）因素替代的顺序性。替代因素时，必须按照各因素的依存关系，排列成一定顺序依次替代，不可随意加以颠倒，否则各个因素的影响值就会得出不同的计算结果。在实际工作中，往往是先替代数量因素，后替代质量因素；先替代实物量、劳动量因素，后替代价值量因素；先替代原始的、主要的因素，后替代派生的、次要的因素；在有除号的关系式中，先替代分子，后替代分母。

（3）顺序替代的连环性。计算每个因素变动的影响数值时，都是在前一次计算的基础上进行的，并采用连环比较的方法确定因素变化影响结果。只有保持这种连环性，才能使各因素影响之和等于分析指标变动的总差异，以全面说明分析指标变动的原因。

（4）计算结果的假定性。由于因素分析法计算各个因素变动的影响值会因替代计算顺序的不同而有差别，因而，计算结果具有一定顺序上的假定性和近似性。它只是在某种假定前提下的影响结果，离开了这种假定前提，也就不会有这种影响结果。为此，分析时应力求使这种假定是合乎逻辑的假定，是具有经济意义的假定。这样，计算结果的假定性，才不至于妨碍分析的有效性。

第三节　财务指标分析

总结与评价企业财务状况和经营成果的分析指标包括偿债能力指标、营运能力指标、获利能力指标和发展能力指标。

为便于说明，本章各项财务比率的计算，将主要采用 XYZ 公司作为例子，该公司的资产负债表、利润表如表 9-3、表 9-4 所示。为了计算方便，我们采用简化的资产负债表和利润表。

表 9-3　资产负债表

编制单位：XYZ 公司　　　　　2021 年 12 月 31 日　　　　　（单位：万元）

资　产	期末余额	年初余额	负债和所有者权益	期末余额	年初余额
流动资产：			流动负债：		
货币资金	900	800	短期借款	2 300	2 000
交易性金融资产	500	1 000	应付账款	1 200	1 000
应收账款	1 300	1 200	预收账款	400	300
预付账款	70	40	其他应付款	100	100
存货	5 200	4 000	流动负债合计	4 000	3 400
其他流动资产	80	60	非流动负债：		
流动资产合计	8 050	7 100	长期借款	2 500	2 000
非流动资产：			非流动负债合计	2 500	2 000
持有至到期投资	400	400	负债合计	6 500	5 400

资　　产	期末余额	年初余额	负债和所有者权益	期末余额	年初余额
固定资产	14 000	12 000	所有者权益：		
无形资产	550	500	实收资本(或股本)	12 000	12 000
非流动资产合计	14 950	12 900	盈余公积	1 600	1 600
			未分配利润	2 900	1 000
			所有者权益合计	16 500	14 600
资产总计	23 000	20 000	负债及所有者权益合计	23 000	20 000

表 9-4　利润表

编制单位：XYZ 公司　　　　　　　　2021 年度　　　　　　　　（单位：万元）

项　　目	本 期 金 额	上 期 金 额
一、营业收入	21 200	18 800
减：营业成本	12 400	10 900
营业税金及附加	1 200	1 080
销售费用	1 900	1 620
管理费用	1 000	800
财务费用	300	200
加：投资收益	300	300
二、营业利润	4 700	4 500
加：营业外收入	150	100
减：营业外支出	650	600
三、利润总额	4 200	4 000
减：所得税费用	1 680	1 600
四、净利润	2 520	2 400

一、偿债能力指标分析

企业偿债能力是反映企业财务状况和经营能力的重要标志。企业偿债能力低不仅说明企业资金紧张，难以支付日常经营支出，而且说明企业资金周转不灵，难以偿还到期债务，甚至面临破产危险。企业偿债能力分析包括短期偿债能力分析和长期偿债能力分析。

（一）短期偿债能力分析

企业短期债务一般要用流动资产来偿付，短期偿债能力是指企业流动资产对流动负债及时足额偿还的保证程度，是衡量流动资产变现能力的重要标志。企业短期偿债能力的衡量指标主要有流动比率、速动比率和现金流动负债比率。

1. 流动比率

流动比率是企业流动资产与流动负债之比，它表明企业每 1 元流动负债由多少

流动资产作为偿还保证,反映企业用可在短期内变现的流动资产偿还到期流动负债的能力。其计算公式为

$$流动比率 = \frac{流动资产}{流动负债} \times 100\%$$

一般认为,流动比率越高,反映企业短期偿债能力越强,债权人的权益越有保障。国际上通常认为,流动比率的下限为100%;生产企业合理的最低流动比率是200%,因为流动资产中变现能力最差的存货金额约占流动资产总额的一半,剩下的流动性较大的流动资产至少要等于流动负债,企业短期偿债能力才会有保证。如果比率过低,则表明企业可能难以如期偿还债务。但是,流动比率也不能过高,过高则表明企业流动资产占用较多,会影响企业资金的使用效率和企业的筹资成本,进而影响获利能力。究竟应该保持什么水平的流动比率,主要取决于企业对待风险与收益的态度。

运用流动比率进行分析时,要注意以下几个问题。

（1）流动比率高,一般认为偿债保证程度较强,但并不一定有足够的现金或银行存款偿债,因为流动资产除了货币资金以外,还有存货、应收账款等项目,有可能出现虽说流动比率高,但真正用来偿债的现金和存款却严重短缺的现象。因此,分析流动比率时,还需进一步分析流动资产的构成项目,对现金流量进行考察。

（2）从债权人的角度看,流动比率越高越好。但是从企业经营角度看,过高的流动比率通常意味着企业闲置现金的持有量过多,必然造成企业机会成本的增加和获利能力的降低。因此,企业应尽可能将流动比率维持在不使货币资金闲置的水平。

（3）流动比率是否合理,不同的企业以及同一企业不同时期的评价标准是不同的,因此,不应用同一的标准来评价各企业流动比率合理与否。

（4）在分析流动比率时应当剔除一些虚假因素的影响。

例 9-4 根据表 9-3 资料,XYZ 公司 2021 年年初与年末的流动资产分别为 7 100 万元、8 050 万元,流动负债分别为 3 400 万元、4 000 万元。计算该公司流动比率。

解
$$年初流动比率 = \frac{7\ 100}{3\ 400} \times 100\% = 208.82\%$$

$$年末流动比率 = \frac{8\ 050}{4\ 000} \times 100\% = 201.25\%$$

XYZ 公司 2021 年年初年末流动比率均大于 2,说明该企业具有较强的短期偿债能力。

2. 速动比率

速动比率是企业速动资产与流动负债之比。速动资产是指流动资产减去变现能力较差且不稳定的存货、预付账款、一年内到期的非流动资产和其他流动资产等后的余额。由于剔除了存货等变现能力较差且不稳定的资产,速动比率比流动比率能更准确、可靠地评价企业资产的流动性及偿还短期债务的能力。其计算公式为

$$\frac{速动}{比率} = \frac{速动资产}{流动负债} \times 100\%$$

其中,

$$速动资产＝货币资金＋交易性金融资产＋应收账款＋应收票据$$
$$＝流动资产－存货－预付账款－一年内到期的非流动资产$$
$$－其他流动资产$$

如果报表中有应收利息、应收股利和其他应收款项目,可视情况归入速动资产项目。

一般认为速动比率越高,表明企业偿还流动负债的能力越强。国际上通常认为速动比率为100％较合适。速动比率过低,小于100％,必使企业面临很大的偿债风险;但速动比率过高,大于100％,虽然债务偿还的安全性很高,但会因占用现金及应收账款过多而增加企业的机会成本。

例9-5　根据表9-3资料,假设XYZ公司2021年年初年末的其他流动资产均为待摊费用,计算该公司2021年的速动比率。

解　　　$$年初速动比率＝\frac{800＋1\,000＋1\,200}{3\,400}×100\%＝88.24\%$$

$$年末速动比率＝\frac{900＋500＋1\,300}{4\,000}×100\%＝67.5\%$$

可以看出,该公司2021年年末的速动比率比年初有所降低,虽然该公司的流动比率超过一般公认标准,但由于流动资产中存货所占比重过大,导致公司速动比率未达到一般公认标准,公司的实际短期偿债能力并不理想,需采取措施加以扭转。

在分析时需注意的是:尽管速动比率和流动比率相比更能反映出流动负债偿还的安全性和稳定性,但是并不能认为速动比率比较低的企业的流动负债到期绝对不能偿还。实际上,如果企业存货流转顺畅,变现能力强,即使速动比率较低,只要流动比率高,企业仍然有望偿还到期的债务本息。

3. 现金流动负债比率

现金流动负债比率是企业一定时期的经营现金净流量与流动负债的比率。它可以从现金流量的角度来反映企业当期偿付短期负债的能力。现金流动负债比率计算公式为

$$现金流动负债比率＝\frac{年经营现金净流量}{年末流动负债}×100\%$$

其中,年经营现金净流量指一定时期内,企业经营活动所产生的现金及现金等价物流入量与流出量的差额。

现金流动负债比例从现金流入和流出的动态角度对企业的实际偿债能力进行考察。由于有利润的年份不一定有足够的现金(含现金等价物)来偿还债务,所以利用收付实现制为基础计量的现金流动负债比率指标,能充分体现企业经营活动所产生的现金净流量可以在多大程度上保证当期流动负债的偿还,直观地反映企业偿还流动负债的实际能力。用该指标评价企业偿债能力更加谨慎。该指标越大,表明企业经营活动产生的现金净流量越多,越能保障企业按期偿还到期债务。但该指标也不是越大越好,过大则表明企业流动资金利用不充分,获利能力不强。

例9-6　根据表9-3资料,同时假设XYZ公司2021年年初年末的经营活动现金净流量分别为3\,000万元和5\,000万元(经营现金净流量的数据可以从公司的现金流量表中获得),计算该公司2021年年初年末的现金流动负债比率。

解
$$年初现金流动负债比率 = \frac{3\,000}{3\,400} \times 100\% = 88.24\%$$

$$年末现金流动负债比率 = \frac{5\,000}{4\,000} \times 100\% = 125\%$$

可以看出，该公司 2021 年年末的现金流动负债比率比年初的现金流动负债比率有明显提高，表明该公司短期偿债能力有所增强。

（二）长期偿债能力分析

长期偿债能力是指企业偿还长期负债的能力。其分析指标主要有资产负债率、产权比率、或有负债比率、已获利息保障倍数和带息负债比率等五项指标。

1. 资产负债率

资产负债率又称负债比率，是企业负债总额与资产总额之比。它表明企业资产总额中债权人提供资金所占的比重，以及企业资产对债权人权益的保障程度。其计算公式为

$$资产负债率 = \frac{负债总额}{资产总额} \times 100\%$$

一般情况下，资产负债率越小，表明企业长期偿债能力越强。但是，该指标也并非总是越小越好。从债权人的角度来说，该指标越小越好，这样企业偿债就越有保障；对企业所有者来说，如果该指标较大，说明利用较少的自有资本投资就可以形成较多的生产经营用资产，不仅扩大了生产经营规模，而且在经营状况良好的情况下，还可以利用财务杠杆，获得较大的杠杆收益。但是，如果企业的资产负债率过大，则表明企业的债务负担过重，企业资金实力不强，不仅对债权人不利，而且企业有濒临倒闭的风险。此外，企业的长期偿债能力与获利能力密切相关，因此，企业的经营决策者应当将偿债能力指标与获利能力指标结合起来分析，平衡考虑。保守的观点认为这一比率不应高于 50%，国际上通常认为资产负债率为 60% 时较为适当。

事实上，对这一比率的分析，还要看站在谁的立场上。从债权人的立场看，债务比率越低越好，企业偿债有保证，贷款不会有太大的风险；从股东的立场看，在全部资本利润率高于借款利息率时，负债比率越大越好，因为股东所得到的利润就会加大。从财务管理的角度看，在进行借入资本决策时，企业应当审时度势，全面考虑，充分估计预期的利润和增加的风险，权衡利害得失，做出正确的分析和决策。

例 9-7　根据表 9-3 资料，计算 XYZ 公司 2021 年年初年末的资产负债率。

解
$$年初资产负债率 = \frac{5\,400}{20\,000} \times 100\% = 27\%$$

$$年末资产负债率 = \frac{6\,500}{23\,000} \times 100\% = 28.26\%$$

XYZ 公司 2021 年年初年末的资产负债率均不高，说明公司长期偿债能力较强，有助于增强债权人对公司借出资金的信心。

2. 产权比率

产权比率是指负债总额与所有者权益总额的比例，是企业财务结构稳健与否的重要标志，也称资本负债率。它反映企业所有者权益对债权人权益的保障程度，其计算公式为

$$产权比率 = \frac{负债总额}{所有者权益总额} \times 100\%$$

一般情况下,产权比率越低,表明企业的长期偿债能力越强,债权人权益的保障程度越高,承担的风险越小,但是企业不能充分地发挥负债的财务杠杆效应。所以,在评价企业的产权比率适当与否,应从提高获利能力和增强偿债能力两个方面综合进行,即在保障债务偿还安全的前提下,应尽可能提高产权比率。

例 9-8 根据表 9-3 资料,计算 XYZ 公司 2021 年年初年末的产权比率。

解
$$年初产权比率 = \frac{5\ 400}{14\ 600} \times 100\% = 36.99\%$$

$$年末产权比率 = \frac{6\ 500}{16\ 500} \times 100\% = 39.39\%$$

该公司 2021 年年初年末的产权比率都不高,与资产负债率的计算结果可以互相印证,表明公司的长期偿债能力较强,债权人权益的保障程度较高。

产权比率与资产负债率对评价公司偿债能力的作用基本相同,两者的主要区别是:资产负债率侧重于分析债务偿付安全性的物质保障程度,产权比率则侧重于揭示财务结构的稳健程度及自有资金对偿债风险的承受能力。

3. 或有负债比率

或有负债比率是指企业的或有负债总额对所有者权益总额的比率,反映企业所有者权益应对可能发生的或有负债的保障程度。其计算公式为

$$或有负债比率 = \frac{或有负债余额}{所有者权益总额} \times 100\%$$

其中,

$$或有负债总额 = 已贴现商业承兑汇票金额 + 对外担保金额 + 未决诉讼、未决仲裁金额(除贴现与担保引起的诉讼或仲裁) + 其他或有负债金额$$

一般情况下,或有负债比率越低,表明企业的长期偿债能力越强,所有者权益应对或有负债的保障程度越高;或有负债比率越高,表明企业承担的相关风险越大。

例 9-9 根据表 9-3 资料,同时假设 XYZ 公司 2021 年年初、年末的或有事项只有对外提供债务担保,担保金额分别为 200 万元和 150 万元(或有负债的有关信息可以从报表附注中获得)。计算该公司 2021 年年初、年末的或有负债比率。

解
$$年初或有负债比率 = \frac{200}{14\ 600} \times 100\% = 1.37\%$$

$$年末或有负债比率 = \frac{150}{16\ 500} \times 100\% = 0.91\%$$

公司 2021 年年末的或有负债比率比年初有所降低,表明公司应对或有负债可能引起的连带偿还风险的能力增强。

4. 已获利息倍数

已获利息倍数是指企业一定时期的息税前利润与利息支出的比率,反映了获利能力对债务偿付的保障程度。其中,息税前利润总额指利润总额与利息支出的合计数,利息支出指实际支出的借款利息、债券利息等。其计算公式为

$$已获利息倍数 = \frac{息税前利润总额}{利息支出}$$

其中,

$$息税前利润 = 利润总额 + 利息支出 = 净利润 + 所得税 + 利息支出$$

已获利息倍数不仅反映了企业获利能力的大小，而且反映了获利能力对偿还到期债务的保证程度，它既是企业举债经营的前提依据，也是衡量企业长期偿债能力大小的重要标志。一般情况下，已获利息倍数越高，表明企业长期偿债能力越强。国际上通常认为，该指标为 3 时较为适当。从长期来看，要维持正常偿债能力，利息保障倍数至少应大于 1。如果利息保障倍数过低，企业将面临亏损、偿债的安全性与稳定性下降的风险。究竟企业已获利息保障倍数应该是多少，才算偿付能力强，这要根据往年经验结合行业特点来判定。

例 9-10　根据表 9-3 资料，同时假设表中财务费用全部为利息支出，计算 XYZ 公司 2021 年年初年末的利息保障倍数。

解
$$年初已获利息倍数 = \frac{4\,000 + 200}{200} = 21$$

$$年末已获利息倍数 = \frac{4\,200 + 300}{300} = 15$$

从以上计算结果看，XYZ 公司这两年的已获利息倍数都较高，有较强的偿付负债利息的能力。进一步的分析还需结合公司往年的情况和行业的特点进行判断。

5. 带息负债比率

带息负债比率是指企业某一时点的带息负债金额与负债总额的比率，反映企业负债中带息负债的比重，在一定程度上体现了企业未来的偿债（尤其是偿还利息）的压力。其计算公式为

$$带息负债比率 = \frac{短期借款 + \begin{subarray}{c}一年内到期\\的长期负债\end{subarray} + 长期借款 + 应付债券 + 应付利息}{负债总额} \times 100\%$$

一般情况下，带息负债比率越低，表明企业的偿债压力越低，尤其是偿还债务利息的压力越低；带息负债比率越高，表明企业承担的偿债风险和偿还利息的风险较大。

例 9-11　根据表 9-3 资料，同时假设 XYZ 公司 2021 年年初年末的短期借款和长期借款均为带息负债，计算该公司 2021 年年初年末的带息负债比率。

解
$$年初带息负债比率 = \frac{4\,000}{5\,400} \times 100\% = 74.07\%$$

$$年末带息负债比率 = \frac{4\,800}{6\,500} \times 100\% = 73.85\%$$

计算表明，该公司 2021 年年末的带息负债比率比年初略低，但是带息负债总额较大，公司承担了较大的偿还债务及其利息的压力。

二、营运能力指标分析

营运能力是指企业基于外部市场环境的约束，通过内部人力资源和生产资料的配置组合而对财务目标实现所产生作用的大小。营运能力指标包括人力资源营运能力指标和生产资料营运能力指标。

（一）人力资源营运能力指标

人作为生产力的主体和企业财富的原始创造者，其素质水平的高低对企业营运能力的形成状况具有决定性作用。而分析和评价人力资源营运能力的着眼点在于

如何充分调动劳动者的积极性、能动性,从而提高其经营效率。人力资源营运能力通常采用劳动效率指标来分析。

劳动效率是指企业营业收入或净产值与平均职工人数(可以视不同情况具体确定)的比率。其计算公式为

$$劳动效率 = \frac{营业收入(或净产值)}{平均职工人数} \times 100\%$$

对企业劳动效率进行考核评价主要采用比较的方法。比如,将实际劳动效率与本企业计划水平、历史先进水平或同行业平均先进水平等指标进行对比,进而确定其差异程度,分析造成差异的原因,采取适当的对策,进一步发掘提高人力资源劳动效率的潜能。

(二)生产资料营运能力指标

企业拥有或控制的生产资料表现为各项资产占有。因此,生产资料的营运能力实际上就是企业的总资产及其各项组成要素的运营能力。资产营运能力的强弱取决于资产的周转速度、资产的运行状况、资产管理水平等多种因素。比如说资产的周转速度,一般来说,周转速度越快,资产的使用效率越高,则资产营运能力越强;反之,企业营运能力就越差。资产周转速度通常用周转率和周转期表示。所谓周转率,即企业在一定时期内资产的周转额与平均余额的比率,它反映企业资产在一定时期的周转次数。周转次数越多,表明周转速度越快,资产运营能力越强。这一指标的逆指标是周转天数,它是周转次数的倒数与计算期天数的乘积,反映资产周转一次所需要的天数。周转天数越少,表明周转速度越快,资产营运能力越强。两者的计算公式分别为

$$周转率(周转次数) = \frac{周转额}{资产平均余额}$$

$$周转期(周转天数) = \frac{计算期天数}{周转次数} = 资产平均余额 \times \frac{计算期天数}{周转额}$$

具体地说,生产资料营运能力分析可以从以下几个方面进行:流动资产周转情况分析、固定资产周转情况分析以及总资产周转情况分析。

1. 流动资产周转情况分析

反映流动资产周转情况的指标主要有应收账款周转率、存货周转率和流动资产周转率。

1) 应收账款周转率

应收账款周转率(次数)是指企业一定时期内营业收入净额(或销售收入,本章下同)与应收账款平均余额的比值,是反映应收账款周转速度的指标。其计算公式为

$$应收账款周转率(周转次数) = \frac{营业收入}{平均应收账款余额}$$

$$平均应收账款余额 = \frac{应收账款余额年初数 + 应收账款余额年末数}{2}$$

$$应收账款周转期(周转天数) = \frac{平均应收账款余额 \times 360}{营业收入}$$

应收账款周转率反映了企业应收账款周转速度的快慢及企业对应收账款管理效率的高低。在一定时期内周转次数多,周转天数少表明:①企业收账迅速,账龄

较短,信用销售管理严格;②资产流动性强,企业短期偿债能力强;③可以减少收账费用和坏账损失,相对增加企业流动资产的投资收益。同时,通过比较应收账款周转天数及企业信用期限,可评价客户的信用程度,以及企业原定的信用条件是否适当,调整企业信用政策。

在分析时需要注意的是:公式中的应收账款包括会计核算中的"应收账款"和"应收票据"等全部赊销款在内;如果应收账款余额的波动性较大,应尽可能使用更详尽的计算资料,如按每月的应收账款余额来计算其平均占用额;分子、分母的数据应注意时间的对应性。

例 9-12 根据表 9-3 和表 9-4 资料,同时假设 XYZ 公司 2019 年年末应收账款余额为 1 100 万元,计算该公司 2020 年和 2021 年应收账款周转率。

解 该公司 2020 年和 2021 年应收账款周转率的计算如表 9-5 所示。

表 9-5 应收账款周转率计算表

项　　目	2019 年	2020 年	2021 年
营业收入/万元	—	18 800	21 200
应收账款年末余额/万元	1 100	1 200	1 300
应收账款平均余额/万元	—	1 150	1 250
应收账款周转率/次		16.35	16.96
应收账款周转期/天		22.02	21.23

可以看出,该公司 2021 年度的应收账款周转率比 2020 年度略有提高,周转天数略有缩短。这不仅说明公司的营运能力有所增强,而且对流动资产的变现能力和周转速度也会起到促进作用。

在评价应收账款周转率指标时,应将计算出的指标与该企业前期、与行业平均水平或其他类似企业相比较来判断该指标的高低。

2）存货周转率

存货周转率（次数）是指企业一定时期内营业成本（或销售成本,本章下同）与存货平均余额的比率,是衡量和评价企业购入存货、投入生产、销售收回等各环节管理效率的综合性指标。其计算公式为

$$存货周转率（周转次数）= \frac{营业成本}{平均存货余额}$$

$$平均存货余额 = \frac{存货余额年初数 + 存货余额年末数}{2}$$

$$存货周转期（周转天数）= \frac{平均存货余额 \times 360}{营业成本}$$

存货周转速度的快慢,不仅反映企业的采购、储存、生产、销售各环节管理工作状况的好坏,而且对企业的偿债能力及获利能力产生决定性的影响。一般来讲,存货周转率越高越好,即存货周转率越高,表明其变现的速度越快,周转额越大,资产占用水平越低。因此,通过存货周转分析,有利于找出存货管理中的漏洞,尽可能降低资金占用水平。存货是流动资产的重要组成部分,其质量和流动性对企业流动比率具有举足轻重的影响,并进而影响企业的短期偿债能力。因此,一定要加强存货的管理,提高其投资的变现能力和获利能力。

在计算存货周转率时应注意以下两点:①存货计价方法对存货周转率具有较大的影响,因此,在分析企业不同时期或不同企业的存货周转率时,应注意存货计价方

法的口径是否一致;②分子、分母的数据应注意时间上的对应性。

例 9-13 根据表 9-3 和表 9-4 资料,同时假设 XYZ 公司 2019 年年末存货余额为 3 800 万元,计算该公司 2020 年和 2021 年应收账款周转率。

解 该公司 2020 年和 2021 年应收账款周转率的计算如表 9-6 所示。

表 9-6 存货周转率计算表

项　　目	2019 年	2020 年	2021 年
营业成本/万元	—	10 900	12 400
存货年末余额/万元	3 800	4 000	5 200
存货平均余额/万元		3 900	4 600
存货周转率/次		2.79	2.70
存货周转期/天		128.812	133.55

可以看出,该公司 2021 年度的存货周转率比 2020 年度略有降低,存货周转天数略有增加。这说明公司的存货管理效率有所降低,原因可能与 2021 年存货大幅度增加有关。

3) 流动资产周转率

流动资产周转率是反映企业流动资产周转速度的指标。它是企业一定时期的营业收入与平均流动资产总额的比率。其计算公式为

$$流动资产周转率(周转次数)=\frac{营业收入}{平均流动资产总额}$$

$$平均流动资产总额=\frac{流动资产总额年初数+流动资产总额年末数}{2}$$

$$流动资产周转期(周转天数)=\frac{平均流动资产总额\times360}{营业收入}$$

在一定时期内,流动资产周转次数越多,表明以相同的流动资产完成的周转额越多,流动资产利用效果越好。流动资产周转天数越少,表明流动资产在经历生产销售各阶段所占用的时间越短,可相对节约流动资产,增强企业盈利能力。生产经营任何一个环节上的工作改善,都会反映到周转天数的缩短上来。

例 9-14 根据表 9-3 和表 9-4 资料,同时假设 XYZ 公司 2019 年年末流动资产总额为 6 000 万元,计算该公司 2020 年和 2021 年流动资产周转率。

解 该公司 2020 年和 2021 年流动资产周转率的计算如表 9-7 所示。

表 9-7 流动资产周转率计算表

项　　目	2019 年	2020 年	2021 年
营业收入/万元	—	18 800	21 200
流动资产年末总额/万元	6 000	7 100	8 050
平均流动资产总额/万元		6 550	7 575
流动资产周转率/次		2.87	2.80
流动资产周转期/天		125.43	128.63

可以看出,该公司 2021 年度的流动资产周转率比 2020 年度略有降低,流动资产周转天数略有增加。流动资金占用增加,增加占用的数额计算如下:

$$(128.63-125.43)\times 21\,200\div 360=188.44（万元）$$

2. 固定资产周转情况分析

固定资产周转率是指企业一定时期的营业收入与平均固定资产净值的比率。它是反映企业固定资产周转情况,从而衡量固定资产利用效率的一项指标。其计算公式为

$$固定资产周转率（周转次数）=\frac{营业收入}{平均固定资产净值}$$

$$平均固定资产净值=\frac{固定资产净值年初数+固定资产净值年末数}{2}$$

$$固定资产周转期（周转天数）=\frac{平均固定资产净值\times 360}{营业收入}$$

需要说明的是,与固定资产有关的价值指标有固定资产原价、固定资产净值和固定资产净额等。其中,固定资产原价是指固定资产的历史成本;固定资产净值是固定资产原价扣除已计提的累计折旧后的金额(即,固定资产净值=固定资产原价－累计折旧);固定资产净额是指固定资产原价扣除已计提的累计折旧以及已计提的减值准备后的余额(即,固定资产净额=固定资产原价－累计折旧－已计提减值准备)。

一般情况下,固定资产周转率高,说明企业固定资产投资得当,结构合理,利用效率高;反之,如果固定资产周转率不高,则表明固定资产利用效率不高,提供的生产成果不多,企业的营运能力不强。

运用固定资产周转率时,需要注意考虑固定资产因计提折旧的影响而使其净值在不断减少,以及因更新重置其净值突然增加的影响。因此,由于折旧方法的不同,可能影响其可比性;故在分析时一定要剔除这些不可比因素。

例 9-15 根据表 9-3 和表 9-4 资料,同时假设 XYZ 公司 2019 年年末固定资产净值为 11 800 万元,表 9-3 中的固定资产金额均为固定资产净值(均未计提固定资产减值准备),计算该公司 2020 年和 2021 年流动资产周转率。

解 该公司 2020 年和 2021 年流动资产周转率的计算如表 9-8 所示。

表 9-8 流动资产周转率计算表

项　　目	2019 年	2020 年	2021 年
营业收入净额/万元	—	18 800	21 200
固定资产年末净值/万元	11 800	12 000	14 000
平均固定资产净值/万元		11 900	13 000
固定资产周转率/次	—	1.58	1.63
固定资产周转期/天	—	227.87	220.75

可以看出,该公司 2021 年度的固定资产周转率比 2020 年度略有提高,固定资产周转天数略有减少。其主要原因是固定资产净值的增长幅度低于营业收入增长幅度所引起的。这表明公司的运营能力有所提高。

3. 总资产周转情况分析

反映总资产周转情况的主要指标是总资产周转率,它是企业一定时期的营业收入净额与平均资产总额的比值,可以用来反映全部资产的利用效率。计算公式为

$$总资产周转率(周转次数)=\frac{营业收入}{平均资产总额}$$

$$平均资产总额=\frac{资产总额年初数+资产总额年末数}{2}$$

$$总资产周转期(周转天数)=\frac{平均资产总额\times360}{营业收入}$$

总资产周转率用来衡量企业全部资产的使用效率。如果该比率较低，说明企业全部资产营运效率较低，可采用薄利多销或处理多余资产等方法，加速资产周转，提高运营效率；如果该比率较高，说明资产周转快，销售能力强，资产运营效率高。

例 9-16 根据表 9-3 和表 9-4 资料，同时假设 XYZ 公司 2019 年年末的资产总额为 19 000 万元，计算该公司 2020 年和 2021 年总资产周转率。

解 该公司 2020 年和 2021 年总资产周转率的计算如表 9-9 所示。

表 9-9 总资产周转率计算表

项 目	2019 年	2020 年	2021 年
营业收入/万元	—	18 800	21 200
资产年末总额/万元	19 000	20 000	23 000
平均资产总额/万元		19 500	21 500
总资产周转率/次	—	0.96	0.99
总资产周转期/天		373.40	365.09

可以看出，该公司 2021 年度的总资产周转率比 2020 年度略有提高。这是因为该公司固定资产平均净值的增长幅度（9.24%）虽然低于营业收入的增长幅度（12.77%），但是流动资产平均余额的增长速度（15.65%）却大大高于营业收入的增长程度，所以，总资产的利用效果难以大幅提高。

需要说明的是，在上述指标的计算中，均以年度作为计算期，在实际中，计算期应根据分析的需要而定，但是应该保持分子与分母在时间口径上的一致。如果资金占用的波动性较大，企业应采用更详细的资料进行计算。如果各期占用额比较稳定，波动不大，年度、季度的平均占用额也可以直接用"（期初数+期末数）÷2"的公式来计算。

4. 其他资产质量指标分析

不良资产比率和资产现金回收率等指标也能够反映资产的质量状况和资产的利用效率，从而在一定程度上体现生产资料的运营能力。其计算公式分别为

$$不良资产比率=\frac{资产减值准备余额+应提未提和应摊未摊的潜亏挂账+未处理资产损失}{资产总额+资产减值准备}$$

$$资产现金回收率=\frac{经营现金净流量}{平均资产总额}\times100\%$$

例 9-17 根据表 9-3 和表 9-4 资料，同时假设 XYZ 公司 2019 年年末的资产总额为 19 000 万元。该公司 2020 年和 2021 年经营现金净流量分别为 3 000 万元和 5 000万元（经营现金净流量的数据可以从公司的现金流量表中获得）。计算该公司 2020 年和 2021 年的资产现金回收率。

解 该公司 2020 年和 2021 年的资产现金回收率的计算如表 9-10 所示。

表 9-10 资产现金回收率计算表

项 目	2019 年	2020 年	2021 年
经营现金净流量/万元	—	3 000	5 000
资产年末总额/万元	19 000	20 000	23 000
平均资产总额/万元	—	19 500	21 500
资产现金回收率/（%）	—	0.15	0.23

可以看出，该公司 2021 年度的资产现金回收率比 2020 年度略有提高。这是因为该公司经营现金净流量的增长幅度（66.67%）大大高于平均资产总额的增长幅度（10.26%）。

三、盈利能力指标分析

不论是投资人、债权人还是经理人员，都会非常重视和关心企业的盈利能力。盈利能力就是企业获取利润、资金不断增值的能力。反映企业盈利能力的指标主要有营业利润率、成本费用利润率、盈余现金保障倍数、总资产报酬率、净资产收益率和资本收益率等六项指标。此外，上市公司经常使用的获利能力指标还有每股收益、每股股利、市盈率和每股净资产等。

（一）营业利润率

营业利润率是指企业在一定时期营业利润与营业收入的比率，其计算公式为

$$营业利润率＝\frac{营业利润}{营业收入}×100\%$$

营业利润率越高，表明企业市场竞争力越强，发展潜力越大，从而获利能力越强。

从利润指标来看，企业的利润包括营业利润、利润总额和净利润三种形式。而营业收入包括主营业务收入和其他业务收入，收入来源有商品销售收入、提供劳务收入和资产使用权让渡收入等。因此，在实务中也经常使用营业净利率、营业毛利率等指标来分析企业经营业务的获利水平。此外，通过考察营业利润占整个利润总额的比重的升降，可以发现企业经营理财状况的稳定性、面临的危险或者可能出现的转机迹象。

例 9-18 根据表 9-4 资料，计算该公司 2020 年和 2021 年的营业利润率。

解 该公司 2020 年和 2021 年的营业利润率的计算如表 9-11 所示。

表 9-11 营业利润率计算表

项 目	2020 年	2021 年
营业利润/万元	4 500	4 700
营业收入/万元	18 800	21 200
营业利润率/（%）	23.94	22.17

可以看出，该公司 2021 年度的营业利润率比 2020 年度略有下降。通过分析可以看出，这种下降主要是由于公司 2021 年的成本费用增加所致，由于下降幅度不

大,可以判定,公司的经营方向和产品结构符合市场需要。

(二)成本费用利润率

成本费用利润率是反映盈利能力的另一个重要指标,是企业一定时期利润总额与成本费用总额的比率。其计算公式为

$$成本费用利润率 = \frac{利润总额}{成本费用总额} \times 100\%$$

其中,

$$成本费用总额 = 营业成本 + 营业税金及附加 + 销售费用 + 管理费用 + 财务费用$$

成本费用利润率越高,表明企业为取得利润而付出的代价越小,成本费用控制得越好,获利能力越强。

成本费用的计算口径也可以分为不同的层次,比如主营业务成本、营业成本等。评价成本费用开支效果时,应当注意成本费用与利润之间在计算层次上的一致性。

例 9-19 根据表 9-4 资料,计算该公司 2020 年和 2021 年的成本费用利润率。

解 该公司 2020 年和 2021 年的成本费用利润率的计算如表 9-12 所示。

表 9-12 成本费用利润率计算表

项 目	2020 年	2021 年
营业成本/万元	10 900	12 400
营业税金及附加/万元	1 080	1 200
销售费用/万元	1 620	1 900
管理费用/万元	800	1 000
财务费用/万元	200	300
成本费用总额/万元	14 600	16 800
利润总额/万元	4 000	4 200
成本费用利润率/(%)	27.40	25.00

可以看出,该公司 2021 年度的成本费用利润率比 2020 年度略有下降。公司应该深入检查导致成本费用上升的原因,改进有关工作,以便扭转效益指标下降的状况。

(三)盈余现金保障倍数

盈余现金保障倍数是企业一定时期经营现金净流量同净利润的比值,反映了企业当期净利润中现金收益的保障程度,真实地反映了企业的盈余的质量。盈余现金保障倍数是评价企业盈利状况的辅助指标,其计算公式为

$$盈余现金保障倍数 = \frac{经营现金净流量}{净利润}$$

盈余现金保障倍数是从现金流入和流出的动态角度,对企业收益的质量进行评价,对企业的实际收益能力进行再次修正。盈余现金保障倍数在收付实现制基础上,充分反映出企业当期净收益中有多少是有现金保障的,挤掉了收益中的水分,体现出企业当期收益的质量状况,同时,减少了权责发生制会计对收益的操纵。一般

而言,当企业当期净利润大于0时,该指标应当大于1。该指标越大,表明企业经营活动产生的净利润对现金的贡献越大。但是,由于指标分母变动较大,致使该指标的数值变动也比较大,所以,对该指标应根据企业实际效益状况有针对性地进行分析。

例9-20 根据表9-4资料,同时假设XYZ公司2020年和2021年经营现金净流量分别为3000万元和5000万元(经营现金净流量的数据可以从公司的现金流量表中获得)。计算该公司2020年和2021年的盈余现金保障倍数。

解 该公司2020年和2021年的盈余现金保障倍数的计算如表9-13所示。

表9-13 盈余现金保障倍数计算表

项 目	2020年	2021年
经营现金净流量/万元	3 000	5 000
净利润/万元	2 400	2 520
盈余现金保障倍数	1.25	1.98

可以看出,该公司2021年度的盈余现金保障倍数比2020年度有较大提高。通过分析可以看出,这种提高是由于公司2021年在净利润略有增长(增长120万元)的情况下,经营现金净流量有较大幅度的增长(增长2 000万元),表明该公司收益的流动性有所提高。

（四）总资产报酬率

总资产报酬率是企业一定时期内获得的息税前利润总额与平均资产总额的比率。由于资产总额等于债权人权益和所有者权益的总和,所以该比率既可以衡量企业资产综合利用的效果,又可以反映企业利用债权人及所有者提供资本的盈利能力和增值能力。其计算公式为

$$总资产报酬率 = \frac{息税前利润总额}{平均资产总额} \times 100\%$$

其中,

$$息税前利润总额 = 利润总额 + 利息支出$$
$$= 净利润 + 所得税 + 利息支出$$

一般情况下,该指标越高,表明资产利用效益越好,整个企业的获利能力越强,经营管理水平越高。企业还可以将该指标与市场资本利率进行比较,如果前者较后者大,则说明企业可以充分利用财务杠杆,适当举债经营,可以获得更多的收益。

例9-21 根据表9-3和表9-4资料,同时假设财务报表中财务费用全部为利息支出,而且XYZ公司2019年年末资产总额为15 000万元。计算该公司2020年和2021年的总资产报酬率。

解 该公司2020年和2021年的总资产报酬率的计算如表9-14所示。

表9-14 总资产报酬率计算表

项 目	2019年	2020年	2021年
利润总额/万元	—	4 000	4 200
利息支出/万元	—	200	300
息税前利润总额/万元	—	4 200	4 500

项　　目	2019 年	2020 年	2021 年
资产年末总额/万元	19 000	20 000	23 000
平均资产总额/万元	—	19 500	21 500
总资产报酬率/(%)	—	21.54	20.93

可以看出,该公司 2021 年度的资产综合利用效率比 2020 年度略有降低。需要对公司资产的使用情况、增产节约工作等情况做进一步的分析,以便改进管理,提高效益。

(五)净资产收益率

净资产收益率又叫自有资金利润率或权益报酬率,是企业一定时期的净利润与平均净资产的比率,它反映企业自有资金的投资收益水平,是企业获利能力指标的核心。其计算公式为

$$净资产收益率 = \frac{净利润}{平均净资产} \times 100\%$$

其中,

$$平均净资产 = \frac{所有者权益年初数 + 所有者权益年末数}{2}$$

例 9-22　根据表 9-3 和表 9-4 资料,同时假设 XYZ 公司 2019 年年末净资产额为 13 000 万元。计算该公司 2020 年和 2021 年的净资产收益率。

解　该公司 2020 年和 2021 年的净资产收益率的计算如表 9-15 所示。

表 9-15　净资产收益率计算表

项　　目	2019 年	2020 年	2021 年
净利润/万元	—	2 400	2 520
年末净资产额/万元	13 000	14 600	16 500
平均净资产/万元	—	13 800	15 550
净资产收益率/(%)	—	17.39	16.21

可以看出,该公司 2021 年度的净资产收益率比 2020 年度降低了 1 个多百分点。这是由于公司所有者权益的增长快于净利润的增长所引起的,该公司所有者权益的增长率为 12.68%,而其净利润的增长率为 5%。

(六)资本收益率

资本收益率是企业一定时期的净利润与平均资本(即资本性投入及其资本溢价)的比率,反映企业实际获得投资额的回报水平。其计算公式为

$$资本收益率 = \frac{净利润}{平均资本} \times 100\%$$

$$平均资本 = \frac{\left(\begin{matrix}实收资本\\(股本)年初数\end{matrix} + \begin{matrix}资本公积\\年初数\end{matrix}\right) + \left(\begin{matrix}实收资本\\(股本)年末数\end{matrix} + \begin{matrix}资本公积\\年末数\end{matrix}\right)}{2}$$

其中,

资本公积＝资本公积中的资本溢价（股本溢价）

例 9-23 根据表 9-3 和表 9-4 资料，同时假设 XYZ 公司 2019 年年末实收资本为 12 000 万元（无资本公积）。计算该公司 2020 年和 2021 年的资本收益率。

解 该公司 2020 年和 2021 年的资本收益率的计算如表 9-16 所示。

表 9-16　资本收益率计算表

项　　目	2019 年	2020 年	2021 年
净利润/万元	—	2 400	2 520
年末实收资本/万元	12 000	12 000	12 000
平均资本/万元	—	12 000	12 000
资本收益率/（%）		20	21

可以看出，该公司 2021 年度的资本收益率比 2020 年度上升了 1 个百分点。这是由于公司实收资本没有发生变化，而净利润增长 5% 所引起的。

（七）每股收益

每股收益，又称每股税后利润、每股盈余，反映企业普通股股东持有每一股份所能享有的企业利润和承担的企业亏损，是衡量上市公司获利能力时最常用的财务分析指标。每股收益越高，说明公司的获利能力越强。

每股收益的计算包括普通股每股收益和稀释收益。

基本每股收益是指企业按照归属于普通股股东的当期净利润，除以发行在外的普通股的加权平均数计算的结果。其计算公式为

$$基本每股收益 = \frac{归属于普通股股东的当期净利润}{当期发行在外普通股的加权平均数}$$

其中，

$$当期发行在外普通股的加权平均数 = \frac{期初发行在外普通股股数 \times 报告时间 + 当期新发行普通股股数 \times 已发行时间}{报告期时间}$$

$$- \frac{当期回购普通股股数 \times 已回购时间}{报告期时间}$$

其中，已发行时间、报告期时间和已回购时间一般按天数计算，在不影响计算结果的前提下，也可以按月份简化计算。

企业存在稀释性潜在普通股的，应当分别调整归属于普通股股东的当期净利润和发行在外普通股的加权平均数，据以计算稀释每股收益。其中，稀释性潜在普通股是指假设当期转换为普通股会减少每股收益的潜在普通股，主要包括可转换公司债券、认股权证和股票期权等。

（八）市盈率

市盈率是上市公司普通股每股市价与每股收益的比值，反映投资者对于上市公司每 1 元净利润愿意支付的价格，可以用来估计股票的投资风险和报酬。其计算公式为

$$市盈率 = \frac{普通股每股市价}{普通股每股收益} \times 100\%$$

市盈率是反映上市公司获利能力的一个重要财务比率,投资者对这个比率十分重视,是投资者做出投资决策的重要参考因素之一。一般来说,市盈率高,说明投资者看好该公司的发展前景,愿意出较高的价格购买该公司的股票,所以一些成长性较好的高科技公司股票的市盈率通常要高一些。但是,如果某一股票的市盈率过高,也意味着这只股票具有较高的投资风险。

(九)每股净资产

每股净资产是指上市公司年末净资产(股东权益)与年末普通股总股数的比值。其计算公式为

$$每股净资产 = \frac{年末股东权益}{年末普通股总数}$$

每股净资产值反映了每股股票代表的公司净资产价值,是支撑股票市场价格的重要基础。每股净资产值越大,表明公司每股股票代表的财富越雄厚,通常创造利润的能力和抵御外来因素影响的能力越强。

四、发展能力指标分析

企业发展能力是指企业通过自身的生产经营活动,不断积累而形成的发展潜能。发展能力分析包括盈利增长能力分析、资产增长能力分析、资本增长能力分析和技术投入增长能力分析。

(一)盈利增长能力分析

企业的价值主要取决于其盈利和增长能力,因而企业的盈利增长是反映企业发展能力的重要方面,其衡量指标主要有营业收入增长率、营业利润增长率、净利润增长率和营业收入三年平均增长率等。

1. 营业收入增长率

营业收入增长率是指企业本年营业收入增长额与上年营业收入总额的比率。它反映企业营业收入的增减变动情况,是评价企业成长状况和发展能力的重要指标。其计算公式为

$$营业收入增长率 = \frac{本年营业收入增长额}{上年营业收入总额} \times 100\%$$

其中,

$$本年营业收入增长额 = 本年营业收入总额 - 上年营业收入总额$$

营业收入增长率是衡量企业经营状况和市场占有能力、预测企业经营业务发展趋势的重要标志。不断增加的营业收入,是企业生存和发展的条件。该指标大于0,说明企业本年的营业收入有所增长,指标越大,表明增长速度越快,企业市场前景越好;若该指标小于0,则说明产品或服务不适销对路,或是售后服务等方面存在问题,市场份额萎缩。该指标在实际应用时,应结合企业历年的营业收入水平、企业市场占有情况、行业未来发展及其他影响企业发展的潜在因素进行前瞻性预测,或者结合企业前三年的营业收入增长率做出趋势分析判断。

2. 营业利润增长率

营业利润增长率是指企业本年营业利润增长额与上年营业利润总额的比率,反

映企业营业利润的增减变动情况。其计算公式为

$$营业利润增长率=\frac{本年营业利润增长额}{上年营业利润总额}\times100\%$$

其中，

$$本年营业利润增长额=本年营业利润总额-上年营业利润总额$$

营业利润增长率越大，说明企业营业利润增长越快，表明企业业务突出，业务扩张能力强；营业利润增长率越小，说明企业营业利润增长越慢，表明企业业务发展停滞，业务扩张能力弱。

3. 净利润增长率

净利润增长率是指企业本年净利润增长额与上年净利润的比率，是反映企业发展性的基本表现。其计算公式为

$$净利润增长率=\frac{本年净利润增长额}{上年净利润}\times100\%$$

其中，

$$本年净利润增长额=本年净利润-上年净利润$$

营业利润增长率越大，说明企业收益增长越快，表明企业经营业绩突出，市场竞争力强；净利润增长率越小，说明企业净利润增长越慢，表明企业经营业绩不佳，市场竞争力越弱。

4. 营业收入三年平均增长率

营业收入三年平均增长率表明企业营业收入连续三年的增长情况，体现企业的持续发展态势和市场扩张能力。其计算公式为

$$营业收入三年平均增长率=\left(\sqrt[3]{\frac{本年年末营业收入总额}{三年前年末营业收入总额}}-1\right)\times100\%$$

利用营业收入三年平均增长率指标，能够反映企业的经营业务增长趋势和稳定程度，体现企业的连续发展状况和发展能力，避免因为少数年份业务波动而对企业的发展潜力做出错误判断。一般认为，该指标越高，表明企业经营业务持续增长势头越好，市场扩张能力越强。

（二）资产增长能力分析

资产的增长是企业发展的一个重要方面，也是企业价值增长的重要手段，其衡量指标主要是总资产增长率。

总资产增长率是指企业本年总资产增长额与年初资产总额的比率，反映企业资产规模的增长情况。其计算公式为

$$总资产增长率=\frac{本年总资产增长额}{年初资产总额}\times100\%$$

其中，

$$本年总资产增长额=总资产年末数额-总资产年初数额$$

总资产增长率是从企业资产总量扩张方面衡量企业发展能力的，表明企业规模增长水平对企业发展后劲的影响。该指标越大，说明企业一定时期内资产规模扩张的速度越快。但在实际分析时，应注意考虑资产规模扩张的质和量的关系以及使企业后续发展的能力，避免盲目扩张。

（三）资本增长能力分析

资本增长是企业发展强盛的标志，也是企业扩大再生产的源泉，展示了企业的发展水平，是评价企业发展能力的重要方面，其衡量指标主要有资本积累率、资本保值增值率和资本三年平均增长率等。

1. 资本积累率

资本积累率是指企业本年股东权益增长额与年初股东权益的比率。其计算公式为

$$资本积累率 = \frac{本年股东权益增长额}{年初股东权益额} \times 100\%$$

其中，

$$本年股东权益增长额 = 股东权益年末数额 - 股东权益年初数额$$

资本积累率是企业当年股东权益总的增长率，反映了股东权益在当年变动的水平，体现了企业资本的积累情况，是企业发展强盛的标志，也是企业扩大再生产的源泉，展示了企业的发展潜力。资本积累率还反映了投资者投入企业资本的保全性和增长性。该指标大于 0，则指标值越高，表明企业资本积累越多，应对风险、持续发展的能力越大；该指标若为负值，表明企业资本受到侵蚀，股东利益受到损害，管理人员对此应予以充分重视。

2. 资本保值增值率

资本保值增值率是企业扣除客观因素后的本年年末股东权益总额与年初股东权益总额的比例，反映当年资本在企业自身努力下的实际增减变动情况。其计算公式为

$$资本保值增值率 = \frac{扣除客观因素后的本年年末股东权益总额}{本年年初股东权益总额} \times 100\%$$

一般认为，资本保值增值率越高，表明企业资本保全状况越好，所有者权益增长越快，债权人的债务越有保障。该指标通常大于 100\%。

3. 资本三年平均增长率

资本三年平均增长率表示企业资本连续三年的积累情况，在一定程度上体现了企业的持续发展水平和发展趋势。其计算公式为

$$资本三年平均增长率 = \left(\sqrt[3]{\frac{年末股东权益总额}{三年前股东权益总额}} - 1\right) \times 100\%$$

一般增长率指标在分析时具有"滞后"性，仅反映当期情况，而利用该指标能够反映企业资本积累或资本扩张的历史发展状况，以及企业稳步发展的趋势。一般认为，该指标越高，表明企业所有者权益得到保证的程度越大，企业可以长期使用的资金越充足，抗风险和持续发展的能力越强。

（四）技术投入增长能力分析

技术投入增长体现了企业研究开发和技术创新的重视程度和投入情况，是评价企业发展能力的重要方面，其衡量指标主要有技术投入比率。

技术投入比率是企业本年科技支出（包括用于研究开发、技术改造、科技创新等方面的支出）与本年营业收入的比率，反映企业在科技进步方面的投入，在一定程度上可以体现企业的发展潜力。其计算公式为

$$技术投入比率＝\frac{本年科技支出合计}{本年营业收入净额}\times100\%$$

技术投入比率越高，表明企业对新技术投入越多，企业对市场的适应能力越强，未来竞争优势越明显，生存发展的空间越大，发展前景越好。

第四节　财务综合分析

一、财务综合分析的含义及特点

1. 财务综合分析的含义

我们已经介绍了企业偿债能力、营运能力和盈利能力以及发展能力等各种财务分析指标，但单独分析任何一项财务指标，就跟盲人摸象一样，都难以全面评价企业的经营与财务状况。要做全面的分析，就必须采取适当的方法，对企业财务进行综合分析与评价。所谓财务综合分析就是将企业营运能力、偿债能力和盈利能力等方面的分析纳入一个有机的分析系统之中，全面地对企业财务状况、经营状况进行解剖和分析，从而对企业经济效益做出较为准确的评价与判断。

2. 财务综合分析的特点

综合指标分析的特点，体现在其财务指标体系的要求上。一个健全有效的财务综合指标体系必须具有以下特点。

（1）评价指标要全面。设置的评价指标要尽可能涵盖偿债能力、营运能力和盈利能力等各方面的考核要求。

（2）主辅指标功能要匹配。在分析中要做到：①要明确企业分析指标的主辅地位；②要能从不同侧面、不同层次反映企业财务状况，揭示企业经营业绩。

（3）满足各方面信息需求。要求评价指标体系必须能够提供多层次、多角度的信息资料，既要能满足企业内部管理者决策的需要，也要能满足外部投资者和政府管理机构决策及实施宏观调控的要求。

二、财务综合分析的方法

财务综合分析的方法很多，其中应用比较普遍的主要有两种：杜邦财务分析体系法和沃尔比重评分法。

1. 杜邦财务分析体系法

这种分析方法首先由美国杜邦公司的经理创立，并首先在杜邦公司成功运用。它是利用财务指标间的内在联系，对企业综合经营理财能力及经济效益进行系统的分析评价的方法。该方法以净资产收益率为核心，将其分解为若干财务指标，通过分析各种分解指标的变动对净资产收益率的影响来解释企业获利能力及其变动原因。

杜邦体系各主要指标之间的关系如下：

净资产收益率＝总资产净利率×权益乘数＝营业净利率×总资产周转率×权益乘数

$$营业净利率 = \frac{净利润}{营业收入} \times 100\%$$

$$总资产周转率 = \frac{营业收入}{平均资产总额} \times 100\%$$

$$权益乘数 = \frac{资产总额}{所有者权益总额} = \frac{1}{1-资产负债率}$$

在具体运用杜邦体系进行分析时,可以采用因素分析法,首先确定营业净利率、总资产周转率和权益乘数的基准值,然后依次代入这三个指标的实际值,分别计算分析这三个指标的变动对净资产收益率的影响方向和程度。还可以使用因素分析法进一步分解各个指标,并分析其变动的深层次原因,找出解决的方法。

例 9-24　根据表 9-3 和表 9-4 资料,计算该公司 2021 年杜邦财务分析体系中的各项指标。

解　该公司 2021 年杜邦财务分析体系中的各项指标如图 9-1 所示。

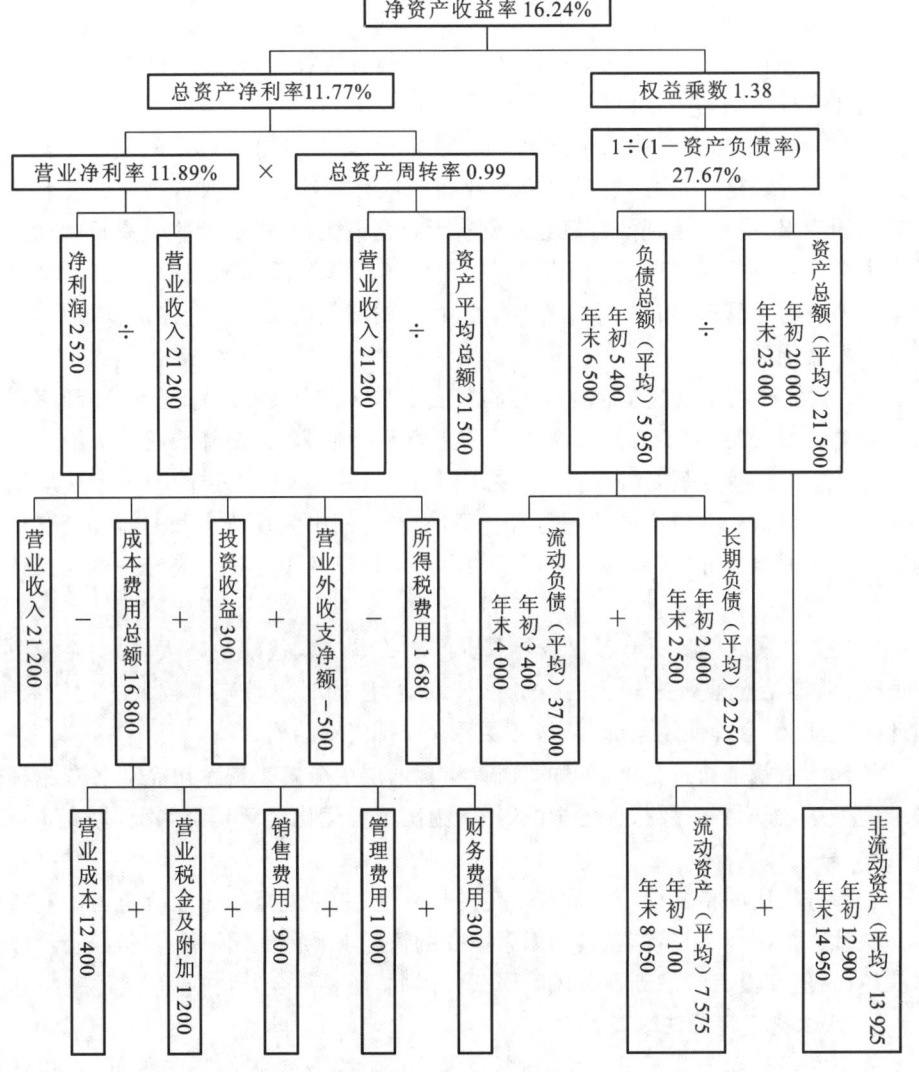

图 9-1　杜邦分析图

需要说明的是，由于净资产收益率、总资产净利率、营业净利率和总资产周转率都是时期指标，而权益乘数和资产负债率是时点指标，因此，为了使这些指标具有可比性，图 9-1 中的权益乘数和资产负债率均采用的是 2021 年度年初和年末的平均值。

注意：因保留小数点后两位，图中的指标金额可能与直接计算的金额略有差异。

根据表 9-3 和表 9-4 资料以及前文中的假定，运用连环替代法对 XYZ 公司2021 年的净资产收益率进行分析。

$$净资产收益率＝营业净利率×总资产周转率×权益乘数$$

2020 年度指标：$12.77\%×0.96×1.41＝17.29\%$　　①

第一次替代：$11.89\%×0.96×1.41＝16.09\%$　　②

第二次替代：$11.89\%×0.99×1.41＝16.60\%$　　③

第三次替代：$11.89\%×0.99×1.38＝16.24\%$　　④

②－①＝$16.09\%－17.29\%＝－1.20\%$（营业净利率下降的影响）

③－②＝$16.60\%－16.09\%＝0.51\%$（总资产周转率上升的影响）

④－③＝$16.24\%－16.60\%＝－0.36\%$（权益乘数下降的影响）

上述指标之间的关系说明如下。

(1) 净资产收益率是一个综合性最强的指标，是杜邦分析体系的核心。其他各项指标都是围绕这一核心，通过研究彼此间的依存制约关系，揭示企业的获利能力及其前因后果。财务管理的目标是使所有者权益最大化，净资产收益率反映所有者投入资金的获利能力，反映企业筹资、投资、资产运营等活动的效率，提高净资产收益率是实现财务管理目标的基本保证。该指标的高低取决于营业净利润、总资产周转率和权益乘数。

(2) 营业净利率反映了企业净利润与营业收入的关系。提高营业净利率是提高企业盈利的关键，主要有两条途径：一是扩大营业收入，二是降低成本费用。

(3) 总资产周转率揭示企业资产总额实现营业收入的综合能力。企业应当联系营业收入分析企业资产的使用是否合理，资产总额中流动资产和非流动资产的结构安排是否适当。此外，还必须对资产的内部结构以及影响资产周转率的各具体因素进行分析。

(4) 权益乘数反映所有者权益与总资产的关系。权益乘数越大，说明企业负债程度较高，能给企业带来较大的财务杠杆利益，但同时也带来了较大的偿债风险。因此，企业既要合理使用全部资产，又要妥善安排资本结构。

杜邦体系就是通过自上而下的分析、指标的层层分解来揭示出企业各项指标间的结构关系，查明各主要指标的影响因素，为决策者优化经营理财状况，提高企业经营效率提供思路。

杜邦分析法的指标设计也具有一定的局限性，它更偏重于企业所有者的利益角度。从杜邦指标体系来看，在其他因素不变的情况下，资产负债率越高，净资产收益率就越高，但却没有考虑到财务风险因素。因此，还要结合其他指标进行综合分析。

2. 沃尔比重评分法

人们在进行财务分析时，无法判断计算出的财务比率偏高还是偏低，难以评价其在市场竞争中的地位。亚历山大·沃尔在 20 世纪初出版的《信用晴雨表研究》和

《财务报表比率分析》中提出了信用能力指数的概念,他选择了7个财务比率,即流动比率、产权比率、固定资产比率、存货周转率、应收账款周转率、固定资产周转率和自有资金周转率,分别给定各指标的比重,然后确定标准比率(以行业平均数为基础),将实际比率与标准比率相比,得出相对比率,将此相对比率与各指标比重相乘,得出总评分,从而对企业的信用水平做出评价。

沃尔比重评分法有两个缺陷:一是选择这7个比率及给定的比重缺乏说服力;二是如果某一个指标严重异常时,会对总评分产生不合逻辑的重大影响。而且,沃尔最初提出的7项指标已难以完全适应当前评价企业的需要。通常认为,在选择指标时,偿债能力、营运能力、获利能力和发展能力指标均应当选取,除此之外还应当选取一些非财务指标作为参考。

沃尔比重评分法有以下几个基本步骤。

(1) 选择评价指标并分配指标权重。

(2) 确定各项评价指标的标准值。财务指标的标准值一般以行业平均数、企业历史先进数、国家有关标准或国际公认数为基准来确定。

(3) 对各项评价指标计分并计算综合分数。

$$各项评价指标的得分 = 各项指标的权重 \times \frac{指标的实际值}{标准值}$$

$$综合分数 = \sum 各项评价指标的得分$$

(4) 形成评价结果。在最终评价时,如果得分大于100,则说明企业的财务状况较好;反之,则说明企业的财务状况比同行业平均水平或者本企业历史先进水平等标准要差。

沃尔比重分析法是评价企业总体财务状况的一种比较可取的方法,这一方法的关键在于指标的选定、权重的分配及标准值的确定等。

三、企业综合绩效评价

综合绩效评价一般是站在企业所有者的角度进行的,是指运用数理统计和运筹学的方法,通过建立综合评价指标体系,对照相应的评价标准,定量分析与定性分析相结合,对企业一定经营期间的盈利能力、资产质量、债务风险以及经营增长等经营业绩和努力程度等各方面进行的综合评价。

科学评价企业绩效,可以为出资人行使经营者的选择权提供重要依据,可以有效地加强对企业经营者的监管和约束,可以为有效激励经营者提供可靠依据,还可以为政府有关部门、债权人、企业职工等利益相关者提供有效的信息支持。

1. 企业综合绩效评价的内容

企业综合绩效评价由财务绩效定量评价和管理绩效定性评价两部分组成。财务绩效定量评价是指对企业一定期间的盈利能力、资产质量、债务风险和经营增长四个方面进行定量对比分析和评判。管理绩效定性评价是指在企业财务绩效定量评价的基础上,通过采取专家评议的方法,对企业一定期间的经营管理水平进行定性分析和综合评判。

2. 企业综合绩效评价的指标

财务综合评价指标由22个财务绩效定量评价指标和8个管理绩效定性评价指

标组成。

财务绩效定量评价指标由反映企业盈利能力状况、资产质量状况、债务风险状况和经营增长状况四个方面的基本指标和修正指标构成。其中基本指标反映企业一定期间财务绩效的主要方面,并得出财务绩效定量评价的基本结果。修正指标是根据财务指标的差异性和互补性,对基本指标的评价结果做进一步的补充和修正。

企业绩效定性评价指标包括战略管理、发展创新、经营决策、风险控制、基础管理、人力资源、行业影响、社会贡献八个方面的指标,主要反映企业在一定经营期间所采取的各项管理措施及其管理成效。

各指标评价内容与权重如表 9-17 所示。

表 9-17　企业综合绩效评价指标与权重

综合绩效评价(100%)		财务绩效(70%)				管理绩效(30%)	
评价内容	权重	基本指标	权重	修正指标	权重	评议指标	权重
盈利能力状况	34%	净资产收益率 总资产收益率	20% 14%	销售利润率 利润现金保障倍数 成本费用利润率 资本收益率	10% 9% 8% 7%	战略管理 发展创新 经营决策 风险控制 基础管理 人力资源 行业影响 社会贡献	18% 15% 16% 13% 14% 8% 8% 8%
资产质量状况	22%	总资产周转率 应收账款周转率	10% 12%	不良资产比率 流动资产周转率 资产现金回收期	9% 7% 6%		
债务风险状况	22%	资产负债率 已获利息倍数	12% 10%	速动比率 现金流动负债率 带息负债比率 或有负债比率	6% 6% 5% 5%		
经营增长状况	22%	营业增长率 资本保值增值率	12% 10%	营业利润增值率 总资产增值率 技术投入比率	10% 7% 5%		
总计	100%	总计	100%	总计	100%	总计	100%

3. 企业综合绩效评价标准

综合绩效评价标准分为财务绩效定量评价标准和管理绩效定性评价标准。

财务绩效定量评价标准包括国内行业标准和国际行业标准。国内行业标准根据国内企业年度财务和经营管理统计数据,运用数理统计方法,分年度、分行业、分规模统一测算。国际行业标准根据居于行业国际领先地位的大型企业相关财务指标实际值,或根据同类型企业相关财务指标的先进值,在剔除会计核算后统一测算。其中,财务绩效定量评价标准的行业分类,按照国家统一颁布的国民经济行业分类标准结合企业实际情况进行划分。

绩效管理定性评价标准具有行业普遍性和一般性,在进行评价时,应当根据不同行业的经营特点,灵活把握个别指标的尺度。对于定性评价标准没有列示,但对被评价企业经营绩效产生影响的重要因素,在评价时也应当予以考虑。

 **本章小结**

　　财务分析是企业财务管理的重要环节,是对之前的财务管理活动效率和效果的总结和评价。通过财务分析,相关利益各方得出对自己决策有用的信息,从而为做出相对正确决策提供依据。本章主要介绍了财务分析的方法和一些指标及其运用。在具体运用相关方法和指标进行财务分析时,要注意具体情况具体分析,切忌盲目死搬硬套,否则不利于企业得出正确的分析结论,不利于做出正确的决策。

 **案例与点评**

蓝 田 之 谜

　　(一)蓝田股份已无力还债

　　2000 年蓝田股份的流动比率是 0.77,说明短期可转换成现金的流动资产,不足以偿还到期流动负债;速动比率是 0.35,这说明,扣除存货后,流动资产只能偿还35％的到期流动负债;净营运资金是 1.3 亿元,这说明蓝田股份将不能按时偿还 1.3亿元的到期流动负债。

　　(二)12.7 亿元销售额有作假嫌疑

　　2000 年蓝田股份的农副水产品收入占主营业务收入的 69％,饮料收入占主营业务收入的 29％,二者合计占主营业务收入的 98％。

　　蓝田股份发布公告称:占公司产品 70％的水产品在养殖基地现场成交,"钱货两清"成为惯例。

　　蓝田股份的生产基地位于湖北洪湖市,而武昌鱼公司位于湖北鄂州市,洞庭水殖位于湖南常德市,距洪湖的直线距离 200 公里左右,主营业务都是淡水鱼类及其他水产品养殖。武昌鱼应收账款回收期是 577 天,洞庭水殖应收账款回收期是 178天,但是它们的水产品收入分别只占蓝田股份水产品收入的 8％和 4％。

　　在方圆 200 公里以内,他们的生产成本不会存在巨大差异,这不能支持蓝田股份水产品收入异常高于同业企业。

　　此外,如果此言当真,各家银行会争先恐后地在瞿家湾设立分支机构,绝不会让"12.7 亿元销售水产品收到的现金"游离于银行系统之外。

　　因此,蓝田股份不可能以"钱货两清"和客户上门提货的销售方式,一年销售12.7 亿元水产品,2000 年蓝田股份的农副水产品收入 12.7 亿元的数据是虚假的。

　　(三)蓝田股份的资产结构是虚假的

　　2000 年蓝田股份的流动资产占资产百分比是同业平均值的约 1/3;而存货占流动资产百分比高于同业平均值约 3 倍;固定资产占资产百分比高于同业平均值 1 倍多;在产品占存货百分比高于同业平均值 1 倍;在产品绝对值高于同业平均值 3 倍;存货占流动资产百分比高于同业平均值 1 倍。

蓝田股份的在产品占存货百分比和固定资产占资产百分比异常高于同业平均水平,蓝田股份的在产品和固定资产的数据是虚假的。

（四）蓝田股份已经成为提款机

金农网称,中国蓝田总公司在全国建立了六大生产基地:湖北洪湖 30 万亩水产品种植、养殖和绿色食品加工基地,湖北随州 10 万亩银杏和 200 吨黄酮、500 公斤菇内酯生产加工基地,湖南临湘 10 万亩黄姜及 500 吨皂素生产基地,湖南常德奶牛、乳制品生产加工基地,广东珠海优化农业试验基地,北京昌平国际高科技农业基地。

2001 年 10 月 26 日湖北蓝田股份有限公司发布公告称:"……蓝田园公司(即北京昌平国际高科技农业基地)成立时间较短,到目前为止未有盈利。"

《广东省 2001 年重点建设项目计划表》列示,项目建设时间为 2000—2005 年,也就是说,广东蓝田优化农业试验基地最早是 2000 年开始投资建设的。

随州 10 万亩银杏基地之说,与"随州信息港"网《中华银杏第一镇——洛阳》相违。而三九健康网报道:2001 年 6 月 26 日,占地 500 亩的"湖北蓝田银杏高科技产业园"在随州奠基。

蓝田金农网没有介绍湖南临湘 10 万亩黄姜及 500 吨皂素生产基地。

在湖南省临湘市政府网站,也没有有关湖南临湘 10 万亩黄姜及 500 吨皂素生产基地的任何信息。

在湖南省常德市政府网站及相关网站,没有有关湖南常德奶牛、乳制品生产加工基地的任何信息。

根据以上分析,可以得知,第一,中国蓝田(集团)总公司没有净收入来源,而蓝田股份的现金流量流向中国蓝田(集团)总公司,蓝田股份已经成为中国蓝田总公司的提款机。第二,蓝田股份没有足以维持其正常经营和按时偿还银行贷款本息的现金流量来源。

（资料来源:蓝田之谜. 刘姝威.《南方周末》2002 年 1 月 18 日 有删节）

思考:

（1）刘姝威是借助什么分析方法,发现"蓝田之谜"的?

（2）为什么同样利用比率分析,会产生对蓝田股份前后截然相反的判断? 仅仅依靠孤立的比率分析所得出的结论可信吗?

（3）一份依据公开信息披露和媒体报道的发表于《金融内参》的文章,给刘姝威带来了遭受诉讼及死亡威胁等大麻烦。你认为她的代价值得吗?

点评:

（1）主要采用的是财务分析的方法发现"蓝田之谜"的,包括静态分析、趋势分析和同业比较的方法。

（2）因为不同的比率指标说明的问题不同,对于有些前后相联系的指标,如果得出的结论前后矛盾,就说明一定在某些方面有问题存在。显然,仅依靠孤立的比率分析并不能得出可靠的分析结论。

（3）这是仁者见仁、智者见智的问题。作为理论研究人员,发行问题的真相有时虽然有些残酷,但是坚持真理永远是社会前进的推动力。

 **思考与练习题**

【思考题】

1. 资产负债率和产权比率存在怎样的数量关系？证明你的结论。

2. 如何评价企业的资产负债率？债权人和投资者对资产负债率的评价有何不同？

3. 有些企业的应收账款周转率高达 50,你能说明导致应收账款周转率如此高的可能原因吗？

4. 杜邦财务分析体系主要涉及哪些财务比率？这些财务比率指标之间有什么相互关系？

【练习题】

一、单项选择题

1. 采用比较分析法时,应注意的问题不包括(　　)。

A. 指标的计算口径必须一致　　　　B. 衡量标准的科学性

C. 剔除偶发性项目的影响　　　　D. 运用例外原则

2. A 公司需要对公司的销售收入进行分析,通过分析可以得到 2018、2019、2020 年销售收入的环比动态比率分别为 110%、115% 和 95%。则如果该公司以 2018 年作为基期,2020 年作为分析期,则其定基动态比率为(　　)。

A. 126.5%　　　B. 109.25%　　　C. 104.5%　　　D. 120.18%

3. 下列关于财务分析方法的局限性说法不正确的是(　　)。

A. 无论何种分析法均是对过去经济事项的反映,得出的分析结论是非常全面的

B. 因素分析法的一些假定往往与事实不符

C. 在某些情况下,使用比率分析法无法得出令人满意的结论

D. 比较分析法要求比较的双方必须具有可比性

4. 用于评价企业盈利能力的总资产报酬率指标中的"报酬"是指(　　)。

A. 息税前利润　　B. 营业利润　　　C. 利润总额　　　D. 净利润

5. 企业大量增加速动资产可能导致的结果是(　　)。

A. 减少资金的机会成本　　　　B. 增加资金的机会成本

C. 增加财务风险　　　　　　D. 提高流动资产的收益率

6. 下列各项中,不会影响流动比率的业务是(　　)。

A. 用现金购买短期债券　　　　B. 用现金购买固定资产

C. 用存货进行对外长期投资　　D. 从银行取得长期借款

7. 下列各项中,可能导致企业资产负债率变化的经济业务是(　　)。

A. 收回应收账款

B. 用现金购买债券

C. 接受所有者投资转入的固定资产

D. 以固定资产对外投资(按账面价值作价)

8. 某公司的平均资产总额为 1 000 万元,平均负债总额为 530 万元,其权益乘数为(　　)。

A. 0.53　　　　　　B. 2.13　　　　　　C. 1.13　　　　　　D. 0.47

9. 在公司财务报表中,销售净收入为 20 万元,应收账款年末为 10 万元,年初数为 6 万元,应收账款周转次数为(　　)。

A. 2.5　　　　　　B. 2　　　　　　C. 3.33　　　　　　D. 以上均不对

10. 下列指标中,其数值大小与偿债能力大小同方向变动的是(　　)。

A. 产权比率　　B. 资产负债率　　C. 已获利息倍数　D. 带息负债比率

11. 某企业 2020 年和 2021 年的营业净利润分别为 7% 和 8%,资产周转率分别为 2 和 1.5,两年的资产负债率相同,与 2020 年相比,2021 年的净资产收益率变动趋势为(　　)。

A. 上升　　　　　　B. 下降　　　　　　C. 不变　　　　　　D. 无法确定

12. 在杜邦分析体系中,假设其他情况相同,下列说法中错误的是:(　　)。

A. 权益乘数大,则财务风险大　　　B. 权益乘数大,则权益净利率大

C. 权益乘数等于资产权益率的倒数　D. 权益乘数大,则资产净利率大

13. 在杜邦财务分析体系中,综合性最强的财务比率是(　　)。

A. 净资产收益率　　　　　　　　B. 总资产净利率

C. 总资产周转率　　　　　　　　D. 营业净利率

14. 如果流动负债小于流动资产,则期末以现金偿付一笔短期借款所导致的结果是(　　)。

A. 营运资金减少　　　　　　　　B. 营运资金增加

C. 流动比率降低　　　　　　　　D. 流动比率提高

15. 在下列各项指标中,能够从动态角度反映企业偿债能力的是(　　)。

A. 现金流动负债比率　　　　　　B. 资产负债率

C. 流动比率　　　　　　　　　　D. 速动比率

16. 在下列关于资产负债率、权益乘数和产权比率之间关系的表达式中,正确的是(　　)。

A. 资产负债率＋权益乘数＝产权比率

B. 资产负债率－权益乘数＝产权比率

C. 资产负债率×权益乘数＝产权比率

D. 资产负债率÷权益乘数＝产权比率

17. 在下列财务业绩评价指标中,属于企业获利能力基本指标的是(　　)。

A. 营业利润增长率　　　　　　　B. 总资产报酬率

C. 总资产周转率　　　　　　　　D. 资本保值增值率

18. 对于应收账款周转率的计算,下列说法不正确的是:(　　)。

A. 公式中的"应收账款"已经扣除了坏账准备

B. 只能按照年初和年末应收账款余额来计算应收账款平均占用额

C. 分子分母的数据在时间口径上要一致

D. 公式中的"应收账款"包括应收票据

19. 下列指标中,不能反映资产运营能力的是( )。

A. 销售利润率　　　　　　　　B. 流动资产周转率

C. 固定资产周转率　　　　　　D. 总资产周转率

20. 已知某企业资产负债率为50%,则该企业的产权比率为( )。

A. 50%　　　　B. 100%　　　　C. 200%　　　　D. 150%

二、多项选择题

1. 财务分析信息的需求者主要包括( )。

A. 所有者　　　　　　　　　　B. 企业债权人

C. 企业经营决策者　　　　　　D. 政府

2. 如果流动比率过高,意味着企业有( )的可能。

A. 存在闲置现金　　　　　　　B. 存在存货积压

C. 应收账款周转缓慢　　　　　D. 偿债能力很差

3. 下列各项中,可能直接影响企业净资产收益率指标的措施有( )。

A. 提高营业净利率　　　　　　B. 提高资产负债率

C. 提高总资产周转率　　　　　D. 提高流动比率

4. 杜邦分析体系指标之间的关系是:( )。

A. 净资产收益率是一个综合性最强的财务比率,是杜邦体系的核心

B. 营业净利率反映了企业净利润与营业收入的关系

C. 总资产周转率揭示企业资产总额实现营业收入的综合能力

D. 权益乘数反映所有者与总资产的关系

5. 下列关于财务分析的说法正确的是:( )。

A. 以企业财务报告为主要依据

B. 对企业的财务状况和经营成果进行评价和剖析

C. 反映企业在运营过程中的利弊得失和发展趋势

D. 为改进企业财务管理工作和优化经济决策提供重要的财务信息

6. 关于因素分析法下列说法不正确的是:( )。

A. 使用因素分析法分析某一因素对分析指标的影响时,假定其他因素都不变

B. 在使用因素分析法时替代顺序无关紧要

C. 差额分析法是连环替代法的一种简化形式

D. 因素分析法的计算结果都是准确的

7. 采用比较分析法时,应当注意( )。

A. 所对比指标的计算口径必须一致

B. 应剔除偶发性项目的影响

C. 应运用例外原则对某项有显著变动的指标做重点分析

D. 对比项目的相关性

8. 财务分析的局限性表现在( )。

A. 资料来源的局限性　　　　　B. 分析方法的局限性

C. 分析对象的局限性　　　　　D. 分析指标的局限性

9. 下列说法不正确的是:( )。

A. 减少利息支出可以降低息税前利润

B. 每股利润和每股收益是同义词

C. 市盈率＝每股收益/每股市价

D. 可转换债券属于稀释性潜在普通股

三、判断题

1. 当企业息税前资金利润率高于借入资金利率时,增加借入资金,可以提高自有资金利润率。( )

2. 权益乘数的高低取决于企业的资金结构;资产负债率越高,权益乘数越高,财务风险越大。( )

3. 企业营运资金余额越大,说明企业风险越小,收益率越高。( )

4. 市盈率是评价上市公司盈利能力的指标,它反映投资者愿意对公司每股净利润支付的价格。( )

5. 资本保值增值率是企业扣除客观因素后年末所有者权益总额与年初所有者权益总额的比值,可以反映企业当年资本的实际增减变动情况。( )

四、计算题

1. 已知某公司 2021 年的产品销售收入净额为 1680 万元,销售毛利率为 25%,销售收入中现销收入占 30%,其余为赊销。2021 年年初的流动资产为 720 万元,其中应收账款为 187 万元,存货为 420 万元;2021 年年末的流动资产为 840 万元,其中应收账款为 205 万元,存货为 480 万元,年末流动资产中的待摊费用、预付账款项目的金额可以忽略不计。流动负债年初为 480 万元,年末为 500 万元。

要求:计算该公司的应收账款周转率、存货周转率和本年末的流动比率和速动比率。

2. 已知甲公司近三年的相关资料如下表所示:

项　　目	2019 年	2020 年	2021 年
净利润/万元	—	2 400	2 700
营业收入/万元	—	18 000	20 000
年末总资产/万元	8 000	9 000	10 000
年末股东权益/万元	4 500	5 400	6 000
普通股平均股数/万股	—	550	650

要求:

(1) 填写下表(在表中列出计算过程)。

项　　目	2020 年	2021 年
平均总资产/万元		
平均股东权益/万元		

(2) 计算 2020 年和 2021 年的营业净利率、总资产周转率、权益乘数和平均每股净资产(涉及资产负债表中数据时,使用平均数计算)。

(3) 用差额分析法依次分析营业净利率、总资产周转率、权益乘数和平均每股净资产对每股收益的影响。

附　录

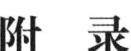

附表 1　复利终值系数表

计算公式：$(F/P, i, n) = (1+i)^n$

期数	1%	2%	3%	4%	5%	6%	7%	8%	9%	10%
1	1.010 0	1.020 0	1.030 0	1.040 0	1.050 0	1.060 0	1.070 0	1.080 0	1.090 0	1.100 0
2	1.020 1	1.040 4	1.060 9	1.081 6	1.102 5	1.123 6	1.144 9	1.166 4	1.188 1	1.210 0
3	1.030 3	1.061 2	1.092 7	1.124 9	1.157 6	1.191 0	1.225 0	1.259 7	1.295 0	1.331 0
4	1.040 6	1.082 4	1.125 5	1.169 9	1.215 5	1.262 5	1.310 8	1.360 5	1.411 6	1.464 1
5	1.051 0	1.104 1	1.159 3	1.216 7	1.276 3	1.338 2	1.402 6	1.469 3	1.538 6	1.610 5
6	1.061 5	1.126 2	1.194 1	1.265 3	1.340 1	1.418 5	1.500 7	1.586 9	1.677 1	1.771 6
7	1.072 1	1.148 7	1.229 9	1.315 9	1.407 1	1.503 6	1.605 8	1.713 8	1.828 0	1.948 7
8	1.082 9	1.171 7	1.266 8	1.368 6	1.477 5	1.593 8	1.718 2	1.850 9	1.992 6	2.143 6
9	1.093 7	1.195 1	1.304 8	1.423 3	1.551 3	1.689 5	1.838 5	1.999 0	2.171 9	2.357 9
10	1.104 6	1.219 0	1.343 9	1.480 2	1.628 9	1.790 8	1.967 2	2.158 9	2.367 4	2.593 7
11	1.115 7	1.243 4	1.384 2	1.539 5	1.710 3	1.898 3	2.104 9	2.331 6	2.580 4	2.853 1
12	1.126 8	1.268 2	1.425 8	1.601 0	1.795 9	2.012 2	2.252 2	2.518 2	2.812 7	3.138 4
13	1.138 1	1.293 6	1.468 5	1.665 1	1.885 6	2.132 9	2.409 8	2.719 6	3.065 8	3.452 3
14	1.149 5	1.319 5	1.512 6	1.731 7	1.979 9	2.260 9	2.578 5	2.937 2	3.341 7	3.797 5
15	1.161 0	1.345 9	1.558 0	1.800 9	2.078 9	2.396 6	2.759 0	3.172 2	3.642 5	4.177 2
16	1.172 6	1.372 8	1.604 7	1.873 0	2.182 9	2.540 4	2.952 2	3.425 9	3.970 3	4.595 0
17	1.184 3	1.400 2	1.652 8	1.947 9	2.292 0	2.692 8	3.158 8	3.700 0	4.327 6	5.054 5
18	1.196 1	1.428 2	1.702 4	2.025 8	2.406 6	2.854 3	3.379 9	3.996 0	4.717 1	5.559 9
19	1.208 1	1.456 8	1.753 5	2.106 8	2.527 0	3.025 6	3.616 5	4.315 7	5.141 7	6.115 9
20	1.220 2	1.485 9	1.806 1	2.191 1	2.653 3	3.207 1	3.869 7	4.661 0	5.604 4	6.727 5
21	1.232 4	1.515 7	1.860 3	2.278 8	2.786 0	3.399 6	4.140 6	5.033 8	6.108 8	7.400 2
22	1.244 7	1.546 0	1.916 1	2.369 9	2.925 3	3.603 5	4.430 4	5.436 5	6.658 6	8.140 3
23	1.257 2	1.576 9	1.973 6	2.464 7	3.071 5	3.819 7	4.740 5	5.871 5	7.257 9	8.954 3
24	1.269 7	1.608 4	2.032 8	2.563 3	3.225 1	4.048 9	5.072 4	6.341 2	7.911 1	9.849 7
25	1.282 4	1.640 6	2.093 8	2.665 8	3.386 4	4.291 9	5.427 4	6.848 5	8.623 1	10.834 7
26	1.295 3	1.673 4	2.156 6	2.772 5	3.555 7	4.549 4	5.807 4	7.396 4	9.399 2	11.918 2
27	1.308 2	1.706 9	2.221 3	2.883 4	3.733 5	4.822 3	6.213 9	7.988 1	10.245 1	13.110 0
28	1.321 3	1.741 0	2.287 9	2.998 7	3.920 1	5.111 7	6.648 8	8.627 1	11.167 1	14.421 0
29	1.334 5	1.775 8	2.356 6	3.118 7	4.116 1	5.418 4	7.114 3	9.317 3	12.172 2	15.863 1
30	1.347 8	1.811 4	2.427 3	3.243 4	4.321 9	5.743 5	7.612 3	10.062 7	13.267 7	17.449 4

財務管理（第三版）

期数	11%	12%	13%	14%	15%	16%	17%	18%	19%	20%
1	1.110 0	1.120 0	1.130 0	1.140 0	1.150 0	1.160 0	1.170 0	1.180 0	1.190 0	1.200 0
2	1.232 1	1.254 4	1.276 9	1.299 6	1.322 5	1.345 6	1.368 9	1.392 4	1.416 1	1.440 0
3	1.367 6	1.404 9	1.442 9	1.481 5	1.520 9	1.560 9	1.601 6	1.643 0	1.685 2	1.728 0
4	1.518 1	1.573 5	1.630 5	1.689 0	1.749 0	1.810 6	1.873 9	1.938 8	2.005 3	2.073 6
5	1.685 1	1.762 3	1.842 4	1.925 4	2.011 4	2.100 3	2.192 4	2.287 8	2.386 4	2.488 3
6	1.870 4	1.973 8	2.082 0	2.195 0	2.313 1	2.436 4	2.565 2	2.699 6	2.839 8	2.986 0
7	2.076 2	2.210 7	2.352 6	2.502 3	2.660 0	2.826 2	3.001 2	3.185 5	3.379 3	3.583 2
8	2.304 5	2.476 0	2.658 4	2.852 6	3.059 0	3.278 4	3.511 5	3.758 9	4.021 4	4.299 8
9	2.558 0	2.773 1	3.004 0	3.251 9	3.517 9	3.803 0	4.108 4	4.435 5	4.785 4	5.159 8
10	2.839 4	3.105 8	3.394 6	3.707 2	4.045 6	4.411 4	4.806 8	5.233 8	5.694 7	6.191 7
11	3.151 8	3.478 6	3.835 9	4.226 2	4.652 4	5.117 3	5.624 0	6.175 9	6.776 7	7.430 1
12	3.498 5	3.896 0	4.334 5	4.817 9	5.350 3	5.936 0	6.580 1	7.287 6	8.064 2	8.916 1
13	3.883 3	4.363 5	4.898 0	5.492 4	6.152 8	6.885 8	7.698 7	8.599 4	9.596 4	10.699 3
14	4.310 4	4.887 1	5.534 8	6.261 3	7.075 7	7.987 5	9.007 5	10.147 2	11.419 8	12.839 2
15	4.784 6	5.473 6	6.254 3	7.137 9	8.137 1	9.265 5	10.538 7	11.973 7	13.589 5	15.407 0
16	5.310 9	6.130 4	7.067 3	8.137 2	9.357 6	10.748 0	12.330 3	14.129 0	16.171 5	18.488 4
17	5.895 1	6.866 0	7.986 1	9.276 5	10.761 3	12.467 7	14.426 5	16.672 2	19.244 1	22.186 1
18	6.543 6	7.690 0	9.024 3	10.575 2	12.375 5	14.462 5	16.879 0	19.673 3	22.900 5	26.623 3
19	7.263 3	8.612 8	10.197 4	12.055 7	14.231 8	16.776 5	19.748 4	23.214 4	27.251 6	31.948 0
20	8.062 3	9.646 3	11.523 1	13.743 5	16.366 5	19.460 8	23.105 6	27.393 0	32.429 4	38.337 6
21	8.949 2	10.803 8	13.021 1	15.667 6	18.821 5	22.574 5	27.033 6	32.323 8	38.591 0	46.005 1
22	9.933 6	12.100 3	14.713 8	17.861 0	21.644 7	26.186 4	31.629 3	38.142 1	45.923 3	55.206 1
23	11.026 3	13.552 3	16.626 6	20.361 6	24.891 5	30.376 2	37.006 2	45.007 6	54.648 7	66.247 4
24	12.239 2	15.178 6	18.788 1	23.212 2	28.625 2	35.236 4	43.297 3	53.109 0	65.032 0	79.496 8
25	13.585 5	17.000 1	21.230 5	26.461 9	32.919 0	40.874 2	50.657 8	62.668 6	77.388 1	95.396 2
26	15.079 9	19.040 1	23.990 5	30.166 6	37.856 8	47.414 1	59.269 7	73.949 0	92.091 8	114.475 5
27	16.738 7	21.324 9	27.109 3	34.389 9	43.535 3	55.000 4	69.345 5	87.259 8	109.589 3	137.370 6
28	18.579 9	23.883 9	30.633 5	39.204 5	50.065 6	63.800 4	81.134 2	102.966 6	130.411 2	164.844 7
29	20.623 7	26.749 9	34.615 8	44.693 1	57.575 5	74.008 5	94.927 1	121.500 5	155.189 3	197.813 6
30	22.892 3	29.959 9	39.115 9	50.950 2	66.211 8	85.849 9	111.064 7	143.370 6	184.675 3	237.376 3

期数	21%	22%	23%	24%	25%	26%	27%	28%	29%	30%
1	1.210 0	1.220 0	1.230 0	1.240 0	1.250 0	1.260 0	1.270 0	1.280 0	1.290 0	1.300 0
2	1.464 1	1.488 4	1.512 9	1.537 6	1.562 5	1.587 6	1.612 9	1.638 4	1.664 1	1.690 0
3	1.771 6	1.815 8	1.860 9	1.906 6	1.953 1	2.000 4	2.048 4	2.097 2	2.146 7	2.197 0
4	2.143 6	2.215 3	2.288 9	2.364 2	2.441 4	2.520 5	2.601 4	2.684 4	2.769 2	2.856 1
5	2.593 7	2.702 7	2.815 3	2.931 6	3.051 8	3.175 8	3.303 8	3.436 0	3.572 3	3.712 9
6	3.138 4	3.297 3	3.462 8	3.635 2	3.814 7	4.001 5	4.195 9	4.398 0	4.608 3	4.826 8
7	3.797 5	4.022 7	4.259 3	4.507 7	4.768 4	5.041 9	5.328 8	5.629 5	5.944 7	6.274 9
8	4.595 0	4.907 7	5.238 9	5.589 5	5.960 5	6.352 8	6.767 5	7.205 8	7.668 6	8.157 3
9	5.559 9	5.987 4	6.443 9	6.931 0	7.450 6	8.004 5	8.594 8	9.223 4	9.892 5	10.604 5
10	6.727 5	7.304 6	7.925 9	8.594 4	9.313 2	10.085 7	10.915 3	11.805 9	12.761 4	13.785 8
11	8.140 3	8.911 7	9.748 9	10.657 1	11.641 5	12.708 0	13.862 5	15.111 6	16.462 2	17.921 6
12	9.849 7	10.872 2	11.991 2	13.214 8	14.551 9	16.012 0	17.605 3	19.342 8	21.236 2	23.298 1
13	11.918 2	13.264 1	14.749 1	16.386 3	18.189 9	20.175 2	22.358 8	24.758 8	27.394 7	30.287 5
14	14.421 0	16.182 2	18.141 4	20.319 1	22.737 4	25.420 7	28.395 7	31.691 3	35.339 1	39.373 8
15	17.449 4	19.742 3	22.314 0	25.195 6	28.421 7	32.030 1	36.062 5	40.564 8	45.587 5	51.185 9
16	21.113 8	24.085 6	27.446 2	31.242 6	35.527 1	40.357 9	45.799 4	51.923 0	58.807 9	66.541 7
17	25.547 7	29.384 4	33.758 8	38.740 8	44.408 9	50.851 0	58.165 2	66.461 4	75.862 1	86.504 2
18	30.912 7	35.849 0	41.523 3	48.038 6	55.511 2	64.072 2	73.869 8	85.070 6	97.862 2	112.455 4
19	37.404 3	43.735 8	51.073 7	59.567 9	69.388 9	80.731 0	93.814 7	108.890 4	126.242 2	146.192 0
20	45.259 3	53.357 6	62.820 6	73.864 1	86.736 2	101.721 1	119.144 6	139.379 7	162.852 4	190.049 6
21	54.763 7	65.096 3	77.269 4	91.591 5	108.420 2	128.168 5	151.313 7	178.406 0	210.079 6	247.064 5
22	66.264 1	79.417 5	95.041 3	113.573 5	135.525 3	161.492 4	192.168 3	228.359 6	271.002 7	321.183 9
23	80.179 5	96.889 4	116.900 8	140.831 2	169.406 6	203.480 4	244.053 8	292.300 3	349.593 5	417.539 1
24	97.017 2	118.205 0	143.788 0	174.630 6	211.758 2	256.385 3	309.948 3	374.144 4	450.975 6	542.800 8
25	117.390 9	144.210 1	176.859 3	216.542 0	264.697 8	323.045 4	393.634 4	478.904 9	581.758 5	705.641 0
26	142.042 9	175.936 4	217.536 0	268.512 1	330.872 2	407.037 3	499.915 7	612.998 2	750.468 5	917.333 3
27	171.871 9	214.642 4	267.570 4	332.955 0	413.590 3	512.867 0	634.892 9	784.637 7	968.104 4	1 192.533 3
28	207.965 1	261.863 7	329.111 5	412.864 2	516.987 9	646.212 4	806.314 0	1 004.336 3	1 248.854 6	1 550.293 3
29	251.637 7	319.473 7	404.807 2	511.951 0	646.234 9	814.227 6	1 024.018 7	1 285.550 4	1 611.022 0	2 015.381 3
30	304.481 6	389.757 9	497.912 9	634.819 9	807.793 6	1 025.926 7	1 300.503 8	1 645.504 6	2 078.219 0	2 619.995 6

附表 2　复利现值系数表

计算公式：$(P/F, i, n) = (1+i)^{-n}$

期数	1%	2%	3%	4%	5%	6%	7%	8%	9%	10%
1	0.990 1	0.980 4	0.970 9	0.961 5	0.952 4	0.943 4	0.934 6	0.925 9	0.917 4	0.909 1
2	0.980 3	0.961 2	0.942 6	0.924 6	0.907 0	0.890 0	0.873 4	0.857 3	0.841 7	0.826 4
3	0.970 6	0.942 3	0.915 1	0.889 0	0.863 8	0.839 6	0.816 3	0.793 8	0.772 2	0.751 3
4	0.961 0	0.923 8	0.888 5	0.854 8	0.822 7	0.792 1	0.762 9	0.735 0	0.708 4	0.683 0
5	0.951 5	0.905 7	0.862 6	0.821 9	0.783 5	0.747 3	0.713 0	0.680 6	0.649 9	0.620 9
6	0.942 0	0.888 0	0.837 5	0.790 3	0.746 2	0.705 0	0.666 3	0.630 2	0.596 3	0.564 5
7	0.932 7	0.870 6	0.813 1	0.759 9	0.710 7	0.665 1	0.622 7	0.583 5	0.547 0	0.513 2
8	0.923 5	0.853 5	0.789 4	0.730 7	0.676 8	0.627 4	0.582	0.540 3	0.501 9	0.466 5
9	0.914 3	0.836 8	0.766 4	0.702 6	0.644 6	0.591 9	0.543 9	0.500 2	0.460 4	0.424 1
10	0.905 3	0.820 3	0.744 1	0.675 6	0.613 9	0.558 4	0.508 3	0.463 2	0.422 4	0.385 5
11	0.896 3	0.804 3	0.722 4	0.649 6	0.584 7	0.526 8	0.475 1	0.428 9	0.387 5	0.350 5
12	0.887 4	0.788 5	0.701 4	0.624 6	0.556 8	0.497 0	0.444 0	0.397 1	0.355 5	0.318 6
13	0.878 7	0.773 0	0.681 0	0.600 0	0.530 3	0.468 8	0.415 0	0.367 7	0.326 2	0.289 7
14	0.870 0	0.757 9	0.661 1	0.577 5	0.505 1	0.442 3	0.387 8	0.340 5	0.299 2	0.263 3
15	0.861 3	0.743 0	0.641 9	0.555 3	0.481 0	0.417 3	0.362 4	0.315 2	0.274 5	0.239 4
16	0.852 8	0.728 4	0.623 2	0.533 9	0.458 1	0.393 6	0.338 7	0.291 9	0.251 9	0.217 6
17	0.844 4	0.714 2	0.605 0	0.513 4	0.436 3	0.371 4	0.316 6	0.270 3	0.231 1	0.197 8
18	0.836 0	0.700 2	0.587 4	0.493 6	0.415 5	0.350 3	0.295 9	0.250 2	0.212 0	0.179 9
19	0.827 7	0.686 4	0.570 3	0.474 6	0.395 7	0.330 5	0.276 5	0.231 7	0.194 5	0.163 5
20	0.819 5	0.673 0	0.553 7	0.456 4	0.376 9	0.311 8	0.258 4	0.214 5	0.178 4	0.148 6
21	0.811 4	0.659 8	0.537 5	0.438 8	0.358 9	0.294 2	0.241 5	0.198 7	0.163 7	0.135 1
22	0.803 4	0.646 8	0.521 9	0.422 0	0.341 8	0.277 5	0.225 7	0.183 9	0.150 2	0.122 8
23	0.795 4	0.634 2	0.506 7	0.405 7	0.325 6	0.261 8	0.210 9	0.170 3	0.137 8	0.111 7
24	0.787 6	0.621 7	0.491 9	0.390 1	0.310 1	0.247 0	0.197 1	0.157 7	0.126 4	0.101 5
25	0.779 8	0.609 5	0.477 6	0.375 1	0.295 3	0.233 0	0.184 2	0.146 0	0.116 0	0.092 3
26	0.772 0	0.597 6	0.463 7	0.360 7	0.281 2	0.219 8	0.172 2	0.135 2	0.106 4	0.083 9
27	0.764 4	0.585 9	0.450 2	0.346 8	0.267 8	0.207 4	0.160 9	0.125 2	0.097 6	0.076 3
28	0.756 8	0.574 4	0.437 1	0.333 5	0.255 1	0.195 6	0.150 4	0.115 9	0.089 5	0.069 3
29	0.749 3	0.563 1	0.424 3	0.320 7	0.242 9	0.184 6	0.140 6	0.107 3	0.082 2	0.063 0
30	0.741 9	0.552 1	0.412 0	0.308 3	0.231 4	0.174 1	0.131 4	0.099 4	0.075 4	0.057 3

期数	11%	12%	13%	14%	15%	16%	17%	18%	19%	20%
1	0.900 9	0.892 9	0.885 0	0.877 2	0.869 6	0.862 1	0.854 7	0.847 5	0.840 3	0.833 3
2	0.811 6	0.797 2	0.783 1	0.769 5	0.756 1	0.743 2	0.730 5	0.718 2	0.706 2	0.694 4
3	0.731 2	0.711 8	0.693 1	0.675 0	0.657 5	0.640 7	0.624 4	0.608 6	0.593 4	0.578 7
4	0.658 7	0.635 5	0.613 3	0.592 1	0.571 8	0.552 3	0.533 7	0.515 8	0.498 7	0.482 3
5	0.593 5	0.567 4	0.542 8	0.519 4	0.497 2	0.476 1	0.456 1	0.437 1	0.419 0	0.401 9
6	0.534 6	0.506 6	0.480 3	0.455 6	0.432 3	0.410 4	0.389 8	0.370 4	0.352 1	0.334 9
7	0.481 7	0.452 3	0.425 1	0.399 6	0.375 9	0.353 8	0.333 2	0.313 9	0.295 9	0.279 1
8	0.433 9	0.403 9	0.376 2	0.350 6	0.326 9	0.305 0	0.284 8	0.266 0	0.248 7	0.232 6
9	0.390 9	0.360 6	0.332 9	0.307 5	0.284 3	0.263 0	0.243 4	0.225 5	0.209 0	0.193 8
10	0.352 2	0.322 0	0.294 6	0.269 7	0.247 2	0.226 7	0.208 0	0.191 1	0.175 6	0.161 5
11	0.317 3	0.287 5	0.260 7	0.236 6	0.214 9	0.195 4	0.177 8	0.161 9	0.147 6	0.134 6
12	0.285 8	0.256 7	0.230 7	0.207 6	0.186 9	0.168 5	0.152 0	0.137 2	0.124 0	0.112 2
13	0.257 5	0.229 2	0.204 2	0.182 1	0.162 5	0.145 2	0.129 9	0.116 3	0.104 2	0.093 5
14	0.232 0	0.204 6	0.180 7	0.159 7	0.141 3	0.125 2	0.111 0	0.098 5	0.087 6	0.077 9
15	0.209 0	0.182 7	0.159 9	0.140 1	0.122 9	0.107 9	0.094 9	0.083 5	0.073 6	0.064 9
16	0.188 3	0.163 1	0.141 5	0.122 9	0.106 9	0.093 0	0.081 1	0.070 8	0.061 8	0.054 1
17	0.169 6	0.145 6	0.125 2	0.107 8	0.092 9	0.080 2	0.069 3	0.060 0	0.052 0	0.045 1
18	0.152 8	0.130 0	0.110 8	0.094 6	0.080 8	0.069 1	0.059 2	0.050 8	0.043 7	0.037 6
19	0.137 7	0.116 1	0.098 1	0.082 9	0.070 3	0.059 6	0.050 6	0.043 1	0.036 7	0.031 3
20	0.124 0	0.103 7	0.086 8	0.072 8	0.061 1	0.051 4	0.043 3	0.036 5	0.030 8	0.026 1
21	0.111 7	0.092 6	0.076 8	0.063 8	0.053 1	0.044 3	0.037 0	0.030 9	0.025 9	0.021 7
22	0.100 7	0.082 6	0.068 0	0.056 0	0.046 2	0.038 2	0.031 6	0.026 2	0.021 8	0.018 1
23	0.090 7	0.073 8	0.060 1	0.049 1	0.040 2	0.032 9	0.027 0	0.022 2	0.018 3	0.015 1
24	0.081 7	0.065 9	0.053 2	0.043 1	0.034 9	0.028 4	0.023 1	0.018 8	0.015 4	0.012 6
25	0.073 6	0.058 8	0.047 1	0.037 8	0.030 4	0.024 5	0.019 7	0.016 0	0.012 9	0.010 5
26	0.066 3	0.052 5	0.041 7	0.033 1	0.026 4	0.021 1	0.016 9	0.013 5	0.010 9	0.008 7
27	0.059 7	0.046 9	0.036 9	0.029 1	0.023 0	0.018 2	0.014 4	0.011 5	0.009 1	0.007 3
28	0.053 8	0.041 9	0.032 6	0.025 5	0.020 0	0.015 7	0.012 3	0.009 7	0.007 7	0.006 1
29	0.048 5	0.037 4	0.028 9	0.022 4	0.017 4	0.013 5	0.010 5	0.008 2	0.006 4	0.005 1
30	0.043 7	0.033 4	0.025 6	0.019 6	0.015 1	0.011 6	0.009 0	0.007 0	0.005 4	0.004 2

期数	21%	22%	23%	24%	25%	26%	27%	28%	29%	30%
1	0.826 4	0.819 7	0.813 0	0.806 5	0.800 0	0.793 7	0.787 4	0.781 3	0.775 2	0.769 2
2	0.683 0	0.671 9	0.661 0	0.650 4	0.640 0	0.629 9	0.620 0	0.610 4	0.600 9	0.591 7
3	0.564 5	0.550 7	0.537 4	0.524 5	0.512 0	0.499 9	0.488 2	0.476 8	0.465 8	0.455 2
4	0.466 5	0.451 4	0.436 9	0.423 0	0.409 6	0.396 8	0.384 4	0.372 5	0.361 1	0.350 1
5	0.385 5	0.370 0	0.355 2	0.341 1	0.327 7	0.314 9	0.302 7	0.291 0	0.279 9	0.269 3
6	0.318 6	0.303 3	0.288 8	0.275 1	0.262 1	0.249 9	0.238 3	0.227 4	0.217 0	0.207 2
7	0.263 3	0.248 6	0.234 8	0.221 8	0.209 7	0.198 3	0.187 7	0.177 6	0.168 2	0.159 4
8	0.217 6	0.203 8	0.190 9	0.178 9	0.167 8	0.157 4	0.147 8	0.138 8	0.130 4	0.122 6
9	0.179 9	0.167 0	0.155 2	0.144 3	0.134 2	0.124 9	0.116 4	0.108 4	0.101 1	0.094 3
10	0.148 6	0.136 9	0.126 2	0.116 4	0.107 4	0.099 2	0.091 6	0.084 7	0.078 4	0.072 5
11	0.122 8	0.112 2	0.102 6	0.093 8	0.085 9	0.078 7	0.072 1	0.066 2	0.060 7	0.055 8
12	0.101 5	0.092 0	0.083 4	0.075 7	0.068 7	0.062 5	0.056 8	0.051 7	0.047 1	0.042 9
13	0.083 9	0.075 4	0.067 8	0.061 0	0.055 0	0.049 6	0.044 7	0.040 4	0.036 5	0.033 0
14	0.069 3	0.061 8	0.055 1	0.049 2	0.044 0	0.039 3	0.035 2	0.031 6	0.028 3	0.025 4
15	0.057 3	0.050 7	0.044 8	0.039 7	0.035 2	0.031 2	0.027 7	0.024 7	0.021 9	0.019 5
16	0.047 4	0.041 5	0.036 4	0.032 0	0.028 1	0.024 8	0.021 8	0.019 3	0.017 0	0.015 0
17	0.039 1	0.034 0	0.029 6	0.025 8	0.022 5	0.019 7	0.017 2	0.015 0	0.013 2	0.011 6
18	0.032 3	0.027 9	0.024 1	0.020 8	0.018 0	0.015 6	0.013 5	0.011 8	0.010 2	0.008 9
19	0.026 7	0.022 9	0.019 6	0.016 8	0.014 4	0.012 4	0.010 7	0.009 2	0.007 9	0.006 8
20	0.022 1	0.018 7	0.015 9	0.013 5	0.011 5	0.009 8	0.008 4	0.007 2	0.006 1	0.005 3
21	0.018 3	0.015 4	0.012 9	0.010 9	0.009 2	0.007 8	0.006 6	0.005 6	0.004 8	0.004 0
22	0.015 1	0.012 6	0.010 5	0.008 8	0.007 4	0.006 2	0.005 2	0.004 4	0.003 7	0.003 1
23	0.012 5	0.010 3	0.008 6	0.007 1	0.005 9	0.004 9	0.004 1	0.003 4	0.002 9	0.002 4
24	0.010 3	0.008 5	0.007 0	0.005 7	0.004 7	0.003 9	0.003 2	0.002 7	0.002 2	0.001 8
25	0.008 5	0.006 9	0.005 7	0.004 6	0.003 8	0.003 1	0.002 5	0.002 1	0.001 7	0.001 4
26	0.007 0	0.005 7	0.004 6	0.003 7	0.003 0	0.002 5	0.002 0	0.001 6	0.001 3	0.001 1
27	0.005 8	0.004 7	0.003 7	0.003 0	0.002 4	0.001 9	0.001 6	0.001 3	0.001 0	0.000 8
28	0.004 8	0.003 8	0.003 0	0.002 4	0.001 9	0.001 5	0.001 2	0.001 0	0.000 8	0.000 6
29	0.004 0	0.003 1	0.002 5	0.002 0	0.001 5	0.001 2	0.001 0	0.000 8	0.000 6	0.000 5
30	0.003 3	0.002 6	0.002 0	0.001 6	0.001 2	0.001 0	0.000 8	0.000 6	0.000 5	0.000 4

附表 3 年金终值系数表

计算公式：$(F/A,i,n)=\dfrac{(1+i)^n-1}{i}$

期数	1%	2%	3%	4%	5%	6%	7%	8%	9%	10%
1	1.000 0	1.000 0	1.000 0	1.000 0	1.000 0	1.000 0	1.000 0	1.000 0	1.000 0	1.000 0
2	2.010 0	2.020 0	2.030 0	2.040 0	2.050 0	2.060 0	2.070 0	2.080 0	2.090 0	2.100 0
3	3.030 1	3.060 4	3.090 9	3.121 6	3.152 5	3.183 6	3.214 9	3.246 4	3.278 1	3.310 0
4	4.060 4	4.121 6	4.183 6	4.246 5	4.310 1	4.374 6	4.439 9	4.506 1	4.573 1	4.641 0
5	5.101 0	5.204 0	5.309 1	5.416 3	5.525 6	5.637 1	5.750 7	5.866 6	5.984 7	6.105 1
6	6.152 0	6.308 1	6.468 4	6.633 0	6.801 9	6.975 3	7.153 3	7.335 9	7.523 3	7.715 6
7	7.213 5	7.434 3	7.662 5	7.898 3	8.142 0	8.393 8	8.654 0	8.922 8	9.200 4	9.487 2
8	8.285 7	8.583 0	8.892 3	9.214 2	9.549 1	9.897 5	10.259 8	10.636 6	11.028 5	11.435 9
9	9.368 5	9.754 6	10.159 1	10.582 8	11.026 6	11.491 3	11.978 0	12.487 6	13.021 0	13.579 5
10	10.462 2	10.949 7	11.463 9	12.006 1	12.577 9	13.180 8	13.816 4	14.486 6	15.192 9	15.937 4
11	11.566 8	12.168 7	12.807 8	13.486 4	14.206 8	14.971 6	15.783 6	16.645 5	17.560 3	18.531 2
12	12.682 5	13.412 1	14.192 0	15.025 8	15.917 1	16.869 9	17.888 5	18.977 1	20.140 7	21.384 3
13	13.809 3	14.680 3	15.617 8	16.626 8	17.713 0	18.882 1	20.140 6	21.495 3	22.953 4	24.522 7
14	14.947 4	15.973 9	17.086 3	18.291 9	19.598 6	21.015 1	22.550 5	24.214 9	26.019 2	27.975 0
15	16.096 9	17.293 4	18.598 9	20.023 6	21.578 6	23.276 0	25.129 0	27.152 1	29.360 9	31.772 5
16	17.257 9	18.639 3	20.156 9	21.824 5	23.657 5	25.672 5	27.888 1	30.324 3	33.003 4	35.949 7
17	18.430 4	20.012 1	21.761 6	23.697 5	25.840 4	28.212 9	30.840 2	33.750 2	36.973 7	40.544 7
18	19.614 7	21.412 3	23.414 4	25.645 4	28.132 4	30.905 7	33.999 0	37.450 2	41.301 3	45.599 2
19	20.810 9	22.840 6	25.116 9	27.671 2	30.539 0	33.760 0	37.379 0	41.446 3	46.018 5	51.159 1
20	22.019 0	24.297 4	26.870 4	29.778 1	33.066 0	36.785 6	40.995 5	45.762 0	51.160 1	57.275 0
21	23.239 2	25.783 3	28.676 5	31.969 2	35.719 3	39.992 7	44.865 2	50.422 9	56.764 5	64.002 5
22	24.471 6	27.299 0	30.536 8	34.248 0	38.505 2	43.392 3	49.005 7	55.456 8	62.873 3	71.402 7
23	25.716 3	28.845 0	32.452 9	36.617 9	41.430 5	46.995 8	53.436 1	60.893 3	69.531 9	79.543 0
24	26.973 5	30.421 9	34.426 5	39.082 6	44.502 0	50.815 6	58.176 7	66.764 8	76.789 8	88.497 3
25	28.243 2	32.030 3	36.459 3	41.645 9	47.727 1	54.864 5	63.249 0	73.105 9	84.700 9	98.347 1
26	29.525 6	33.670 9	38.553 0	44.311 7	51.113 5	59.156 4	68.676 5	79.954 4	93.324 0	109.181 8
27	30.820 9	35.344 3	40.709 6	47.084 2	54.669 1	63.705 8	74.483 8	87.350 8	102.723 1	121.099 9
28	32.129 1	37.051 2	42.930 9	49.967 6	58.402 6	68.528 1	80.697 7	95.338 8	112.968 2	134.209 9
29	33.450 4	38.792 2	45.218 9	52.966 3	62.322 7	73.639 8	87.346 5	103.965 9	124.135 4	148.630 9
30	34.784 9	40.568 1	47.575 4	56.084 9	66.438 8	79.058 2	94.460 8	113.283 2	136.307 5	164.494 0

财务管理（第三版）

期数	11%	12%	13%	14%	15%	16%	17%	18%	19%	20%
1	1.000 0	1.000 0	1.000 0	1.000 0	1.000 0	1.000 0	1.000 0	1.000 0	1.000 0	1.000 0
2	2.110 0	2.120 0	2.130 0	2.140 0	2.150 0	2.160 0	2.170 0	2.180 0	2.190 0	2.200 0
3	3.342 1	3.374 4	3.406 9	3.439 6	3.472 5	3.505 6	3.538 9	3.572 4	3.606 1	3.640 0
4	4.709 7	4.779 3	4.849 8	4.921 1	4.993 4	5.066 5	5.140 5	5.215 4	5.291 3	5.368 0
5	6.227 8	6.352 8	6.480 3	6.610 1	6.742 4	6.877 1	7.014 4	7.154 2	7.296 6	7.441 6
6	7.912 9	8.115 2	8.322 7	8.535 5	8.753 7	8.977 5	9.206 8	9.442 0	9.683 0	9.929 9
7	9.783 3	10.089 0	10.404 7	10.730 5	11.066 8	11.413 9	11.772 0	12.141 5	12.522 7	12.915 9
8	11.859 4	12.299 7	12.757 3	13.232 8	13.726 8	14.240 1	14.773 3	15.327 0	15.902 0	16.499 1
9	14.164 0	14.775 7	15.415 7	16.085 3	16.785 8	17.518 5	18.284 7	19.085 9	19.923 4	20.798 9
10	16.722 0	17.548 7	18.419 7	19.337 3	20.303 7	21.321 5	22.393 1	23.521 3	24.708 9	25.958 7
11	19.561 4	20.654 6	21.814 3	23.044 5	24.349 3	25.732 9	27.199 9	28.755 1	30.403 5	32.150 4
12	22.713 2	24.133 1	25.650 2	27.270 7	29.001 7	30.850 2	32.823 9	34.931 1	37.180 2	39.580 5
13	26.211 6	28.029 1	29.984 7	32.088 7	34.351 9	36.786 2	39.404 0	42.218 7	45.244 5	48.496 6
14	30.094 9	32.392 6	34.882 7	37.581 1	40.504 7	43.672 0	47.102 7	50.818 0	54.840 9	59.195 9
15	34.405 4	37.279 7	40.417 5	43.842 4	47.580 4	51.659 5	56.110 1	60.965 3	66.260 7	72.035 1
16	39.189 9	42.753 3	46.671 7	50.980 4	55.717 5	60.925 0	66.648 8	72.939 0	79.850 2	87.442 1
17	44.500 8	48.883 7	53.739 1	59.117 6	65.075 1	71.673 0	78.979 2	87.068 0	96.021 8	105.930 6
18	50.395 9	55.749 7	61.725 1	68.394 1	75.836 4	84.140 7	93.405 6	103.740 3	115.265 9	128.116 7
19	56.939 5	63.439 7	70.749 4	78.969 2	88.211 8	98.603 2	110.284 6	123.413 5	138.166 4	154.740 0
20	64.202 8	72.052 4	80.946 8	91.024 9	102.443 6	115.379 7	130.032 9	146.628 0	165.418 0	186.688 0
21	72.265 1	81.698 7	92.469 9	104.768 4	118.810 1	134.840 5	153.138 5	174.021 0	197.847 4	225.025 6
22	81.214 3	92.502 6	105.491 0	120.436 0	137.631 6	157.415 0	180.172 1	206.344 8	236.438 5	271.030 7
23	91.147 9	104.602 9	120.204 8	138.297 0	159.276 4	183.601 4	211.801 3	244.486 8	282.361 8	326.236 9
24	102.174 2	118.155 2	136.831 5	158.658 6	184.167 8	213.977 6	248.807 6	289.494 5	337.010 5	392.484 2
25	114.413 3	133.333 9	155.619 6	181.870 8	212.793 0	249.214 0	292.104 9	342.603 5	402.042 5	471.981 1
26	127.998 8	150.333 9	176.850 1	208.332 7	245.712 0	290.088 3	342.762 7	405.272 1	479.430 6	567.377 3
27	143.078 6	169.374 0	200.840 6	238.499 3	283.568 8	337.502 4	402.032 3	479.221 1	571.522 4	681.852 8
28	159.817 3	190.698 9	227.949 9	272.889 2	327.104 1	392.502 8	471.377 8	566.480 9	681.111 6	819.223 3
29	178.397 2	214.582 8	258.583 4	312.093 7	377.169 7	456.303 2	552.512 1	669.447 5	811.522 8	984.068 0
30	199.020 9	241.332 7	293.199 2	356.786 8	434.745 1	530.311 7	647.439 1	790.948 0	966.712 2	1 181.881 6

期数	21%	22%	23%	24%	25%	26%	27%	28%	29%	30%
1	1.000 0	1.000 0	1.000 0	1.000 0	1.000 0	1.000 0	1.000 0	1.000 0	1.000 0	1.000 0
2	2.210 0	2.220 0	2.230 0	2.240 0	2.250 0	2.260 0	2.270 0	2.280 0	2.290 0	2.300 0
3	3.674 1	3.708 4	3.742 9	3.777 6	3.812 5	3.847 6	3.882 9	3.918 4	3.954 1	3.990 0
4	5.445 7	5.524 2	5.603 8	5.684 2	5.765 6	5.848 0	5.931 3	6.015 6	6.100 8	6.187 0
5	7.589 2	7.739 6	7.892 6	8.048 4	8.207 0	8.368 4	8.532 7	8.699 9	8.870 0	9.043 1
6	10.183 0	10.442 3	10.707 9	10.980 1	11.258 8	11.544 2	11.836 6	12.135 9	12.442 3	12.756 0
7	13.321 4	13.739 6	14.170 8	14.615 3	15.073 5	15.545 8	16.032 4	16.533 9	17.050 6	17.582 8
8	17.118 9	17.762 3	18.430 0	19.122 9	19.841 9	20.587 6	21.361 2	22.163 4	22.995 3	23.857 7
9	21.713 9	22.670 0	23.669 0	24.712 5	25.802 3	26.940 4	28.128 7	29.369 2	30.663 9	32.015 0
10	27.273 8	28.657 4	30.112 8	31.643 4	33.252 9	34.944 9	36.723 5	38.592 6	40.556 4	42.619 5
11	34.001 3	35.962 0	38.038 8	40.237 9	42.566 1	45.030 6	47.638 8	50.398 5	53.317 8	56.405 3
12	42.141 6	44.873 7	47.787 7	50.895 0	54.207 7	57.738 6	61.501 3	65.510 0	69.780 0	74.327 0
13	51.991 3	55.745 9	59.778 8	64.109 7	68.759 6	73.750 6	79.106 6	84.852 9	91.016 1	97.625 0
14	63.909 5	69.010 0	74.528 0	80.496 1	86.949 5	93.925 1	101.465 4	109.611 7	118.410 8	127.912 5
15	78.330 5	85.192 2	92.669 4	100.815 1	109.686 8	119.346 5	129.861 1	141.302 9	153.750 0	167.286 3
16	95.779 9	104.934 5	114.983 4	126.010 8	138.108 5	151.376 6	165.923 6	181.867 7	199.337 4	218.472 2
17	116.893 7	129.020 1	142.429 5	157.253 4	173.635 7	191.734 5	211.723 0	233.790 7	258.145 3	285.013 9
18	142.441 3	158.404 5	176.188 3	195.994 2	218.044 6	242.585 5	269.888 2	300.252 1	334.007 4	371.518 0
19	173.354 0	194.253 5	217.711 6	244.032 8	273.555 8	306.657 7	343.758 0	385.322 7	431.869 6	483.973 4
20	210.758 4	237.989 3	268.785 3	303.600 6	342.944 7	387.388 7	437.572 6	494.213 1	558.111 8	630.165 5
21	256.017 6	291.346 9	331.605 9	377.464 8	429.680 9	489.109 8	556.717 3	633.592 7	720.964 2	820.215 1
22	310.781 3	356.443 2	408.875 3	469.056 3	538.101 1	617.278 3	708.030 9	811.998 7	931.043 8	1067.279 6
23	377.045 4	435.860 7	503.916 6	582.629 8	673.626 4	778.770 7	900.199 3	1 040.358 3	1 202.046 5	1 388.463 5
24	457.224 9	532.750 1	620.817 4	723.461 0	843.032 9	982.251 1	1 144.253 1	1 332.658 6	1 551.640 0	1 806.002 6
25	554.242 2	650.955 1	764.605 4	898.091 6	1 054.791 2	1 238.636 3	1 454.201 4	1 706.803 1	2 002.615 6	2 348.803 3
26	671.633 0	795.165 3	941.464 7	1 114.633 6	1 319.489 0	1 561.681 8	1 847.835 8	2 185.707 9	2 584.374 1	3 054.444 3
27	813.675 9	971.101 6	1 159.001 6	1 383.145 7	1 650.361 2	1 968.719 1	2 347.751 5	2 798.706 1	3 334.842 6	3 971.777 6
28	985.547 9	1 185.744 0	1 426.571 9	1 716.100 7	2 063.951 5	2 481.586 0	2 982.644 4	3 583.343 8	4 302.947 0	5 164.310 9
29	1 193.512 9	1 447.607 7	1 755.683 5	2 128.964 8	2 580.939 4	3 127.798 4	3 788.958 3	4 587.680 1	5 551.801 6	6 714.604 2
30	1 445.150 7	1 767.081 3	2 160.490 7	2 640.916 4	3 227.174 3	3 942.026 0	4 812.977 1	5 873.230 6	7 162.824 1	8 729.985 5

计算公式：$(P/A, i, n) = \dfrac{1-(1+i)^{-n}}{i}$

财务管理（第三版）

334

期数	1%	2%	3%	4%	5%	6%	7%	8%	9%	10%
1	0.990 1	0.980 4	0.970 9	0.961 5	0.952 4	0.943 4	0.934 6	0.925 9	0.917 4	0.909 1
2	1.970 4	1.941 6	1.913 5	1.886 1	1.859 4	1.833 4	1.808 0	1.783 3	1.759 1	1.735 5
3	2.941 0	2.883 9	2.828 6	2.775 1	2.723 2	2.673 0	2.624 3	2.577 1	2.531 3	2.486 9
4	3.902 0	3.807 7	3.717 1	3.629 9	3.546 0	3.465 1	3.387 2	3.312 1	3.239 7	3.169 9
5	4.853 4	4.713 5	4.579 7	4.451 8	4.329 5	4.212 4	4.100 2	3.992 7	3.889 7	3.790 8
6	5.795 5	5.601 4	5.417 2	5.242 1	5.075 7	4.917 3	4.766 5	4.622 9	4.485 9	4.355 3
7	6.728 2	6.472 0	6.230 3	6.002 1	5.786 4	5.582 4	5.389 3	5.206 4	5.033 0	4.868 4
8	7.651 7	7.325 5	7.019 7	6.732 7	6.463 2	6.209 8	5.971 3	5.746 6	5.534 8	5.334 9
9	8.566 0	8.162 2	7.786 1	7.435 3	7.107 8	6.801 7	6.515 2	6.246 9	5.995 2	5.759 0
10	9.471 3	8.982 6	8.530 2	8.110 9	7.721 7	7.360 1	7.023 6	6.710 1	6.417 7	6.144 6
11	10.367 6	9.786 8	9.252 6	8.760 5	8.306 4	7.886 9	7.498 7	7.139 0	6.805 2	6.495 1
12	11.255 1	10.575 3	9.954 0	9.385 1	8.863 3	8.383 8	7.942 7	7.536 1	7.160 7	6.813 7
13	12.133 7	11.348 4	10.635 0	9.985 6	9.393 6	8.852 7	8.357 7	7.903 8	7.486 9	7.103 4
14	13.003 7	12.106 2	11.296 1	10.563 1	9.898 6	9.295 0	8.745 5	8.244 2	7.786 2	7.366 7
15	13.865 1	12.849 3	11.937 9	11.118 4	10.379 7	9.712 2	9.107 9	8.559 5	8.060 7	7.606 1
16	14.717 9	13.577 7	12.561 1	11.652 3	10.837 8	10.105 9	9.446 6	8.851 4	8.312 6	7.823 7
17	15.562 3	14.291 9	13.166 1	12.165 7	11.274 1	10.477 3	9.763 2	9.121 6	8.543 6	8.021 6
18	16.398 3	14.992 0	13.753 5	12.659 3	11.689 6	10.827 6	10.059 1	9.371 9	8.755 6	8.201 4
19	17.226 0	15.678 5	14.323 8	13.133 9	12.085 3	11.158 1	10.335 6	9.603 6	8.950 1	8.364 9
20	18.045 6	16.351 4	14.877 5	13.590 3	12.462 2	11.469 9	10.594 0	9.818 1	9.128 5	8.513 6
21	18.857 0	17.011 2	15.415 0	14.029 2	12.821 2	11.764 1	10.835 5	10.016 8	9.292 2	8.648 7
22	19.660 4	17.658 0	15.936 9	14.451 1	13.163 0	12.041 6	11.061 2	10.200 7	9.442 4	8.771 5
23	20.455 8	18.292 2	16.443 6	14.856 8	13.488 6	12.303 4	11.272 2	10.371 1	9.580 2	8.883 2
24	21.243 4	18.913 9	16.935 5	15.247 0	13.798 6	12.550 4	11.469 3	10.528 8	9.706 6	8.984 7
25	22.023 2	19.523 5	17.413 1	15.622 1	14.093 9	12.783 4	11.653 6	10.674 8	9.822 6	9.077 0
26	22.795 2	20.121 0	17.876 8	15.982 8	14.375 2	13.003 2	11.825 8	10.810 0	9.929 0	9.160 9
27	23.559 6	20.706 9	18.327 0	16.329 6	14.643 0	13.210 5	11.986 7	10.935 2	10.026 6	9.237 2
28	24.316 4	21.281 3	18.764 1	16.663 1	14.898 1	13.406 2	12.137 1	11.051 1	10.116 1	9.306 6
29	25.065 8	21.844 4	19.188 5	16.983 7	15.141 1	13.590 7	12.277 7	11.158 4	10.198 3	9.369 6
30	25.807 7	22.396 5	19.600 4	17.292 0	15.372 5	13.764 8	12.409 0	11.257 8	10.273 7	9.426 9

期数	11%	12%	13%	14%	15%	16%	17%	18%	19%	20%
1	0.900 9	0.892 9	0.885 0	0.877 2	0.869 6	0.862 1	0.854 7	0.847 5	0.840 3	0.833 3
2	1.712 5	1.690 1	1.668 1	1.646 7	1.625 7	1.605 2	1.585 2	1.565 6	1.546 5	1.527 8
3	2.443 7	2.401 8	2.361 2	2.321 6	2.283 2	2.245 9	2.209 6	2.174 3	2.139 9	2.106 5
4	3.102 4	3.037 3	2.974 5	2.913 7	2.855 0	2.798 2	2.743 2	2.690 1	2.638 6	2.588 7
5	3.695 9	3.604 8	3.517 2	3.433 1	3.352 2	3.274 3	3.199 3	3.127 2	3.057 6	2.990 6
6	4.230 5	4.111 4	3.997 5	3.888 7	3.784 5	3.684 7	3.589 2	3.497 6	3.409 8	3.325 5
7	4.712 2	4.563 8	4.422 6	4.288 3	4.160 4	4.038 6	3.922 4	3.811 5	3.705 7	3.604 6
8	5.146 1	4.967 6	4.798 8	4.638 9	4.487 3	4.343 6	4.207 2	4.077 6	3.954 4	3.837 2
9	5.537 0	5.328 2	5.131 7	4.946 4	4.771 6	4.606 5	4.450 6	4.303 0	4.163 3	4.031 0
10	5.889 2	5.650 2	5.426 2	5.216 1	5.018 8	4.833 2	4.658 6	4.494 1	4.338 9	4.192 5
11	6.206 5	5.937 7	5.686 9	5.452 7	5.233 7	5.028 6	4.836 4	4.656 0	4.486 5	4.327 1
12	6.492 4	6.194 4	5.917 6	5.660 3	5.420 6	5.197 1	4.988 4	4.793 2	4.610 5	4.439 2
13	6.749 9	6.423 5	6.121 8	5.842 4	5.583 1	5.342 3	5.118 3	4.909 5	4.714 7	4.532 7
14	6.981 9	6.628 2	6.302 5	6.002 1	5.724 5	5.467 5	5.229 3	5.008 1	4.802 3	4.610 6
15	7.190 9	6.810 9	6.462 4	6.142 2	5.847 4	5.575 5	5.324 2	5.091 6	4.875 9	4.675 5
16	7.379 2	6.974 0	6.603 9	6.265 1	5.954 2	5.668 5	5.405 3	5.162 4	4.937 7	4.729 6
17	7.548 8	7.119 6	6.729 1	6.372 9	6.047 2	5.748 7	5.474 6	5.222 3	4.989 7	4.774 6
18	7.701 6	7.249 7	6.839 9	6.467 4	6.128 0	5.817 8	5.533 9	5.273 2	5.033 3	4.812 2
19	7.839 3	7.365 8	6.938 0	6.550 4	6.198 2	5.877 5	5.584 5	5.316 2	5.070 0	4.843 5
20	7.963 3	7.469 4	7.024 8	6.623 1	6.259 3	5.928 8	5.627 8	5.352 7	5.100 9	4.869 6
21	8.075 1	7.562 0	7.101 6	6.687 0	6.312 5	5.973 1	5.664 8	5.383 7	5.126 8	4.891 3
22	8.175 7	7.644 6	7.169 5	6.742 9	6.358 7	6.011 3	5.696 4	5.409 9	5.148 6	4.909 4
23	8.266 4	7.718 4	7.229 7	6.792 1	6.398 8	6.044 2	5.723 4	5.432 1	5.166 8	4.924 5
24	8.348 1	7.784 3	7.282 9	6.835 1	6.433 8	6.072 6	5.746 5	5.450 9	5.182 2	4.937 1
25	8.421 7	7.843 1	7.330 0	6.872 9	6.464 1	6.097 1	5.766 2	5.466 9	5.195 1	4.947 6
26	8.488 1	7.895 7	7.371 7	6.906 1	6.490 6	6.118 2	5.783 1	5.480 4	5.206 0	4.956 3
27	8.547 8	7.942 6	7.408 6	6.935 2	6.513 5	6.136 4	5.797 5	5.491 9	5.215 1	4.963 6
28	8.601 6	7.984 4	7.441 2	6.960 7	6.533 5	6.152 0	5.809 9	5.501 6	5.222 8	4.969 7
29	8.650 1	8.021 8	7.470 1	6.983 0	6.550 9	6.165 6	5.820 4	5.509 8	5.229 2	4.974 7
30	8.693 8	8.055 2	7.495 7	7.002 7	6.566 0	6.177 2	5.829 4	5.516 8	5.234 7	4.978 9

335

期数	21%	22%	23%	24%	25%	26%	27%	28%	29%	30%
1	0.826 4	0.819 7	0.813 0	0.806 5	0.800 0	0.793 7	0.787 4	0.781 3	0.775 2	0.769 2
2	1.509 5	1.491 5	1.474 0	1.456 8	1.440 0	1.423 5	1.407 4	1.391 6	1.376 1	1.360 9
3	2.073 9	2.042 2	2.011 4	1.981 3	1.952 0	1.923 4	1.895 6	1.868 4	1.842 0	1.816 1
4	2.540 4	2.493 6	2.448 3	2.404 3	2.361 6	2.320 2	2.280 0	2.241 0	2.203 1	2.166 2
5	2.926 0	2.863 6	2.803 5	2.745 4	2.689 3	2.635 1	2.582 7	2.532 0	2.483 0	2.435 6
6	3.244 6	3.166 9	3.092 3	3.020 5	2.951 4	2.885 0	2.821 0	2.759 4	2.700 0	2.642 7
7	3.507 9	3.415 5	3.327 0	3.242 3	3.161 1	3.083 3	3.008 7	2.937 0	2.868 2	2.802 1
8	3.725 6	3.619 3	3.517 9	3.421 2	3.328 9	3.240 7	3.156 4	3.075 8	2.998 6	2.924 7
9	3.905 4	3.786 3	3.673 1	3.565 5	3.463 1	3.365 7	3.272 8	3.184 2	3.099 7	3.019 0
10	4.054 1	3.923 2	3.799 3	3.681 9	3.570 5	3.464 8	3.364 4	3.268 9	3.178 1	3.091 5
11	4.176 9	4.035 4	3.901 8	3.775 7	3.656 4	3.543 5	3.436 5	3.335 1	3.238 8	3.147 3
12	4.278 4	4.127 4	3.985 2	3.851 4	43.725 1	3.605 9	3.493 3	3.386 8	3.285 9	3.190 3
13	4.362 4	4.202 8	4.053 0	3.912 4	3.780 1	3.655 5	3.538 1	3.427 2	3.322 4	3.223 3
14	4.431 7	4.264 6	4.108 2	3.961 6	3.824 1	3.694 9	3.573 3	3.458 7	3.350 7	3.248 7
15	4.489 0	4.315 2	4.153 0	4.001 3	3.859 3	3.726 1	3.601 0	3.483 4	3.372 6	3.268 2
16	4.536 4	4.356 7	4.189 4	4.033 3	3.887 4	3.750 9	3.622 8	3.502 6	3.389 6	3.283 2
17	4.575 5	4.390 8	4.219 0	4.059 1	3.909 9	3.770 5	3.640 0	3.517 7	3.402 8	3.294 8
18	4.607 9	4.418 7	4.243 1	4.079 9	3.927 9	3.786 1	3.653 6	3.529 4	3.413 0	3.303 7
19	4.634 6	4.441 5	4.262 7	4.096 7	3.942 4	3.798 5	3.664 2	3.538 6	3.421 0	3.310 5
20	4.656 7	4.460 3	4.278 6	4.110 3	3.953 9	3.808 3	3.672 6	3.545 8	3.427 1	3.315 8
21	4.675 0	4.475 6	4.291 6	4.121 2	3.963 1	3.816 1	3.679 2	3.551 4	3.431 9	3.319 8
22	4.690 0	4.488 2	4.302 1	4.130 0	3.970 5	3.822 3	3.684 4	3.555 8	3.435 6	3.323 0
23	4.702 5	4.498 5	4.310 6	4.137 1	3.976 4	3.827 3	3.688 5	3.559 2	3.438 4	3.325 4
24	4.712 8	4.507 0	4.317 6	4.142 8	3.981 1	3.831 2	3.691 8	3.561 9	3.440 6	3.327 2
25	4.721 3	4.513 9	4.323 2	4.147 4	3.984 9	3.834 2	3.694 3	3.564 0	3.442 3	3.328 6
26	4.728 4	4.519 6	4.327 8	4.151 1	3.987 9	3.836 7	3.696 3	3.565 6	3.443 7	3.329 7
27	4.734 2	4.524 3	4.331 6	4.154 2	3.990 3	3.838 7	3.697 9	3.566 9	3.444 7	3.330 5
28	4.739 0	4.528 1	4.334 6	4.156 6	3.992 3	3.840 2	3.699 1	3.567 9	3.445 5	3.331 2
29	4.743 0	4.531 2	4.337 1	4.158 5	3.993 8	3.841 4	3.700 1	3.568 7	3.446 1	3.331 7
30	4.746 3	4.533 8	4.339 1	4.160 1	3.995 0	3.842 4	3.700 9	3.569 3	3.446 6	3.332 1

参考文献

[1] 财政部注册会计师考试委员会.财务成本管理[M].北京:中国财政经济出版社,2010.

[2] 财政部会计资格评价中心.财务管理[M].北京:中国财政经济出版社,2010.

[3] 端木青.财务管理学[M].杭州:浙江大学出版社,2006.

[4] 赵德武.财务管理[M].北京:高等教育出版社,2007.

[5] 林莉,尹晶.财务管理[M].北京:化学工业出版社,2008.

[6] 张鸣.公司财务理论与实务[M].北京:清华大学出版社,2005.

[7] 章道云.财务管理[M].成都:西南财经大学出版社,2009.

[8] 李延喜,秦学志,张悦玫.财务管理[M].北京:清华大学出版社,2010.

[9] 荆新,王化成,刘俊彦.财务管理学[M].5版.北京:中国人民大学出版社,2009.

[10] 宋献中.中级财务管理[M].大连:东北财经大学出版社,2008.

[11] 姚立根,常树春.财务管理[M].北京:科学出版社,2010.

[12] 斯蒂芬·A.罗斯,等.公司理财[M].6版.吴世农,等,译.北京:机械工业出版社,2005.

[13] Emery,Finnerty,Stowe. Corporate Financial Management. 2nd Edition. New Jersey:Printice-Hall,2005.

[14] 道格拉斯·R.爱默瑞,约翰·D.芬尼特.公司财务管理[M].荆新,王化成,李焰,等,译校.北京:中国人民大学出版社,1999.

[15] 财政部企业司.《企业财务通则》解读[M].北京:中国财政经济出版社,2006.